天津市机构编制大事记

魏建一　主编

海洋出版社

2013 年 · 北京

图书在版编目（CIP）数据

天津市机构编制大事记/魏建一主编．—北京：海洋出版社，2013.3

ISBN 978-7-5027-8523-9

Ⅰ．①天…　Ⅱ．①魏…　Ⅲ．①地方政府-组织机构-编制-大事记-天津市　Ⅳ．①D625.21

中国版本图书馆 CIP 数据核字（2013）第 057674 号

责任编辑：杨传霞
责任印制：赵麟苏

海洋出版社　**出版发行**

http://www.oceanpress.com.cn
北京市海淀区大慧寺路 8 号　邮编：100081
北京画中画印刷有限公司印刷　新华书店北京发行所经销
2013 年 3 月第 1 版　2013 年 3 月第 1 次印刷
开本：880 mm×1230 mm　1/32　印张：20.5
字数：510 千字　定价：68.00 元
发行部：62132549　邮购部：68038093　总编室：62114335

《天津市机构编制大事记》
编写组

主　编：魏建一

编　委：王宏才　陈　鹏　范金晖
顾　磊　陈少轩　魏　玮

前　言

编撰《天津市机构编制大事记》是编制工作者服务当代、继往开来的一项系统工程。在天津市志办公室的指导下，经过近10年的不懈努力，《天津市机构编制大事记》终于与读者见面了，这对总结借鉴机构编制管理的历史经验，加强机构编制管理的研究，促进机构编制管理的现代化、科学化、法制化，将会产生积极的作用，同时也为从事编制工作的干部和有志于研究编制管理工作的部门，提供了一部较为翔实的参考资料。

机构编制管理是国家行政管理的重要组成部分，是国家进行政权建设、组织建设的基础内容。随着行政机构、行政管理体制和事业单位管理体制改革的不断深化，要不断总结机构编制管理的新经验，建立适应社会主义市场经济体制的机构编制管理模式。机构编制管理是一门应用性很强的软科学，随着编制管理实践的发展和理论研究的深化，机构编制管理这门新兴学科必将更加完善。

《天津市机构编制大事记》主要介绍了1912年至2011年天津市地方政权组织机构编制设置的沿革和机关、事业单位及有关企业机构等历史发展状况。全书由魏建一主编。编撰天津市机构编制方面的大事记尚处于初始阶段，也是首次编撰，由于条件所限，很不成熟，请各界专家及读者多提意见，使《天津市机构编制大事记》在实践过程中不断修订完善，为机构编制管理和行政管理科学的研究作出应有的贡献。

编　者

2012年3月26日

前 言

目　录

大事记部分

名词解读部分

附录:论文部分

凡　例

一、本大事记主要记述天津市政权机构和相关组织的历史和现状，称《天津市机构编制大事记》（以下简称《大事记》）。《大事记》的编撰参考《天津通志·大事记》等史料编撰。

二、《大事记》坚持辩证唯物主义与历史唯物主义的观点，贯彻实事求是，力求做到思想性、科学性和资料性的统一。

三、《大事记》立足当代，详近略远，详今略古，体现时代特点，突出地方特色，为机构编制工作和经济社会发展服务。

四、《大事记》历史纪年，采取公元纪年。上限始自 1912 年，下限止于 2011 年。政权机构和相关组织的演变，以考证资料为依据。

五、《大事记》采用规范的语文体。简化字以及数字使用均以国家语言文字工作委员会正式公布的为准。

六、《大事记》记述的内容范围，以天津市为主，其他相关内容为辅。为反映机构编制的特点，在表述上以市级政权机构和相关组织为重点，略及区县。

七、《大事记》资料来源广泛，限于篇幅，不一一注明出处。各种统计数字，在统计口径上一致。

八、各历史时期的政权组织等，除日伪政权时期外，均按当时称谓书写。

九、对各种组织机构等名称的书写，在行文中第一次出现时，用全称，再次出现用简称。

综 述

天津市位于北纬38°34′～40°15′之间，东经116°43′～118°04′之间，处于国际时区的东八区。北起蓟县黄崖关，南至大港翟庄子沧浪渠，南北长189千米；东起汉沽盐场洒金沱以东陡河西干渠，西至静海县子牙河进庄以西滩德干渠，东西宽117千米。天津市域面积11 916.88平方千米，疆域周长约1 290.8千米，海岸线长153千米，海域面积3 000平方千米，陆界长1 137.48千米。

天津市地处华北平原东北部、环渤海湾的中心，东临渤海，北依燕山，距北京120千米，是拱卫京畿的要地和门户。对内腹地辽阔，辐射华北、东北、西北13个省市自治区，对外面向东北亚，是中国北方最大的沿海开放城市。天津海陆空交通便捷，铁路、公路四通八达。天津建城设卫之前，天津港是京杭大运河的一个内河港口。1860年，被辟为五大通商口岸之一。长期以来，天津港与180多个国家和地区的400多个港口保持贸易往来，是连接亚欧大陆桥距离最近的东部起点。2010年，天津港货物吞吐量突破4亿吨，位居世界港口第5位，集装箱吞吐量突破1 000万标准箱。

天津地区早在新石器时代就有先民在此繁衍生息。战国时期，今海河南北大致分属燕、赵两国，为燕、赵、齐争雄角逐之地。秦属上谷郡。西汉时南部属渤海郡的章武、东平舒、文安县，北部属渔阳郡的泉州、雍奴和右北平郡的无终县。宋属燕山路燕山府。

公元960年（宋建隆元年）前后，宋辽于界河（今海河、大清河一线）两岸长期对峙，宋为了防辽南侵，沿河设立了许多军事据点——寨，其中著名的有泥沽、双港、三女、苇塘、小南河、百万涡、沙涡、独流、钓台等寨。

1125 年金灭辽后于 1153 年迁都燕京（今北京），并改燕京为中都。由于天津漕运与盐业的不断发展，南北运河与海河交汇的三岔河口一带日益兴盛。金代末年，为保障中都及漕盐储运的安全，约在金贞祐二年（1214 年）之前，在三岔河口建立了直沽寨。三岔河口从单纯的漕运枢纽开始发展为漕运与军事相结合的畿辅重镇。“直沽”二字是天津城市发展过程中最早的名称，直沽寨则是天津最早的建置。

元朝为了加强直沽的军事守备，于延祐三年（1316 年）改直沽寨为海津镇，命副都指挥使伯颜镇守。嗣置镇守海口屯储亲军都指挥使司，管理屯守事宜。以后设按察厅专管海、河漕运。

明建文二年（1400 年），朱棣率兵经直沽渡河南下夺取政权，1403 年改元永乐。天津这个名称出现于永乐初年，意为天子渡过的地方。天津作为军事要地，于永乐二年（1404 年）正式设卫。卫是一种军事建置。翌年设天津左卫，翌年又增设天津右卫。三卫直隶后原军都督府，管辖海河以南沿南运河至德州以东的广袤地区。

随着天津城市的发展，人口增多，事务日繁，军事体制的卫所无法治理军民混杂的城市。明弘治四年（1491 年）刑部左侍郎白昂上书朝廷：“天津之地，水陆咽喉，所系甚重，请增宪政一员为兵备官。”孝宗准奏，遂任命刘福为“整饬天津等处兵备山东按察司副使”，简称“天津兵备道”或“天津道”。行政管辖只限于城区一隅。

清朝以后，随着政治稳定和经济的发展，天津地位日益重要，加之清代不实行卫所制，于是在顺治九年（1652 年）天津左卫、天津右卫归并于天津卫，三卫合一。康熙四年（1665 年）将税收衙门（钞关）由河西务移到天津，划归天津道管理。雍正三年（1725 年）三月，改天津卫为天津州，将原辖的 143 个屯庄就近并入武清、静海、青县、沧州、南皮，又将武清、静海、沧州3处267个村庄划归天津。同年九月，升直隶河间府所属天津州为直隶州，管辖武清、青县、静海三县。雍正九年（1731年）二月，直隶总督唐执玉疏言："天津直隶州，系水陆通衢，五方杂处，事务繁多，办理不易，请升州为府，设知府一员、粮捕通判一员、经历一员、教授一员、训导一员，附郭置天津县……同该州原辖之青县，静海及沧州，南皮、盐山、庆云……统归新升之府管辖，其旧设河间府之海防，应就近改属天津。"经雍正帝批准执行。从此天津府辖6县1州，成为畿辅首邑。

光绪二十八年（1902年）直隶总督衙门迁到天津。

1912年中华民国成立后，废除了州、府的建置，改天津为县，直接隶属于直隶省。1913年2月，直隶省省会设于天津。

1928年6月，国民政府决定，改直隶省为河北省，以天津城及附近地区设置天津特别市，这是天津设市之始。同年10月，河北省会迁往北平。

1930年6月，天津特别市改属于国民政府行政院。同年10月，河北省政府又由北平迁津，遂改天津为省辖市；同时天津市、县分治，县政府迁到咸水沽。

1935年6月，河北省省会迁往保定，天津又改为行政院辖市。1937年"七七"事变后，日伪政权又将天津改为特别市。1945年8月15日日本投降，国民政府接收天津，改天津为直辖市。

1949年1月15日，天津解放。中国人民解放军天津市（区）军事管制委员会和天津市人民政府成立。军事管制委员会受中国人民解放军平津前线司令部指挥，对天津市以及东至塘沽、大沽，南到静海，西至杨柳青，北至杨村的地区内实行军事管制。天津市人民政府属华北人民政府领导。

1949年10月1日，中华人民共和国成立后，天津定为直辖市；1958年2月11日，中华人民共和国第一届全国人民代表大会第五次会议决定，将天津由直辖市改为河北省直辖市；同年4月18日，河北省第一届人民代表大会第七次会议决定，河北省省会由保定市迁到天津市。

1967年1月2日，经中共中央决定天津市恢复直辖市，河北省省会又从天津市迁往保定市。

1967年12月1日，天津市革命委员会成立。1980年6月23日恢复天津市人民政府建制。

1970年1月，天津市撤销北大港区，将其并入南郊区。1973年7月7日，国务院批复将河北省的蓟县、宝坻县、宁河县、武清县、静海县5个县划归天津市。

1979年11月6日，北大港区从南郊区划出，成立大港区。至此，天津共辖18个区县，其中中心区6个，即和平区、河东区、河西区、南开区、河北区、红桥区；环城区4个，即东郊区、西郊区、南郊区、北郊区；滨海区3个，即塘沽区、汉沽区、大港区；县5个，即蓟县、宝坻县、宁河县、静海县、武清县。

1992年2月12日，环城东、西、南、北4个郊区分别更名为东丽区、西青区、津南区、北辰区。2000年6月13日，撤销武清县，建立武清区；2001年3月22日，撤销宝坻县，建立宝坻区。

2009年10月21日，国务院批复，撤销塘沽区、汉沽区、大港区，设立滨海新区。

随着滨海新区开发开放步伐的加快，天津的经济社会发展已经站在了一个新起点上。天津市实现科学发展、和谐发展、率先发展，努力建设经济繁荣、社会文明、科教发达、设施完善、环境优美、人民富裕的国际港口城市及北方经济中心和生态城市的宏伟目标，正在逐步变为现实。

2012年3月26日

大事记部分

1912 年

1 月 1 日　中华民国临时大总统孙中山在南京宣誓就职，宣告中华民国临时政府成立。

1 月 2 日　滦州驻军宣布独立，建立北方革命军政府。9 日起义失败。

1 月 13 日　南开私立第一中学堂增设高等班开课。

2 月 12 日　清帝溥仪退位。

3 月 3 日　天津临时保安会成立，由绅商各界倡议组成，以维持社会秩序。

3 月 20 日　北方咨议局联合会在津成立，由直（河北）、奉（辽宁）、吉、黑、鲁、豫、晋 7 省组成，旨在实行自举都督。

4 月上旬　新直隶会在天津成立。宗旨是“公举都督，组织省会，以实力监督直隶行政、司法各机关”。事务所设在直隶自治研究总所内。

4 月 25 日　直隶实业促进会在自治研究总所举行成立会，宗旨是“研究全省实业进行方针，监督行政机关及指挥企业家的趋向。”后易名实业公会。会址在河北公园教育品制造所内。

本月《民约报》（日报）和《民国报》（日报）同时创刊。

5 月 11 日　天津中华书局开幕，局址在北马路。

5 月 19 日　直隶教育总会在河北学会处举行成立会。

5 月 27 日　中国工党天津支部在西马路宣讲所举行成立会。6 月 19 日该党被张锡銮下令禁止活动。

6 月 1 日　滦州与开平两矿合并合同在天津正式签订。从此两矿实权均由英人操纵。

7 月 1 日　开滦矿务总局在天津成立。

同日　天津县署裁撤，其所属机构归并天津府接管。9 个半月后恢复天津县，将天津府裁撤。县署设在原府署，后易名为天津县行政公署。

7月25日 天津道署裁撤，所管河务由天津府接办，地方行政归直隶布政使处理。

本月 直隶美术馆在天津成立，宗旨是“普及美术知识，辅助工艺进步”。

8月23日 孙中山应袁世凯邀请自沪乘“安平轮”抵达天津，下榻利顺德饭店。

10月13日 中国国民党天津支部在城议事会举行成立会（国民党系中国资产阶级政党。1912年8月由同盟会联合统一共和党等组成，推举孙中山为理事长，黄兴、宋教仁等8人为理事）。

12月20日 天津县举行众议院初选投票，24日结束。10万人参加选举，61人当选。翌年1月20日，天津、河间两府众议院议员复选在沧州举行。

12月27日 天津商务总会创设。

是年 天津商工银行成立，旅津日商创办。行址在今兴安路。1920年与北京实业银行合并组成天津银行。

1913年

1月8日 袁世凯下令，省、道、县行政长官，分别以民政长、观察史、知事称之。并规定直隶民政长由直隶都督冯国璋兼署，驻天津。

1月中旬 北京政府改革直隶官制，将原直属省的津海关道、长芦盐运使、交涉员均改由中央直属特别行政官。直隶民政长下设内务、财政、实业、教育4司。

1月27日 国民党本部天津交通部成立。

2月16日 直隶行政公署举行成立仪式。冯国璋与内务、财政、实业、教育各司官员互相行礼。署址在河北公园直隶提学使署旧址。

本月　北洋水师大沽船坞更名大沽造船所。

3 月 25 日　天津基督教女青年会成立。会址初附设海大道伦敦会内。后迁至意租界三马路（今进步道）。

3 月　中国矿业联合会在津成立。

4 月 6 日　直隶商会联合会在天津商务总会举行成立会，全省六七十处商会派代表出席。推举张汉兴任干事长。

4 月 15 日　直隶渤海道在天津成立，署理渤海道观察使刘锡钧上任，辖天津、河间、永平、遵化 4 地。1914 年 8 月更名为津海道尹公署。

4 月 27 日　中华民国省议会联合会在天津举行开幕式，5 月 4 日，该会迁往上海。

5 月 25 日　天津艺曲改良社成立。

7 月 27 日　天津戒严司令处宣布成立。新任天津镇守使王廷祯任总司令，杨以德任副司令。8 月 3 日宣布戒严令，10 月 9 日撤销。

本月　中华民国邮政协会天津分会成立，宗旨是“联络同志，研究邮政知识，协谋全国邮政发达”。

10 月 1 日　津保轮船有限公司举行开航式。

11 月 5 日　天津警察厅奉袁世凯命解散国民党天津支分部、国民党天津交通部机关。14 日决定取消顺直省议会国民党籍议员资格。

12 月 26 日　直隶行政公署与大沽造船所订立创办全省内河航业合同。规定双方各投资银 10 万两，在天津成立直隶内河行轮局，创办津保、蓟运、津磁、滦迁等 5 条航线业务。

1914 年

2 月 1 日　天津县行政公署通告，饬令天津县议事会、参议会、城议事会、董事会以及镇、乡议事会各自治组织内，撤销国民党籍议员资格。

2 月 3 日　袁世凯下令一律取消地方各级自治机构。天津县、城、镇、乡各议事会遂告结束。

2 月 28 日　袁世凯下令解散各省议会，由行政长官对行政事务负全责。

3 月 4 日　南开学校校刊《南开星期报》创刊。

5 月 22 日　达仁堂举行开业仪式。

5 月 23 日　袁世凯下令将各省民政长更名为巡按使，6 月 29 日又将各省都督改称将军。

7 月 1 日　天津实行印花税。

7 月 9 日　直隶水上警察总局在天津成立，由河巡队和水师兵船合并组成，归直隶巡按使节制。

9 月　久大精盐公司成立。

10 月 16 日　天津基督教青年会在东马路新址举行揭幕仪式。

11 月 17 日　南开学校新剧团在本校礼堂举行成立会。

是年　北疆博物院创建，1928 年正式开放。创办人为法国天主教神甫桑志华。河套古人类化石即由该院研究鉴定而定名。地址在今马场道天津外国语学院内。

1915 年

4 月 23 日　全国教育会联合会在顺直省议会旧址开幕，18 个省区 51 名代表出席。

5 月 29 日 盐业银行天津分行开幕。行址在法租界 8 号路（今赤峰道）。

6 月 恒大机器厂成立。厂址在河北北营门内大街。

本月 天津人民因袁世凯承认日本“二十一条”，继续抵制日货。

7 月 1 日 天津社会教育办事处成立，林兆翰主持，从事改革风俗，改良戏曲和有关社会教育。

8 月 30 日 南开学校《校风》（周刊）创刊。周恩来在该报历任编辑、纪事类编辑主任、经理部总经理。

10 月 24 日 浙江兴业银行天津分行开业。

11 月 18 日 直隶全省警务处在津成立，由直隶巡警道署改组而成，下设总务、行政、司法三科。处长兼署天津警察厅厅长杨以德即日上任。

1916 年

1 月 6 日 中法实业银行天津分行开业。行址在法租界延丰储蓄会内，后迁至法租界 7 号路 114 号。1922 年更名为中法工商银行。

4 月 恒源帆布股份有限公司成立。

6 月 6 日 袁世凯病死，天津豪绅富商恐政局动乱，纷纷迁入租界。

7 月 6 日 黎元洪下令将各省督理军务长官改称督军，民政长官改称省长。

本月 财政部炼铜厂在天津成立，由山东官收制钱局移津改组而成，任务是收买制钱熔化，供造币厂使用。1918 年 3 月并入天津造币总厂。

11 月 7 日 中孚银行天津总行开业。

1917 年

1 月 鸿茂生印色墨水厂成立。厂址在北马路。

3 月 16 日 中德绝交，中国政府宣布收回德租界，改为特别第一区。

4 月 华北制革股份有限公司建成投产。厂址在河北金家窑。1918 年 3 月迁至河北三条石东口河沿。

5 月 15 日 金城银行天津总行开业。

6 月 30 日 《天津劝学月刊》创刊。

7 月 23 日 新华储蓄银行天津分行开业。行址在法租界 7 号。

8 月 周恩来由天津前往日本留学。

10 月 25 日 直隶教育厅、直隶实业厅同时成立。新任教育厅长王章祐、实业厅长严智怡上任。

11 月 11 日 《益世报》报道俄国十月革命和苏维埃政府成立的消息。

1918 年

2 月 天津银行分会成立。会址在北门内，后迁至英租界达文波路（今建设路）。

3 月 顺直水利委员会成立，熊希龄任会长。

5 月 17 日 奉系军阀张作霖所属部队不断进关南下，在津成立奉军总司令部办公处。

6 月 1 日 天津博物院开幕。

11 月 23 日 三岔河口裁弯取直工程竣工。

是年 天津扶轮中学在津创办。

是年 天津学生常设机构中国学生爱国会天津支部筹备会

成立。

1919 年

2 月 6 日　直隶管理敌国人民财产事务分局成立。

2 月 27 日　华新纺织股份有限公司津厂开业。厂址在小于庄（今天津印染厂前身）。

本月　社会改造社成立，为北洋大学法学科学生张太雷发起组织的进步团体。

4 月 2 日　大陆银行天津总行开业。

4 月 26 日　天津首次实行夏时制。

5 月 4 日　“五四”运动爆发。5 日开始，天津各校学生纷纷发表通电、集会，声援北京爱国师生。6 日，天津中等以上学生集会，声援北京学生。14 日，天津学生联合会正式成立。25 日，天津女界爱国同志会成立。

7 月 21 日　周恩来主编的《天津学生联合会报》创刊。

9 月 16 日　觉悟社成立。1920 年 1 月 20 日，社刊《觉悟》创刊。

9 月 25 日　南开大学正式成立，设文、理、商三科。

10 月 17 日　张伯苓、严范孙在南开学校创办大学部正式命名南开大学，设文、理、商专科。

11 月 1 日　天津学生联合会与天津女界爱国同志会联合主办的《平民》杂志创刊。

1920 年

1 月 20 日　周恩来主编的《觉悟》创刊。

2 月　天津开源垦殖公司（官僚资本）在日租界创办，经营农垦、畜牧及土地抵当买卖。公司有农场3个，总共地产近6万亩。1926年4月，该公司改名为新开源垦殖公司。

10月 张太雷接受李大钊的委派，成立了天津社会主义青年团。

是年 天津防疫医院成立，院址在南门外大街。

是年 李大钊帮助建立天津马克思主义研究会。

是年 张太雷在天津建立了共产党组织。

1921年

7月17日 天津市政研究会成立，严修、李实忱为正、副会长，该会宗旨为提倡自治，注重民意，促进市政之进步。

7月23日 中国共产党第一次全国代表大会在上海举行，中国共产党正式成立。大会通过了党的纲领，确定了党的名称为中国共产党，规定了党的奋斗目标、民主集中制的原则和党的纪律。

8月10日 天津地方自治筹备会成立。

9月11日 天津工人工余补习学校成立，由共产党人于树德、安体诚创办。

本月 共产党员邓培、王麟书在天津机务段建立铁路工会。

10月1日 天津证券、粮食、花纱、皮毛交易所开业。

是年 由天主教主办的天津工商学院动工兴建，校址在河西马场道（今天津外国语学院）。1923年部分校舍落成，开始招生上课。1948年该院改为津沽大学，有工商、神学、机械等3院10系。

是年 张太雷赴苏联参加共产国际远东局工作。

1922年

3月27日 李大钊到天津，对开展天津工人运动作部署。

4 月 29 日　第一次直隶战争爆发，5 月初奉军大败。6 月 18 日直、奉代表在英、美的“调停”下，双方议和，直系军阀控制了北京政府，统治了天津。

7 月 16—23 日　中国共产党第二次全国代表大会在上海举行。大会通过了《宣言》。这次大会的中心议题是解决党的民主革命的纲领问题，会后发表了《中国共产党第二次全国代表大会宣言》。

9 月 15 日　天津工商学院建成并开课。

11 月 20 日　经天津总商会联络直隶省各县商会，呈省公署批准，恢复直隶省商会联合会。

1923 年

2 月 7 日　“二七”京汉铁路工人罢工惨案发生后，中共北方区委决定，京汉铁路总工会办事处迁来天津办公。

10 月 5 日　农商部主管的天津商标登录处正式成立。

12 月　为加速建立天津地方党组织的进程，李大钊在法政专门学校 18 周年校庆之时，特意赶来天津，亲自指导党组织的筹建工作，对天津党组织的建立起了直接的推动作用。

是年　天津国民饭店建成开业，为天津早期的著名饭店。

1924 年

1 月 18 日　天津马大夫医院举行新楼落成典礼。英国驻华公使马克雷，英、法驻津领事及直隶省长王承斌等百余人与会。

2 月　根据李大钊的指示，中共天津小组成立，于树德任组长。

3 月 9 日　中国社会主义青年团天津地方执行委员会成立。于方舟任委员长。

7 月 在中共北方区委领导下，中国共产党天津地方执行委员会宣告成立，于方舟任委员长，江浩任组织部主任，李锡九任宣传部主任。中共天津地方执行委员会机关设在原法租界 24 号路普爱里 34 号，后迁至英租界义庆里 40 号（今南京路义庆里 21 号）。

8 月 6 日 中国政府收回天津俄租界，改为特别第三区。

12 月 4 日 孙中山到津，中共天津地方执行委员会通过国民党直隶省党部、市党部组织了 50 多个团体 13 万人到美昌码头欢迎，促进了国民革命运动在天津的发展。

12 月 7 日 杨以德赴河北省署接印视事，代理直隶省长。仅 4 天就移交给奉军李景林。

12 月 21 日 中共天津地方执行委员会妇女委员邓颖超发起成立了天津妇女国民会议促成会。

1925 年

1 月 团中央决定将社会主义青年团更名为共产主义青年团，天津团组织也改为共产主义青年团天津地方执行委员会。

2 月 27 日 天津农民协会成立。提出“打倒帝国主义”、“打倒军阀”的口号。

6 月 10 日 天津各界联合会成立，并出版《救国日报》。

7 月中旬 天津海员罢工委员会成立。共产党人赵世炎、李季达、安幸生等为领导成员。7 月 21 日，在津的“昌升”、“裕生”等 5 轮海员 425 人宣布罢工。到 8 月 2 日，陆续到津的“重庆”、“朝阳”等 7 艘英轮全体海员罢工。

8 月 4 日 天津总工会成立。这是中国共产党领导下成立的天津市第一个全市性的工会组织。

8 月 16 日 《晨报》讯：奉军在天津设立东北陆军训练处，内设步兵、骑兵、炮兵、工程兵、辎重、航空、教育、电信 8 部。

12 月 24 日 国民军韩复榘、陈希圣、门致中 3 旅占领天津。

12 月 25 日 国民军驻军副总司令兼国民三军军长孙岳任直隶督办兼省长。

是年 在马场道建成乡谊俱乐部，占地 600 亩，西部是俱乐部，东部为跑马场。

是年 张作霖在天津成立移民局，对迁徙东北的农民提供资助。

1926 年

1 月 25 日 天津总工会创刊《工人小报》。中共北方区委宣传部长赵世炎兼任主编。

1 月 31 日 津浦铁路总工会天津分会召开成立大会，并发表宣言。

3 月 22 日 苏联驻津领事馆升为总领事馆，欧沙宁为第一任总领事。

5 月 中共天津地委下设 3 个部委，直接领导辖区内的党支部，其他支部直接隶属天津地委领导。

6 月下旬 张作霖在津设东北陆军航空处，拨建筑费 1 万元。

是年 直隶汽车路（公路）管理局在津成立，此为天津地区正式设置公路交通管理机构之始。

1927 年

2 月 5 日 明星大戏院（今和平影院）开业。

2 月 18 日 天津无线电报学校成立，举行开学典礼。

本月 中共津南特委成立，刘格平任书记。

5 月 15 日 天津无线电广播电台开始播音，每日上午播出两次。

8 月 中共顺直省委在天津成立，顺直省委的工作范围包括北京、天津、河北、山西、陕西、绥远、察哈尔、东北三省及河南、山东的部分地区。彭述之任书记。当时天津地委改为天津市委。

8 月中旬 中共中央北方局在天津建立，王荷波任书记。9 月初北方局改在北京建立机关。

9 月 13 日 南开大学经济研究所创办。

9 月 20 日 天津体育协进会在南开中学正式成立。

10 月 1 日 我国第一个自动电话局（天津东局）建成通话。1928 年 5 月和 7 月，电话南局和中局也部分改装为自动电话。

10 月 18 日 新万园桥（今解放桥）举行落成典礼。

11 月 中共中央临时政治局扩大会议在上海举行。

是年 英租界工部局在天津设立“天津公学”（后改名为耀华学校，今耀华中学），建筑费白银 400 万两，经由捐款拨付。当时该校可容学生五六百人。

1928 年

1 月 1 日 天津中原公司开业（今百货大楼）。黎元洪前往祝贺（中原公司由黄文谦等民族资本、陈耀珊等官僚资本和蓝赞襄等华侨资本合办，资本总额为 130 万元。蓝赞襄为总经理，经营杂货、衣料、食品，并附设娱乐场所）。

1 月 27 日 为贯彻中共八七会议精神，中共顺直省委在天津召开改组会议，决定撤销中共天津市委，天津市党的工作由省委组织部长傅茂公（彭真）兼管。

6 月 3 日 奉系军阀张作霖退出北京，至此，北洋军阀政府覆灭。

6 月 4 日 国民政府特任阎锡山为京津卫戍司令。接着其部下傅作义、袁庆增分别任天津警备司令和天津宪兵司令。

6月20日 直隶省改为河北省，北京改北平，将北平与天津定为特别市，属国民政府直辖。天津为河北省会。天津特别市第一任市长为南桂馨（6月下旬任职，9月卸任）。

7月4日 河北省政府在天津成立，商震任省政府主席。10月12日省会迁往北平。

7月22日 中共顺直省委在天津举行扩大会议。会议改组了省委。

8月9日 天津学生联合会成立。该会由南开学校、北洋大学发起。

10月1日 天津市立师范学校成立。

10月8日 海河整理委员会成立。

11月16日 天津特别市临时委员会成立。委员除各局长、科长外，另有各界代表30人。

本月 中共天津特区委成立，负责天津基层党的工作。中共顺直省委主办的党内刊物《出路》第1期出版。

12月12日 高星桥等投资兴建的天津劝业场落成开业。楼高7层，建筑面积2.4万平方米。这是一座集中300多家商店的大型综合性商场。

12月23日 河北省国术馆在南开中学礼堂召开成立大会。

本月 中共顺直省委在天津法租界召开扩大会议，周恩来在会上传达中共六大精神。

是年 齐肆三和张美利夫妇在津创办私立葆真聋哑学校。

1929年

1月1日 交通饭店正式开业。该店于1928年4月由高星桥等投资开工兴建，占地1 612平方米，建筑面积8 262平方米，楼高6层，局部高7层。大楼建成后，由高星桥、高渤海独资经营。

本月 中共中央在英租界广东道（今唐山道47号）设地下印刷所。

2月7日 中华航空协会天津分会成立。

2月22日 为推广街村制，天津市政府设街村办事处，刘孟扬任处长。

5月 由陈调甫创办的民族资本永明油漆厂投产。即今天津市油漆厂前身。

8月 天津助产学校创办。

本月 中共顺直省委在天津公开出版《好报》。

11月13日 南开大学出版社成立。1936年10月停办。

11月24日 天津记者联合会召开成立大会。

1930年

1月1日 中共天津党组织建立的北方书店开业，主要销售马列主义理论书籍及进步书刊。8月15日，北方书店遭当局破坏。

1月3日 河北省第一博物院重新开放。

1月15日 天津《大公报》报道市社会调查局调查。全市共有工会87处，会员28 406人。

1月27日 天津特别市义务教育委员会成立。

春季 天津市立第一医院开办。该院设内、外、妇产、眼、耳鼻喉等科。

4月5日 惠中饭店开业。该饭店房地产权为汤玉麟所有，孟少臣等租用该房，合资开设。建筑面积11 940平方米。

4月19日 天津省立第一师范学校等10所学校成立天津革命学生联合会。

本月 中共顺直省委成立总行动委员会，部署纱厂工人同盟罢工，学生罢课。因事机不秘，薄一波、张明远、刘仁等被捕。

本月 中共顺直省委决定重建中共天津市委。邢克让任书记。

6月 天津特别市改为天津市，天津特别市政府改为天津市政府，直隶于国民政府行政院。是年11月，天津市改为河北省省辖市。

7月18日 中共顺直省委在天津召开平津塘三市工作联席会。

同日 天津气象台落成，8月21日，首次作天气预报。

8月 中共中央北方局在天津成立，贺昌任书记，12月撤销。

9月18日 天津市辽灾急赈会成立，当场认捐棉衣1万套。

本月 中共蓟县临时县委成立。

10月15日 河北省政府由北平迁天津。

10月25日 天津美术馆正式成立。该馆每月开美术展览会一次。

本月 天津市立民众教育馆建立，该馆为社会教育机构。

12月21日 中共中央决定撤销北方局，将顺直省委改为河北省委。

本月 天津左翼作家联盟小组成立。此前，北方左联在北平成立，并决定在天津、保定等地建立左翼文化团体。

是年 天津市立高级护士学校成立。

是年 天津市共有市立小学37所，教职员500人，在校学生13 008人；私立小学85所，教职员583人，在校学生12 080人。

是年 伟迪药厂开业，主要生产片剂。天津解放后与多厂合并，即今人民制药厂前身。

1931年

1月28日 中共中央代表团到达天津，宣布取消河北第二省委“紧急会议筹备处”。

2 月 5 日 中共河北临时省委在天津成立。

4 月 8 日 河北临时省委遭破坏，由王宏等组成省委临时常委会，省委机关由天津迁往北平。不久成立河北省委，负责领导河北、山西、陕西、甘肃及河南北部的工作，顺直省委结束了自己的历史使命。

本月 民族资本石棉公司开业，即今天津石棉厂前身。

6 月 20 日 天津市立图书馆举行开馆典礼（馆址在今南开区二纬路原杨家花园内）。

同日 天津市立第一图书馆开馆。

6 月 28 日 天津《益世报》讯：天津市人力车场有 560 处，人力车夫 12 637 人。

9 月 1 日 天津航政局成立。1932 年 9 月 19 日撤销，改设航舶登记处。

10 月 民族资本仁立毛呢纺织厂投产。初仅有粗纺部生产地毯毛纱。后来，陆续增添设备，生产粗精纺毛织品。天津解放后大量生产工业用呢。厂址在和平区云南路，今第二毛纺织厂前身。

是年 宁园在天津北站种植园旧址建成。北宁公园是 1906 年袁世凯委派周学熙辟建的一座种植园，后因战乱而荒芜。1931 年北宁铁路局在此兴建了公园，借诸葛武侯“宁静致远”之意，取名为宁园。占地 50.31 公顷，其中水面 16.7 公顷。

是年 中美合办天津啤酒公司建立，资本 4 万元。

1932 年

3 月 陈少敏来津，任中共天津市委秘书长兼妇女工作部部长。

4 月 天津东亚毛呢纺织股份有限公司开业。该公司由宋棐卿等集资 23 万元创办。该公司以“国人用国货”为口号，用“抵羊”作商标以顺应民心，产销迅速增长。

6月 天津国学研究社成立。

8月 中共组织的天津文化总同盟成立，以反帝爱国为主要内容的左翼文艺运动在天津全面展开。

10月15日 天津市营公共汽车开始行驶。

12月 河北省政府主席于学忠兼任天津市市长，1933年8月兼职卸任。

是年 法资东方修焊公司投产，即今河西区陈塘庄华北氧气厂前身。

是年 民族资本亚光变压器厂投产，天津解放后并入几个厂，即天津变压器厂前身。

是年 南开大学创建应用化学研究所。

1933年

1月1日 天津北宁公园对外开放。这是北宁铁路接受开滦煤矿捐款修建的，作为铁路职工及家属休息场所。

3月18日 中共河北省委机关刊物《火线》出版。

本月 天津戒烟医院成立。

4月15日 天津市新闻检查委员会成立。5月22日，开始实行新闻检查。

7月 中共河北省委机关由北平迁往天津。

9月1日 苏联总领事馆设在天津（中苏关系于1932年9月12日恢复，苏联大使馆设在南京）。

10月1日 中原公司（今百货大楼）在法租界设立的分公司（即前中原公司，今华联商厦）开业。

10月15日 英国人柏思任职天津海关税务司。

12月 中共河北临时省委在天津再次改组。

1934 年

1 月 河北省政府委派市县划界委员会同天津市、天津县政府勘界，乡区归天津县领导，重新划定市区管辖范围：东至牛圈，东南至吴家咀，南沿津浦路支线，西至西营门，西北至黑塔寺，北沿北宁铁路，总面积为 82 136 亩（约合 5 475. 5 公顷），市区人口 92. 4 万人。

本月 海河工程处成立，负责春汛放淤任务。茅以升任处长。

3 月 天津金城银行、南开大学与中华人民教育促进会（在正定）共同成立华北农产研究改进社，进行棉花优种培育、推广，贷给生产资金，组织运销合作社，奖励植棉事业。

5 月 4 日 由黄河水利委员会、河北工学院、北洋工学院共同举办学术机构——中国第一水工试验所（制造水利工程模型），6 月 1 日举行奠基礼。

10 月 中共中央和中央红军离开江西省瑞金开始长征。

11 月 16 日 南开大学广播电台首次播音。该台每周五广播一次，播出政治、经济、科普及文艺 4 套节目。电台频率为 1 163 千赫，仅本市能收听。

是年 中国农业协会在张学良、于学忠等赞助下，在天津成立。宗旨为开展研究，指导农民改良种植。

是年 天津市志编纂处编《天津市概要》铅印出版。

是年 日资味精厂投产，厂址在河东八纬路，最高年产味精 20 吨。天津解放后，又有其他厂家并入，即今天津味精厂前身。

1935 年

3 月 18 日 裕元纱厂宣布解散，全厂 3 000 多工人失业。

4 月 8 日　据天津社会局 4 月初统计，全市吸毒者超过 12 万人。

6 月 1 日　在日军威迫下，河北省政府由天津迁保定，天津市又恢复旧制，隶属行政院，4 日，省直属各厅在保定办公。

6 月 4 日　国民政府行政院决议改天津为直辖市，王克敏代张廷谔为市长，商震为天津警备司令。25 日，国民政府任命商震为河北省主席兼天津市市长。

同日　中共河北省委发表《粉碎日本帝国主义新进攻，号召全华北民众进行民族革命战争》的宣言。

6 月 23 日　南开大学校长张伯苓宣布：将南开大学交国民政府办理。

本月　中共中央和中央红军与红四方面军在四川懋功（今小金）地区会师。

7 月 23 日　天津市成立中国儿童年实施委员会。中国儿童年定为 8 月 1 日至翌年 7 月底。

本月　中共中央北方局成立，高文华任书记，李大章任宣传部长兼天津市委书记。

本月　天津市立苗圃管理所成立。所址位于北站外，占地 19 亩，种植洋槐、黑松、扫帚柏、侧柏 4 种树苗 19 900 株，兼保管市内各处人行道树木。

11 月 7 日　中共中央机关到达西北根据地的中心瓦窑堡（今子长县）。

10 月 16 日　天津市禁烟委员会成立。该会决定在 3 个月内强制实行烟民登记。11 月 26 日，禁烟委员会设立检查处，调查吸毒情况。

12 月 9 日　北平爆发“一二·九运动”。18 日，天津 14 所大中学校学生 4 000 余人举行抗日救亡示威游行和集会，声援北平学生。

12 月 28 日　天津市学生联合会正式成立，各校代表组成执行委员会。

是年　由高星桥于 1933 年投资兴建的旅馆“渤海大楼”建成。占地面积 600 平方米，主体 13 层，高 48.2 米，总建筑面积 4 088平方米，为天津当时最高建筑。

是年　天津组织了中华乒乓球队，是天津第一支乒乓球代表队。

是年　河北监察使署正式成立，负责河北省、天津市等地的监察事项。

1936 年

3 月 8 日　由共产党员张秀岩等成立天津妇女救国会。

3 月上旬　林枫任中共天津市委书记，李启华任组织部长，彭涛任宣传部长，张秀岩任妇女部长。

本月　刘少奇受中共中央委派由陕北来天津重建北方局，并兼任书记。

4 月 15 日　天津警察医院成立。

本月　在中共天津市委领导下，天津各界救国会宣告成立。

6 月 15 日　由天津曹家花园改造的天津市立第一花园对外开放。

7 月中旬　中共塘沽区委建立。

9 月　中共天津市委领导的知识书店在津开业。

10 月 2 日　河北省建设委员会决定将商营的平、津、保 3 条公路收归官办，并派宋哲元前往接收。4 日，接收了河北省公路局驻津办事处。同日，津市车商联合请愿表示反对。

10 月 10 日　中共中央、中华苏维埃中央政府、中央革命军事委员会联合发出《为庆祝一、二、四方面军大会合通电》。

10 月 30 日 因天津市租界林立，市公安局决定设立外事警察。

是年 天津中国大戏院建成。

1937 年

1 月 30 日 天津市公安局改为警察局。

2 月 中共中央北方局由天津迁往北平。

4 月 19 日 省立水产学校奉令改为水产实验厂。

本月 中共天津市委在津南小站建立特别党支部。

5 月 2 日 中国共产党在延安召开苏区代表会议（即党的全国代表会议）。

5 月 10 日 士绅李廷玉主办的天津国立医学院施诊所开业。

7 月 7 日 日军炮轰宛平县城。国民党军队奋起抵抗，抗日战争从此开始，是为卢沟桥事变。8 日，中国共产党中央委员会发出通电，指出："平津危急！华北危急！中华民族危急！"

7 月 15 日 天津各界救国会成立。

7 月 29 日 驻津二十九军官兵凌晨 1 时向日军开展进攻，先后占领东站、北站，攻入日租界，袭击东局子飞机场，炸毁日机 20 余架。下午，日军对东站、北站、电话局、市政府、南开大学狂轰滥炸。中国军队撤离，天津沦陷。

7 月 30 日 天津沦陷。粗略估计，抗日官兵遇难者达 2 000 余人，市民伤亡无数，无家可归难民达 10 万人以上。市区遭日寇炸毁、拆毁破坏的各机关房屋和民房、厂房达 2 545 间。受到战火损失的工厂企业计 53 家，损失达 2 000 多万元。

同日 中共北方局从天津迁往山西。

8 月 1 日 伪"天津治安维持会"成立。维持会在河北大经路（今中山路）原天津社会局办公（伪"天津治安维持会"管辖范围，除市区外，还包括天津、静海、青县、沧县、南皮、交河、东光、吴桥、武清、安次各县)。

8月中旬 华北各界救国会从北平迁到天津。中共党员胡锡奎等及社会名流刘清扬为该会领导成员。

8月25日 中共中央军事委员会发布命令，红军改编为八路军。

同日 中共河北省委和天津市委重新建立。李运昌任省委书记，马辉之、李大章分任组织部长、宣传部长。9月，马辉之任河北省委书记，吴德任组织部长，林铁任军事部长，姚依林任宣传部长兼天津市委书记。

10月30日 中共河北省委领导的华北人民抗日自卫委员会在天津成立，由李楚离、王仲华领导。

12月17日 伪“天津治安维持会”解散，正式成立伪“天津特别市公署”，汉奸高凌霨任伪河北省省长兼天津市市长。

同年 中共中央在洛川县召开中央政治局扩大会议，通过《中国共产党抗日救国十大纲领》。

1938年

1月18日 天津122个民众团体发表声明，不承认北平伪“中华民国临时政府”。

3月1日 坐落在河东的天津发电所（今第一发电厂）投资800万元，经过一年半的施工，竣工发电，总装机容量为3万千瓦。这是为日本侵略华北的需要而建的，是当时华北最大的电厂。

本月 伪天津特别市政府将天津原有6个区，改划为9个区及3个特别区。

4月21日 中共冀中行政主任公署成立。吕正操、李耕涛任正、副主任。同日，冀中区党委成立，黄敬任书记；冀中军区成立，吕正操、孟庆山任正、副司令员。

9月 中共河北省委和天津市委奉命撤销，马辉之、姚依林回根据地工作。同时，中共平津唐点线工作委员会成立，葛琛任书记。该委员会的任务是坚持秘密工作，利用多种方式了解敌情，向根据地输送人员和物资，积聚力量，准备将来反攻。

10月 中共平津唐点线工作委员会天津城委成立。

12月5日 设在灰堆的东洋造纸工业股份公司天津工厂，集股900万元，经过一年半的建设，建成投产，生产纸张（今天津造纸厂前身）。

本月 日军侵占天津后，推行鼓励中国人吸食鸦片的毒化政策。至此，全市公开贩卖鸦片、烟土的膏店达167家。另有几十家“白面馆”（“海洛因”商店）。

是年 日本丰田自动车株式会社投产，实际是由日本来件的组装厂，抗日战争胜利后改组为汽车制配厂。

是年 天津出版抗战杂志《大华周刊》、《时代同刊》和《铁蹄下的华北》。

1939年

2月中旬 蓟县盘山独立游击大队成立。

5月 顾磊任中共天津城委书记（由天津唐点线委员会书记赵普宣领导），杨思忠（梁波）任干事。工作地点在黄家花园福顺里50号。城委领导王兰庄党支部、小站党支部、公大纱厂和北洋纱厂联合党支部、天津“民先”地方大队党支部等。

6月 日本东洋棉花株式会社上海纺绩株式会社天津工场（俗称上海纱厂，今第四棉纺织厂前身）竣工投产。该厂拥有职工1 100多人，有纱锭近3万枚，线锭1 440枚，布机700台，年产纱6 265件，产布229 978疋。

7 月 26 日　伪华北临时政府公布《保甲条例》共 8 章 40 条。在华北推行保甲制度。“十户为甲，十甲为保”，并将 18 岁至 40 岁的男子编为自卫团，由保甲长统率，施以奴化训练。

11 月 12 日　白求恩大夫在晋察冀边区因医治伤员中毒，殉职于河北省唐县。中共中央致电吊唁。

12 月 1 日　延安举行白求恩大夫追悼会，毛泽东献了挽词：“学习白求恩同志的国际主义精神，学习他的牺牲精神、责任心与工作热忱。”

是年　天津市区共有小学 319 所（其中市立 156 所，区立 13 所，私立 150 所），在校儿童 63 962 名；中学 22 所（其中市立 1 所，私立 21 所），在校学生 8 709 名。

是年　日商岸和田纺绩株式会社大康纱厂（今玻璃纤维厂前身）建成投产。该厂有职工近千人，年产纱 3 500 件。

1940 年

3 月 30 日　南京汪精卫伪“中央政府”成立。“伪北平临时政府”改称“华北政务委员会”，王克敏任委员长。

7 月 1 日　伪河北省津海道尹公署在天津成立，王绪高任道尹。津海道下辖天津、静海、宁河、青县、大城、文安、新镇、霸县、永清、安次、武清、宝坻 12 县。

7 月 31 日　伪天津市公署举行保甲成立及保甲牌长就职典礼。全市共编 12 联保，251 保，2 566 甲，24 838 牌。

9 月　晋察冀边区冀东办事处改为晋察冀边区“第十三行政专员公署”。

10 月　中共平津唐点线工作委员会天津城委决定，成立党的外围组织中国青年抗日先锋队。

11 月 1 日　天津张贵庄机场修复竣工，投入使用。

是年 中共平津唐点线工作委员会撤销，平津等城市的中共地下组织由晋察冀中央分局直接领导。

是年 日本为掠夺华北物资配合建港，建立新港船舶株式会社，即今新港船厂前身。

1941 年

3 日 中共中央决定，将《新中华报》和《今日新闻》合并，称为《解放日报》。

4 月 16 日 中共中央决定设中共中央革命军事委员会华北分委员会。

5 月 20 日 伪天津市政府公布《发给市民居住证明书及旅行证明书施行细则》，规定：凡本市居住，年满 12 岁至 60 岁之中国人，无论男女，发给居住证明书，市民要随身携带，以备检查，无证者不得乘火车、长途汽车、轮船或飞机。

7 月 中共中央政治局会议对改革中央机构作出重要决定：（一）中央机关的任务为研究情况、掌握政策、总结经验、调剂干部；中央组织机构以精干为原则。（二）按照上述原则，成立由任弼时主持的“改革中央组织机构委员会”，讨论中央各部委之组织编制，交政治局会议通过。（三）为使中央有若干同志能经常集体处理日常工作，决定除每星期一召开一次政治局会议外，中央书记处应有一种人数不多的会议。

8 月 24 日 伪华北防共委员会（隶属于华北政务委员会）在津成立，温世珍任委员长。

9 月 日伪当局在天津县强化乡政机构，实行联村大编乡，全县共编成 43 个大乡。

11 月 1 日 天津日伪当局实行市民粮食“配给制”。全市设 17 处配给事务所，市民配售主要是粗粮，每户每月只可买几斤大米。

本月 陕甘宁边区参议会二届一次会议召开，李鼎铭等11人提出了关于精兵简政的提案。毛泽东对这个提案非常重视。参议会闭幕后，12月6日《解放日报》以《精兵简政》的标题发表社论，论述精兵简政的意义。

是年 日资兴亚铁工株式会社投产，设备110台机床，450人，专门生产军火武器。即今天津动力机厂前身，厂址在河北区小王庄。

是年 日本染业株式会社投产，以经营军品为主，厂址在河北何兴庄。天津解放后专印花布，即今印染厂前身。

是年 中共晋察冀中央分局成立“城工部”，所属北岳、冀热辽、冀中3个区党委，也都成立了“城工部”，向天津陆续派遣党员。

1942年

4月13日 天津特别市工厂联合会成立，会长朱应奎。工厂会员共1 500家，包括棉纺、机器制造、造胰、制革、橡胶、五金、电气等工厂企业。在1 500家工厂企业中，绝大部分是中、小企业，资本5万元以上的工厂只有69家。

本月 东洋化学工业株式会社汉沽工场第一工场（今天津化工厂前身）正式投产。

5月21日 领导中国共产党全党整风运动的中央总学习委员会成立，由毛泽东、凯丰、康生、李富春、陈云组成。

7月 天津青年抗日救国会（简称青救会）成立。

10月20日 新港一号码头举行开港典礼。该港可停靠3 000吨至5 000吨级轮船4～5艘。

是年 天津染织厂投产。厂址河北小王庄大街，即今天津第一印染厂前身。

1943 年

3 月 16 日 中共中央在延安召开政治局会议。任弼时代表中央书记处向中央政治局作关于中央机构调整及精简方案的报告。

3 月 20 日 中共中央政治局会议通过《中共中央关于中央机构调整及精简的决定》，决定调整中央机构，推举毛泽东为中央政治局主席。

5 月 31 日 伪天津特别市公署将所属特别一、二、三区一律改为普通区。特一区改为第十区，特二区改为第十一区，特三区改为第十二区，所有特别区公署均撤销。

7 月 "天津米谷统制委员会"成立。它是天津以及附近产稻地区（包括津海道 12 个县，冀东 11 个县）稻米生产并收购的统制机关。

8 月 1 日 天津各界抗日救国联合会成立。

本月 中共渤海区委根据中共中央山东分局指示，成立天津工作委员会。

9 月 16 日 伪天津市公署接管意租界，改称特管区。至此，天津有 12 个普通区，3 个兴亚区，1 个特管区。全市人口 179. 8 万人，其中外侨 2. 1 万人。

11 月 9 日 设在河东塘口的日资华北重石矿业株式会社天津制炼所（今天津第一炼钢厂前身）开工投产。该所中国职工 318 人，日人 46 人，主要生产钨钢、锰钢、钢锭、铸钢等。

1944 年

4 月 1 日 伪天津市政府为适应"决战体制"，简化行政机构，将第一至十二区和兴亚一、二、三区重新划分为8个区。

6月5日 中共中央发出《城市工作指示》。根据中央指示，晋察冀城工部以及冀中所属各县城工部，向天津市区派遣了大量地下工作者。

7月11日 中共冀中区委决定在天津“抗联”中建立中共总支。

8月1日 方先之筹建的骨科医院在沙市道正式开业。

秋季 中共山东渤海区党委城工部组成了“天津工作委员会”。

是年 《蓟县志》铅印出版。

1945年

1月 中共晋察冀中央局城工部在河东郑庄子开展建党工作。8月，在双喜沙厂（今棉纺五厂）建立党支部。

4月23日—6月11日 中共“七大”在延安召开。以团结的大会、胜利的大会载入史册的这次会议，在中共党史上具有极为重要的地位。毛泽东指出，这个大会是一个打败日本侵略者、建设新中国的大会，是一个团结全中国人民、团结世界人民、争取最后胜利的大会。

春季 中共冀中区委九地委决定成立“天津工作委员会”，工作重点放在天津市内的工人和学生中间。天津工委还承担为根据地从津购买物资的任务，支援解放区。

5月1日 中共津南县委、津南县政府成立。翌年，领导大港地区实行减租减息和土地改革。

本月 天津妇女工作委员会建立，张淮三任书记。

夏季 晋察冀军民开始全面反攻。解放区扩展到津浦线及天津近郊。

8月8日 苏联政府宣布对日作战，使中国抗日战争转入战略反攻的条件完全成熟了。8 月 9 日毛泽东发表《对日寇的最后一战》的声明。

8月11日 朱德总司令发布大反攻命令，八路军冀中军区部队包围天津。晋察冀军区任命杨成武为天津警备司令。12 日，晋察冀边区行署任命张苏为天津市市长。

8月14日 日本天皇宣布无条件投降。

8月15日 中共冀中区党委城工部调集大批干部集中天津郊区，准备入津接管。

8月28日 为争取和平民主、反对内战独裁，毛泽东与周恩来、王若飞等飞抵重庆，与国民党进行谈判。

同日 中共冀中区委召开天津工作会议，宣布成立天津工作委员会（对外称“天津解放委员会”），统一领导天津地下党组织。同日，八路军冀中军区驻津办事处成立。

本月 日本投降时，天津由日本经营的骨干企业有222个，从业人员4 700多人（其中日本人3 000多人）。固定资产总数161.6亿元（法币），流动资金51.3亿元（法币）。

9月5日 张思德在安塞烧炭，因炭窑崩塌牺牲。

9月8日 中央警备团及中央机关1 000多人为张思德召开了追悼会。毛泽东主席亲自出席追悼会，并发表了著名的《为人民服务》的讲话。这次激情的演讲，成为教育培养一代又一代革命者的不朽名篇。这是中国共产党为一名普通的战士举行的第一个正式追悼会。

同日 中共天津工作委员会作出《目前天津市形势与工作方针》的指示。8 日，又发出补充指示，指出：目前不能占领天津，要“作长期打算，准备力量，耐心等待，开展四郊工作”。

9月15日 八路军和民兵向驻守蓟县县城的伪军发起进攻，17 日晨解放蓟县城。

本月 中共塘沽区委成立。

本月 中共天津工作委员会正式出版《天津导报》。

10月2日 国民党政权天津市政府成立，市长张廷谔、副市长杜建时到任视事。

10月6日 天津日军投降仪式在公议大楼（和平区承德道22号）举行。

10月14日 天津市党政接收委员会成立。张廷谔为主任委员。翌年1月15日撤销。共接收敌伪产业1 002处。

10月24日 天津警备司令部成立，由九十四军军长牟廷芳兼任司令。

11月下旬 中共天津工作委员会决定在天津市内建立学生工作委员会，统一领导天津的学生运动，书记为张淮三，副书记为楚云。

本月 中共冀中区委向天津工作委员会发出《关于天津市工作的指示》。

12月1日 联合国善后救济总署在天津开始办公。

12月7日 天津市各工厂劳资纠纷调解委员会成立。

同日 天津市失业工人临时救济委员会成立。天津有工人58万余名，失业者达22.9万余人，得到救济的只有7万人。

12月20日 中国纺织建设公司天津分公司成立。25日，该公司将敌伪产业裕丰等7家纱厂接收完毕。

12月25日 中共冀中区委在新镇召开会议，改组津委会。此后，津委会工作重点转入天津市内。

1946年

1月10日 中共中央和国民党政府达成停战协议；同日，政治协商会议在重庆召开。

本月 宝坻、宁河、蓟县、武清（路北）、静海，都建立了县委和县人民政府，以及各种群众团体（解放战争开始后，中共冀东区党委和中共冀中区党委决定，把抗日战争时期建立的所有联合县撤销，恢复单一县制）。

1月25日 《天津市区保甲组织暂行办法》公布施行。

本月 天津市卫生试验所成立。承担全市的卫生检疫等工作。

本月 南开大学、北洋大学由西南、西北迁回天津复校。当年两校复课。

3月1日 国民党资源委员会所属冀北电力公司、华北钢铁公司、华北水泥公司、华北化学公司、天津纸浆造纸公司、中央电工器材厂天津分厂、天津机器公司、天津制车厂等华北八大公司在津成立。此后，官僚资本利用“接收”名义，垄断了天津重工业。

3月6日 中共中央发出了“精兵简政”的指示，对山东、华中、晋冀鲁豫、晋绥、晋察冀解放区的裁减兵员问题作出了安排。

3月31日 天津市政府重新划分区域，共划10个区。

3月下旬 经中共冀中区委决定，天津工作委员会改组为中共天津市委，吴砚农任书记，市委机关设在胜芳（1947年4月撤销，市内工作由冀中区党委城工部领导）。

4月20日 全国工业协会天津区分会成立。

7月16日 天津劳资纠纷评断委员会成立，由市长兼任主任委员。

7月19日 苏联驻天津领事馆恢复。

本月 天津齿科医院成立。

8月7日 中共天津市委召开扩大会议，传达毛泽东主席、党中央对全面内战爆发后的时局的分析。

本月 在林森路建立第十社教区民众教育馆，至此，全市共有10个民众教育馆。

9 月　国民党占领天津县地区。中共冀中区委决定撤销天津县委组建津武县委（以原天津县委和路南武清县委组成），后归冀中十地委领导。

11 月 11 日　天津中孚银行复业。

12 月 15 日　新港海河船闸建成，举行试航典礼。

是年　河北女子师范学院和国立国术体育师范专科学校（日本占领时内迁）返津复校。抗日战争时，停办的河北工学院、河北水产专科学校、河北医学院也在津复校。

1947 年

3 月 18 日　毛泽东、周恩来撤离延安，开始转转战陕北。中央前委和人民解放军总部机关在陕北转战了一年零五天。仅以 4 个半连的警卫部队与胡宗南的 20 万军队周旋、迂回，行程 1 000 多千米。

3 月　中共冀中区委决定撤销中共天津市委，市内工作由冀中区委城工部领导。

5 月 1 日　中国盐业公司在津成立。

5 月 18 日　天津市证券交易所成立。

本月　天津市的 10 个区 328 236 户，以自然居住地名分别编为 311 个保，9 461 个甲，各保、甲分设保长、甲长，管理本保、甲的治安、征敛、差役等事宜。

本月　中共冀中区委城工部决定重建天津地下学委，张淮三任书记。

本月　中共冀中区党委城工部成立天津市内领导小组，组长为于致远。

6 月 1 日　天津市地方建设费征收办事处成立。建设费征收对象为商号及住户。

7 月 中共地下组织在津建立读者书店。

8 月 28 日 国民党操纵的天津总工会召开成立大会。

10 月 中共平津工作委员会成立天津工作委员会。

11 月 11 日 天津公立结核病医院建立（1950 年卫生局接管，更名为第一结核病院）。

12 月 25 日 中共中央在陕北米脂县杨家沟召开扩大会议，毛泽东作了《目前形势和我们的任务》的报告。这个报告是打倒蒋介石、解放全中国的纲领性文件。

是年 河北省立法商学院、私立达仁学院复校。

1948 年

1 月 1 日 国民党财政部在津成立金融管理局，负责监督、检查平津地区各银行业务。

本月 李烛尘、周叔弢、朱继圣在津建立天津立信高级会计职业学校。

3 月 23 日 毛泽东率中共中央东渡黄河，前往西柏坡。

4 月 中共冀东区委领导的天津工作委员会成立。

5 月 21 日 中共华北城工部与冀中城工部合并，在泊镇成立中共华北中央局城市工作委员会，刘仁任书记，于致远任秘书长。

本月 为了加强华北地区党的统一领导，中共中央决定把中共晋察冀中央局和中共冀鲁豫中央局合并成中共中央华北局。随后，天津市区周围的武清、静海和天津城乡结合地区获得解放，华北局城工部直接领导天津的地下工作。

6 月 13 日 解放军切断平津、津唐铁路交通。

8 月中旬 中共天津地下学委（通称大学学委）在泊镇成立，由沈尔琳任书记，主要领导南开大学、北洋大学、河北工学院、河北省立女子师范学院等大专院校和部分中学、医院的地下党组织。

11月16日 毛泽东指示林彪：东北野战军主力早日入关，包围天津、塘沽和唐山。天津即将解放。

11月18日 华北人民政府举行第三次政务会议，明确提出对接收平津的干部要早日抽调，并进行短期训练。11月为迎接天津解放，中共中央华北局城工部成立中共天津工作委员会（对外称“迎接天津解放行动委员会”），黎智任书记，下设市政银行、企业、学校3个党委会。

11月26日 中央军委发出平、津、张、唐作战计划。

12月初 接管天津的各系统入城干部陆续到达河北胜芳镇集结。天津解放后，在中共天津市委和天津市军事管制委员会的周密部署下，接收天津的工作全面展开。

本月 天津市公安局在河北胜芳镇组建。干部队伍主要由华北局社会部、华北解放区（原晋察冀、晋冀鲁豫解放区）所属的公安管理处（或公安局）及冀热辽有关局社会部的干部组成，共815人。许建国任局长，万晓塘任副局长。市局下设秘书处、治安处、侦审处、行政处、公安大队、公安学校、公安医院。公安分局按原国民党警察分局设置数额，设第一至第十四分局。在党组织系统内，许建国为中共天津市委委员，市委社会部部长。在天津市军管会系统内，市公安局为公安处。

12月5日 中国人民解放军发起平津战役。在东起滦县，西至张家口，长600千米的战线上，将华北国民党60万人分割包围于张家口、新保安、北平、天津、塘沽5个孤点。

12月中旬 中共天津地下党组织发动群众开展护厂、护校斗争。

12月15日 中央批准成立中共天津市委，任命黄克诚为书记，黄敬、黄火青分别任第一、第二副书记。

12月28日 北塘解放。月底，解放塘大市（塘沽）郊区及附近宁河农村。

12 月 30 日　平津战役天津前线指挥部进驻杨柳青。刘亚楼任司令员。

本月　毛泽东主席为即将出版的《天津日报》题写报头。1949 年 1 月 17 日正式刊用。

本月　来自冀察热辽区、中共华北局、天津地下党、华北人民政府的干部准备接管天津。在胜芳镇筹备接管天津事宜的半个多月中，天津军管会制定了《天津市军事管制委员会工作纲要》、《关于接管天津的任务与方针》、《关于接管工作中几个原则问题的决定》、《接交注意事项》、《移交守则》以及军管人员入城纪律、入城须知，等等。要求干部进城后继续艰苦奋斗，食、宿、行要有统一标准，要保持清廉的作风。

1949 年

1 月 14 日　人民解放军向天津守敌发起总攻，15 日下午 3 时结束战斗，消灭陈长捷等国民党军 13 万余人。天津解放。中共天津市委领导率 7 848 名接管人员随解放军进入市内。

1 月 15 日　天津市人民政府成立。

同日　中国人民解放军天津区军事管制委员会（简称“军管会”）成立。黄克诚任主任。天津市人民政府成立，黄敬任市长。

天津解放时，由市公安局接管了清洁总队，负责市区道路清扫和垃圾清运，由市卫生局接管了稽查队，负责城市饮水、食品、公共场所卫生的管理。

同日　天津解放时，国民党天津市警察局的机构设有：秘书处、督察处、人事室、统计科、司法科、行政科、外事科、总务科、会计科。直属单位有：护照检查所、小王庄检查所、保警总队、刑事警察队、消防队、清洁队以及警察学校、警察医院。下属单位有：1～13 分局和水上分局。各分局内部设：督察组、司法组、行政组、总务股、人事管理室。分局下设有分驻所、派出所等基层组织。全局警员 11 801 人，担任科、股、分驻所、组长以上职务者 352 人。市局正副局长 3 人。

同日 中共天津市委宣布中共天津青年工作委员会成立，张淮三任书记，黎智任副书记，楚云、康力、左建为委员。青委成立后，以海河为界分设南、北两个工作区，负责接管天津各中学。

同日 天津新华广播电台即开始播音。

同日 中国人民银行天津分行成立，何松亭任经理。

同日 天津市人民政府工务局、公用局、地政处成立。即日，公用局接管天津市电车临时管理处；16 日，接管天津市公共汽车管理处。

同日 天津军事管制委员会接收了冀北电力有限公司天津分公司。同年6 月，改称为华北人民政府公营企业部华北电业公司天津分公司。中华人民共和国成立后，华北电业公司划归燃料工业部，改称华北电业管理总局。

同日 天津军事管制委员会接收了国民党政府的警察局。

同日 黄克诚率领第一批接管干部坐着卡车来到天津公议大楼（和平区承德道 22 号）。军管会纪律严明、作风廉洁，赢得了老百姓的信任。人民军队和进城干部的实际行动，对稳定人心、消除疑虑起到了很大作用。

1 月 16 日 华北财经委员会决定组建津沽区农垦管理局，局址在滨江道 210 号（1950 年，津沽区农垦管理局更名为渤海区农垦管理局；1953 年并入天津市农林水利局）。

同日 天津军管会发布统一货币流通办法、金圆券处理办法及金融管理办法。

同日 新华社天津分社成立，开始发稿，社长为王亢之。

1 月 17 日 《天津日报》创刊号问世。

同日　天津市人民法院建立。

同日　人民解放军解放塘沽。

1月18日　天津市工商行政管理局成立后，各区工商局先后成立。同时陆续建立华北贸易公司、天津合作总社、市民消费合作社，以及粮食、百货、花纱布、煤建、信托、土产等专业批发公司，确定了社会主义商业的领导地位。

1月27日　天津军事管制委员会对国民党政府的一切机关、工厂、仓库、银行及铁路、学校等接管工作全部完成。

本月　天津军事管制委员会农村接管处接管了原冀鲁区渔业指导处和国民政府农村部天津市场筹备处，不久即移交天津市人民政府工商局整顿，积极组建渔业机构，成立了天津市、塘沽和北塘三个水产市场与塘沽公营渔店、渔联社，逐步代替旧渔店、鱼栈，以发展渔业生产，保证市场供应。

本月　天津军事管制委员会工业接管处接管官僚资本企业后，于同年12月7日成立工业局。

2月9日　天津军事管制委员会农村接管处发出通告号召“凡散居本市的农村、畜牧、园艺等技工、技士、技佐等专门技术人才，愿从事农业生产建设工作者，进行登记”。3月下旬市军管会农村接管处成立水利工程委员会，开始进行农田水利基本建设。

本月　根据天津市人民政府决定：废除旧政权的基层保甲制，将原来的保甲改为街和闾，即原来的保划为街，原来的甲划为闾。

本月　天津市人民政府正式委任各区人民政府区长。

2月6日　市信托公司成立，2月9日开始营业。

本月　天津市人民政府向各区下发处理伪机关原有人员办法。

本月　天津警备司令部成立，肖劲光为警备司令，黄克诚兼政治委员。

本月　天津税务局成立。

本月　天津市人民政府颁发地方机关工作人员开支标准规定。

3 月 12 日　中共天津市委发出建立中国新民主主义青年团天津市机构的决定。

3 月 22 日　中国新民主主义青年团天津市筹备委员会成立。

本月　天津市成立“蒋军流散人员处理委员会”。

本月　天津军管会接管原国民党“天津市政府文化广播电台”、“青联广播电台”、“天津华声广播电台”。

本月　天津市人民政府委托市公用局组成汽车监理所，并制定《天津市车辆管理暂行规定》。1952 年 8 月，汽车监理所移交市公安局。

本月　奉华北人民政府命令，冀东长芦盐务局与天津军管会接收的长芦盐务局，合并成立长芦盐务管理局，管辖天津盐区各盐场（11 月又于塘沽建立大沽分营盐场管理处，经营国营盐场）。

本月　中共天津市委决定成立青年团天津市筹备委员会，黄敬为主任，黄松龄、张淮三为副主任。这时，中央团校驻各校的进城干部撤出，由从市内各校调出的一批党员干部接替工作。后来，各区相继建立团区委。

3 月 18 日　华北人民革命大学天津分校成立。

4 月 1 日　天津市 11 个区、380 个街及塘大区（塘沽）2 镇、5 街的区街人民政权设立。

4 月 6 日　天津市各界劳军委员会成立，欢送解放军南下。

本月　天津市人民政府成立了路灯管理委员会。经过 3 年多的修复工作，到 1952 年市区路灯彻底改变了路灯残缺、设备年久失修的状况。

5 月 7 日　天津市收容处理乞丐委员会成立。至年底，全市共收容乞丐 3 187 人，安置 2 623 人。

5 月 18 日　原天津新华广播电台（开始归《天津日报》社广播部领导，4 月分出独立，台长为市委宣传部副部长曹裕民）。至是日，改称“天津人民广播电台”，台长为鲁荻。

5月24日 天津市总工会筹委会召开首次执委会议，25日结束。选举黄火青、丘金、宋维静等23人为常务委员，并宣布华北总工会筹委会驻天津办事处撤销，天津工运由天津市总工会筹委会领导。

6月7日 天津市人民政府决定，各区政府改组为区公所，警区与行政区合一，各区公所为市级派出机关。

6月14日 天津军管会主任黄克诚调离天津，黄敬接任主任。15日军管会与市委会合并。军管会办公厅撤销，对外保留军管会名义。此后军管会接管部、文教部等也陆续撤销。

同日 中共天津市委妇女工作委员会成立，罗云任书记。

6月26日 天津市专科以上院校教职员联合会正式成立，张国藩等19人为执行委员。

本月 天津市人民政府发布《关于变更区街组织的指示》，街公所并入派出所。至此，户口管理工作统归公安局负责。

7月1日 《天津工人报》创刊，社长为张高峰，总编辑为吴云心。

7月15日 中共天津市委社会部对机关、企业内部的保卫工作提出了具体要求。根据市委社会部的要求，从上到下建立了安全委员会、保卫委员会、安全监督组、群防小组等安全保卫组织。

8月1日 华北人民政府委员会决定，重新调整行政区划：全区辖河北、山西、察哈尔、绥远、平原5省和北平、天津两市。

8月15日 天津市人民政府秘书处主编的《天津市政》创刊（该刊后曾改名为《天津市政周报》、《天津政报》）。

9月1日 天津市劳动局成立，该局为解决劳资纠纷的仲裁机关。陈荣任局长。

9月5日 天津市第一届各界人民代表会议开幕，8日闭幕。

9月8日 天津市各界人民代表会议协商委员会成立。

9月11日 天津市财经委员会成立。黄敬、李耕涛任正、副主任。

9月12日 天津市都市建设委员会成立。12月30日天津市政建设委员会成立，都市建设委员会撤销。

9月25日 中苏友好协会天津分会筹备会成立，12月20日天津分会正式成立。

9月21—30日 中国人民政治协商会议第一届全体会议在北京举行。这次会议代行全国人民代表大会的职权，通过了具有临时宪法性质的《中国人民政治协商会议共同纲领》，通过了关于中华人民共和国国都、国旗、国歌、纪年四个重要决议。

10月1日 下午2时中国人民政治协商会议第一届全体会议选举产生的中央人民政府委员会在勤政殿举行第一次会议。中央人民政府主席毛泽东，副主席朱德、刘少奇、宋庆龄、李济深、张澜、高岗以及周恩来等56名中央人民政府委员会委员宣布就职。

10月1日 中华人民共和国中央人民政府在北京成立。天津市政府发布庆祝中央人民政府成立通告。

10月2日 天津市30万人在人民广场举行庆祝集会。会上黄敬号召坚决执行中央人民政府一切指示，团结国际友人，建设新中国。

10月28日 天津市人民政府人民监察委员会成立。

10月30日 华北人民政府颁发1950年华北全区编制人数方案，确定了天津市国家机关编制人数。

本月 天津市开始建立少年先锋队。

11月1日 中央音乐学院在津成立（1958年迁京）。

11月3日 天津第一工人业余学校开学。

11月4日 天津市防疫委员会成立。

11月5日 天津首届妇女代表大会开幕，天津市民主妇女联合会宣告成立。

11月10日 天津市戏剧、曲艺工作者协会成立，选出阿英、何达等37人为执委。

11月15日 新闻工作者协会天津分会筹委会成立，王亢之为主任。

11月18日 天津市工业局成立。除中央国营工业企业由中央有关部委直接领导外，原军管会工业接管处和天津市企业公司所辖工厂企业均交该局管理。纺织工业则由华北经济管理局管理。1949年1月15日天津解放后，人民政府征用和征购了英、美等17个国家开办的216家工商企业，接管了属于官僚资本的115家企业，1949年，全市工业企业共4 708家，其中，重工业占23.1%，轻工业占76.9%。工业总产值为6.5亿元（按1980年不变价格）。

11月19日 天津各界协商委员会举行首次会议。

11月20日 天津市文学工作者协会和美术工作者协会成立。

12月1日 天津工人医院开业。

12月24日 天津市市政建设委员会开始办公。

12月27日 天津市零售公司成立，专营粮、布、煤等生活必需品。

本月 政务院及其所属单位机构编制审查委员会成立。

是年 天津市公安局交通大队成立（1990年7月改为市公安局交通警察总队）。

是年 天津市（包括市郊及塘沽）的电话交换机总容量为2.14万门，市区设有6个电话分局，4个步进制自动局，2个人工局。

是年 中共天津市委纪律检查委员会建立。

是年 天津市公安局的环境卫生清扫、清运业务划归市卫生局，卫生局下设环境卫生处，不久在环境卫生处的基础上成立了市卫生工程局，负责全市环境卫生清扫清运工作。

1950 年

1 月 1 日　天津工人文化俱乐部（今第一工人文化宫前身）开放。

1 月 7 日　天津市民主青年联合会正式成立。何启君等 47 人当选为执委。

1 月 8 日　中国新民主主义青年团天津市工作委员会正式成立。张淮三、康力、楚云、何启君、左建、沙小泉为青年团天津市工作委员会常委。

1 月 15 日　天津市第二届各界人民代表会议召开，通过了《天津市人民政府组织条例》。

1 月 21 日　天津市工业局改组为公营工业管理局。

1 月 30 日　天津市卫生工程局成立。

本月　天津市总工会成立，黄火青当选为主任。

本月　华北电业管理总局将天津分公司改为天津电业局（后几经变化，于 1979 年 10 月改称天津市电力局至今，该局是华北电业管理局直属供电企业，是在网局的统一经营调度下进行电力生产、建设、经营管理的独立核算单位）。

2 月 20 日　中国民主同盟天津市支部临时工作委员会成立。1951 年 11 月 4 日，民盟天津市支部委员会正式成立。

2 月 28 日　天津市人民政府颁发《关于加强区公所组织机构的决定》。

3 月 1 日　天津市防空指挥部成立。杨成武任总指挥，许建国任副总指挥。

3 月 2 日　天津自来水厂与私营济安自来水公司合并，改组为天津市自来水公司。

本月　政务院成立了国家编制委员会，主要负责管理全国国家机关的编制。

4 月 10 日 原中央医院更名为天津市立总医院（今天津医科大学附属医院）。

同日 天津工商业联合会成立。李烛尘为主任委员。

5 月 1 日 中国人民保卫世界和平大会天津分会成立。

5 月 18 日 天津市劳动局劳资争议仲裁委员会成立。

5 月 27 日 政务院批准天津市人民政府《天津市禁烟禁毒委员会暂行组织规程》。

6 月 8 日 天津市人民政府批准《劳资争议仲裁委员会组织条例》。

同日 天津市禁烟禁毒委员会成立。

6 月 16 日 天津市公私关系调整处理委员会成立，李耕涛任主任。

6 月 26 日 天津市园林处接管李歧美所献“李家花园”，改名为“人民公园”。

6 月 27 日 中国皮毛公司在津成立。该公司在上海和西安设区分公司，在北京、包头、石门设直属公司。

6 月 28 日 中央人民政府委员会通过了《中华人民共和国土地改革法》。

本月 朝鲜战争爆发。新中国面临着外部侵略的严重威胁。中共中央和中央人民政府决定抗美援朝、保家卫国。10 月，中国人民志愿军入朝。

7 月 1 日 中国土产公司天津分公司成立。主要业务经营土产出口，调剂市场及供应天津市工业所需的土产原料。

7 月 17 日 天津市职工业余教育委员会成立，张国藩任主任。

7 月 21 日 天津市人民政府公布《天津市区各界人民代表会议组织通则》，规定：区各界人民代表会议，由区人民政府召集；区各界人民代表会议，是区人民政府传达政策、联系群众的协议机关，经市人民政府批准，代行区人民代表大会职权。

同日 天津市人民政府公布试行《天津市各区居民委员会组织办法》，居民委员会受区公所领导，每一派出所为一设置单位。

7月25日 天津市人民政府颁发《关于加强郊区工作的命令》。

8月17日 天津市工农速成中学成立。

9月1日 天津市房地产交易所成立，并公布施行《天津市房地产交易所组织规程》和《天津市房地产交易所业务简则》。

9月12日 天津市人民检察署成立。许建国任检察长。

9月14—17日 召开天津市第一届文学艺术工作者代表大会，天津市文学艺术工作者联合会成立。

9月16日 中国人民救济总会天津分会筹委会成立，许建国等56人任委员。1951年1月17日，天津分会正式成立，并决定在全市开展救济朝鲜难民运动。

9月24日 中国民主建国会天津市分会成立，李烛尘任主任委员。

10月1日 中国蛋品公司在津设立直属分公司。领导河北、平原、张家口及绥远4个分公司。

10月9日 天津市人民政府决定设立河北、河东两个区人民法院。

10月13日 中国纺织建设公司天津分公司改组为中央人民政府纺织工业部华北纺织管理局，刘再生为局长。

10月28日 天津市人民监察委员会成立，周叔弢任主任。会议通过《天津市人民监察委员会暂行组织条例草案》。

11月1日 黄敬市长代表天津市委、市政府向全市各界代表做了时事报告后，大规模的抗美援朝、保家卫国运动在全市展开。

11月3日 天津市职工保卫世界和平反对美帝侵略委员会成立。

11月4日 天津市人民政府文教委员会成立，黄松龄任主任委员。

11月17日 华北对外贸易公司储运部改组为天津国外运输公司。

11月23日 天津市医务工作者抗美援朝救护委员会成立。

11月24日 天津市公、私营银行联合外汇银行团成立。

12月2日 中国教育工会天津市委员会首届会员代表大会开幕，成立天津市教育工会，杨石先等27人当选为委员。

12月21日 根据中央提高行政效率、减少国家财政开支、严格审查编制的要求，天津市人民政府对1951年各行政机关编制名额的调整作出规定。

12月22日 天津市群众识字教育委员会成立。

是年 天津市工农业总产值134 218万元；人口4 071 373人。

是年 中央人民政府批准《京津两市设立区人民法院试行办法》。

是年 塘大区人民法院建立（1952年改称塘沽区人民法院）。同年1月，汉沽镇（汉沽区）人民法院建立。

是年 天津市城市建设委员会成立。原地政处测量队划归建委领导。

是年 中共中央发出指示，决定在全党全军中进行一次大规模的整风运动。这次整风运动的任务是纠正工作中的错误，克服官僚主义和命令主义作风，改善党和人民的关系。

是年 中央人民政府主席毛泽东发布命令，公布中华人民共和国国徽图案。

是年 中共天津市委作出在财经企业部门中建立经济保卫组织的决定。

1951 年

1 月 1 日　《历史教学》月刊在津创刊。

1 月 17 日　天津妇婴医院由市卫生局接管，3 月更名为儿童医院，院长为范权。

1 月 18 日　波兰人民共和国政府在津设立领事馆。

1 月 30 日　天津市投资公司成立。李烛尘任主任。

2 月 1 日　天津市第三届人民代表会议开幕，会议选举黄敬任市长，许建国、周叔弢为副市长。

2 月 19 日　天津市基督教革新推进委员会成立。

2 月 25 日　中国店员工会天津市委员会成立，会议通过《天津市店员爱国公约》。

本月　中国国民党革命委员会天津市分部筹备委员会成立。1953 年 7 月 26 日民革天津市委员会正式成立。

3 月 30 日　中国红十字会天津分会成立。

4 月 7 日　天津市天主教革新运动促进会正式成立，吴克斋为主任委员。

4 月 15 日　天津市纺织工人疗养院建成。

4 月 26 日　焦作工学院改为中国矿业学院后迁至天津，本日举行开学典礼。

5 月 4 日　天津市总工会北戴河海滨区劳动模范休养所修建竣工。

5 月 6 日　天津业余学院成立。翌年 4 月 9 日改为天津市教师学院。

5 月 23 日　中国电业工会天津市委员会成立。

6 月 10 日　公私合营天津投资公司成立。

6 月 16 日　天津市政府决定在全市政府机关、公营企业中进行整风审干，并成立天津市整风审干委员会。

6月24日 天津医学院成立。

6月25日 天津市军事干部学校招生委员会成立。中共天津市委组织部长杨英任主任委员。

7月1日 天津市第一条无轨电车线路通车。

同日 中共天津市委决定公开发行《支部生活》（《支部生活》创刊于1949年7月，1962年停刊。1979年10月5日复刊）。

同日 天津水上公园建成开放。

7月24日 天津市科学技术普及协会筹备委员会成立，刘再生任主任委员。

7月30日 天津市人民政府批准教育局制定的《天津市群众业余学校组织办法》、《天津市群众识字教师业余学校暂行办法》、《天津市群众业余学校校务委员会组织纲要》。

本月 天津市水产公司成立，组建了国营渔轮船队、国营水产养殖场，扩建了水产冷库，建立产地、销地水产品加工厂，在塘沽设立水产公司塘沽分公司和北塘办事处，开展水产批发零售和渔需物资供应等业务。

8月5日 教育部决定接办津沽大学，由天津市人民政府代管。

8月6日 北洋大学与河北工学院合并，成立天津大学。校长李曙森。

8月12日 天津市儿童医院开诊。

8月15日 铁道部决定将天津、太原两铁路管理局合并为“天津铁路管理局”，下辖天津、北京、张家口、石家庄、太原、临汾6个分局。

8月25日 中央人民政府政务院决定修建塘沽新港，成立建港委员会。

本月 天津市郊区村级政权建设开始，普遍召开了各村人民代表会议，建立了行政村公所和村农民协会。村级政权建设，至1952年4月结束。共建立了35个村公所，46个村农民协会。

9月 天津市工业试验所成立。

10月24日 私立“马大夫纪念医院”经政府接收，举行移交仪式，改名为“天津市人民医院”。

本月 全市共有干部17 743人，其中市级科长以上干部1 479人，内有党员1 196人；科长以下干部16 264人，内有党员4 939人。

11月1日 中共天津市委发出通知，成立天津市编制委员会。

11月4日 中国民主同盟天津市支部成立。

11月15日 天津市天主教革新运动促进会接收天主教圣心堂和圣心医院。

12月1日 中共中央发出《关于实行精兵简政、增产节约、反动贪污、反对浪费和反对官僚主义的决定》。

12月3日 天津市干部业余政治学校开学。

12月14日 天津市人民政府委员会、市各界人民协商委员会举行联席会议，讨论通过《关于反贪污、反浪费、反官僚主义运动的决议》，决定成立天津市节约检查委员会。

本月 天津市东郊区人民法院建立（西郊、南郊、北郊区人民法院均建于1953年5月）。郊区人民法院除院内设有审判机构（科、组、庭）外，在各乡、镇设有若干人民法庭，以便利人民群众就近进行诉讼。

本月 政务院政务会议通过《关于调整机构紧缩编制的决定（草案）》。决定省（市）以上设立编制委员会。

1952年

2月29日 经天津市人民政府批准，将塘大区改为塘沽区。

3 月 天津市财政局基本建设材料供应处成立，负责全市建筑材料生产、供应工作。

3 月 6 日 塘大区改为天津市塘沽区。

4 月 5 日 天津市人民政府发出通知：天津县划归天津市领导。从 4 月份起转变领导关系，办理移交手续。

4 月 15 日 天津业余教师学院改为天津教师学院。

5 月 10 日 天津市人民政府转发中央人民政府政务院《关于试行〈关于调整机构紧缩编制决定草案〉的通知》。

本月 全市公开的妓院被全部取缔，在天津已有近600 年历史的公开卖淫制度得以彻底废除。

本月 天津市第二工人文化宫建立，坐落在河东区光华路，是总工会直属的群众文化活动阵地。

6 月 22 日 天津市识字运动委员会成立。

6 月 25 日 天津市人民政府决定，天津市编制工作由市财政局移交市人民政府人事处管理。

7 月 4 日 天津市建筑工程局成立。

7 月 28 日 天津市人民政府决定，将中国红十字会天津市分会改为市公共卫生局指导，并与其合署办公。

7 月 29 日 天津市编制委员会全体会议通过了《关于试行政务院〈关于调整机构紧缩编制的决定草案〉的几项补充规定》。

本月 天津市第一图书馆与第二图书馆合并，成立天津市人民图书馆。

本月 启用“天津市人民政府编制委员会”印章。

8 月 3 日 中国民主促进会天津分会筹委会成立。1953 年 1 月 4 日民进天津分会正式成立，杨石先为主任理事。

8 月 7 日 天津市人民政府编制委员会全体会议通过了《1952 年天津市国家机关编制方案》。

8 月 11 日 吴德任天津市副市长。

8月18日 中国共产党天津市第一次代表会议开幕，市委书记黄敬、副书记吴德、黄火青分别作了报告。

8月19日 华北区编制委员会确定了中国人民救济总会天津市分会的人员编制名额。

8月25日 天津市国家工作人员自即日起实行公费医疗。

本月 天津市人民检察署与市公安局合署办公。1954年5月24日，市检察署与市公安局分设。

9月6日 天津市司法改革委员会成立，吴德任主任。

9月16日 天津公营工业管理局设立轻工业管理处和企业管理处。1949年天津解放后，在国家经济政策指导下，按照现行的工业管理体制，天津轻工业包括服装、皮革及制品、草制品、家具、造纸及制品、印刷、文体用品、工艺美术品、塑料制品、日用金属制品、日用化学制品、玻璃及玻璃制品、轻工专用设备、日用电器、照明器具、日用机械制造业等10余个工业门类。

本月 天津市卫生工程局改为市政工程局。当时，全市11个城区各设1个清洁队，负责本区道路清扫、清运工作。1953年至1957年期间，市政工程局将环境卫生业务移交给公共卫生局，局下设立了环境卫生科，负责检查指导各区街道清扫、垃圾清除及灭蚊灭蝇、消毒工作；管辖粪便清除所和4个分厂及汽车洒运队。

本月 天津市文化事业管理局更名为天津市人民政府文化事业管理局。1955年4月改称天津市文化局。

10月7日 天津市人民政府公营工业管理局改称天津市人民政府地方国营工业局。

10月8日 天津市拨款兴建市立第六医院，并扩充总医院等单位的设备规模。

10月10日 天津市人民政府发出《关于在市行政区划重新调整及撤销区公所成立区人民政府》的命令。原11个区改为8个区，各区撤销区公所，各区人民政府相继成立，为一级政权机构。

10月11日 天津市政府决定成立农村工作委员会，集中领导市郊农村工作。

10月18日 天津市区街建政委员会成立。开展民主建政工作，建立街公所。在街道中建立居民代表会和居民委员会。

10月25日 毛泽东主席视察天津新港。

10月28日 全国体育总会天津分会成立，何启君任主席。

11月26日 天津市政府成立城乡物资交流工作委员会，推动经常性的物资交流工作。

11月29日 经院系调整后，新型的综合性大学——南开大学举行成立暨开学典礼。

本月 全市民主建政工作（10月27日开始）改变了警政合一体制，全市重新划分各区管辖范围，设172个街公所。

12月10日 中国百货公司天津市分公司调整组织机构，分别成立中国百货公司天津采购供应处、华北区天津批发站及天津市百货公司三级组织。

是年 根据中国共产党七届二中全会提出的“必须以极大的努力去学会管理城市和建设城市”的方针，天津市编制了市区工业区规划和东南郊区工业区规划，市区道路系统规划和工人新村规划等。

是年 配合中山门工人新村建设，同时开始动工修建第二工人文化宫，占地39.9公顷。首期工程挖掘人工湖6.6公顷。

是年 成立了天津市文物管理委员会，古建筑、纪念建筑和革命遗址的保护是文物工作的一项重要内容。

是年 天津人民艺术剧院成立，院长由方纪兼任。1958年10月，歌舞团单独建成天津歌舞剧院，话剧团沿用天津人民艺术剧院名称。

是年 天津曲艺工作团成立。1961年与天津广播曲艺团合并，组成天津曲艺团。

是年 中共中央发出《关于开展反对行贿、反对偷税漏税、反对盗骗国家财产、反对偷工减料、反对盗窃国家经济情报斗争的指示》。

是年 天津市公安局根据公安部发布的《治安保卫委员会暂行条例》，在全市建立了159个治保会。

1953 年

1月4日 中国民主促进会天津市分会成立。

1月24日 天津市人民政府卫生局颁发《中央卫生部草拟医院定员定额标准》（含综合医院、教学医院、结核病防治院、疗养院、传染病医院、精神病院、门诊部等定员定额标准），征求各单位意见。

本月 我国开始执行国家建设第一个五年计划。天津市根据国家“一五”计划的要求，结合自身经济情况，制定了天津市发展国民经济第一个五年计划。

本月 中共中央发出《关于反对官僚主义、反对命令主义、反对违法乱纪的指示》。

2月23日 天津市人民政府地方国营工业局企业管理处与原企业公司合并，定名为天津市地方国营工业局企业公司。

2月24日 天津市人民政府委员会通过《天津市区街民主建政工作基本总结及今后工作意见》。

2月26日 毛泽东主席视察天津汽车制配厂（今天津机械厂、天津拖拉机厂前身）。

3月11日 天津市公安局制定了《天津市街道治安保卫委员会工作任务职权范围的初步意见（试行）》，至6月10日，全市共建立街道治安保卫委员会179个，治安工作小组1 171个，治安员5 373名。

3月14日 天津市爱国卫生运动委员会成立。

3月24日 天津市农林水利局成立，统一领导郊区农林水利工作。

本月 根据全国人大常委会颁布的《城市街道办事处组织条例》，将街公所改为街道办事处。

4月9日 天津市工商管理局分为国营商业局与工商局。分别管理领导国营和私营工商业。

4月19日 中华全国自然科学专门学会联合会天津分会成立。杨石先、张国藩等25人为委员。

本月 天津市民族事务委员会成立。

5月3日 天津市历史博物馆开馆。

5月12日 天津市选举委员会成立，黄火青任主席。

5月14日 天津市人民政府决定撤销天津县建制，将原天津县管界划为津东、津南、津西、津北四个郊区，并成立区人民政府。

5月31日 中国土木、水利、建筑等工程学会天津分会成立。

6月5日 天津市郊区划乡工作开始，7月中旬结束，原381个行政村共划为123个乡、4个镇。

6月27日 天津市文史研究馆成立，甲骨文专家王襄任馆长。

6月29日 中央人民政府任命吴德为天津市市长。

7月15日 天津市科学技术普及协会成立。刘再生等69人为委员。

7月26日 中国国民党革命委员会天津市委员会正式成立。

本月 河北梆子剧团成立（1958年改为河北梆子剧院）。

8月7日 南开大学、天津大学分别附设工农速成中学。

9月10日 天津铁路沿线专门法院成立，市政府批准市人民法院制定的《天津铁路沿线专门法院试行组织条例》。

9月23日 为了改进编制管理，严格掌握编制，节约行政经费的支出，天津市人民政府编制委员会、市财政局发出通知，政府、党委、团、群各系统，在1953年编制未正式批准前，一律冻结编制。

10月1日 天津青年宫建成开幕。

本月 天津市公证处成立，有干部8人，其中公证员3人（1955年5月，市高级人民法院将市公证处移交给市司法局，有工作人员17人。1958年4月19日公证处撤销，只有2人在高级人民法院内办理一些涉外公证业务。“文化大革命”期间停办）。

11月22日 天津市人民科学馆开幕，萧采瑜任馆长。

11月23日 天津市人民政府编制委员会提出《关于本市紧缩编制的初步意见》，要求加强区级编制管理，拟将区政府、街公所、区委、群团编制由市确定基本编制人数，综合固定一个总人数，在此总人数内各区可根据本区任务大小、具体情况的变化适当机动，由区委掌握。

12月9日 天津粮食管理局成立。

12月25日 天津市人民政府编制委员会主任杨英召集天津市党、政负责干部会议，对精简机构、减缩编制进行了安排。

同日 天津市人民政府编制委员会召开全市党、政负责人会议，讨论了精简机构、减缩编制问题，要求各单位提出紧缩编制的初步意见。

是年 中共中央制定了党在过渡时期的总路线。

是年 天津市成立农林水利局，下设农业科主管畜牧生产工作。同年，成立天津市畜牧兽医站和市兽医联合诊所。

是年 天津市区街道建政时，建立了人民调解委员会，居民委员会设调解工作组（1954年6—7月间，根据政务院颁布的《人民调解委员会暂行组织通则》，在农村以乡为单位，城市以街道为单位，建立人民调解委员会297个）。调解工作的任务是调解一般民事纠纷和轻微刑事案件，宣传国家政策、法律法规。

是年 天津市有中央管理的干部35人，华北局管理的干部284人，市委管理的干部1 413人。

是年 经中共天津市委批准，天津市政治训练班正式更名为中共天津市委党校。

1954年

1月19日 天津市人民政府编制委员会发出通知，要求各单位加强编制管理，增加人员事先不经编委批准的，一律不予供给。

本月 天津市人民法院改称市高级人民法院，同年9月《中华人民共和国人民法院组织法》颁布后，将一、二庭改为刑事审判庭、民事审判庭，庭下各科改为组，并增设司法行政处。

2月11日 天津市私营北洋纱厂正式改组为公私合营企业。

3月5日 天津市人民政府正式核定了市立干部疗养院员工编制138人。

3月15日 中共天津市委同意天津市人民政府编制委员会所拟《1954年行政部门暂行编制意见》。

3月24日 经华北编制委员会批准，天津市交通银行的编制为350人。

4月10日 天津市食品公司成立。

4月15日 天津市手工业生产合作联合社筹备处成立，罗云任主任。

4月23日 毛泽东主席视察天津碱厂和天津造纸总厂。

5月1日 天津市总工会改称天津市工会联合会。

5月16日 华北人民博览馆在津开馆。

5月28日 天津市人民政府同意市文化局《1954年度文化

馆、站机构编制及人员细则的意见》。

6月8日 天津市宪法草案讨论委员会成立。

6月17日 天津市体育运动委员会成立，李耕涛任主任。

6月24日 中共天津市委同意天津市人民政府编制委员会改称为天津市编制委员会。

6月30日 天津市内各区6月初开始的整顿和改选街道组织工作全部结束，各街公所（或工作组）一律改名为“街道办事处”。

7月10日 中共天津市委提出《关于加强和调整市区党政组织机构的意见》，并报华北局并中央。

7月20—29日 中共天津市第一次代表大会召开。

7月28日 天津市佛教协会建立。1957年6月，天津市佛教协会改名为中国佛教协会天津市分会。

7月31日 天津市人民政府同意原由市教育局领导的各人民体育场移交市体委领导。

本月 天津市科学技术普及协会正式成立。

本月 天津市计划委员会成立。

8月13日 天津美术出版社成立。

9月15日 第一届全国人民代表大会召开，确立人民代表大会制度，颁布实施第一部社会主义类型的宪法。开创了我国社会主义民主与法制建设的新阶段。

9月17日 天津市人民政府地方国营工业局撤销，另设天津市人民政府地方国营重工业局、地方国营纺织工业局、地方国营第一轻工业局和地方国营第二轻工业局。

9月19日 毛泽东主席为天津人民公园题写匾额“人民公园”。

9月20日 《中华人民共和国宪法》颁布后，天津市人民检察署改名为天津市人民检察院。下设5个业务处。翌年5月至10

月，8 个市区和塘沽区相继建立人民检察院。

9 月 23 日 天津市地方国营工业局企业公司改组为天津市第二轻工业局。

毛泽东在全国人大一届一次会议上致开幕词说：准备在几个五年计划之内，将我国“建设成为一个工业化的具有高度现代化程度的伟大的国家”。周恩来在这次会议上指出：“如果我们不建设起强大的现代化的工业、现代化的农业、现代化的交通运输业和现代化的国防，我们就不能摆脱落后和贫困，我们的革命就不能达到目的。”这是党第一次明确提出“四个现代化”的构想。

10 月 4 日 天津区水运沿线专门法院和天津水运沿线专门检察署成立。

10 月 17 日 天津市市立中医门诊部开诊。

10 月 19 日—12 月 17 日 天津市编制委员会办公室对市房地产管理局、市政工程局的编制及各单位的勤杂人员编制情况进行了调研。

本月 天津市纺织工业局成立（前身为 1952 年成立的地方工业局机织印染总厂，1953 年改为纺织管理处），统管除华北纺织管理局、手工业、合作社、加工厂、劳改企业和救济性质企业以外的天津市纺织企业。

11 月 7 日 天津市郊区第一家电影院——津南电影院建成。

是年 正式开始对监狱、看守所、劳动改造机关和劳动教养机关实行法律监督（人民检察署成立初期，即法院、公安局及政法办公室组成联合检查组，到各监管场所调查了解情况）。

是年 天津钟表厂成立。

是年 第一届全国代表大会第一次会议在北京举行。选举毛泽东为国家主席，朱德为国家副主席，周恩来任国务院总理。

是年 根据《中华人民共和国人民法院组织法》规定，市人民法院在本市重点地区建立 3 个区人民法院。

1955 年

1 月 5 日 天津市郊区供销合作社成立，入社社员 15 万余人。

1 月 18 日 天津市一届二次人民代表大会召开，21 日闭幕。会议选举黄火青为市长，白坚、周叔弢、李耕涛、万晓塘、杨亦周为副市长。此后，天津市人民政府改称为市人民委员会（简称“市人委”）。

1 月 29 日 天津市建设委员会撤销，建设管理任务并入市政工程局。

本月 天津市人民法院改为天津市高级人民法院。

本月 中共天津市委决定撤销《天津日报》社务委员会，成立编辑委员会，由社长负责制改为总编辑负责制。

2 月 1 日 市政工程局改为“天津市建设局”。

本月 各区人民政府改为区人民委员会，在此期间，各区下属的街公所均改为街道办事处。

2 月 11 日 天津市人民委员会转发中华人民共和国国务院《关于将国务院编制审查委员会扩大，改称为国务院编制工资委员会的通知》。

2 月 19 日 天津市人民委员会举行第一次会议，通过《关于市人民委员会设立办公厅与七个办公室的决定》、《关于市人民委员会下属机构设置的决定》、《天津市人民委员会正副秘书长、办公厅、各办公室及各局（处）、委员会领导干部配备名单》，决定报请国务院批准和任命。

2 月 26 日 成立天津市人民委员会工业办公室（1959 年 1 月 31 日，中共天津市委决定工业管理机构改组扩大为中共天津市委工业生产办公室）。

3 月 1 日 中共天津市委决定天津市监察局建立党组。

3月6日 中国人民政治协商会议天津市第一届委员会第一次会议召开，9日结束。会议选举产生中国人民政治协商会议天津市委员会（简称“市政协”）。黄火青为天津市第一届委员会主席。各区人民政府改为区人民委员会。

3月14日 塘沽区人民政府改为塘沽区人民委员会。

3月15日 中共天津市委决定，为贯彻中央精简机构紧缩编制、增强工作效率的精神，整顿全市的机构和编制，以适应目前任务的需要。市委成立市级机关整顿编制委员会，并成立办公室；委员会下按市府、财粮贸、工业、公安、市委和青委妇联六个系统成立分会。市整顿编制委员会及六个系统整编委员会负责人是：① 市整顿编制委员会主任杨英，副主任张淮三；委员：郑季翘、杜新波、娄凝先、崔荣汉、宋景毅、樊青典、孙子英、李钧、李曼克、马力克、郝洁轩、冯东生、李士曾。办公室主任冯东生，副主任王俊贤。② 整顿编制委员会六个系统分会负责人是：市府：娄凝先；财粮贸：杜新波；工业：崔荣汉；公安：樊青典；市委：郑季翘、李均；青委妇联：徐光、欧阳吉。

同日 天津市整顿编制委员会财粮贸分会成立。

3月19日 天津市整顿编制委员会市人民委员会分会成立。

3月26日 天津市人民委员会决定撤销塘沽区和四个郊区行政监察机构。这些区的监察机构撤销后，原编制并入市监察局，监察工作由市监察局设置专人负责。

3月30日 天津市整顿编制委员会公安局分会成立。

本月 建立机电工业局（1959年5月撤销机电工业局，分别建立机械工业局、电机工业局）。统一管理地方机械、电机、电器、电子和仪表工业（1956年公私合营后，设立了专业公司，仪表工业由第五机械工业公司管理，电子工业由天津市电器工业公司管理）。

本月 中共天津市委批准建立天津市各界人民政治协商委员

会党组。

本月 国务院要求省、自治区、直辖市成立编制委员会，统一管理省、自治区、直辖市以下各级行政、事业和企业机关的编制工作。

4月26日 天津市司法局建立，局机关设3个处，编制85人。主要职责是：主管司法干部的培训和法制宣传教育工作；领导和监督律师与公证工作；检查总结审判政策和经验，管理市中级、各区和水上运输法院的机构设置和编制等（1959年6月20日市司法局撤销，其职能复归市人民法院行使）。

本月 天津市公营工业管理局轻工业管理处改组为第一轻工业局。

5月31日 天津市人民委员会印发《天津市第一个五年经济计划纲要（草案）》。

本月 天津市人民法院公证处移交市司法局，更名为天津市公证处。

6月17日 天津市人民委员会决定将原津东、津南、津西、津北郊区改为东郊区、南郊区、西郊区、北郊区。

同日 武清、安次联合治蝗指挥部在杨村成立。

7月1日 根据国务院1955年6月18日《关于统一国家机关工作人员工资制度的通知》，天津市机关工作人员本月起一律实行工资制。

7月 中共天津市各级监察委员会成立。原各级纪检委撤销。

11月21日 国营天津市饮食公司成立。

11月26日 天津市处理反动、淫秽、荒诞书刊图画委员会成立。

12月7日 国营天津市蔬菜公司成立，其任务是组织蔬菜供应，稳定市场价格，结合有关部门，组织和指导本市郊区的蔬菜生产，并全面规划对本市私营瓜菜业的社会主义改造工作。

12 月 15 日 天津市法律顾问处成立，这是新中国成立后本市第一个律师组织。

12 月 18 日 天津市中医医院成立，正式开诊。

12 月 23 日 天津市人民委员会决定，天津市交通运输局为行政管理单位。

12 月 29 日 天津市移民委员会成立，领导向青海移民工作，周叔弢任主任。到 1956 年 4 月 4 日，全市有 2 111 户，共 10 400 余人到青海垦荒。

12 月 31 日 天津市体育馆竣工。

是年 天津市人民政府公安局改称天津市公安局。

是年 全市各区人民检察院建立。

是年 春季以前开展的农业合作化运动，使农村建立了社会主义合作经济的正常生产和管理秩序，并推行了各种包工制度和奖惩制度。市人民委员会指出："提高单位面积产量是党和政府领导农业生产的基本方针"，并要求近郊农业生产面向城市，满足城市对农副产品日益增长的需求。

是年 天津市工农业总产值 387 001 万元；国民收入总额 191 800万元；人口 5 069 070 人，其中非农业人口 2 737 343 人。

1956 年

1 月 1 日 天津市市区更改名称，原有 1 ~ 8 区依次改为和平区、城厢区、河北区、河东区、新华区、河西区、南开区、红桥区。

同日 天津拖拉机制造厂成立。

1 月 10 日 天津市第三商业局成立国营天津市福利公司。主要任务是：全面规划和推动全市理发、澡堂、照相、旅店、委托、拍卖、洗染等服务性行业的社会主义改造工作。

同日　蓟县第一个高级农业生产合作社——城关区苏庄子乡“春光”高级社成立。1958 年 9 月，全县实现人民公社化。

1 月 12 日　毛泽东主席到天津视察了第一机床厂、第二毛纺厂和西郊王顶堤。

1 月 15 日　天津市私营机电企业共 1 638 户，全部实行了公私合营，当时从业人员 27 680 人。合营后在天津市机电工业局领导下，按产品方向划分小行业，建立了 8 个工业公司，按公司实行企业的联并、改组、改造。

1 月 22 日　天津市进步评剧社、民艺评剧社等 14 个民间职业剧团，全部被批准为国营剧团。

1 月 31 日　长芦盐务局撤销，在塘、汉两地分设长芦塘大盐务局和长芦汉沽盐务局。

本月　市郊农村社会主义改造工作完成，总体上看，这一时期天津农业得到了迅速恢复和部分发展。农业总产值 1957 年比 1949 年增长 1. 32 倍。

本月　天津市染料化学工业公司成立（1957 年和 1968 年两次撤销，1959 年再次成立。1970 年与有机化工行业合并成立有机染料化学工业公司，1975 年公司改组，按专业生产分工，单独成立染料化学工业公司）。

2 月 9 日　天津市长办公会议决议，接管天和、恩光、仁立、中华等 8 所私立医院，改为市立医院。

2 月 20 日　天津市人民委员会批准，10 所私立中学、66 所私立小学和 1 所私立聋哑学校改为市立学校。

本月　天津市第一届人大四次会议审议的黄火青市长的《政府工作报告》中指出，对于国家机关和事业、企业机构中存在的机构臃肿、层次重叠、人浮于事、干部使用不尽合理的现象，必须按照国务院关于精简编制的指示和给出的指标，认真加以整顿和精简。

本月 成立天津市中级人民法院。

3月5日 天津市党群系统整编委员会成立。

3月20日 天津市中级人民法院成立。

3月23日 天津市人民检察分院成立。

本月 天津人民出版社成立。1950年5月，原中共地下党开办的知识书店与读者书店合并为知识书店，兼营出版与发行，1952年7月，知识书店撤销，组成天津通俗出版社，至此改为天津人民出版社。

4月4日 天津群众艺术馆成立。该馆由原天津工人业余艺术学校、市文化局艺术科、天津音乐工作室合并组建。

4月7日 中国作家协会天津分会成立，主席孙犁。

5月3日 中共天津市委同意市委组织部、市编委《对中层党委调整后市区各级监察组织机构及编制意见》。市监委编制45人，市区监委各设6~7人，郊区监委各设3人，市人委、建设两监委各设4人，军事工业、外贸、棉纺、重工业、轻工业、公安机关各设3人，市直机关党委设在职干部1人，交通党委设3人。

5月6日 天津中医学会成立。

5月11日 天津市戏曲学校成立。

5月25日 天津市中医教学研究会成立，其任务主要领导全市西医学习中医的教学工作。

6月7日 天津市市长第46次联合办公会决定，各郊区广播站的经费由宣传教育费中开支，广播站的工作由宣传部门负责具体指导，技术问题由广播电台统一指导。

6月10日 天津市水产局成立。该局下设市海洋捕捞公司、水产供销公司、小站和黄港两郊养殖场（包括鱼种站）及淡水渔业生产合作站。

6—7月 天津市编制委员会办公室分别对市委、市人民委员会行政处的编制情况作了初步了解，重点研究了两个单位的伙食管理和勤杂人员设编问题。

本月 建立天津市编制委员会办公室，与市人民政府人事处合署办公。

7月6日 娄凝先召集市人民委员会一、二、三、四、五办公室负责事业、企业单位整编工作的同志研究了各系统整编工作情况，对存在问题和下一步整编工作提出了意见。

7月7日 天津市编制体制研究小组在干部俱乐部召开会议，研究事业、企业编制划分问题。

7月15日 《新港》文学月刊在津创刊，为中国作家协会天津分会机关刊物。

7月18日 天津市人民委员会决定在市内8个区和塘沽区设立教育局，管理全区中小学、幼儿园和业余学校。

7月19日 天津市国家机关的工资改革工作开始，10月基本结束。

本月 中共天津市委决定将市委党校和市行政干部学校合并，成立中共天津市委中级党校，实行党委领导下的校长分工负责制。

8月6日 天津市选举委员会正式成立。

8月26日 天津市京剧团成立。

9月12日 天津民族医院落成。

9月18日 中国戏剧家协会天津分会成立。

本月 召开的中国共产党第八次全国代表大会指出，社会主义制度在我国已经基本建立起来。确立的八大路线为社会主义事业发展和党的建设指明了方向。

10月6日 中国美术家协会天津分会成立。

10月7日 中国农工民主党天津市委员会筹备委员会成立。

10月11日 天津市人民委员会第三次行政会议同意天津市立总医院改为天津医学院附属医院。

10月19日 天津市编制委员会召开扩大会议，研究了1957

年天津市国家机关、党政群机关机构编制方案和参加全国编制工作会议材料事项。

10 月 25 日 天津第一中心医院、第二中心医院、天津医学院附属医院成立。

同日 天津市人民委员会第 42 次行政会议决定：（一）各单位必须本着求实的精神，尽量精简行政编制，11 月 5 日以前，将各单位的机构编制方案报市编制委员会；（二）为了进一步紧缩行政编制，各单位必须改进工作方法，改进制度，克服官僚主义。

10 月 28 日 天津市教育学会成立。

11 月 4 日 中国音乐家协会天津分会成立，主席王莘。

11 月 15 日 天津市人民委员会决定实行建房工作统一规划、设计、施工、分配、管理。26 日成立统建办公室。

本月 国务院发出《关于国家机关停止增加人员、增设机构的通知》。国务院决定从通知到达之日起，各级国家机关，一般停止增设新的机构、增加人员。原有人员因外调或入学有空额时，也不再补充。个别单位如需要增加的，属地方的应报省、自治区或直辖市人民委员会批准，属中央一级的应报国务院批准。

12 月 17 日 天津市编制委员会召开委员会议，研究精简整编计划。根据市委的决定，研究了本市的精简机构、整顿编制的工作，对此项工作提出了要求。

12 月 23 日 天津市经济学会成立。

本月 改组并建立了天津市道教协会。1957 年中国道教协会成立后，改称中国道教协会天津市分会。

是年 中共天津市委设办公厅、组织部、宣传部、统战部、工业交通部、地方工业部、财政贸易部、农村工作部、文教部，以分别管理有关方面的日常工作，实现对基层组织的有效管理。

是年 天津市钢铁和五金线材工业公司成立，实行按行业管理（1958 年 3 月市重工业局改组，将原领导的化工、染料行业划归新成立的市化学工业局管理，钢铁和有色金属行业继续由重工业局管理，1959 年 3 月市重工业局改称为市冶金工业局）。

是年 天津京剧团成立。

是年 天津市日用棉织品织造公司成立，管理32 个生产单位。

是年 天津市棉织业公私合营后，棉织业组成了 4 个棉织公司，色织行业各厂都包括在 4 个公司之内，共有织布厂 521 家（1957 年 7 月又合并成棉织工业公司，年末有 362 户，从业人员 17 536人）。

是年 天津市园林管理部门制订出《1956—1962 年天津市绿化规划（草案）》及《扩建苗圃规划（草案）》，进一步扩大了园林绿化建设队伍，增加了设施和设备。

是年 天津市水产局成立，1952 年至 1956 年上半年天津市水产工作先后由市财委、市农林局和市第三商业局领导。

是年 天津市皮革鞋帽工业公司成立（1958 年该公司撤销，规模较大的企业改属第一轻工业局日用化工处，小型企业下放到各区工业局）。

是年 天津市造纸工业公司成立。

是年 天津市文教工业公司成立（主要产品有文教用品、乐器、油墨、复印纸、誊写钢板等）。

是年 在手工业社会主义改造的基础上，合并组成天津工艺美术工业公司，隶属于天津市手工业联社工艺美术处。公司当年下辖20 个企业，职工 2 921 人。

是年 天津市计划委员会改为天津市经济计划委员会。

是年 天津市中学由 1949 年的 49 所发展到 126 所，小学由 1949 年的 2 293 所发展到 2 543 所。

是年 天津市文化局经请示市人民委员会批准，将 12 个剧团分别划归 7 个区领导。

1957年

1月1日 根据国务院编制工资委员会的决定，天津市监察机关的编制由天津市人民委员会管理，监察部不再管理。

1月6日 中国语言学会天津市分会成立。

1月16日 天津市基层医疗保健机构已发展到558个。全市107个街中已有102个街内各有1～2门诊部或联合诊所；有220个工厂企业已建立了医疗保健机构；75所学校有了医务室。

1月27日 九三学社天津分社成立。

1月28日 中共天津市委发出《关于精简机构整顿编制工作的指示》。要求把继续大力精简机构、紧缩编制作为当前增产节约、反对官僚主义的一项重要内容。

2月27日 中共中央发布《关于整风运动的指示》，决定在全党进行一次以正确处理人民内部矛盾为主题，以反对官僚主义、宗派主义和主观主义为内容的整风运动。指出：这次整风运动，应该是一次既严肃认真又和风细雨的思想教育运动，应该是一次恰如其分的批评和自我批评的运动。

同日 中共天津市委决定将直属机关编制精简25%，下放1/3科长级以上干部加强基层单位。3月2日，决定抽调市级处、科长以上干部75人，分配到本市各区工作。

本月 中共天津市第二届代表大会第二次会议提出了《关于调整机构、紧缩编制、下放干部的方案（草案）》。

3月1日 中共天津市委中级党校正式成立，市委常委张淮三兼任校长。

3月4日 天津市科学工作委员会正式成立，张国藩为主任委员。1958年10月上旬撤销，成立天津市科学技术委员会，娄凝先为主任。

3月17日 毛泽东主席来津视察，在人民礼堂向全市党员干部作了关于“百花齐放，百家争鸣”问题的报告。

3月23日 天津市人民委员会召开全体会议。会议决定在全市范围内开展大规模的爱国卫生运动，并决定建立天津市爱国卫生运动委员会。

3月26日 天津市市长、副市长联合办公会议决议成立天津市侨务工作委员会，郭茂桐任主任委员。

4月18日 天津市人民委员会批复：同意天津市监察局只保留派驻市粮食局、建设局和恒源纱厂3个监察室，其他派驻监察室撤销。

5月 中国新民主主义青年团天津市工作委员会更名为中国共产主义青年团天津市委员会。

6月15日 天津市节育宣传指导委员会成立。

7月19日 天津市人民委员会第5次全体会议通过《天津市中、小学毕业生升学就业方案》。并决定成立天津市中、小学毕业生升学就业指导委员会，李耕涛任主任委员。

7月23日 天津市人民委员会决定建立天津市中医学校。

本月 天津市科学技术工作领导小组成立，并将天津市科学工作委员会更名为天津市科学工作委员会。

8月6日 天津市长、副市长联合办公会讨论通过了《天津市历史文物资料征集办法》和《天津市历史文物资料征集委员会组织法》。成立天津市历史文物资料征集委员会。

8月21日 天津市首批下乡回乡青年392人分赴军粮城、金谷农庄等地参加农业生产。

本月 天津市公安局成立消防处（对外称消防总队），下设11个分队。

9月2日 天津市归国华侨联合会举行成立大会，廖灿辉当选主席。

10月6日 天津市第一所音乐小学开学，由中央音乐学院与本市合办。

11月12日 天津市举行“紧缩机构，下放干部”广播动员大会。全市决定下放干部5万人。要求全市机关企事业单位下放30%～50%。

11月22日 天津市综合医院改进门诊工作，开始试行门诊“三班制”。

12月1日 天津市民族文化宫开放。

12月5日 天津市大光明宽银幕立体声电影院建成。

12月10日 天津市艺术博物馆开放。

本月 根据中央精简机构的要求，天津市高、中级人民法院合署办公，中级人民法院停止收案。

是年 筹建天津市少年儿童图书馆，1958年10月1日对外开放。

是年 成立天津市奶品公司，负责管理奶牛场（1979年归属农场系统，牛奶的生产、加工、供应、销售成为一体）。

是年 家具和木材加工业划归市建筑工业局领导，建立4个联合企业，从事家具、木材加工、胶合板和纤维板生产。

1958年

1月 中共天津市委决定撤销市委工业交通工作部和市委地方工业部，建立市委工业工作部，将原市委工业交通工作部中交通、建筑系统管理职能划出，单独成立市委交通建筑工业部。

2月11日 天津市由直辖市改为河北省省辖市。4月，河北省省会迁到天津。6月，中央和河北省调整了天津市人民委员会机构。

2月21日 河北省人民委员会决定将原河北省汉沽市和军粮

城、李庄子、中心庄3个乡、镇划归天津市。

本月 天津市人民委员会发出《关于改革本市商业体制的指示》，指示除大型商场和中西药、广告、天然冰三行业不下放外，零售商业全部交区领导。各区分别设立百货、煤建、副食品、福利、饮食、粮食、日用杂品等公司。为了加强领导，区人民委员会设财粮贸易办公室。

3月5日 天津市第一轻工业局与第二轻工业局合并为天津市轻工业局。

3月25日 天津市人民委员会批准天津市监察局撤销该局派驻粮食局监察室。

3月29日 天津市哲学社会科学学会联合会成立。

4月11日 天津市人民委员会决定将郊区原来124个乡镇合并为65个乡镇。

本月 天津市毛麻丝局成立，同年10月与天津市纺织管理局合并为天津市纺织工业局。

5月5—23日 中共八大二次会议在北京召开。根据毛泽东的建议，会议通过了“鼓足干劲、力争上游、多快好省地建设社会主义”的总路线。

5月11日 天津教师进修学院成立。

本月 5个学会（经济、历史、哲学、语文文学、教育）联合成立了天津市哲学社会科学学会联合会，主任委员为梁寒冰。有会员400余人。

6月8日 天津市语文学会正式成立。

本月 新华区（今和平区）创办新华业余大学。

7月1日 天津河北梆子剧院成立。剧院设一团、二团（红鹰）和小百花剧团3个表演团体。

7月4日 河北省人民委员会决定将天津专署所辖汉沽市及唐山专区所辖宁河县所属军粮城、李庄、中心庄3个乡划归天津市。

同时又将市内 8 个区和 4 个郊区裁并调整为 6 个行政区，即中心区、河北区、河东区、河西区、南开区、红桥区。随后将中心区改为和平区。

7 月 16 日 天津市红专广播函授大学成立，李耕涛兼校长。

本月 中国摄影家协会天津分会成立，主席田明。

8 月 1 日 天津师范学院成立。1982 年改为天津师范大学。

8 月 10 日 毛泽东主席视察天津。毛泽东主席说：天津要建立独立的工业体系；教师学生都要搞勤工俭学。他指出："一个粮食，一个钢铁，有了这两个东西，就什么都能搞了。"

8 月 17 日 中共中央政治局在北戴河举行扩大会议，通过了《关于在农村建立人民公社问题的决议》。

8 月 20 日 中共天津市委召开会议，研究在郊区建立人民公社的问题。

8 月 23 日 天津市 4 个郊区 59 个乡镇 240 多个农业合作社合并建立起 9 个人民公社。

8 月 30 日 塘沽、汉沽两区农村建立 6 个人民公社。至此，全市农村原有的 352 个农业社和渔业社，合并成 15 个人民公社，实现了人民公社化。

本月 天津百花文艺出版社成立，为天津人民出版社副牌。

9 月 1 日 河北音乐学院成立，翌年改为天津音乐学院（"文化大革命"期间改为天津艺术学院，1980 年又改为天津音乐学院）。

同日 天津市工会联合会恢复为天津市总工会。

同日 天津医学院改名为天津医科大学。

9 月 6 日 天津新建天津机电学院、化工学院、建设学院、师范学院、医学院、中医学院、体育学院、塘沽海洋化工学院、塘沽水产专科学校 9 所高等学校招生。

9 月 15 日 天津纺织工学院成立。

9月17日 天津财经学院成立。

9月21日 天津轻工业学院成立。

同日 中国科学院河北省分院在津成立。

本月 根据中共中央、国务院《关于教育工作的指示》，天津市高校实行党委领导下的校务委员会负责制。

10月1日 天津市实行新区划，将原来的8个市区、4个郊区调整为红桥、南开、河东、河北、河西、和平6个区，加上塘沽区、汉沽区，共有8个区。

10月14日 毛泽东主席来津视察。毛泽东主席说：对资产阶级法权，应采取逐步破的方针。

10月25日 河北省第二届人民代表大会第一次会议在天津举行，会议选举刘子厚为河北省省长，阎达开、杨英杰、李耕涛、高树勋、阮泊生、胡开明、张明河、杨亦周、马力、张克让为副省长。

本月 天津市印染公司撤销，天津市纺织局成立印染处，1959年4月收回区管企业，成立印染工业公司。

11月1日 天津体育学院成立。

同日 天津市精简工作开始后，市编委办公室与市人委办公厅对区人委的人员编制及任务作了调研，共同拟出了区人委的编制指标及各科室的设编幅度。

11月16日 天津评剧院成立，下设评剧一团、二团。

11月22日 天津市人民委员会召开扩大会议，会议通过了《关于调整区人委组织机构的方案》。

本月 天津建筑材料局成立。

本月 天津市郊区各人民公社普遍实行了半供给、半工资制。

12月6日 中国人民解放军天津市公安总队奉命改编为天津市公安局人民武装警察总队。

12月20日 河北省人民委员会决定，撤销天津专区，将所属

12个县划归天津市。天津市辖和平、红桥、河东、河西、河北、南开、塘沽、汉沽8个区和盐山、黄骅、静海、任丘、武清、霸县、河间、交河、献县、吴桥、宁津、沧县12个县。

是年 天津杨柳青画店成立，1979年改名为杨柳青画社。主要负责编辑、创作和生产具有300多年历史的杨柳青木版年画和木版水印画。

是年 天津市棉织工业公司撤销，成立红桥、南开、河北、和平4个织布总厂，下属28个厂，19 030人（1959年5月正式组建色织物工业公司，色织物生产从此步入了专业化发展阶段）。

是年 天津市与河北省合并后，撤销塘大、汉沽两个盐务局，成立河北省盐务局。

是年 沿海塘沽和汉沽两渔区实现了人民公社化，各有3个渔业公社，23个渔业生产大队；南部、北部区及宁河县在农业公社中有6个渔业生产队。

是年 天津市建工局设计处组建，改名为天津市建筑设计院，院属勘测人员108名。

是年 天津市成立了市绿化委员会，提出了“市区绿化成荫，郊区绿化成林，驯服风沙，美化城市，变沙荒为果园，变碱地为绿洲”的口号。

是年 天津市改为河北省省辖市后，撤销天津市高级人民法院建制。

1959年

1月6日 中共天津市委发出《关于停止增加人员及整顿劳动组织的通知》。《通知》称：1958年全市职工增加20万人左右，由于人员增加过多，影响了劳动生产率的提高。本《通知》下达之日起，全市一律停止增加职工人数。

1月9日 中国农工民主党天津市第一次代表大会召开，产生了天津市第一届委员会，范权任主任委员。

1月10日 中共天津市委召开全体会议。这是天津市委与天津地委合并后的首次全会。议程是：宣布成立新的中共天津市委员会；研究天津地区和天津市合并后农村工作组织机构和干部配备。

同日 天津市科学技术协会成立。

1月15日 河北省人民委员会决定宁河县由唐山专区划归天津市。

本月 为加强农村工作的领导，中共天津市委设立农村工作委员会和农村工作部；市人委设立农田水利办公室和农业、水利、林业、畜牧、水产5个局。

2月 天津地委党校与市委中级党校合并。

4月13日 天津市人民委员会成立外事办公室。

同日 天津市人民委员会批复市农业局，同意将原沧县农学院、天津稻作学院、中捷友谊农场农学院、军粮城稻作学院合并为天津农学院。

4月14日 毛泽东主席到天津武清县永定河泛区视察麦田。

4月24日 天津革命史编纂委员会成立，梁寒冰任主任委员。

本月 天津市日用化学工业公司建立，当时所属企业30个，主要产品有：香精、香料、牙膏、肥皂、香皂、洗衣粉、鞋油等（1978年该公司一分为三，分别成立牙膏化妆品工业公司、电池工业公司、日用化学工业公司。1982年电池公司又合并到日化公司）。

5月 天津市皮革工业公司成立（1964年该公司划归市第二轻工业局领导，1968年再次将公司撤销，所属企业划归市第二轻工业局皮革行业组领导。）

7月1日 天津电视台试播，1960年3月20日正式开播。

7月31日　天津市精简职工11万多人，精简下来的人补充了新建扩建单位。

本月　天津警备区正式建立，方之中任司令员。

9月19日　毛泽东主席参观津西人民公社杨庄子、东道庄、大卞庄等生产队的水稻和杨柳青农场。

9月27日　天津市红桥区三条石历史博物馆建成开业，周恩来总理题写馆名。

10月7日　天津市民族文化宫举行落成典礼。

12月　从天津市机械工业局划出21个企业（职工总数1.7万人），建立市农业机械工业局。

本月　天津市人民委员会发出《关于建立区手工业局的通知》，决定在河东、河西、河北、和平、南开、红桥6个区建立手工业局，撤销区人委工业办公室。

是年　天津市公共卫生局将垃圾粪便清运车辆及人员一同下放到各区。环卫职工陆续增至5 000人。

是年　天津市毛麻纺织工业公司设立，除毛纺外还包括麻纺和地毯等企业。

是年　天津市调整机械工业管理体制，中共天津市委决定，以原手工业管理局为基础，将电器仪表工业公司并入，成立天津市电机工业局。该局下设电讯器材、仪表、电机、电器开关4个公司。从此，天津地方电子仪表工业统一归口管理，进入了专业化发展的新时期。

是年　根据中共中央决定，中共天津市监察委员会改称中共天津市委监察委员会。

是年　组建天津市地毯工业公司（1960年该公司与毛麻丝公司一度合并，1964年又成立天津市地毯工业公司）。

是年　在原市工艺美术工业公司基础上成立天津特种工艺品公司，隶属天津市手工业局（主要产品：牙玉雕、漆器、绢花、风筝等特种工艺制品，抽纱刺绣制品，玩具、竹、藤、柳编和草制品，以及刷子、炊事用具等日用杂品）。

是年 天津市司法局撤销。

是年 天津市水产学会成立。

1960 年

1 月 22 日 中国人民银行天津市分行、天津市财政局联合下发《关于财政拨款的事业单位、国家机关及人民团体执行“关于工资基金管理试行办法”中几个具体问题的联合通知》，规定市属各局、处、委、院（含局、处、委、院本身的事业编制人员），需有市编委批准的文件。

2 月 天津市人民委员会广播事业管理处成立，与天津人民广播电台合署办公。

3 月 1 日 天津市人民委员会决定，将静海县杨柳青公社划归南开区领导。

3 月 11 日 天津市召开县区组织部长和编制工作干部会议，要求进一步加强机构编制管理，财政部门对国家机关和事业、企业单位的人员经费要严加控制，认真贯彻执行工资基金管理制度。在天津市区县组织部长和编制工作干部会议上，市委组织部长李守真要求加强对事企业单位编制的管理。

3 月 16 日 天津市业余教育委员会成立，娄凝先任主任。

3 月 20 日 天津电视台建成，正式开播。

4 月 8 日 根据河北省编制工作会议精神，天津市编制委员会对区、县的行政编制进行了调整。

4 月 29 日 天津市人民委员会举行全体会议。会议决定成立天津市国营农场管理局，“天津市侨务工作委员会”改名为“天津市华侨事务委员会”。

5月1日 毛泽东主席在天津同全市人民一道欢度“五一”劳动节。

5月4日 天津市豫剧团成立，并与天津市河北梆子剧院红鹰剧团联合举行建团大会（天津市豫剧团是由邯郸市豫剧一团调来天津的；红鹰剧团前身是原天津专区河北梆子剧团）。

5月7日 中共天津市委决定撤销市委工业生产办公室，成立中共天津市委工业生产委员会（1962年将市委工业生产委员会改为天津市经济委员会）。

6月12日 河北省人民委员会决定，将天津市所辖汉沽区划归唐山市。唐山市所辖蓟县、宝坻县划归天津市。献县所辖的官亭、饶阳、五公、武强、小范5个公社和堤南公社的大部划归石家庄市的深县。

6月25日 天津市劳动局、市财政局、人民银行市分行、天津市编委联合下发《关于国家机关和人民团体执行〈工资基金管理试行办法的实施细则〉中几个问题的联合通知》，其中对市编委管理机关团体（含附属机构）工资基金计划作出了规定。

本月 天津市经济计划委员会改为天津市计划委员会。

本月 中共天津市委批转了市编委《关于各区县1960年行政编制调整意见》、《关于加强与改进机构编制管理的意见》，对加强机构编制管理作出了规定。

7月10日 天津市第一座人工海水浴场在塘沽新港建成，正式放水。

8月3日 天津市人民委员会转发市财政局、市编委《关于进一步加强事业、企业机构的人员编制、行政经费管理工作的报告》提出，对带有行政性质的企业管理机构的编制、事业编制和财贸系统各种经营机构的编制，均由市编委核定。

本月 天津市6个区和塘沽区公安局增设防火科。

9月 在人民公社运动中，塘沽区人民委员会与塘沽人民公社管委会为一套机构、两个牌子。

10月5日 中共天津市委召开书记处会议。会议决定将和平区所辖东南角、东北角、鼓楼西街划归南开区，将和平区光复道街划归河北区。

10月 天津市印染公司与色织公司合并，成立织染公司统一管理印染、色织、白织厂（1961年10月恢复印染工业公司；1962年6月印染公司撤销，1964年6月恢复；1968年9月再度撤销，由市纺织工业局直接管理各厂）。

11月21日 天津市人民委员会发出通知：《天津市政周报》改为《天津政报》。

12月14日 中共天津市委召开书记处会议，决定成立中国国际贸易促进委员会天津分会。

是年 天津市人民委员会成立污水利用领导小组办公室。同年6月成立污水综合利用小组，推动利用城市污水灌溉农田。

是年 中共中央提出“以粮为纲”的号召。1961年2月召开的天津市人大四届一次会议提出：“农业生产，要坚持以粮为纲，农林牧副渔全面发展的方针。”

是年 天津迎宾馆（原名天津市第一招待所）建成。该宾馆是接待外宾下榻的花园别墅式高级宾馆。占地74公顷，湖面21.3万平方米。它由几座形状不同的别墅组成。

是年 天津市工农业总产值992 054万元，其中工业总产值960 307万元；国民收入总额405 300万元；人口5 835 282人，其中非农业人口3 413 425人。

1961年

1月9日 中共天津市委召开书记处会议。决定成立市接运进口小麦领导小组。

1 月 14 日　中国共产党八届九中全会在北京召开，会议正式通过了“调整、巩固、充实、提高”的“八字方针”。20 日，中共天津市委举行书记处会议，传达贯彻中共八届九中全会精神，强调要认真总结几年来的经验和教训，按照“八字方针”重新考虑，安排天津的工作。

2 月 7 日　天津市人民委员会决定成立天津市农村工作委员会，原市人委农村水利办公室并入这一机构；市农业局和林业局合并，成立天津市农林局；成立天津市近郊农业局；撤销市国营农场管理局；成立天津市农业机械管理局；撤销市县社工业局；成立天津农垦局；市水产局由农业口划归财贸口领导；市水利局、畜牧局的组织机构和任务不变。

2 月 20 日　“八一礼堂”竣工开幕。

2 月 25 日　天津市编制委员会拟定 1961 年机构编制方案（草案），规定对机构编制的管理，继续贯彻执行“统一领导，分级管理”的办法。

3 月 16 日　天津市所属各县划分为天津和沧州两个专区。沧州专区由省（河北省）领导，天津专区由省市双重领导。7 月 17 日，天津专区归河北省直接领导。

5 月 6 日　中共天津市委举行书记处会议，决定 1961 年精简下放职工 10 万人。

6 月 24 日　中共天津市委发出《关于沧州地委、天津地委开始办公的通知》。《通知》称：根据中央和中共河北省委的指示，沧州地委和沧州专署分别直属省委、省人委领导；天津地委、天津专署分别属省委、省人委，市委、市人委双重领导。天津地委下辖蓟县、宝坻、武清、文安、安次、静海、霸县、胜芳 8 个县（镇）。

7 月 1 日　中国共产党天津建党纪念馆正式开馆。纪念馆设在长春道普爱里 21 号（1924 年中共天津地方执行委员会原址）。

7月22日 天津市区划调整，沧州专区分开办公，市编委根据精简的原则下达了《关于区划调整后专县及农村人民公社机构编制的通知》，对有关机构作出了规定。

同日 中共天津市委举行书记处会议，研究城市人民公社问题。确定了人民公社性质是集体所有制，其主要任务是搞好街道生产和集体生活福利事业；公社、街道办事处、派出所应划清工作范围，取消分社一级，恢复居民委员会，属街道办事处领导；城市公社以街道为中心，取消以工厂为中心的公社，厂社要分开；公社工业产、供、销属于工业局领导。

同日 天津市人民委员会召开高等学校、中等专业学校调整工作会议。中等专业学校由原66所调整为28所，压缩学生8 495人。1962年继续调整至7月，市属中等专业学校仅保留11所。

本月 天津市编制委员会《关于区划调整后专县及农村人民公社机构编制通知》中规定：公社设公社党委、公社管理委员会、公社监察委员会、妇联和团委会。

7月28日 中共天津市委召开书记处会议。会议决定建立外贸党委和第一商业局党委。

9月5日 天津市第二师范学校正式成立。

9月15日 中央批准试行《教育部直属高等学校暂行工作条例（草案)》，天津市高校实行党委领导下的以校长为首的校务委员会负责制。

11月25日 天津市人民生活委员会成立，宋景毅任主任。下设疾病防治、物资供应等9个专业组和生活办公室。

是年 天津杂技团成立（原天津杂技团和马戏团合并而成)。

是年 原属商业和各区百货公司的服装厂统一归市商业修配服务公司领导，其他服装厂转到市二轻局系统，并恢复了市服装工业公司。

是年 天津市人民委员会颁布了《关于充实整顿清洁队的规

定》，批准增加环卫编制 1 817 人，并在公共卫生局的领导下，恢复建立“天津市清洁总队”。各区设立清洁大队、中队、分队。

1962 年

1 月 11 日—2 月 7 日 扩大的中共中央工作会议在北京举行。从中央到县级的负责干部共七千多人参加会议，人们习惯地称为“七千人大会”。这是党在新中国成立以来规模最大的工作会议。

1 月 31 日 天津市人民委会员通过《关于恢复四个郊区（东、南、西、北郊）和划分市郊界线的意见》，2 月 1 日起执行。

2 月 1 日 天津市人民委员会第四届第五次全体扩大会议决定，河北省人民委员会批准《关于恢复郊区和划分市郊区界线的方案》，天津市又恢复了东、南、西、北四个郊区的建置。

4 月 15 日 天津市少年宫正式开幕。29 日，天津科学宫和艺林阁开幕。

4 月 23 日 天津市人民武装委员会成立，万晓塘任主任。

4 月 29 日 天津市科学宫开幕。

本月 天津科技进修学院成立，院长为黄钰生。并在市区设立 8 个分院，承担全市工程技术人员在职培训任务。

5 月 8 日 天津市人民委员会同意各工业局所属科学研究机构为事业单位管理，各项支出按有关事业单位支出标准执行。

5 月 21 日 中共天津市委精简委员会确定全市精简职工任务由原定的 18 万人改为 20 万人，压缩城市人口任务由原 26 万人改为 40 万人。以上任务，分别按区和系统下达。25 日，市委书记处开会同意了精简委员会的意见。6 月 8 日，天津市委发出《关于进一步精简职工和减少城镇人口的工作计划》，确定全市 1962 年精简职工 22 万人，减少城镇人口 40 万人。

5 月 28 日 中共天津市委决定将市工业、交通、基建三个部合为工业部，李守真任部长。

6月5日 中共天津市委发出《关于建立天津市精简委员会的通知》。为加强对精简职工和减少城镇人口工作的领导，决定将原精简领导小组改为精简委员会。

7月14日 天津市人民委员会召开中等专业学校调整工作会议，具体部署裁并工作。市属24所中等专业学校，撤销13所，保留11所。

8月11日 天津市人民委员会扩大会议决定，市工业生产委员会与交通运输委员会合并，成立天津市经济委员会，崔荣汉任主任。

9月25日 政协天津市委员会文史资料研究委员会成立，下设北洋、政治军事、经济文化、宗教和民族5个组及办公室。

10月5日 天津市人民委员会发出《关于调整街道办事处管辖范围的通知》。调整后，全市街道办事处由57个增为97个。和平区由9个调整为14个；河北区由11个调整为16个；河东、河西、南开3个区各由8个调整为14个；红桥区由6个调整为16个；塘沽区由7个调整为9个。

10月13日 中国曲协天津分会成立，杨循为主席。

10月16日 中共天津市委召开书记处会议。决定全市行政编制按人口4.73%的比例精简。

本月 从1953年至1962年10月，天津市共建成杨柳青农场、工农联盟农场、东郊农牧场、西郊农牧场、双林农场、军粮城农场、青光农牧场、北郊葡萄园、赤土农场、赵庄洼农场、汉沟农场11个农场。

本月 第六次全国检察工作会议召开，确定检察工作的任务是：进一步做好批捕、起诉为中心的各项检察业务，扎扎实实地办好案件。

11月6日 河北省人民委员会决定，将原唐山专区所属汉沽市划归天津市，改为汉沽区。

11月16日 根据《中央对中央精简小组关于各级国家机关、党派、人民团体精简的建议》，中共天津市委、市人委《关于全市国家机关、党派、人民团体机构编制的精简问题的联合决定》规定，今后各级国家机关、事业单位和企业管理机构增设机构、增加编制，必须经过市编委审核，转报市委或市人委批准。

11月24日 天津市人民委员会发出《天津市城市街道办事处工作纲要（草案）》，要求各区、街办事处试行。

12月1日 经国务院批准，将北大港水面和黄骅、静海两县部分地区划归天津市，设立北大港区。

12月24日 根据天津市人民委员会关于市级国家机关、人民团体及其附属机构和工业局所属工业公司的工资基金使用计划报市编委审批的要求，市编委下达《关于编造1963年工资基金计划的通知》，要求1963年的工资基金使用计划仍按1962年12月份实发薪人数及工资总额为基数编造。

是年 天津市将农村人民公社的基本核算单位下放到生产队，实行“三级所有，队为基础”的体制，全市有公社195个。郊区农村陆续自发地恢复了劳动定额、小段包工、包工定产等形式的生产责任制。同时还出现了“以产定工”的联产计酬责任制。

是年 天津市淡水渔业公司成立，1969年4月撤销。

是年 天津市服装工业公司从一轻局转入二轻局。原转入全民所有制的企业又退回集体所有制（到1966年，服装工业公司所属企业74个，职工12 000人，总产值9 700万元）。

是年 中共天津市委贯彻执行“精兵简政”的精神，结合全市精简职工、压缩城市人口工作，在全市党政机关、人民团体、企业、事业单位的管理机构中精简干部13 858人，其中区科长以上干部1 121人。

1963年

1月3日　河北省编制委员会、财政厅、人民银行河北省分行联合下达通知，对人民银行天津市分行的人员编制作出了规定。

2月1日　中共天津市委、市人民委员会决定，市内（含塘沽）各区粮食机构设置为区粮食局与区粮食公司合署办公，对外挂两块牌子。

2月20日　天津市人民委员会决定成立青少年、儿童教育工作指导委员会，杨振亚副市长任主任。

本月　天津市北大港区建立，作为天津市的一个郊区，同时成立天津市北大港区人民委员会，设定了相应的工作机构。

3月5日　《人民日报》、《解放军报》、《光明日报》、《中国青年报》等都在头版显著位置刊登了毛泽东主席的题词："向雷锋同志学习"。从此，学习雷锋的活动在全国范围内蓬勃兴起。之后每年的3月5日成为学习雷锋的活动日。

3月15日　天津市内各区和塘沽区街道办事处管辖范围调整工作结束。全市街道办事处由57个调整为97个，加上新划入天津市的汉沽区的3个街道办事处，天津市共有100个街道办事处。

4月6日　《天津政报》载：天津市人民委员会决定成立天津市地区协作委员会，任务是：贯彻执行中央和省、市有关协作加工、三类物资交流等方面的方针、政策和指示，组织推动本市与外地之间的各项协作工作，恢复巩固和扩大与外地的经济协作关系。

4月22日　天津市人民委员会决定在市内各区建立市场管理所。

5月14日　为了巩固社会主义经济和维护市场秩序，天津市人民委员会决定，市工商局单独办公，不再与市财委合署办公。

6月5日 中国国际贸易促进会天津分会成立，李中垣任主席。

6月11日 天津市人民委员会举行全体扩大会议，讨论通过《天津市1963年防汛工作计划》，成立天津市防汛指挥部。

6月15日 天津市人民委员会决定，将市工商局与市财政贸易委员会分设。

8月2日—9月27日 天津市遇到了有史以来罕见的特大洪水。

8日 中共天津市委、市人委召开防汛工作会议，部署防汛工作。

11月17日 毛泽东主席为在天津举办的河北省抗洪抢险斗争展览会题词:《一定要根治海河》。

12月23日 天津市第五届人民代表大会第一次会议开幕，28日闭幕。选举胡昭衡为天津市市长，宋景毅、周叔弢、杨拯民、张国藩、樊青典、王培仁、李中垣为副市长。

是年 《河北省关于机构编制管理暂行办法（草案）》提出，各级编制委员会的组织机构应迅速地健全起来，委员会应设主任1人，副主任1~2人，委员若干人。各级编制委员会的办事机构应当充实和加强，县可设专职干部1~2人（与组织部合署办公）。天津市可根据市的规模和工作任务大小自行确定。

1964年

1月13日 中共天津市委发出《关于市人委党组成员的通知》。

1月18日 中共天津市委发出《关于郊区农村面上的社会主义教育工作的安排》。20日，近郊第一批“四清运动”开始。21日，成立市委“四清”办公室，贾林任主任。

1月21日　天津市档案馆建立，该馆是市委、市人委直属的党政合一的科学文化事业机构。

1月28日　河北省编制委员会、劳动局、财政厅、人行河北省分行、农行河北省分行联合下达通知，对农行天津市分行的人员编制作出了规定。

2月10日　中国农业银行天津分行正式成立。

2月21日　天津市人民委员会决定，建立天津市环境卫生局。

本月　天津市人民委员会决定，将机械工业局改为第一机械工业局；将机电工业局改为第二机械工业局；撤销农业机械局，其主要企业并入第一机械工业局。第二机械工业局将电机、电器开关2个公司划出，成为管理地方电子、通信设备及仪器仪表制造业的专业局。建立市工业技术局，在工业技术局领导下设立工业展览馆。

3月　天津市塑料工业公司成立，当年归属市第一轻工业局，1965年划归第二轻工业局。

4月1日　天津市环境卫生局成立。

5月　天津市编制委员会根据国家编制委员会和河北省编制委员会的指示，制订了1964年、1965年及第三个五年计划期间的机构编制规划。

5月5日　1956年7月动工始建的盘山烈士陵园竣工，占地300亩。10月1日正式开放。

5月6日　河北省编制委员会下达通知，核定了天津市的行政编制总额。

5月15日　天津市编制委员会转发市区机构编制规划小组工作计划，要求各区结合本区情况，制定工作计划，按时完成规划任务。

5月27日　天津市第16次市长联合办公会决定，各郊区人委设文化科，编制由文化局系统解决，设2~4人。

6月13日 天津市人民委员会决定，撤销市内六个区供销合作社，人员由市供销社统一调配。

7月29日 毛泽东主席再次为《天津日报》题写报头。自10月1日起，《天津日报》正式改用新题写的报头。

同日 蓟县火车站建成，建筑面积9 944平方米。

本月 天津市人民委员会决定，成立天津市公用局煤气事业处。

8月10日 中共天津市委、市人委发出通知，决定成立天津市工业调整办公室。

9月1日 河北省编制委员会给天津市农业银行增加企业编制8人。

9月28日 天津市人民委员会发出通知，决定成立天津市保险公司。

本月 中共天津市委、市人民委员会决定成立第二教育局。以半工半读教育为重点，逐步统一领导全市半工半读、职业学校、技工学校、中等学校和职工业余教育。第二教育局建立后，原市教育局改为第一教育局。

10月12日 天津市业余滑翔学校成立。

10月14日 中共天津市委、市人民委员会决定对机床工具、造纸、染料化学3个公司试行托拉斯。摸索经验，消除现行的用行政办法管理工业生产的弊端，这是本市工业管理体制上的一项重大改革。

10月26日 中共天津市委、市人民委员会决定，成立天津市塑料制品工业公司。

11月7日 中共天津市委、市人民委员会发出通知，决定成立天津市支援内地建设办公室。

11月19日 河北省人民委员会决定，天津市人民委员会人事局改称为天津市人事局，各市、县人事部门名称不再冠“人民委员会”字样。

12月12日 天津市人民委员会发布《关于把市区摊贩市场改为国营零售市场并加强市场管理工作的通知》。《通知》称：撤销市区摊贩市场，建立在国营商业领导下的，以国营商业为主体，并组织合作商业参加的零售市场；进一步缩小生产队、社员进城销售农副产品的范围；加强对个体商贩的管理。

12月21日—翌年1月4日 第三届全国人民代表大会第一次会议在北京召开。中国共产党第一次正式和完整地向全国人民提出建设“四个现代化”的任务。周恩来在《政府工作报告》中宣布：调整国民经济的任务已经基本完成，整个国民经济已经全面好转。今后发展国民经济的主要任务，就是要在不太长的历史时期内，把我国建设成为一个具有现代农业、现代工业，现代国防和现代科学技术的社会主义强国，赶上和超过世界先进水平。

12月28日 为了进一步贯彻中央精兵简政的方针，天津市人委决定精简人民银行天津市分行的编制。

是年 为了适应公社工业管理体制改变后的情况，加强调整后的公社工业和郊区手工业的管理，天津市人民委员会决定，各市区为公社工业局、手工业局、手工业合作社联合社一套机构、三个牌子（汉沽区为区手工业局、手工业合作联合社）；郊区在手工业办事处的基础上改建为区手工业合作社联合社，与区手工业科一套机构、两个牌子；各区局（联社）受市局（联社）和区人委双重领导。

是年 天津市农业生产的各项指标基本恢复到了1957年的水平。

是年 成立天津市毛纺织工业公司，所属除毛织行业10个厂外增加了毛毡厂和麻纺厂共12个厂。

是年 根据中共中央“调整一线、建设三线”的精神和政府命令，第一机械工业局所属天津市柴油机厂、手推车厂、农业药械厂、直流电机厂等全部内迁。

是年　在中共天津市委领导下，加强对干部的集中管理。将由各部分别管理的市、区机关的市管以上干部改为以市委组织部为主，各部协助进行管理。市委各部以主要精力加强对基层干部的管理。

1965 年

1 月 27 日　天津市人民委员会决定撤销市拖拉机汽车配套办公室的机构编制。

2 月 26 日　中共天津市委决定，建立体制机构精简研究小组。小组建立后，对市区体制机构如何进行精简作了多次调查研究。

3 月 3 日　天津市新建的半工半读工科师范学院举行开学典礼。这是天津市一所培养半工半读中等技术学校教师的高等学校。

3 月 11 日　中共天津市委决定，成立市委城市“四清”运动领导小组。

5 月 1 日　消防民警实行义务兵役制。1983 年 1 月，根据中央指示精神，天津市公安局消防处列为中国人民武装警察部队序列，业务由市公安局领导，费用由武警列支。

5 月 27 日　中共天津市委发出《关于工业财、贸系统调整领导体制和建立政治工作机构的决定》。

5 月 30 日　河北省人民委员会批转省编委、财政厅、邮电局、广播局《关于恢复与发展农村有线广播网工作中几个问题的报告》中规定，县广播站的编制人数，根据县广播站业务开展情况，一般可以配备 2 ~6 人，在县原有编制内自行调剂解决。工作量特别大的县广播站也可多于 6 人。

6 月 16 日　河北省计委提出全省“三五”建设方案，要求从天津迁出 114 个工厂。

6月26日 毛泽东主席发表“把医疗卫生工作的重点放到农村去”的指示。

6月28日 中共天津市委决定撤销塘沽人民公社（保留区人民委员会）。

7月19日 天津市经济委员会召开“托拉斯”工业公司工作座谈会，24日结束。会上传达了中央召开的“托拉斯”的工作经验（本年全市试办6个“托拉斯”中，橡胶、制药、电力是全国性“托拉斯”在天津的分公司；机床工具、造纸、染料化学是地方性的“托拉斯”）。

7月29日 中共天津市委体制机构精简研究小组向市委提出《关于精简机构紧缩编制的意见》，提出要重点压缩市、区两级的编制，公安、街道、农村人民公社不减。

本月 天津市轻工业局改为市第一轻工业局；同年，天津市手工业管理局和手工业生产合作社联合社改为市第二轻工业局。此后，一些公司和企业的隶属关系虽经变迁，但全市轻工业主要由第一和第二两个轻工业局共辖的管理体制相对稳定下来。

10月 根据中共天津市委、市人民委员会关于加强工业公司工作的指示精神，7个工业局所属的工业公司的编制及劳动工资计划全部划拨由主管局掌握。

11月7日 渤海海面发生海啸。

11月8日 中共天津市委决定撤销市劳动局党组，建立市劳动局党委，归属市委工业交通政治部领导。

11月26日 天津市人民委员会决定市、区设立打击投机倒把办公室，设在工商局。

12月24日 天津市第六届人民代表大会第一次会议开幕，29日闭幕。选举胡昭衡为市长，宋景毅、周叔弢、杨拯民、张国藩、樊青典、王培仁、白桦、路达、李中垣、王占瀛为副市长。

是年 建立华北石油会战指挥部（石油工业部641厂）海洋

勘探室，后扩大为海洋石油勘探指挥部、海洋石油勘探局（1983年改为中国海洋石油总公司渤海石油公司，该公司基地设在天津塘沽，拥有16 000多人，是我国最早在海上进行勘探、开发、生产，并最早与外国石油公司成功进行合作的海洋石油公司）。

是年 天津市特种工艺公司改称工艺美术工业公司（1968年8月，工艺美术工业公司撤销，所属企业转入区管工业）。

是年 天津市玻璃制品工业公司成立。

1966年

3月18日 根据财政部的要求，河北省编委、财政厅决定，将中央、省级企业财政驻厂员由财政部门移交税务部门，实行财税、利统管，统由税务部门领导，将由财政厅直接管理的天津市的中央、省级财政驻厂员移交给天津市税务局。

4月9日 中共河北省委、省人委决定将省会迁往保定市。

4月 河北省编制委员会下达天津海关编制240名。

5月6日 中共天津市委召开书记处会议，讨论开展“文化大革命”问题，决定成立市委文化革命办公室。

5月23日 天津市人民委员会办公厅发出《关于不要轻易改变公私合营企业经济性质的通知》：凡公私合营企业，无论更换牌匾或调整机构，均不要改变经济性质，对未经批准即已改变的，应当改正过来。

6月6日 中共天津市委决定建立中学、卫生两个“文化革命办公室”。

6月10日 1965年至1966年6月，从天津迁往“三线”的工业企业共92项，涉及90个厂。迁出职工23 512人（所谓“三线”，即三线建设，特指集中于20世纪六十年代中期到七十年代初期，我国对西南、西北内陆地区开展的大规模经济建设）。

6月13日 天津市人民委员会决定和平、河北、河东、河西、红桥、南开6个区成立区工业局；塘沽、汉沽区将手工业局改为区工业局；4个郊区用手工业联社一套机构挂区工业局和手工业联社两个牌子；北大港区将工业交通科改为区工业局。

同日 为了整顿各区市场管理部门原使用的临时协管人员，加强市场管理，天津市人民委员会决定将各区市场管理所临时协管人员全部减掉，设事业编制201名，连同各市场管理所原有的119名事业编制共设事业编320名。

6月21日 天津市农林局农业机械管理总站改为市农业机械管理总站，隶属农业机械工业服务公司领导，原市农林局机械管理处撤销。

7月1日 天津市气象台成立。

7月15日 天津市民航飞行大队成立。

7月23日 中共天津市委决定在市、区机关和宣传、文教系统全面开展“文化大革命”。

12月5日 中共天津市委、市人民委员会发出《关于加强工业生产领导的通知》，要求妥善安排革命和生产，做到“革命生产双丰收”。决定成立生产办公室，杨拯民任主任。

12月20日 为加强对区街工业的领导，天津市市内6个区建立工业局。

是年 成立天津市农垦局，“文化大革命”开始后，各农业局撤销，各农场成为市或区的“五七”干校（1972年后，干校逐步撤销，农场又归市农林局领导）。

1967年

1月2日 天津市改为中央直辖市，解学恭任中共天津市委第一书记。

1月18日 中国人民解放军天津市重要目标军事管制委员会成立，开始对仓库、电台、监狱和重要工厂等58个重要目标实施军管和警卫。

1月23日 中共中央、国务院、中央军委、中央文革小组发出《关于人民解放军坚决支持革命左派群众的决定》。解放军天津驻军奉命“支左”，正式介入天津市“文化大革命”。

1月29日 人民解放军天津驻军军事接管《天津日报》社。30日《天津日报》停刊，31日复刊。

2月4日 中国人民解放军坚决支持革命左派联络站成立，正式介入天津市“文化大革命”。

2月14日 天津警备区司令部接管天津市公安局，建立公安局军事管制委员会。

3月3日 “天津市夺权筹备工作领导小组”成立。6月19日，该组更名为“天津市革命委员会筹备小组”。

3月7日 天津警备区成立“抓革命促生产指挥部”，下设工业和农业办公室。各区和基层单位也成立相应的生产指挥机构。

5月 石油部“641”厂、天津铁路分局及所属站（段）、百货大楼、劝业场、中原公司等实行军事管制，建立军事管制委员会。市民政局所属卫南洼农场建立军管小组。

6月8日 国家科委京津地区地震工作领导小组成立。

6月19日 “天津市夺权筹备工作领导小组”更名为“天津市革命委员会筹备小组”。

7月4日 天津市抓革命促生产指挥部决定，设立财贸办公室。

7月16日 天津市无产阶级革命派大联合筹备委员会成立。11月22日解散。

7月24日 天津市动员青年上山下乡办公室成立。

11月21日 天津市革命委员会筹备小组向中央报送《关于建

立天津市革命委员会的请示》。

12月1日 经中央批准天津市革命委员会成立。

12月6日 天津市革命委员会宣布成立。解学恭为主任，肖思明、郑三生、江枫为副主任。

12月15日 天津市革命委员会工业生产指挥部成立领导小组，胡昭衡任组长。

12月23日 经天津市革命委员会批准，汉沽区革命委员会建立。

本月 天津市革命委员会成立后，设天津市革委会工业生产指挥部，将原抓革命促生产指挥部下设的农业组划出。

本月—1968年2月 经天津市革命委员会批准，各区相继成立了有军、干、群参加的“三结合”的革命委员会。

1968年

2月14日 天津市革命委员会召开首次扩大会议，通过《关于迎接“三、七”批示一周年，实现全市一片红的决议》。要求在3月7日前，基层革委会全部建立。到3月6日，全市13个区全部建立了革委会；市属各局有88%的单位以及96%的基层单位建立了革委会。

本月 天津市区所属各街道办事处、郊区所属各公社相继成立了革命委员会。

3月15日 成立中国人民解放军天津市公安机关军事管制委员会中级人民法院军事管制小组。

3月20日 天津市革命委员会、驻军支左联络站、天津警备区联合发出《关于建立清理工作指挥部的决定》。

3月22日 天津市革命委员会、天津警备区作出《关于贯彻执行中共中央、国务院、中央军委、中央文革小组关于查封、清理中央各部门、各省、市、自治区驻各地办事机构的指示的决定》，要求所有中央各部门、各省（市）、自治区及一切外地驻津的办事机构和变相的办事机构，除中央特别许可的以外，限3月31日前一律撤销。

本月 中共中央转发了河北省革命委员会《关于设置工作机构情况的报告》，为此，天津市革命委员会于同年7月对原有机构进行了调整。

6月25日 由天津市600多名医务工作者组成的卫生工作队，赴内蒙古自治区。

6月26日 天津首批到内蒙古自治区插队落户的三千多名知识青年启程。

8月14日 天津市工农毛泽东思想宣传队成立。从19日开始，陆续进驻各大专院校及新闻、出版、文艺、科研单位。

9月12日 天津市革命委员会向中央报告“精兵简政”工作情况：市革委机关由原来的3部1室6组合并为2部（政治部、生产指挥部），4组（办事组、文教组、供给服务组、人民保卫组），工作人员由414人减到200人。

同日 天津市革命委员会批转生产指挥部《关于改革我市工、农业管理体制的请示报告》。对工业企业的管理分市（局）管工业和区管工业，实行一元化领导。工业局撤销公司，在革委会下设若干专业组。二轻局撤销公司，大部分企业下放到区。关于农业体制、农林、水利、农垦、气象4个局撤销，建立新机构，由25人组成，仍归生产指挥部建制。

10月4日 毛泽东主席关于干部下放劳动的指示发表。8日天津市“一〇四干校”成立。

10月 天津市区的1 700多个工厂企业，80%以上精简了机构，下放了70%以上的科室人员。

是年 天津市地毯工业公司撤销，企业直属市第二轻工业局

（1970 年后，先后组建地毯服装行业组）。

是年 天津市文教工业公司撤销，成立了文教工业指挥组（1971 年又组成手表文印公司，1978 年手表文印公司解体后，组建制笔工业公司）。

1969 年

1 月 11 日 天津市革命委员会上山下乡领导小组成立。原中等学校毕业生分配领导小组撤销。

1 月 22 日 天津市革委会决定，撤销市生产指挥部，建立市农业生产指挥部和工业生产指挥部。

2 月 11 日 天津市革委会发出通知：将原市革委会生产指挥部划分为工业和农业两个指挥部。27 日，农业生产指挥部领导小组成立，赵武成任组长。

2 月 24 日 天津市革命委员会决定，本年全市上山下乡计划安排 22 万人，将分赴河北、内蒙古、黑龙江等地插队、插场。

4 月 27 日 天津市革命委员会决定撤销北大港区建制，划归南郊区。

本月 天津市水产供销公司与市渔需物资供应站并入市食品公司；市渔轮修造厂移交给市一机局；市红旗网厂移交给市纺织局；其余黄港、小站、草坨子、鸭淀养殖场分别移交给所在区与其他单位。

6 月 5 日 天津市革命委员会决定，抽调 1 万名干部转入全民所有制工业企业中当工人。

6 月 25 日 中国医药工业公司解散，天津分公司撤销，企业由天津市化工局领导（1970 年 9 月 5 日，制药工业公司恢复建制，1986 年，制药工业公司撤销，企业由医药局直接领导）。

7 月 3 日 经国务院计划业务领导小组、冶金部和河北省同意，天津市革命委员会核心小组决定筹建天津市邯郸生铁基地。

8月5日 天津市在河北省涉县筹建“6985”生铁基地（1971年5月10日，天津市革委会决定该处定名“天津铁厂”）。

9月23日 毛泽东主席来津，分别接见了天津市革命委员会负责人等及驻津陆、海、空三军部队负责人。

9月30日 由原市法院、市检察院、市公安局七处合并组成中国人民解放军公安机关军事管制委员会第四大队（1971年又改为天津市革命委员会人民保卫部五组）。

11月1日 天津市革命委员会决定，动员5 100名医务人员分赴广西、内蒙古、宁夏、四川、吉林、辽宁、黑龙江等省、自治区安家落户。

12月1日 天津市市、区两级电信局全部改由军队领导，实行半军事化管理。

12月18日 天津市革命委员会、天津警备区联合发出《关于抓紧组建民兵独立团的通知》，要求每个区建立一个民兵独立团。

本月 经天津市革命委员会文教组批准成立文物管理机构，对外称天津市文物管理处。

是年 天津市革命委员会生产指挥部下设的农业组划归市革委会直接领导，城建组撤销，增设区街组、人保组、煤炭办公室。

是年 撤销河北省盐务管理局，天津盐业改由天津市第一轻工业局领导（1978年恢复长芦盐务管理局，仍管天津、河北盐产和远销，至今）。

是年 天津市二轻局服装工业公司撤销，所属服装厂下放到各区。服装制造业中80%盲目转产电子产品，使行业多年积累损失严重。

1970年

1月1日 北大港区撤销，并入南郊区。

2月28日 天津市革命委员会决定，成立天津市港口涉外领导小组。

3月10日 天津市煤矿（玉田煤矿）筹建组成立。1971年5月10日，更名为天津煤矿。

3月13日 天津市爱国卫生运动委员会成立，解学恭任主任。

3月14日 天津市革命委员会决定，成立墙子河改造工程指挥部领导小组。

4月7日 天津市墙子河改造工程指挥部成立。利用旧河床建地下铁路，上建宽50米的马路。

5月25日 天津市城建规划服务组划拨水上公园土地227亩，修建烈士陵园。

6月2日 中共天津市革命委员会核心小组决定，将市革命委员会几个办事机构编为第一、二、三、四办公室。

9月1日 天津市革命委员会决定对市革委会现有机构和人员进行精简。同月，又决定对市属各局的机构及人员进行精简和调整。

9月6日 根据天津市革命委员会《关于撤销水产局的决定》精神，市水产局先后将局属各国营企业及各区沿海和淡水渔业的集体社队，分别移交给市工业、农业、财贸等有关单位。市水产局撤销。

10月21日 天津石油化工总厂开始筹建。

10月30日 天津市革命委员会对市交通局等10个局革命委员会机关整编的报告进行了批复。

本月 天津市革命委员会要求各局机关的人员编制都要力求精简，今后未经市革委会批准，不得增加编制和变相扩编。

本月 天津市革命委员会生产指挥部下设的经济计划组、支内办公室、煤炭办公室划归天津市综合计划局（1973年末市革委会生产指挥部下设的“组”改为“处、室”）。

11 月 9 日　天津市革命委员会领导核心小组决定，将毛泽东思想学习班改为中共天津市党校。1971 年 9 月 6 日中共天津市委决定将中共天津市党校改名为中共天津市委党校。

12 月 3 日　天津市文化系统革命委员会改称“天津市文化局革命委员会”，并调整了领导班子。

本月　天津市建筑材料工业局改为天津市建筑材料工业公司（1973 年 1 月恢复天津市建筑材料工业局）。

是年　恢复天津市农林水利局，恢复了兽医站。

是年　天津市工农业总产值 1 079 673 万元，其中工业总产值 1 027 691 万元；国民收入总额 471 100 万元；人口 6 527 012 人，其中非农业人口 3 132 761 人。

1971 年

2 月 9 日　天津市革命委员会决定成立天津市“五七”干校总校。

5 月 10 日　天津市革命委员会决定，建立市文教组，主管全市文化、教育、卫生工作。

7 月 19 日　天津市革命委员会决定，成立天津市广播事业局。“新华通讯社天津记者站”改名为“新华通讯社天津分社。”

7 月 29 日　天津市文教系统工人、解放军毛泽东思想宣传队指挥部成立。各区、文化局、卫生局、教育局及大专院校也相应成立指挥部。

10 月 11 日　北京军区党委发出通知：撤销天津驻军支左联络站党委，成立天津驻军“三支”（支工、支农、支左）“两军”（军管、军训）领导小组。受中共天津市委和 4688 部队党委双重领导。

11 月 24 日　天津市革命委员会决定，天津大学、南开大学、师范学院、医学院、轻工业学院、纺织工学院、体育学院、“五七”艺校等高等院校由市革委会直接领导，日常工作由市文教组管，按区局级待遇。

是年 天津市革命委员会政治部群工组分管统战工作。

是年 天津市重新组建市绿化委员会。

是年 天津市地毯工业公司恢复建制，隶属纺织工业局(1976年改归第二轻工业局领导)。

是年 第15次全国公安会议决定，在大中城市恢复劳动教养。

是年 第26届联合国大会通过2758号决议：恢复中华人民共和国在联合国的一切合法权利。

是年 根据《全国教育工作会议纪要》规定，天津市高校实行党的一元化领导。

1972年

2月26日 天津市革命委员会决定建立天津市医药科学技术委员会和医药科学技术情报站；撤销市增产节约领导小组，成立市清产核资领导小组。

4月21日 天津市革命委员会决定建立市计划生育工作委员会。

5月18日 中共天津市委决定建立天津市基本建设委员会。

5月19日 天津市革命委员会决定，撤销原“打击投机倒把办公室”，设立天津市工商行政管理处。

6月1日 天津市革命委员会决定恢复中国建设银行天津分行。26日，中国人民银行天津市分行恢复。

6月14日 天津市革命委员会决定天津市青年宫、少年宫恢复活动。

8月23日 中共天津市委作出“抗旱打井，自力更生地解决本市水源”的决定。由市公用局和自来水公司组成抗旱打井领导小组。

本月 中央决定“三支两军”人员撤回部队，凡建立了党委的地方和单位，军管、军宣队、支左领导机构撤销。

9月2日 天津市革命委员会决定建立天津市教师进修学院、天津市医学院附属医院分院、天津市第二工人疗养院。

11月8日 天津市革命委员会主任办公会决定，成立市革命委员会外贸出口领导小组。

12月21日 天津市计划委员会成立。

12月31日 天津市建筑工程局、市政工程局、建筑材料工业局、水产局成立。市建设局“7047”工程指挥部撤销。公用局分为公用局和房地产管理局。

本月 天津市水产局恢复。

本月 中共天津市革命委员会决定，一商局将各市公司和一级采购站分开；二商局分建为二商局、粮食局。

是年 美国总统尼克松访华。中美双方在上海共同发表了《联合公报》。

1973年

1月13日 中共天津市委决定建立市委政法部、市公安局、市高级人民法院、中级人民法院、市民政局。撤销市委人保部和“一打三反”办公室。

1月27日 人民解放军天津驻军支左联络站撤销，保留牌子，由新设的中共天津市委政治部管理。

2月6日 天津市革命委员会决定建立天津市体育运动委员会，撤销原“中国人民解放军天津警备区接管天津体育系统军管组”和原市体育局、区体委系统军管组、区体育组。

2月9日 天津市革命委员会根据国务院和中央军委批转国家计委《关于渤海防冻破冰准备工作的报告》精神，决定建立天津新港防冻破冰指挥部，天津警备区副司令员聂德荣任总指挥。

2月17日 中共天津市委决定建立市石油化工基地建设指挥部。

本月 中共天津市委决定建立中共天津市委政法部。

本月 撤销化纤指挥部，成立天津市化学纤维公司。天津麻纺厂、南郊化纤厂、化纤试验厂、毛毡厂、新天津染整厂5个企业划归该公司，该公司共有职工3 049人。

本月 根据中共天津市委有关文件精神，各区、县先后撤销军事管制，恢复法院建制，内部设刑事审判庭、民事审判庭（1979年后，又相继增设了经济审判庭，有的区、县法院还增设了执行庭）。

本月 天津市高级人民法院设刑事审判庭、民事审判庭；中级人民法院设刑事审判第一庭、第二庭和民事审判庭。两院合设办公室、行政处。

4月23日 中共天津市委决定成立口岸工作领导小组，并设立天津口岸办公室。

6月2日 天津市天然气输气工程指挥部成立。

7月7日 经国务院批准，将河北省蓟县、宝坻、宁河、武清、静海5个县划归天津市，5县机关编制划归天津市（机关工作人员，按财政部拨款人数计算）。

7月16日 河北省与天津市根据国务院7月7日批复，在石家庄召开关于蓟县等5个交接会议，会议确定：河北省、天津地区在蓟县等5个县的直属单位隶属关系不变，仍由省、地领导。天津地区领导的蓟县师范学校、杨村师范学校，应继续对蓟县等5个县培训师资。

本月 天津工艺美术工业公司恢复建制。

8月1日 根据国务院、中央军委关于将电信、气象、体育部门由警备区划归革委会领导的指示，从8月1日起，市电信局、气象局、体育运动委员会及其所属区级单位，由市、区革委会领导。

9月22日 中共天津市委决定建立天津市知识青年上山下乡领导小组。

本月 和平区新华业余大学复校，更名为和平区业余大学。随后，各区业余大学也先后复校。

10月9日 中共天津市委决定恢复建立市委办公厅等常设工作部门。市委办公厅内设编制处，负责日常的编制管理工作。原市委办公室、市革委办事组和市委、市革委政治部及市革委办事组外事组即行撤销。

本月 天津市科技情报研究所成立。

是年 天津市正式成立抗旱打井办公室，打井形成高潮（1972年华北地区大旱，天津市农业严重减产）。

是年 蓟县、宝坻、宁河、武清、静海5个县划归天津后，成立了天津市农村工作委员会，下设工副业办公室管理社队企业（1968年社队企业产值占农业总产值的20%左右，这时乡镇企业作为农副业生产对待，由农林部门管理）。

是年 先后恢复天津市水产供销公司、渔需物资供应站、渔轮修造厂、红旗网厂、水产研究所以及部分水产养殖场；并新建市渔船检查站。

是年 天津市相继建立了市、区（县）环境保护办公室。1981年，市人民政府批准成立了天津市环境保护局。

是年 天津市规划设计管理局接管城市测绘工作，建立天津市测绘处。

1974年

1月5日 中共天津市委统战部决定恢复天津市文史研究馆。

1月22日 天津大港油田天然气输气干管引进市区。

2月14日 中共天津市委决定成立夺钢会战指挥部。

4月15日 中共天津市委统战部决定在市政协恢复设立文史资料研究委员会。

5月4日 天津石油化工总厂开始动工兴建。

本月 中共天津市委批准建立中共天津市妇女联合会核心小组。

6月20日 经国务院批准，建立天津外国语学院并恢复天津财经学院。

8月17日 中共天津市委批转市委办公厅《关于机构、编制管理暂行办法》，对机构编制的管理作出规定。

9月7日 中共天津市委决定，成立市委理论工作领导小组。

11月6日 中共天津市委召开常委会议，决定成立官港工业城镇规划建设领导小组。

是年 建立天津市水产学校。由天津市水产局管理。

是年 重新组建市政工程局园林管理处，并根据规划，开展公园扩建工程，使沉寂近10年的园林事业有了新的生机。

1975年

1月18日 天津市革命委员会同意市化工局成立劳动卫生研究所，为局下属事业单位。

3月19日 中共天津市委决定，成立市地震局。

4月13日 天津市已办“七二一”大学41所，学员1 300余名。

12月27日 天津市革命委员会决定，各郊县商业局一律改为供销社。

同日 天津市革命委员会决定，成立天津市供销合作社。

是年 天津出租汽车公司成立，这是天津从事出租汽车业最早的企业。

1976 年

2月5日 天津市革命委员会批转市生产指挥部《关于发展社队企业和加强管理的试行意见》。

3月8日 中共天津市委常委会议决定，建立大港油田指挥部和海洋石油勘探指挥部。

6月23日 天津农学院成立，9月7日举行开学典礼。地址设在武清县。

7月28日 唐山发生里氏7.8级地震，严重波及天津。

7月29日 中共天津市委常委会议决定，成立天津市抗震救灾指挥部。

9月 国家计委正式批准在大港区上古林西炼油厂的东侧，建设天津石油化纤总厂。该工程是国家20世纪70年代引进的4个大型化纤项目之一，包括化工、涤纶、热电、供排水和机械等5个分厂。

是年 华北石油会战指挥部由大港迁驻任丘，中共河北省委、天津市委、石油化学工业部核心小组联合下文，批准成立大港油田指挥部。此时，海洋石油勘探指挥部也分出，成立海洋石油勘探局（后改为渤海石油公司，业务上归中国海洋石油总公司领导，在党务、政务上接受中共天津市委和市政府领导）。

是年 组建了天津市服装工业公司，实现了专业归口。

是年 天津农学院成立。

1977 年

2月2日 天津市革命委员会第107次主任办公会决定增加天

津海关人员编制。

2月4日 天津市革命委员会决定，撤销市革委第四办公室。

3月27日 中共天津市委决定，撤销市革委第一办公室。

4月29日 天津市革命委员会决定，建立市社队工业局。

6月29日 中共天津市委决定，建立全国科学大会天津市筹备工作领导小组。

9月28日 中共天津市委决定，成立天津市科学技术委员会。

11月12日 中共天津市委决定，进驻教育、文化、卫生单位的工宣队全部撤出。

12月1日 天津市政协第五届委员会举行第一次会议，8日结束。选举解学恭为天津市政协主席，谷云亭、周叔弢等15人为副主席。

同日 天津市标准计量管理局成立。

同日 天津市革命委员会决定恢复市科学技术协会，同时撤销市科学技术交流站。

12月2日 天津市第八届人民代表大会第一次会议开幕，6日闭幕，选举解学恭为天津市革委会主任，黄志刚、赵武成、阎达开等13人为副主任。

是年 天津市革命委员会建立了社队企业领导小组，各郊区、县成立了社队企业办公室和社队企业局，主管农村社队企业。

是年 天津市革委办公厅发出《关于建立天津市劳动卫生等五个研究所的批复》同意：在天津市职业病防治院建立天津市劳动卫生研究所；在天津市人民医院建立天津市肿瘤研究所；在天津市中医医院建立天津市中西医研究所；在天津市和平医院建立天津市心血管病研究所；在天津医院建立天津市中西医结合治疗骨折研究所的意见。5个研究所所需人员，均由研究所所在医院现有编制中调剂解决，所需经费由研究所所在医院自筹。

1978 年

2 月 17 日 南开大学、天津大学被确定为全国重点高等院校。

3 月 21 日 中共天津市委决定在全市办好 25 所重点中、小学：1 中、16 中、20 中、东方红中学、平山道中学、新华中学、海河中学、42 中、延安中学、2 中、35 中、5 中、40 中、7 中、45 中、塘沽 1 中、汉沽 1 中、47 中、芦台 1 中、南宁路小学、河西小学、中营小学、河北区一中心小学、河东区一中心小学、红桥区新村小学。

4 月 21 日 中共天津市委、市革命委员会发出通知，除市、市区、郊区、县、人民公社和镇仍设革命委员会以外，其他一切企事业单位和机关，都不是政权组织，不再设立革命委员会。

5 月 6 日 中共天津市委批准，恢复天津市科技进修学院和市区各分院。

6 月 1 日 天津市少年儿童图书馆恢复对外开放。

6 月 8 日 林乎加任中共天津市委第一书记、市革委会主任。

6 月 9 日 共青团天津市委在市少年宫召开全市少先队优秀大队辅导员表彰大会，并宣布恢复少先队组织。

6 月 12 日 天津市革命委员会生产指挥部改为天津市经济委员会。

本月 恢复天津市统计局建制，各区、县也恢复了统计科。

8 月 中共天津市委办公厅与市革委办公厅正式分署办公。

9 月始 天津市内 6 个区和 4 个郊区以及塘沽区、汉沽区属工业系统的 439 个企业，按照发展重点行业和产品的需要，分别划归市各工业局领导，并恢复和重建了一批专业化公司和总厂（到 1984 年，原有的 46 个公司经过改组发展为 79 个公司和 4 个总厂；1979 年始，在 14 个工业公司进行企业化试点）。

9 月 27 日　天津市科学技术进修学院恢复，举行开学典礼。

10 月 15 日　陈伟达任中共天津市委第一书记、市革委会主任。

10 月 31 日　天津中医学院恢复重建，本年招收的 120 名学生正式上课（10 月 11 日天津中医学院成立）。

本月　根据教育部修订《高教六十条》规定，天津市高校实行党委领导下的校长分工负责制。

11 月 13 日　中共天津市委决定，成立天津市外贸工作领导小组。

11 月 27 日　天津大学、南开大学等 8 所大学的分校开学。

12 月 1 日　天津市人民检察院、人民检察分院及 17 个区、县人民检察院开始正式办公。

12 月 13 日　中共天津市委决定建立旅游事业管理局。

12 月 18 日　中共十一届三中全会在北京召开。

是年　天津市第二机械工业局将局所属的电讯器材工业公司划为 3 个公司：广播电视工业公司、计算机公司、元器件工业公司。

是年　天津市的各区工业局撤销，原区属 216 个企业、6 万余名职工划归市第二轻工业局，该局所属企业增至 434 个，职工总数 15 万余人。

是年　组建天津市家具工业公司，接管了分散在各区的 13 个家具生产企业（1979 年 1 月又接管了由物资局木材公司所属的 7 个厂，至此，除少数乡镇所办家具工厂外，家具制造业均由市家具工业公司集中管理）。

是年　在天津市保温瓶厂的基础上，组建市保温瓶公司。

是年　天津市搪瓷工业公司成立，主要生产各种日用搪瓷器皿和工业搪瓷制品。

是年　天津市家用电器工业公司正式组建。

是年 天津市电光源工业公司成立。

是年 天津市水产技术推广站建立。

是年 天津市人民检察院恢复。同时，建立天津市人民检察院分院。市辖18个区、县相继恢复或重建人民检察院。

是年 天津市环境卫生局、各区环境卫生局和各郊区环卫所相继建立。

是年 中共天津市委决定将天津市革命委员会生产指挥部改为天津市经济委员会，并成立党组（1983年6月将市一商局划归市经委，市财贸委员会领导人和部分工作人员调入）。

1979年

1月23日 民航天津机场举行开航仪式。

本月 天津广播电视大学成立。2月6日开学。第一期设机械、电子两个专业，学员1.6万多人。

2月5日 中共天津市委决定，将市委、市革委办公厅信访处改为市委、市革委人民群众来信来访办公室，简称市信访办公室。

2月16日 经国务院批准建立天津技工师范学院。1983年改名为天津职业技术师范学院。

本月 成立天津市国营农场管理局，又称天津市农工商总公司，统一管理全市国营农场（1980年以后，原来属郊县的武清、潘庄、大钟庄、黄庄、里自沽5个农场先后划属市农场局）。

本月 根据中共要求，中共天津市委决定成立市委纪律检查委员会筹备组。

本月 天津市酿酒工业公司成立。

2月17日 天津市委决定，成立中共天津市委纪律检查委员会筹备组。1982年6月5日，撤销筹备组，成立临时纪律检查委员会。

同日 天津市委发出《关于市委成立天津市政法领导小组的通知》。

2月23日 天津市委发出《关于恢复我市5个爱国团体的请示的批复》。同意恢复天津市归国华侨联合会、天津市天主教爱国会、天津市基督教爱国会、天津市佛教爱国会、伊斯兰教爱国会。以上5个组织，按市级人民团体对待，干部列入行政编制。

3月9日 中共天津市委决定成立天津市出版局。撤销天津市印刷工业局。

3月17日 天津社会科学院成立。下设文学、哲学、历史、经济、日本问题5个研究所。

3月18日 天津高等院校学生会主席会议在市青年宫举行，天津学联恢复。

本月 天津教育学院成立。

本月 中共天津市委决定撤销市妇联党的核心小组，建立党组。

4月18日 中共天津市委决定，将中国银行天津分行与人民银行分设；19日批复人民银行天津市分行，同意设立中国人民保险公司天津分公司；恢复中国农业银行天津分行。

4月25日 经中共天津市委同意，取消组织部党的领导小组，用部务会制度为实行集体领导制度。

5月2日 天津市职工业余教育委员会成立，白桦任主任。

5月4日 天津市文联恢复活动。

5月8日 天津市第二教育局恢复。

5月31日 天津市农业科学院成立。

同日 天津市红十字会恢复活动，白桦任会长（天津红十字会成立于1911年，1951年改组，1970年撤销）。

6月12日 中国企业管理协会天津分会和天津市技术经济和管理现代化研究会正式成立。

6月25日 天津市哲学、经济、历史、教育4个学会恢复活动。

本月 中共天津市委批转市二机局《关于改革我局管理体制的请示报告》，市二机局进行了改革机构、精简人员和部分权力业务下放公司的试点工作。

7月1日 第五届全国人民代表大会第二次会议通过《中华人民共和国地方各级人民代表大会和地方各级人民政府组织法》。

7月13日 中共天津市委、市革命委员会召开大会，传达贯彻五届全国人大二次会议精神，动员全市人民搞好国民经济的调整、改革、整顿、提高。

7月28日 中共天津市委办公厅、市委组织部转发中组部、国家编委《关于目前党政机关机构编制的一些情况和意见》。要求清理整顿临时机构；减少机构层次；党政工作要分开。

7月31日 中共天津市委批准，建立天津市海河工程公司和天津市海河工程研究所。

8月1日 国家外汇管理局天津分局成立，并与中国人民银行天津市分行联合对外办公，统一经营和集中管理全市的外汇业务。

8月12日 中共天津市委发出《关于建立天津市进出口领导小组及办公室的通知》。

8月17日 天津市伊斯兰教协会筹委会、中国佛教协会天津分会、天津市基督教爱国会，分别于本日、30日和9月1日召开会议，宣布恢复活动。

9月2日 中共天津市委批准成立天津市科学院。1983年8月29日，市科学院撤销。

9月25日 天津动物园开放。

本月 第五届全国人大常委会第十二次会议决议，将地方各级革命委员会改为人民政府。

本月 中共天津市委决定撤销中共天津市委办公厅编制处，

建立天津市编制委员会。编制委员会下设办公室，参加会议、阅读文件按局级待遇。

10月 天津市高、中级人民法院正式成立了经济审判庭，受理经济纠纷案件。

10月5日 中共天津市委主办的《支部生活》正式复刊。

11月1日 中共天津市委决定，建立天津市畜牧局。

11月6日 国务院批准，将北大港和南郊区分开，建立天津市大港区。

11月13日 中共天津市委决定，建立天津画院。

11月19日 中共天津市委、市革命委员会决定，建立天津市国际信托投资公司筹备处。

11月21日 天津市革命委员会决定建立天津市司法局。局机关设4个处，主要职责是：开展法制宣传教育和司法干部培训工作；领导和管理人民调解、律师和公证工作；开展司法行政工作的政策和理论研究；管理法学研究、学术交流和外事工作。

11月22日 为了贯彻“精兵简政”的方针，使天津市国家机关的机构和编制，更好地适应实现四个现代化的需要，天津市编制委员会第三次会议集中分析了市各级国家机关编制的状况，提出了《关于精简我市国家机关行政编制的建议》。

12月13日 天津市对外经济技术服务总公司成立，该公司属于自负盈亏的全民所有制企业，主要任务是经营管理本市对外承包工程、劳务出国业务，与国外合资经营业务以及对外经济技术合作等。

12月22日 天津市革命委员会决定成立天津市生产服务管理局和天津市生产服务合作总社。

12月25日 中国人民银行市天津分行的人员编制改列为企业编制，原行政编制自1980年起由市收回。

本月 台湾民主自治同盟天津市第一届支部委员会正式成立，

廖灿辉任主任委员。

是年 天津市仪器仪表工业公司按专业改组，分为自动化仪表和光学仪器两个公司。自动化仪表公司下属36个企业，职工13 686人，产品有自动化仪表、电工仪器仪表、气象仪器、海洋仪器、弹性元件5大类。光学仪器工业公司下属25个企业，职工11 387人，主要产品有光学仪器、成分分析仪器、电影放映制片设备、复印机械、照相机及器材、微电机、晒图机、绘图机、非金属材料试验机、实验室仪器、航海仪器、建筑仪器、矿山仪器等16大类。

是年 中共中央作出了创办经济特区的决策。以创办经济特区为标志，中国的对外开放迈出了重要步伐。

1980年

1月3日 中共天津市委决定，对前几年设立的50个临时办事处机构进行清理整顿，将已经结束工作任务的临时机构撤销。

本月 中共天津市委决定区设置党委和政府直属的档案科和档案馆，两个牌子，一套人马。

2月5日 中共天津市委、市革命委员会决定，撤销市社队工业局，建立天津市人民公社企业管理局。1984年5月，该局改为天津市乡镇企业管理局。

2月13日 中共天津市委决定，建立中共天津市大港区委。1979年11月6日国务院批准设立天津市大港区。

2月21日 天津市国际信托投资公司建立。

2月25日 天津美术学院建立（原为天津女子师范学院、河北师范学院、天津艺术学院）。天津艺术学院分建为天津音乐学院和天津美术学院（1970年10月，天津音乐学院与河北艺术师范学院组成天津五七艺术学校，1973年改名为天津艺术学院）。

2月26日 天津市工程技术干部技术职称评定委员会成立。

委员会负责全市高级工程师的评定工作。

本月 中共天津市委决定，将市公安局六处改为天津市劳改工作管理局（1983 年 7 月遵照国务院决定，将劳改局及所属的劳改、劳教单位整建制移交司法局）。

3 月 1 日 天津市对外贸易总公司成立。该公司是社会主义对外贸易企业，是统管本市对外贸易企业的独立核算单位。

3 月 21 日 中共天津市委、市革命委员会决定，建立天津市档案局，恢复天津市档案馆。

3 月 24 日 中共天津市委决定，恢复中共天津市委保密委员会。

4 月 16 日 中共天津市委决定恢复各区、县物价委员会。

4 月 25 日—5 月 12 日 天津市 18 个区县人民代表大会相继召开，这次各区、县人民代表大会，依法设立了人民代表大会常务委员会，选举了政府工作人员。

5 月 7 日 天津商学院成立。

5 月 23 日 天津市恢复信托贸易公司。其主要任务是：开展商品交流，办理代购、代销、代运，承办加工订货合同，为国际工商企业、团体、个人委托代购零星货物和商品等。

6 月 3 日 中共天津市委决定：撤销市委工交政治部，建立市委工业交通工作部。

6 月 18 日 经天津市革命委员会文教委员会批准，确定本市首批办好的重点中学 27 所，小学 44 所，其中市教育局直接管理的有市一中、十六中（耀华中学）、南开中学、新华中学、平山道中学（实验中学）、实验小学。

6 月 23 日 天津市第九届人民代表大会第一次会议开幕，30 日闭幕。选举产生天津市人民代表大会常务委员会，阎达开为市人大常委会主任；选举胡启立为市长。撤销天津市革命委员会，恢复天津市人民政府。此后，市政府的体制由“委员会制”改为

“市长负责制”。

7月9日 中共天津市委批转市委组织部和市纪检委筹备组《关于建立健全各级纪律检查机构意见的报告》。

7月12日 天津市教育部门已办起各类型职工高等院校158所，在校学生59 000多人，相当于全市普通大学在校学生总数1倍以上。

7月25日 中共天津市委发出《关于在市人大常委会、政府、政协建立党组的通知》。

同日 《天津日报》奉命公布，天津师范学院、天津教育学院、天津师范专科学校、天津师范学校、市幼儿师范学校为天津市重点师范学校。

本月 天津市人民政府派出三个代表团出访东北、华北、西北、西南的14个省、自治区；同年，天津市与西藏、甘肃建立了对口支援协作关系（到1984年9月，先后与24个省、自治区、重点城市建立长期协作关系）。

本月 经天津市人民政府批准在市、区劳动局成立了劳动服务公司和街道劳动服务站。各级劳动服务公司是统筹劳动就业、管理社会劳动力、输送和管理临时用工、开展就业前职业技术训练、组织劳务活动，举办集体经济事业的综合性机构。

8月13日 中共天津市委决定成立天津市城市建设指挥部。

9月7日 中共天津市委决定，撤销市委财贸政治部，建立市委财政贸易工作部。

9月17日 天津职业技术师范学院成立。

10月6—15日 国家编委在天津市召开西南、西北八省、区和三个直辖市行政编制控制数规划协商会议，规定了行政编制控制数的核定原则。

10月21日 中国地方史研究会筹备会在津举行，来自17个省、市、自治区的地方史、志、专业人员参加了会议。建立了中国地方史研究会筹备委员会。1981 年定名为中国史志协会，1982 年又改称中国地方志协会。

本月 天津市人民政府下达《关于建立区、县司法局的通知》，全市 18 个区、县相继建立司法局、法律顾问处、公证处。

11 月 1 日 中国人民银行天津市信托投资公司成立。该公司是地方金融企业，多渠道聚集资金，活跃金融市场。

11 月 5 日 国家教育部发出《关于确定和办好全国重点中等专业学校的意见》。天津铁路工程学校、天津无线电机械学校、天津市护士学校、天津市第一轻工业学校、天津市化工学校被确定为全国重点中等专业学校。

是年 天津市科学教育电影制片厂成立。此前，曾于 1958 年建立天津电影制片厂，1962 年撤销。1973 年 7 月以“科学教育电影摄制组”名义恢复生产，归天津科学技术委员会领导，至此改名；1983 年 7 月该厂划归市委宣传部领导，改称天津电影制片厂。

是年 重建天津市公证处（该处设于 1953 年 10 月，1958 年 4 月撤销）。

是年 天津市付村体育训练基地开始建设。基地位于西郊区，该基地是以重竞技柔道、摔跤、角力及射击等运动项目为主的训练基地。1986 年建成交付使用。

是年 原天津市建委勘测处地质队与建筑设计院勘测队合并成立天津市工程地质处，1984 年改名为天津市勘察院，职工 347 人。

是年 恢复天津市畜牧局（1983 年改名为牧工商联合公司，保留畜牧局牌子，继续行使行政职能，逐步向企业过渡）。

是年 成立天津市船舶检验处和渔港监督管理处，撤销渔船检查站；建立淡水养殖公司。

是年 成立天津市人民公社企业管理局（1979 年至 1983 年，社队企业产值以每年平均 15% 的速度递增；1984 年市人民公社企业管理局改为市乡镇企业管理局，负责全市农村乡镇企业的管理。同年底，全市共有乡镇企业 18 155 个，含乡办、村办、户联办、工农联办、个体办）。

是年 开始金融管理体制改革。1980 年起，先后分设了中国农业银行天津分行、中国建设银行天津分行、中国银行天津分行、中国工商银行天津分行。中国人民银行天津分行自 1985 年 1 月起专门行使中央银行职能。

是年 天津市常住户籍人口 748.91 万人，其中非农业人口 392.62 万人，农业人口 356.29 万人；全市实现国内生产总值 103.52 亿元，地方财政收入 40.94 亿元；工业总产值 195.94 亿元。

1981 年

1 月 天津市人民政府机关刊物《天津政报》复刊。

2 月 11 日 中共天津市委决定，撤销市委基本建设政治部，建立市委基本建设工作部；建立市委文教工作部。

2 月 14 日 中共天津市委决定，建立市委对外宣传小组，加强对外宣传工作。

2 月 26 日 中共天津市委决定，将天津市编制委员会列为市政府机构。

本月 天津市人民政府制订了关于区人民政府管理权限和机构设置调整方案及扩大塘沽、汉沽、大港区人民政府管理权限和机构设置的方案。

本月 中国舞蹈家协会天津分会成立。

3 月 16 日 为了加强对郊区、县人民政府的工作，市政府对郊区、县人民政府所属工作部门的设置问题作出规定。

3 月 24 日 中共天津市委决定，建立市委对台工作小组，刘刚任组长。撤销市对台宣传领导小组。

4月4日 天津经济开发公司成立。该公司是市外资管理委员会和进出口管理委员会直属的全民所有制企业，独立核算，自负盈亏。公司业务经营范围主要是组织和经营本市在国外以及港澳地区独资经营合资或合营的商业、工业企业。

同日 天津市青年联合实业公司举行开业典礼。

4月10日 天津市农工民主党成立了科技工作委员会。

4月21日 中共天津市委决定，建立中共天津市委党史资料征集委员会。

4月27日 天津市第二聋哑学校成立。

5月2日 天津市出口商品陈列馆建成。

5月9日 天津市国际残疾人组织委员会成立。

6月27日 天津市伦理学会成立。

本月 天津市人大常委会通过《关于尽快解决震灾居民今年内拆除临建棚的决议》，市政府颁发了《天津市安置震灾无房居民住房及拆除临建棚实施办法》，并组建成立了城市建设工程指挥部和市容管理办公室，各区、街也相应成立了领导班子。

7月4日 天津市人民政府决定即日起在河东区、塘沽区试行天津市人民政府《关于市区人民政府管理权限和机构设置调整方案》和《关于扩大塘沽、汉沽、大港区人民政府管理权限和机构设置的方案》。

7月15日 中共天津市委决定，建立天津市青少年教育领导小组。市委书记刘刚任组长。

7月25日 天津理工学院成立。

7月26日 天津市人民政府决定成立天津市人民政府经济协作办公室。

8月1日 天津产、供、销结合的专业公司商业服装公司开始对外营业。

8月8日 天津市市场管理委员会成立。

8月11日 国务院召开京津用水紧急会议。确定加快引滦入津工程进度，同时引黄河水接济天津。

本月 中国民航学院在津成立。原中国民用航空专科学校，升格为中国民用航空学院。

9月6日 天津市高等教育自学考试委员会成立。副市长白桦兼任委员会主任。

9月17日 天津市科技咨询服务公司成立。

9月23日 天津市水资源管理委员会成立。

同日 天津市工商联经济工作咨询服务中心成立。

9月27日 中共天津市委决定建立引滦工程指挥部，李瑞环任指挥。29日指挥部召开会议，宣布国务院决定，把引滦入津工程全权授给天津，由天津包干完成。

9月28日 天津市国际贸易协会成立。王光英为名誉理事长。

9月30日 天津市纺织工业总公司成立。总公司实行总经理负责制。它是一个把责、权、利结合在一起的独立核算的经济组织。

10月25日 天津市人才研究会成立。

10月31日 各县标准计量管理所和大港区标准计量管理所核定事业编制。各县标准计量所现有的计量器具修理部分，改为生产和修理计量器具的独立核算单位，归各县标准计量管理所领导，其经费由业务收入中开支。

本月 天津市人民政府成立引黄领导小组。吴振任组长。

11月16日 中共天津市委批转市高级人民法院党组《关于基层人民法院设立经济审判庭的请求》，决定各基层人民法院建立经济审判庭。

11月28日 天津市食品工业协会成立，王光英为名誉会长。该协会是全市食品行业的管理组织，并代行市政府委托的行政职能。

12月23日 天津市房地产经济研究会成立。

12月28日 天津市无线电联合公司成立。该联合公司是科研、生产、销售、服务四位一体的企业性经济联合体，是在国家计划指导下，实行独立核算的社会主义经济组织和计划单位。

本月 第四机械工业部所属国营天津无线电厂、国营天津广播器材厂、第二机械工业局广播电视工业公司、电视技术研究所、磁性材料总厂联合组成天津无线电联合公司，在发展通信广播电视整机生产方面起了较大的作用。

是年 天津市半导体器件工业公司成立。

是年 组建了天津市建设开发公司，按照城市建设总体规划的要求，对部分新住宅区的工程实行统一开发和经营。

1982年

1月20日 引黄济津的运水任务胜利完成，引水于今日流入天津市。

3月5日 天津市绿化委员会成立，李瑞环任主任委员。

本月 天津市人民政府决定成立市政府经济协作领导小组，将原在市计委内设置的经济协作办公室升格为局级单位，作为市政府经济协作领导小组的办事机构。经济协作办公室代表市政府管理市政府驻外地各办事处，并对兄弟省市23个政府驻津办事处实行归口联系和管理。

4月10日 天津市第一座大型污水处理厂纪庄子污水处理厂正式动工兴建。总建筑面积约1.8万平方米；安装各种设备1 100台（全部工程于1984年4月28日正式通水运行）。该厂的建成不仅减小了污水对农田及渤海的污染，而且每年为郊区提供6 000万吨农田灌溉用水和水塘养殖业用水，同时也为一部分工业提供了水源。

4月19日 中国投资银行天津市分行成立。

4月20日 天津市儿童少年工作协调小组成立，吴振任组长。

本月 天津市人民政府决定在北京、上海、广州、福州、西安、沈阳、重庆市建立办事处。

5月11日 中共天津市委、市人民政府召开万人大会，宣布引滦入津工程正式全面开工。

5月21日 天津市人大常委会决定，李瑞环代理天津市市长。

5月22日 中共天津市委发出关于成立天津市机构改革办公室的通知。

6月5日 中共天津市委决定建立市委临时纪律检查委员会，黄志刚任第一书记，李研吾任书记。

6月18日 天津图书馆举行建馆75周年、人民图书馆成立30周年纪念大会。会上宣布，“天津人民图书馆”改为“天津图书馆”。

6月24日 天津师范学院改为天津师范大学。

7月5日 天津市人民政府颁布《关于建立中国天津国际经济技术合作公司的通知》，该公司将承担在国外承包工程，提供技术合作以及承担投资包干的经济援助项目等任务。8月24日成立，李中垣副市长为董事长。

7月9日 中共天津市委发出通知：中共中央最近讨论并批准天津市精简后的负责干部任职名单：第一书记陈伟达；市委常务书记张再旺；市委书记李瑞环；市委副书记吴振、陈冰；市委常委谭绍文、郝田役、杨慧洁、白桦、曹中南、赵钧。市纪律检查委员会书记张再旺（兼）。代理市长李瑞环；副市长吴振、郝田役、白桦、李中垣、刘晋峰、王光英。

7月23日 天津市人民政府发出通知，公布全市文物保护名单，共6类，35处。

7月27日 天津市人民政府批准，天津市海岸带和海洋资源综合调查领导小组成立。

8月21日 中共天津市委发出关于建立中共天津市委政法委员会及其办事机构的通知。

8月24日 中国天津国际经济技术合作公司成立。

8月29日 天津市人民政府法律顾问委员会成立。

8月31日 天津市台湾同胞代表会议开幕，会议选举产生了天津市台湾同胞联谊会第一届理事会，董克为会长。

9月26日 中共天津市委召开工作会议，贯彻中共十二大精神，会议提出：要抓好机构改革，调整领导班子，做好整党准备工作；要以党的十二大精神为动力，抓好各项经济工作；要从新的高度认识建设社会主义精神文明的意义和作用。

9月29日 天津市人民政府法律顾问委员会成立，宋祝勤任主任。

本月 中国共产党第十二次全国代表大会提出，全面开创社会主义现代化建设的新局面，建设有中国特色社会主义。

10月20日 天津市司法学校成立。该校为培养司法、检察干部的中等法律专业学校。

10月31日 天津市劳动局建立就业训练中心，开设13个专业，已培训待业青年1.38万人。

11月7日 天津市举行首次高等教育自学考试。

11月11日 天津市业余政法学院正式成立，这是天津市解放后第一所法律专业的高等院校。

11月24日 天津市人民政府召开现场办公会，决定成立天津市地方铁路管理局，开通李港铁路客运（该局于1983年11月正式成立，负责全路客、货运营；工务、电务等工程的经济和管理；局内外的铁路工程建设任务；局内外的铁路设计任务；地方铁路的物资供应任务，同时还负责组织全市铁路专用的设备器材、机车车辆供应）。

11 月 30 日 中共天津市委决定，成立天津市机构改革和整党试点领导小组，统一负责市级党政机关机构改革、区县局以上领导班子调整、市级党政等 6 个组织的人事安排和整党试点工作。张再旺任组长。

12 月 天津职业大学成立。

本月 中共天津市委农村工作会议召开，根据天津城市郊区农村的特点，确定了为城市服务、为工业服务的农业发展方向。之后，又明确提出天津农村要贯彻“服务城市、富裕农民”的方针，进一步明确了天津农村的发展方向，加快了农业内部结构的调整，副食品生产和乡镇企业得到迅猛发展。

本月 天津市烟酒公司正式组建。

是年 丝绸公司从天津市纺织局划出（1978 年丝绸行业从毛纺行业分出，单独成立公司）。

是年 天津市环境卫生局改为天津市环境卫生管理局。

是年 天津市级党政机构进行改革。这次改革，结合领导班子调整进行，促进了领导班子的革命化、年轻化、专业化、知识化。市级经济管理机构，实行了党政分设。经济各口分设了市委的工作部和市政府的委员会，机构精简不大，随后又逐步膨胀。从 1985 年第四季度开始，又陆续对市级党政机构进行调整，撤销市委的一些工作部，相应建立市委工作委员会，与市政府的各委组成统一的领导班子，明确职责，分别承担系统内的党政工作，同时撤销了 46 个临时机构，调整了有关部委的管辖范围，开始形成了决策、调节、执行和研究四个体系的雏形。这项改革，主要体现以经济建设为中心，明确权责，政出一门，管人和用人统一，便于加强对改革的领导。

是年 撤销原天津市丝绸公司，组建工商贸合一的天津丝绸公司（1986 年末，天津丝绸公司有工业企业 32 个，中等专业学校、初等技术学校和丝绸研究所各1个；职工总数13 539人）。

1983年

1月2日 中共中央发出《当前农村经济改革的若干问题的通知》。《通知》中提出，人民公社政社合一的体制要有准备、有步骤地改为政社分设，即依照宪法另行建立区、乡、村基层政权组织，生产队只管经济。

1月9日 天津市人民政府第83次常务会议决定，市政府和各区、县政府建立审计机关。

1月15日 天津市第一座少年科学宫开幕，该科学宫拥有1个近400米的展厅，4个小活动室，可同时容纳500余人活动。

1月29日 天津市的586个国营饮食门市部和149个国营理发门市部，全部实行经营承包责任制。

2月23日 静海县大邱庄农工商联合公司成立。这是天津市第一个农村大队一级的农工商联合公司。到年底，该公司全年工农业总产值达3 002万元，实现利润600万元，上缴税金79万元。

2月26日 天津市长远规划领导小组成立。

3月5日 《天津青年报》复刊。

3月16日 中共天津市委组织部，天津市编制委员会联合下达通知，决定恢复组织员制度，并配备了专项编制。

3月31日 中共天津市委通知，中共中央最近讨论批准天津市领导班子配备名单。中共天津市委常委由12人组成。

4月 中共天津市委、市人民政府向中央报送了《天津市市级党政机关机构设置方案》。

本月 天津市第十届人民代表大会第一次会议开幕，选举张再旺为市人大常委会主任，李瑞环为市长。

本月 中国民间文艺研究会天津分会成立，主席周骥良。

5月5日 北京大学、清华大学、浙江大学、原西南联合大学、原燕京大学5所大学天津校友会，决定联合兴办天津联合业余大学。

5月15日 京、津、冀汽车工业联合公司成立。中国汽车工业公司统一规划，确定京、津、冀为中国轻型汽车生产基地，天津市以生产微型汽车为主。为了更好地集中力量发展微型汽车生产，天津汽车制造厂与市第二汽车制造厂合并为天津市汽车制造厂。

5月19日 天津市地方铁路局的人员编制正式核定，列为企业编制。

5月30日 天津市职工技术协作委员会成立。市长李瑞环担任名誉主任。

6月1日 中共天津市委决定成立天津市经济体制改革领导小组，李瑞环任组长；同时成立天津市经济体制改革办公室。

6月18日 天津市高等教育局成立，分管全日制普通高等学校工作。局长钱其璈。

6月25日 天津市人民政府批复市科委，同意建立天津市科学技术情报中心、理化分析中心、原子能辐射技术中心和计算中心。

本月 天津市管理干部学院成立。

7月5日 国务院批准，水电部海洋水利委员会成立引滦工程管理局，统一管理和调度潘家口水库、大黑汀水库和分水枢纽工程。

7月29日 引滦工程全线竣工。

8月2日 天津市城市建设管理监察大队成立。

8月6日 天津市相声研究会成立。

8月10日 天津市一机局生产服务合作联社成立。这是本市第一个新型的集体经济联合组织和管理机构。

8 月 25 日 天津市人民政府办公厅转发天津市老龄问题委员会筹备组《关于组建天津市老龄问题委员会的意见》的通知。9 月天津市老龄问题委员会成立。

8 月 29 日 中英合资经营的中国渤海雷卡定位测量有限公司成立。

8 月 30 日 天津市人民政府转发《国家科委自然科学研究机构建立、调整的审批试行办法》，并对天津市独立科研机构的建立、调整的审批程序作了补充规定。

同日 教育部批准，天津南开大学管理学系同加拿大约克大学等 3 所大学的管理学院合作举办的经济管理硕士研究班开学。

本月 中共中央书记处同意中央统战部《关于恢复各省、市、自治区政治学校的请示》。12 月中共天津市委统战部着手筹建天津市社会主义学院。

9 月 1 日 坐落在天津市南开区红旗路旁的天津市传染病医院举行开院典礼。

9 月 2 日 中国致公党天津市工作委员会正式成立，许乃波任主任委员。

9 月 5 日 引滦入津工程竣工，正式向天津送水。

9 月 13 日 天津对外贸易学院成立。该院本年 1 月由国家教委批准建立，由对外贸易部和天津市双重领导，是日该院开学，院长信书麟。

9 月 16 日 中共天津市委决定，成立市委科学技术工作部。市委常委杨竞衡任部长。

9 月 20 日 天津市第一条地方客运铁路李港铁路客运通车。

9 月 29 日 天津职业大学成立。

本月 截至月底，天津市农村公社、大队两级体制改革基本结束。209 个公社实行了党、政、经分设，201 个乡建立了乡政府，全市 3 875 个村中有 3 733 个村建立了村民委员会。

本月 根据中共天津市委决定，调整天津市经济委员会领导班子，将交通运输部分另成立市交通委员会。

本月 天津市交通委员会成立，金家坚任主任。

10月1日 《天津工人报》复刊。

10月12日 天津市工交系统思想政治工作研究会成立。

10月19日 中共天津市委、市人民政府批准，将天津市一商局所属纺织站、针织站、市纺织品公司、市百货公司针织批发部，划归天津市纺织工业局领导，实行“工商一体、产销结合”试点。

10月25日 中共天津市委、市人民政府下发《关于机构设置和编制问题的通知》。

10月28日 根据国务院批转国家工商行政管理局《关于工商行政管理部门增加事业编制的请示的通知》，给全市工商行政管理所增加事业编制。

本月 中共天津市委、市人民政府决定调整充实天津市编制委员会。市编委下设办公室，同市人事局合署办公。

11月17日 天津市新技术开发公司成立。该公司由市对外经济贸易委员会直接领导，是独立核算、自负盈亏的国营企业。

本月 中共天津市委批准，市委党校体制由党委制改为校委制。

12月14日 中共天津市第四次代表大会开幕，22日闭幕。选举产生了第四届委员会，并选举了中共天津市顾问委员会和中共天津市纪律检查委员会。

12月28日 天津石油化学工业公司与天津石油化纤总厂合并，建立中国石油化工总公司天津石油化工公司。

本月 天津市各区审计机关全部建立。

本月 中国书法家协会天津分会成立。

是年 中国人民武装警察部队天津市总队成立，受中国人民武装警察总部和市公安局双重领导（武警天津市总队前身是1949

年 9 月 5 日成立的天津市人民政府公安局公安总队）。它的主要任务是：逮捕、押解罪犯、看守、看押、警卫。

是年 通过建立健全合同制、财务制度和干部岗位责任制，进一步完善和发展了联产承包责任制。这一年，天津市农村完成了“人民公社”体制的解体，分别建立了乡党委、乡人民政府和乡经济组织，并完成了村队一级的改革。到 1984 年底，全市农村 1.6 万个基层单位中，实行联产承包责任制的占到 98.8%，过去的集体统一管理层次转向主要为农民提供产前、产中、产后的社会化服务。

是年 根据党的十二大精神，经中共中央批准，决定设立中共天津市顾问委员会作为市委在政治上的助手，在干部制度改革的过渡期进一步推动干部新老交替，发挥老同志的传帮带作用。

是年 天津市出版局新建新华书店天津发行所 1 处，1984 年底竣工并交付使用。新建发行所，坐落在东郊区民权门外徐庄子。占地面积 2.4 公顷，总建筑面积 14 693 平方米。设计能力为年图书吞吐量 7.2 万吨，是目前全国新华书店五大发行所之一。

该所主要负责办理天津及中央一些出版社在津印刷的图书向全国书店宣传征订及发货业务。

是年 天津市开始改革城市建设管理体制，改变了由市计委列项目、市建委管施工的旧体制，实行由市计委控制投资规模，市建委统筹安排城建规划、计划、设计、施工和材料的新管理体制。天津市成立了重点工程指挥部，统一组织重点建设项目。

是年 中共天津市委调整的机构有：市委基本建设工作部改为城乡建设工作部，财政贸易工作部改为市场管理工作部，文教工作部改为教育卫生工作部，农村工作委员会改为农村工作部。增设对外经济贸易工作部，科学技术工作部，政法委员会，撤销调查部。还建立了市委对台办公室和市委老干部局。市委老干部局归口市委组织部管理。

是年 中共天津市委发出《关于委办局区县和部分企业事业单位党的工作实行归口管理的通知》，批转市委组织部《关于改革我市干部管理体制的意见》。

1984 年

1 月 5 日 天津市第二师范学校成立，专为市内 6 个区培养小学教师。本年暑假正式招生。

1 月 13 日 天津市新的世界技术革命对策研究小组成立，市委常委、科技部长杨竞衡任组长。

1 月 20 日 天津市人民政府驻深圳办事处成立。

1 月 27 日 天津市人民政府技术改造领导小组成立。

2 月 11 日 经国务院批准，天津部分高校又有一批学科、专业和指导老师获得博士学位授予权。至此，本市有南开大学、天津大学、天津医学院、天津轻工业学院 4 所院校的 35 个学科、专业，44 名指导教师获得博士学位授予权。

2 月 28 日 天津市哲学社会科学规划领导小组成立。下设 10 个学科规划小组。

本月 中共天津市委决定市顾问委员会办事机构定名为中共天津市顾问委员会办公室。

本月 天津市农民中等专业技术学校在静海县成立。这是本市第一所农民中等专业学校。

3 月 2 日 天津市内 6 个区和塘沽区、汉沽区、大港区招生办公室各设事业编制正式核拨。

3 月 13 日 为落实天津市人民政府《关于建立部门单位内部审计机构》的指示精神，市编委给一轻局、一机局、二机局、化工局、一商局增设了内部审计试点人员行政编制。

3 月 26 日 天津市全市人民捐款、筹建天津市青少年儿童活动中心。

本月 天津市人民政府办公厅发出《关于同意设立天津市农业区划研究所的复函》。

4月28日 中国抗癌协会在津成立。中国著名肿瘤专家金显宅当选为名誉主席，中国医学科学院肿瘤研究所所长吴桓兴为主席，天津人民医院院长、肿瘤专家金家端任秘书长。

本月 天津市汽车工业公司由第一机械工业局划出，改为市直属公司。

本月 国务院把天津列为进一步实行对外开放的14个沿海城市之一。天津市对外开放采取的主要措施之一是兴建经济技术开发区。开发区于1984年12月动工兴建，到1986年底，已同10个国家和地区签订外向型、技术密集型的合资、合作和引进项目合同50项，累计总投资7 800万美元。第一期3平方千米的起步区内已有18家合资、合作企业正式开业，开发区以发展工业为主，以中外合资、合作经营和外商独资经营为主，经济机制以市场调节为主，实行政企职责分开的管理体制，对外资参与的企业给予类似中国经济特区的优惠待遇，并不断改善投资环境。

5月10日 中共天津市委宣传部召开文艺体制改革汇报会，听取市京剧三团、评剧院、歌舞剧院、曲艺团4个承包演出队实行体制改革试点情况的汇报。5月15日《天津日报》头版报道此次汇报会的消息和4个试点单位的经验，并发表评论文章。

5月18日 中共天津市委、市人民政府发出《关于天津港实行体制改革试点的通知》。经中共中央、国务院批准，自本年6月1日起，天津港务管理局实行以天津市领导为主，交通部等中央有关部门领导为辅的管理体制。并按照政企分开的原则，把天津港办成独立经营、责权利统一的经济实体。在财务管理上，实行以收抵支、以港养港的原则。

同日 天津市人民政府决定，成立天津市援藏工作领导小组。

5月28日　全国第一个常设技术交易所天津科技市场开业。

5月30日　天津市塘沽区青少年宫举行落成典礼。这座青少年宫设有文艺、体育、美术、科技等30多个专业培训辅导室，还设有文体厅、游艺厅、阅览厅、幼儿厅。

本月　天津市精神卫生领导小组成立（精神卫生亦称心理卫生，它运用心理学的理论和方法来达到预防各类精神疾病和心身疾病的目的）。

本月　天津市地方史志编修委员会（1990年4月更名为天津市地方志编修委员会）建立，张淮三为主任委员。1985年2月11日召开第一次编委会议，会后《天津通志》的编修工作开始。

6月1日　天津市60多家科研单位、大专院校、工厂企业合股集资组建的高等技术实体天津联合软件公司成立。

同日　经中央批准，天津港务局实行“双重领导，以地方为主”的管理体制。6月1日起天津港进行体制改革试点。天津港由交通部直属港口，改变为交通部和天津市双重领导。以天津市领导为主的地方港口；港口实行政企职责分开，港务局代表市政府行使行政管理职能，天津港所属基层单位实行独立经营、独立核算、自负盈亏，成为责、权、利统一的具有法人地位的经济实体；港口的利润不上交国家，实行以收抵支、以港养港，一定三年不变；港务局有权审批3 000万元以下的固定资产投资项目和100万美元以下的中外合资项目，有权利用“以港养港”资金进口所需设备和零配件，有权任免处级及其以下干部；港务局内部在领导体制、干部制度和分配制度等方面进行了一系列改革。

6月5日　天津第二医学院成立。

6月6日　天津市截瘫病人疗养院在汉沽区建成。

6月8日　天津市供销社党委决定，全市供销社系统从所有制到经营管理，进行全面改革，恢复集体所有制，实行新的人事、分配制度。

6月15日 天津轻音乐团正式成立。该团为全民所有集体经营、独立核算、自负盈亏的改革试点单位。

同日 天津市政府批转市科委和市体改办公室拟定的《天津市科研单位科研管理体制改革试点方案》。

6月17日 天津市政府批转供销社《关于进一步改革供销体制的方案》。

6月23日 根据天津市人民政府文件精神，天津市区街福利生产办公室和市内各区福利生产办公室建立，分别为市民政局和各区民政科下属单位。

6月26日 中共天津市委、市人民政府批准20个国营工业企业实行领导体制改革试点，试行《国营工业企业法（草案）》，实行厂长负责制。

本月 中国教育国际交流协会天津分会成立。

7月1日 《今晚报》创刊。邓小平为该报题词写报头。

7月12日 天津市正大科技开发工程公司成立，这是当时国内第一家科研经营型、综合性、知识密集型结构的企业。

7月16日 中国天津电梯公司、美国奥的斯电梯公司和中国国际信托投资公司合资经营的中国天津奥的斯电梯有限公司宣布成立。

7月25日 天津人才开发公司成立。该公司为跨系统、跨行业、跨学科的新型综合性知识产业。

7月26日 由天津自动化仪表厂和美国哥德公司合作建立的中国第一家“PC技术服务中心”开业（“PC”是以微电脑为核心的可编程序控制器的简称）。

本月 陆续组建了天津市工业品综合贸易中心和百货、文化、五金、交电、化工、纺织、针织、医药等8大类商品的专业贸易中心（到1986年底，全市共建立各类贸易中心和批发交易市场65家）。

8 月 1 日 天津市新建的百货贸易中心、五金商品贸易中心、文化用品贸易中心、纺织品贸易中心、针织品贸易中心和文化用品批发市场同时开业。10 日，天津市工业品综合贸易中心开幕。

8 月 3 日 天津市卫生防疫站改建为天津市卫生防病中心。

8 月 7 日 天津市人民政府决定，成立工业普查办公室。

8 月 10 日 天津市人民政府决定兴建南市食品街。

8 月 21 日 天津市第一座少年儿童活动营地在蓟县凤凰山麓落成，是日举行首次夏令营开营式。该营地占地 60 亩，主体建筑 6 000 平方米。

8 月 31 日 中共天津市委、市人民政府批转市经委和市体改办拟订的《贯彻执行〈国务院关于进一步扩大国营工业企业自主权的暂行规定〉的实施办法》。《办法》提出了在生产经营计划、产品销售、产品价格、物资选购、资金使用、资产处置、机构设置、人事劳动管理、工资奖金、联合经营等 10 方面的扩大自主权问题。

本月 中共天津市委、市人民政府颁布实施《天津市市区体制初步改革方案》，针对多年来市区体制存在的条条统得过多、条块职责不清、权责脱节等问题，本着统一领导、分级管理、简政放权、权责一致和积极地、有步骤地进行改革的原则，将有关城市管理方面的部分权限下放给区，明确市区的主要任务是建设管理城市，组织人民生活，城市工作以块为主，使市区形成相对独立的政治实体。

改革的主要内容是明确责任，下放权力，增加财力，实行承包。实行承包的形式：① 财政包干，即由原来的“收入按固定比例留成，超支另定分成比例；支出指标包干使用，结余留用，超支不补”，改为“增长分成，奖惩结合；支出按指标包干，超支不补，结余留用”（1985 年又改为“核定基数、总额分成、比例包干”）。② 城市管理项目包干，即对环境卫生、园林绿化、道路管理、排水设施等，实行市、区两级管理，相应给区下放部分人、财、物权。③ 单项任务承包，如把中环线部分工程、改造“三级跳坑”住房、街道整修等任务包给各区。④ 房屋建筑承包，即各区成立房屋建筑开发公司，由市帮助筹拨部分资金，划给一定建筑指标，疏通建材集运；实行三年免税，并免收配套费；开发盈利除上交10%管理费外，其余留区用。

市区改革的效果是：① 扩大了区的权限和财力，促进了城市建设和改造。② 调动了区级政权管理好城市的积极性。③ 增强了各区政府安排好人民生活的责任感，促进了商业和生活服务事业的发展。

本月 天津市委组织了由各大专院校、研究机构、市政府委、办、局及塘沽区等各方面的专家36人组成的天津市经济技术开发区专家组，研究开发区的选址、规划、工业建设、资金筹措以及体制问题。经中共天津市委、市人民政府批准，天津经济技术开发区管委会成立。开发区是根据1984年3月党中央书记处和国务院在北京召开的“沿海部分城市座谈会”上作出的进一步开放14个沿海港口城市，并在这些城市中有条件的地方设立经济技术开发区的决定而筹建的。

本月 天津青年京剧团成立。

9月2日 天津第一个急腹症研究所在天津成立。

9月7日 天津市人民政府批准，建立天津经济管理干部学院、天津财贸管理干部学院、天津政法管理干部学院。1985年1月这3所学校正式成立。

9月8日 南开大学研究生院正式成立。

9月11日 原天津医学院专科学校升格为天津第二医学院，本日举行首次开学典礼。

9月16日 天津觉悟社纪念馆揭幕并开放。

9月21日 天津市人民政府咨询委员会成立。这是市人民政府对某些重要决策、重大措施进行决策的咨询机构。市委副书记、副市长吴振任咨询委员会名誉主任，宋祝勤任主任。

10月4日 根据天津市人民政府批转市供销社《关于进一步改革供销社体制的方案》，市供销社原行政编制改为企业编制。

10月5日 天津市青少年儿童活动中心破土动工，1985年6月1日竣工，正式对外开放。

10月9日 渤海开放大学成立，这是本市一所旨在培养经济管理、外经外贸人才的民办高等学校，1985年3月2日开学。

10月10日 天津基督教神学院开学。该院宗旨是为天津基督教会培养具有一定政治觉悟和宗教学识的爱国、爱教专职传教人员。

10月11日 中共天津市委、市人民政府批转市城乡建设委员会《关于城乡建设系统加快改革的初步方案》。《方案》包括建筑业的改革、城市管理及养护事业单位的改革、工业企业实行利改税、公共交通服务企业的改革4方面的内容。

10月12日 天津市人民政府决定组建天津市城乡抽样调查队。

同日 天津市政工程总公司成立。下设道路、桥梁、排水、地铁、建房、设计和科研等9个专业公司。

10月16日 天津市律师协会成立，与市司法局律师工作管理处合署办公。

10月27日 中共天津市委召开区、县、局党员干部会议，31日结束。会议学习了中共十二届三中全会通过的《中共中央关于经济体制改革的决定》；宣布了中共中央关于中共中央政治局委员倪志福兼任天津市委书记的决定（此后，其他市委书记均改为副书记）。

本月 中共十二届三中全会通过《中共中央关于经济体制改革的决定》。

11 月 2 日　中共天津市委、市人民政府批转市委宣传部《关于文化新闻出版部门管理体制改革的初步意见》。

11 月 10 日　教育部批准，天津大学成立管理学院。

11 月 14 日　根据劳动人事部、国家统计局《关于国家统计系统划编工作的通知》，市、区、县各级统计局（科）的编制人数从市级及区、县总编制数中单划出来，交回国家统计局统一管理。

11 月 21 日　天津海事法院在天津新港成立，并已受理有关海事案件。

12 月 6 日　国务院作出《关于天津市进一步实行对外开放的报告的批复》。批准天津经济技术开发区建设方案要点。《批复》指出，天津市要充分发挥自己的优势，认真抓好改革和开放，努力把天津市逐步建设成为技术先进、工业发达、文化昌盛、商业繁荣的经济中心和国际性的贸易港口城市。

12 月 17 日　天神国际海运有限公司在津成立。该公司由天津市海运公司、北京市海运公司、天津国际信托投资公司、天津港集装箱公司、日本包装运输株式会社合营组建。

12 月 27 日　天津市经济技术开发区总公司成立大会召开。天津市人民政府负责人和来自世界 12 个国家和地区的 100 多名外交使节、商务官员、经济贸易团体及工商界人士一起，祝贺天津经济技术开发区总公司成立。

12 月 30 日　根据国务院《关于加强统计工作的决定》，天津市编制委员会决定给全市每个乡镇设置统计员事业编制。

是年　天津市的第一条地铁建成，是当时世界上埋深最浅（埋深为 2 ~ 3 米）的地铁（该地铁于 1970 年 6 月 6 日开始兴建）。地铁的管理工作开始时由公用局筹办，设地下铁道筹建处。1976 年改由市政工程局领导，将筹建处改称地下铁路管理处。该处职工人数 1984 年底为 924 人。

是年　天津市在中环线复康路建起一座网球训练馆。这是当时国内最大的网球馆，南北长105米，东西宽45米，建筑面积5 400平方米，可同时进行6个台区的比赛。

是年 塘沽体育馆建成，建筑面积8 000平方米，坐席3 600人。

是年 结合体制改革，实行“工商合一”试点，天津纺织站、针织站、纺织品公司和针织批发部等4个专营纺织品的一、二级站、公司并入天津市纺织工业局。

是年 天津市人民政府下达通知提出，市属各部门和企事业单位，凡要建立职工中等专业学校并符合市政府相关规定由所在局或区县人民政府向第二教育局申请建校，二教局汇总市教委、市计委意见报市政府审批。

1985年

1月1日 中国人民银行天津分行开始专门行使中央银行职能，同时中国工商银行天津市分行正式成立。

同日 天津市人民政府对市区与郊区的部分界线进行调整。自本日起，按新界线实行行政管辖。

1月3日 天津市第一座荣誉军人疗养院在蓟县盘山烈士陵园旁落成。

1月14日 中国北方电子有限公司在津成立。这是一家跨省市的全民所有制的经济实体。

1月18日 根据中共天津市委、市人民政府文件精神，市内6个区城建局规划科建制撤销，市内6个区建立规划管理处，由市核定的事业编制，由市规划局统一管理。其中，从各区城建局划拨44名。

1月19日 根据国家计委、财政部、劳动人事部文件精神，天津市调整核定了市、区、县的财税事业编制。

同日　天津老年人大学正式成立。刘刚任校长。该大学首期开设文学、历史、书法、绘画 4 个专业及老年保健和科普知识讲座。

1 月 26 日—2 月 5 日　天津市编制委员会办公室对黑龙江、吉林、辽宁三省的编委体制、编制管理、劳动工资计划管理问题进行了全面的考察。这次考察，对加强天津市的编制工作起了积极的作用。

本月　天津市中等专业教育自学考试委员会建立。

本月　天津市经济管理干部学院成立。天津财贸管理干部学院成立。天津政法管理干部学院成立。

2 月 1 日　坐落在长春道上的天津市副食中心商场重建工程完工，正式开业。

2 月 8 日　中共天津市委决定，建立天津市地方志编修委员会。

2 月 12 日　由联合国援助建设的天津蓟县医院落成启用。

2 月 15 日　天津市成人教育招生委员会成立，市委常委何国模任主任。

2 月 27 日　天津市计委、市劳动局、市编委联合下达《关于市区机关劳动工资计划由市编委管理的通知》，规定从 1985 年 1 月 1 日起，凡由市编委核定编制的市级机关、区级机关、市直属事业单位、区属事业单位的劳动工资计划，由市编委统一管理。

2 月 28 日　天津市人民政府召开整修 40 条街道动员大会。6 月 20 日，40 条街道整修任务全部完成。

本月　中共天津市委决定将国防科技工业办公室并入市经委，在市经委设立军工处，对外保留国防科工办名义。

3 月 6 日　天津市出版工作者协会、天津市新闻工作者协会、天津市新闻学会的事业编制正式核定。

3 月 7 日　中共天津市委、市人民政府发出《关于改变市级党政领导机关直接从应届大专毕业生中吸收干部的办法的通知》。

3月27日 天津市人民政府迁入和平区大沽路解放北园旁的市政府新楼办公。新办公大楼建筑面积1.29万平方米。

3月30日 根据中共中央办公厅、国务院办公厅《关于制止党政机关擅自增设机构和扩大编制的通知》，中共天津市委要求各级党政机关和群众团体不得随意增设机构、提高机构级别、增加机构层次、扩大人员编制。

5月4日 天津市企业整顿领导小组决定，在1984年已经试行厂长负责制的30个企业的基础上，再扩大172个企业试行厂长负责制。

5月5日 神户与天津经济贸易联络办事处在天津正式开设。

5月6日 天津市人民政府批转《天津市颁布发居民身份证工作实施方案》。

5月25日 天津文学院正式成立。它是中国作家协会天津分会设置的新机构，主要任务是培养中青年作家。

5月30日 中共天津市委、市人民政府批转市计委《关于改进我市计划体制的初步意见》。

本月 天津市建立第一个产品质量监督检验所。

6月1日 天津市青少年儿童活动中心竣工，正式对外开放。该活动中心位于河西区乐园道，占地55万平方米，建有30多项游乐设施。1984年10月5日开工建设。

同日 天津儿童艺术剧团成立。下设木偶队，即原天津木偶剧团（1976年成立），并新组儿童剧队。

同日 天津市农工商东海公司正式投产，这是天津市第一座现代孵化厂。

本月 天津文化局撤销天津歌舞剧院建制，分别成立天津歌舞团、天津歌剧院、天津乐团、天津轻音乐团。

7月30日 中共天津市委、市人民政府召开科技体制改革工作会议，贯彻中共中央《关于科学技术体制改革的决定》。

本月 天津市供销社召开第四届社员代表大会，成立了天津市供销合作社联合社，到年底，农民入股、集资 867 万元，比 1984 年增长 1.5 倍，这一年供销社系统的企业进一步扩大经营范围，改进了经营方式，发挥了农村商业流通主渠道的作用。这项改革始于 1983 年，主要是恢复供销合作社组织上的群众性，管理上的民主性、经营上的灵活性。1984 年，又在财务分配、劳动人事制度、价格管理、经营范围、社员股金等方面进行了改革。

8 月 1 日 天津市人民政府批准，本市 543 家大、中、小型国营零售商店全部实行经营承包责任制。

9 月 6 日、10 日 中共天津市委、市人民政府先后批转市工资改革领导小组《关于〈国家机关和事业单位工作人员工资制度改革方案〉的实施方案》和《关于国营企业内部工资改革的实施办法》。

9 月 9 日 劳动人事部、国家统计局决定县以上统计部门编制由国家统计局负责管理。即日起，在事业编制内新增人员，除自负盈亏事业单位外，要经国家统计局审批。天津市统计事业编制上划。

10 月 2 日 中国第一个国家级地质自然保护区在蓟县建立。该保护区是中、上元古界地层的标准剖面。天津市政府在蓟县下营乡举行庆祝仪式，为纪念碑揭幕。

10 月 7 日 民政部天津民政学校成立，并举行开学典礼，这是中国第一所培养民政干部的中等专业学校。

10 月 16—19 日 天津市个体劳动者代表大会召开，天津市个体劳动者协会宣告成立。市人大常委会副主任石坚任名誉主任委员，郝生德任主任委员。

10 月 17 日 中国第一个培养新一代高级数学人才的基地——南开数学研究所正式成立，美籍华人数学家陈省身教授被聘为所长。

11 月 20 日　根据中共天津市委办公厅《关于成立市个体劳协等问题的函复》，市个体劳动者协会的事业编制核定。

12 月 7 日　国家经委决定：天津市冶金材料研究所、天津化工研究所、天津电气传动设计研究所、天津复印机研究所、天津自行车研究所、天津理化测试中心、天津纺织器材研究所、天津消防科学研究所 8 个单位，为国家级产品质量检测中心。

12 月 26 日　坐落在西开教堂前的国际商场竣工。建筑面积 14 000平方米，是为本市生产、人民生活、海内外宾客及进出口服务的综合商业中心。

本月　天津市人民政府同意市重点工程指挥部为常设机构，列事业编制。

是年　先后成立了天津市纺织品联合进出口公司、天津市纺织服装联合开发公司，原日用棉织品公司改为天津市纺织装饰品工业公司。原织布总厂改为天津市产业用纺织品工业公司。

是年　天津体育运动学校建成，该校是一座设备较为完善，具有一定规模的中等专业学校，坐落在体育学院北，总建筑面积 5 200平方米。学校内建有体操馆建筑面积 1 260 平方米；篮球馆建筑面积 792 平方米；排球馆建筑面积 924 平方米。

是年　中共天津市委从 1985 年下半年开始，陆续把市委的公交、城建、商业、对外经贸、科技、教卫、农村等专业工作部改为工作委员会，同时增设计划工作委员会和变通口岸工作委员会。这 9 个工作委员会，作为市委的派出机构，负责管理各口党的工作。

1986 年

1 月 19 日　天津市第一座卫星电视地面接收站在天津市渤海

无线电厂落成。

1月22日 汇丰银行天津办事处开业。

1月30日 天津市人民政府决定，成立天津市交通综合治理领导小组。

2月9日 天津市召开增产节约增收节支动员大会，市委、市政府要求“严格控制增设机构、扩大编制和机构升格，从现在起，人员编制一律冻结”。会后，市编委办公室提出了贯彻意见。

3月11日 中共天津市委、市人民政府决定，成立市职称改革领导小组，原市职称评定工作领导小组即行撤销。

3月24日 天津市第一家中外合资企业丹华企业有限公司在经济技术开发区举行开业典礼。该公司生产普佳骑自行车。

4月4日 南市旅馆街动工兴建，当年12月26日竣工。该街设500套客房，1 500张床位。1987年5月1日正式开业。

4月9日 天津市技术市场网络初步形成。至此，全市各种形式的技术交易机构有570多家，从业人员约6.8万多人。技术市场已成为促进天津市经济发展的重要力量。82个相当县团级以上科技开发机构，1985年转让11 352项科技成果。

4月16日 天津市经济技术开发区工会建立。

4月26日 天津市人民政府决定，天津市地方国营企业全部实行财产保险，中央各部驻津企业也要按照地方国营企业投保的办法执行。

5月5日 天津市机电一体化领导小组成立，聂璧初任组长。其主要任务是协调机械工业部和市经委、计委、科委机电一体化工作。

5月9日 天津市物资综合贸易中心开业。

5月10日 中共天津市委、市人民政府、天津警备区联合召开人民武装部改归地方建制交接会议。副市长鲁学政、警备区副司令员何燕然分别在交接书上签字。天津市的18个区、县人民武装部改归地方建制任务完成。

5 月 25 日 中国和联邦德国现代工业技术培训中心在津举行奠基典礼。该中心坐落在水上公园西侧，占地面积 48 000 平方米。该中心主要为中德重大经济合作项目培训中、高级技术人才。

5 月 27 日 天津水上公园动物园南侧垃圾山工程开工。

5 月 28 日 环渤海地区 14 个城市（地区）市长联席会成立。8 月 15 日，正式结成技术市场和协作网。

5 月 29 日 天津市"渤海儿童世界"工程开始动工。该工程坐落在渤海之滨的塘沽海河防潮大闸以西三角洲上，是又一座现代化少年儿童活动场所，年底完工。

本月 天津市二机局改组为天津市电子仪表局，对国营和地方电子仪器仪表及通讯设备制造业实行统一管理。

6 月 20 日 市司法局向市政府作了《关于在我市乡镇建立法律服务所的请示》，提出各基层法律服务机构不要编制，实行招聘制度，法律服务机构受乡镇政府领导，业务上受司法行政机关的指导监督，实行有偿服务、自收自支、节余留用等。

6 月 29 日 华北商业信息网在津成立。成员单位有河北省、山西省和内蒙古自治区的商业厅、供销社以及北京和天津市第一商业局、供销社。

7 月 1 日 天津市区中环线（东半环）道路工程建成中环线道路工程全线通车。

7 月 3 日 天津市重点工程塘沽区分指挥部建立。

7 月 4 日 天津讲师团开始集训（8 月 21 日，首批 900 名讲师团成员开始陆续奔赴郊县支教）。

7 月 5 日 中共天津市委、市人民政府下发《关于加强党政机关和事业单位机构编制管理的通知》，对机构编制的管理作出具体规定。

7 月 9 日 为保证天津市残疾人抽样调查工作的顺利进行及有

关资料的积累保存，市残疾人抽样调查办公室的事业编制正式核定，由市民政局代管。

本月 中共天津市委、市人民政府决定撤销市经委技术局。

本月 中国杂技艺术家协会天津分会成立，主席刘瑞森。

7月22日 中共天津市委、市人民政府批转市委机构改革工作小组《关于调整市委科技工作部、市科委机构体制方案》，决定成立市委科学技术工作委员会，原市委科技部及市科委党组撤销。

7月30日 国务院正式批准修建京津塘高速公路。

本月 天津市编委办公室列入市人民政府办公厅序列，作为办公厅一个处（室），对内称编制办公室。参加会议、阅读文件仍按原待遇。

8月16日 坐落在天津市和平区解放北路海河之滨的四星级天津凯悦饭店正式开业。饭店建筑面积42 000平方米，主楼高20层，共有总统房、佳宾轩和普通客房450套。

8月25日 塘沽区广播站改设为塘沽区广播电视局。

同日 天津市教师疗养所在蓟县盘山建成。

8月31日 天津市新技术开发集团正式成立。

本月 天津市第一机械工业局改为天津市机械工业管理局，对全市机械工业实行统一管理。1986年末，机械局下属10个直属厂、10个工业公司（石化通用、工程机械、电梯、机床、工具、电机、电器电材、液压件密封件、机械配件）；全局有科研设计院14个，学校20所；全局职工总数172 378人。1986年工业总产值22.24亿元。

由于行政管理体制的划分，一些机械工业企业和行业隶属其他局管理：食品、造纸、印刷专用设备制造业，自行车、钟表、手表、缝纫机制造业和摩托车制造业隶属于第一轻工业局。纺织机械和配件隶属于纺织工业管理局。医疗器械和制药工业专用设备制造业隶属于医药管理局。化工设备、化纤设备及橡胶工业专用设备制造业隶属于化学工业局。电影机、照相机、复印机、仪表、电子工业专用设备制造隶属于电子仪表工业管理局。船舶制造及船舶修理分别隶属于交通部、石油工业部、农牧渔业部和中国船舶工业总公司等。

本月 国务院批准《天津市城市总体规划方案》。

9月2日 由天津市及外省市科研单位、工业企业、外经外贸、金融机构、大专院校的近40个单位认股组成的天津市新技术开发集团成立，27日开张营业。这是本市第一家跨行业、跨学科、跨部门、跨地区的横向联合经济实体，以天津市新技术开发公司作为组织单位。

9月7日 天津幼儿师资培训中心正式成立，是第一个为本市培养幼儿教师的最完备的基地。

9月8日 中共天津市委批准，组建中共天津市委研究室暨天津市经济社会发展研究中心。

9月12日 中国北方曲艺学校建成开学。

9月15日 中国天津SOS儿童村20座造型别致、装饰各异的二层楼式家庭住宅竣工。20日接纳第一批孤儿40多个。

9月18日 中共天津市委、市人民政府决定，将市区城建局分设为园林管理局和市政工程局。区城建局的建制撤销。

同日 天津市人民政府召开外环线道路工程动员大会。

9月19日 天津市编委根据市委、市人民政府《关于加强党政机关和事业单位机构编制管理的通知》，对升格为局级单位的审批程序作出规定。

10月16日 天津市个体劳动者协会成立。

本月 天津市制定《关于加强街道办事处的意见》，强调街道办事处作为区人民政府的派出机构。

11月11日 环渤海地区工商银行金融联络网在津成立。它的成立将使环渤海地区工商银行之间的横向融资，逐步从松散型向紧密型的合作发展。

11月13日 中共天津市委办公厅转发《中共中央办公厅、国务院办公厅停止各级党政机关和群众团体机构升格的通知》。

11月28日 天津市编制委员会结合工资制度改革，下发《天津市编制委员会关于在工资制度改革中核定我市事业单位规格级别的通知》，对有关事业单位规格级别的核定工作作出规定。

12月10日 天津市红桥区估衣街经过8个月整修，131家具有晚清建筑风格特色的商业一条街全部开业。

12月20日 国内规模最大的天津市电冰箱总厂开始试投产，生产“可耐”牌冰箱。该厂采用的是法国一家电冰箱厂的全套设备，共计764台。

12月22日 天津河西体育馆开馆。这是一座有3 000靠背坐席的体育馆，建筑面积6 700平方米。

12月24日 根据中共天津市委、市人民政府、天津警备区《关于区县人民武装部改归地方建制有关问题的通知》，各区人民武装部的劳动工资计划从1987年1月1日起，划归编制部门管理。

本月 天津经济技术开发区企业家协会成立。这是中国第一家有中、外籍企业家经理共同参加的企业家组织。

是年 天津市一轻局系统辖自行车、造纸、玻璃、食品、印刷、制笔、钟表、日用化学、牙膏化妆品、搪瓷、轻工机械、缝纫机、电光源、保温瓶13个工业公司和天津自行车厂、迅达摩托车厂、自行车零件总厂。

是年 天津市二轻局系统共辖18个工业公司。

是年 天津市建成肿瘤医院、真理道医院、环湖医院、第四（小海地）医院等4所大中型医院。其中肿瘤医院系原人民医院迁址改建而成；真理道、环湖、第四（小海地）医院分别办成老年病科、脑系科、烧伤科为主的综合性医院。

是年 天津市共有197个乡、24个镇、3 818个村、21个国营农场。

是年 光学仪器与光学精密机械行业，分设为光学仪器、照相机、复印设备3个公司。

是年 淡水养殖公司与海水养殖公司合并为天津市水产养殖公司。同年，有关区、县都成立了相应的水产机构；塘沽、汉沽、大港区和蓟县设水产局，宝坻、宁河、武清、静海县及东、西、南郊区设畜牧水产局，北郊区设水产科。

是年 天津游泳馆建成，建筑面积888平方米。

是年 天津市纺织工业局下属毛纺织、针织、装饰品、产业用纺织品、色织、化纤、服装、机械器材、纺织建筑9个工业公司。

是年 天津民航学院培训中心建成。建筑面积8 785平方米。

是年 天津市市区横向经济联合正向多形式、多渠道、全方位的方向发展。全市9个市区（含塘沽、汉沽、大港3个滨海区）已与18个省市的48个地、市、区建立了对口协作关系，共组成联合体300余个。

1987年

1月2日 为推动市区横向经济联合工作的开展，经天津市人民政府批准，市区（含塘沽、汉沽、大港区）建立经济协作办公室。

1月12日 根据中共中央、国务院《关于加强农村基层政权建设的通知》，中共天津市委、市政府领导在市农村工作会议上要求，要切实发挥乡政府一级政权的作用，有效地管好本行政区的各项工作，政企要分开，年内完成建立乡财政的工作。

本月 天津电话号码实行6位制。

2月9日 天津市召开增产节约、增收节支动员大会，全市12

万人参加。

2月22日 中国服装研究中心天津分中心正式成立。

2月25日 中共天津市委、市人民政府决定成立天津市表演艺术咨询委员会。

3月14日 天津市清理整顿“公司”、“中心”工作结束。先后整顿清理了2 352家“公司”、“中心”，有800家公司准予继续营业，95家被降为一般企业，192家歇业、注销、吊销营业执照，另有100余家企业已与党政机关脱钩。

本月 天津市人民政府决定建立土地管理局，该局与市规划局为一套机构、两块牌子。

4月1日 天津中外咨询服务公司正式开业。这家公司的宗旨是为国内外中小企业的经济贸易、科学技术、人才交流，提供导向信息咨询服务。

同日 自本年度第二季度起，天津市等14个城市成为第二批金融改革试点地区。

4月13日 天津市科技体制改革工作会议召开。

5月5日 天津市测绘处实行一套机构、两块牌子，即“天津市测绘处”和“天津市测绘管理处”；增加本市城乡测绘管理工作职能。

5月19日 中国天津SOS儿童村举行落成典礼。

5月25日 天津市人民政府《关于加强部门、单位由部审计工作的通知》，规定61个局级单位（委、局、银行、公司、工会）建立审计机构。

5月27日 天津市编制委员会分别给市城乡抽样调查队和宝坻县、塘沽区、汉沽区核拨了城市抽样调查事业编制。

5月31日 天津北站新候车室建成。

本月 坐落在天津市河西区友谊路与宾水道交口的四星级饭店水晶宫饭店开业。

6月5日 天津市外国投资服务中心成立。“中心”集结了有关外商投资的8个政府管理部门和14个社会服务单位，实行集中办公，外商可一次办齐各项手续。6月8日开业。

6月9日 天津市设备调剂中心正式成立。本市出现了统一的设备调剂市场。

6月26日 天津经济技术开发区海关正式开关，7月1日开始办公。

6月29日 天津市委、市人民政府批转《关于建立市委交通口岸工作委员会及调整市交通委员会、市口岸管理委员会机构体制方案的通知》、《关于调整市委工业交通部、市经济委员会机构体制方案的通知》。

本月 成立中共天津市经济技术开发区工作委员会。

本月 天津市在1986年底改革行政性公司试点的基础上，行政性公司的改革全面推开，全市原71个行政性工业公司中有67个公司或改为企业性公司，或改为经营服务实体，或转为行政管理处。

本月 天津市海外联谊会成立，何国模任会长。

7月3日 天津市婚礼服务部正式营业，并接办了首次婚礼业务。

7月4日 天津理工学院工程竣工，建筑面积7万平方米。

7月13日 天津市社会主义学院成立。

7月20日 建设银行华北地区资金融通网络在天津成立。任务是融通资金，支援华北地区建设。

7月23日 天津市资金市场开业，这是深化金融体制改革的重要标志。

7月24日 天津市编制委员会核定市焊接研究所、市化学工业局劳动卫生研究所、市服装研究所的机构规格为县处级。

同日 中共天津市委召开整党工作总结会议，宣布本市整党工作结束。

8月24日 天津市城乡抽样调查队分设为天津市城市抽样调查队和天津市农村抽样调查队。

8月27日 中共天津市委发出通知，中央决定：李瑞环任中共天津市委书记；倪志福不再兼任中共天津市委书记职务。

8月28日 天津国际高尔夫俱乐部正式开业。

9月10日 天津喜来登大酒店竣工。这是一座四星级大酒店，占地2万平方米。

9月30日 天津市服装展销中心（服装街）建成开业。这是改造老城区，促进城乡商品经济发展的一项重大措施。

10月1日 天津市外环线工程举行竣工典礼。

10月9日 天津新技术开发集团与华夏研究院实行联合，组成一个科技、生产、金融、信息、贸易五位一体的外向型公司。

10月14日 天津市人民政府发出通知，决定从即日起至1988年2月中旬，全市开发税收、财务、物价大检查。

10月17日 天津经济技术开发区信托投资公司成立。这是产业与金融相融合的金融体制改革的重要标志。

本月 中国共产党第十三次全国代表大会召开，大会系统阐述了社会主义初级阶段理论，明确概括了党在社会主义初级阶段的基本路线。还确定了我国现代化建设“三步走”发展战略。

11月13日 国家已批准上海、天津、深圳、广州和海南正式进行土地有偿使用试点，使土地按照其商品属性进入市场。

11月14日 天津大学技术经济发展战略研究中心建立，为中国最大的软科学研究机构之一。

11月16日 华津工程机械公司成立。这是天津市第一家科研先导型经济联合体。这个公司是以技术力量雄厚的国家机械委天津工程机械研究所为龙头，联合天津工程机械制造厂、天津建筑机械厂等企业共同组成。其宗旨是对机械行业进行统筹规划和开发新产品新技术。

11月18日 天津新技术开发集团食品工业技术开发部成立。这是天津食品工业技术行业的15家科研单位、大专院校和大中型企业联合组成的跨部门、跨学科、跨行业的第一个食品工业技术联合体。

11月24日 天津市商品住宅基金理事会成立。

11月28日 天津市人民政府批准，市人事局颁发《人事处长岗位规范》、《办公室主任岗位规范》、《街道办事处主任岗位规范》，在全市试行。

12月9日 中国农民企业家联谊会在静海是大邱庄成立。来自全国27个省、市、自治区的80多名农民企业家及部分经济联合体、个体企业经理、厂长参加。

12月16日 天津高等院校科技开发集团正式成立。这是中国第一家高校联合集资兴办的企业实体。其宗旨是推动技术成果商品化进程，缩短科研成果运用于生产建设的周期，引进新技术同国内科技研究密切结合。

12月26日 李瑞环在中共天津市委四届八次全委扩大会议上指出，关于政治体制改革，必须按照中央的部署，积极而又稳妥地进行。

本月 天津城市建设学院成立。天津大学建筑分校停止招生，待在校生全部毕业后，即行撤销建制。

1988年

1月5日 根据国家工商行政管理局、劳动人事部、财政部的联合通知，天津市编制委员会给市工商行政管理系统分配了事业编制。

同日 为适应民政部门工作任务的需要，天津市编制委员会同意各市区（含塘沽、汉沽、大港区）、郊区的民政部门的名称统一改为民政局。

1月10日 天津市公共关系协会成立。

1月13日 根据国家物价局、财政部、劳动人事部《关于增加物价检查人员行政编制的通知》，天津市编制委员会给市、区、县物价检查部门增加了行政编制。

1月14日 根据中共天津市委、市人民政府《关于组建行政监察机关的通知》，区、县监察局相继建立。

2月6日 根据财政部、劳动人事部《关于下达1987年、1988年税务人员编制的通知》，天津市增加了税务干部编制。

2月11日 天津无缝钢管总厂业经国家批准建设。

2月21日 天津市公安局天津站地区公安分局建立。下设三个治安派出所。

2月22日 天津市人民政府批转市体改委、市经委、市财政局《关于促进企业集团发展的若干规定（试行）》。

3月1日 天津市人民政府决定，将区公司所属与人民生活关系密切的百货、修配、蔬菜副食品、糖果糕点、饮食、服务6个行业的国营、集体企业划归各所在区领导，这是天津市商业体制改革迈出的重要一步。

3月2日 天津市人民政府召开外贸体制改革工作会议。

3月4日 天津市第一房地产开发经营集团举行开业典礼。

同日 天津市女厂长、女经理联谊会成立，副市长李慧芬任会长。

3月12日 天津市人民政府发出批转市体改委、市商委《关于深化商品流通体制改革的几点意见的通知》。

3月15日 鉴于区、县、局工业普查任务已基本完成，各区、县、局工业普查办公室及临时事业编制撤销。

3月16日 经天津市人民政府批准，同意各郊区、县建立经济协作办公室。

3月18日 中共天津市委、市人民政府召开商业工作会议，22日结束。会议确定商业系统的根本任务是：适应外向型经济发展的需要，深化商业改革，发展商品流通。

3月31日 为加强对市场的检查、监督和管理，天津市市场检查大队建立，为市工商局所属处级单位。主要负责组织全市性统一清查整顿市场活动，打击违法行为，维护消费者的利益。

本月 天津市科委拟定“关于拟筹建天津新技术产业园区的请示”上报市政府。

4月1日 天津市档案馆档案向社会开放。

4月5日 天津市医药局全局对市实行承包。这是本市第一家以局为单位对市承包。承包的总原则是：包死基数，确保上缴，超收全留，歉收自补。

4月8日 经天津市人民政府批准立项的重点工程项目，调频电视发射塔工程启动。这座405米高的建筑，坐落在八里台、津淄公路和紫金山路夹角处，占地面积6.8公顷，建筑面积1万平方米。调频电视塔建成后，将播出7套电视、8套调频节目，并将大大改善郊县收视状况。覆盖面也将扩大4~5倍。

4月11日 天津市人民政府召开加快和深化外贸体制改革动员大会。

4月13日 联合国开发计划署技术信息试验系统（TIPS）中国部天津工作站，在市科技情报中心建立。

4月14日 中共天津市委、市人民政府批转市编委拟订的《天津市国家机关机构编制管理暂行规定》。

5月6日 劳特国际有限公司在津成立，资金100万元。这是天津市第一家美国独资企业。该公司专门生产油塞中间体，产品70%返销。

5月12日 天津市人民政府发出《关于加快和深化我市外贸

体制改革的若干规定的通知》。

5月23日 天津市东方律师事务所正式成立开业。这是全国第一家由律师自由组合的合作制律师事务所。该所属集体所有制性质，实行独立经营、自收自支、自负盈亏。

5月28日 天津市编制委员会下达通知，将各郊区、县政府人事科改为人事室。

5月29日 “天津宋庆龄渤海儿童世界”举行开园典礼。

6月2日 天津飞鸽自行车集团公司成立。这个集团是国内自行车行业紧密型企业集团，拥有“飞鸽”、“斯普瑞克”、“斯塔特”三种牌号。

6月13日 国务院批准，天津市作为第二批试点城市之一，开放国库券转让市场。

6月21日 天津市文化艺术音像出版社成立。

6月23日 根据财政部、劳动人事部《关于财税部门增加编制和调配干部的通知》，市编委给市、区、县、乡（镇）财政部门增加了农业税干部编制。

同日 天津市内6个区的规划土地管理处建立。

同日 市给市内6个区每个街道办事处增设了规划、土地管理监督检查员事业编制，为区规划土地管理处的派出人员。

本月 天津广播电视塔破土兴建。

本月 天津信托投资公司成立。这是本市第一家大型金融资本与实业资本相融合的国营金融企业。

7月5日 为贯彻执行《中华人民共和国计量法》，天津市编制委员会同意市内6个区建立计量管理局。

7月7日 中央及外地驻津记者联谊会成立。

7月26日 天津市人民政府决定在鞍山西道建设科技贸易街，计划三年建成。

7月29日 天津市人民政府批准市科委、财政局、工商局

《关于促进集体 、个体科技和机构发展的意见》。

7月30日 为贯彻《中华人民共和国统计法》，天津市内6个区设统计办公室；塘沽、汉沽、大港区；各郊区、县改设统计局。

同日 天津经济技术开发区土地管理局建立。

8月1日 天津市人民检察院经济罪案举报中心成立。这个中心是专门受理群众举报经济犯罪行为的部门。

8月12日 国家科委正式批复，同意建设天津新技术产业园区。1991年3月，国务院批准天津新技术产业园区为国家级高新技术产业开发区。

9月4日 天津城市建设学院成立。这所学院由天津大学建筑分校改建而成。

9月7日 河西区教育中心举行落成典礼，是天津市第一个区级教育中心。

9月24日 天津市监察局成立维护廉政举报中心，受理举报市政府任命的领导干部贪污、索贿、受贿、弄权渎职等违法违纪行为。

9月27日 中国与联合国儿童基金会合建的天津市小学教师培训中心建成。

本月 天津市保安服务公司成立。

10月13日 天津经济技术开发区审计局建立。行政上隶属开发区管委会领导。

10月14日 根据国务院机构改革办公室和国家编委的要求，中共天津市委办公厅、市人民政府办公厅、市委组织部、市编制委员会组成调研小组，对市一级机构设置问题进行调研。

同日 根据国务院《关于开展1988年税收、财务、物价大检查的通知》，天津市从1988年10月至1989年2月，在全市范围内陆续开展税收、财务、物价大检查。市大检查办公室挂靠在市财政局。各区、县税收、财务、物价大检查办公室的设置参照上述办法执行。

10月21日 天津市人民政府召开清理整顿公司动员大会，宣布到年底，按照党中央、国务院的决定，在全市范围内，对各类公司普遍进行一次清理整顿。

同日 天津站地区管理办公室为市容委属临时机构。

本月 天津市各类金融机构达874家。其中，县以上金融机构256家，储蓄所380个，城乡信用社238个。按多家银行和其他金融机构分类，人民银行5个，工商银行340个，农业银行412个，中国银行19个，建设银行51个，投资银行1个，保险机构20个，信托公司7个，城市信用社19个。全市已形成了以解放北路为中心的金融网。

11月26日 中共天津市委、市人民政府发出通知：凡党政机关干部在工商企业（含经营性的咨询机构）中兼任的职务（含名誉职务）一律免除。

11月30日 天津市中、小学、幼儿园教师奖励基金会成立。基金会向社会各界发出募捐信，希望为发展本市教育事业踊跃献资出力。

12月27日 国务院《整顿税收秩序的决定》指出：全国税务系统实行以税务机关领导为主，地市县税务局的机构设置、干部管理、人员编制、经费开支垂直领导，税务所是市、县税务局的派出机构。

是年 天津市共有公园105个，面积552.51公顷。

是年 在天津市从事施工的队伍共2 148个，从业人员约53万人。县级以上施工企业100个，其中一级施工企业33个，二级施工企业30个，三级施工企业37个，职工22万人；县级以下施工企业1 213个，职工约15万人；外地在津施工队伍835个，职工约16万人。

是年 与1949年相比，天津市卫生机构从135个增加到3 363

个；扩大了近25倍；各级医院从18所（不含私人医院），增加到285所；医院病床从2 155张增加到30 640张，增长了14倍。

是年 天津市对施工企业的管理采取行业管理和部门管理两种形式。随着建设任务的增加和施工企业的发展，部门管理已不适应城市建设的发展形势，开始逐步向行业管理过渡。天津市施工企业的行业管理雏形已基本形成，但仍为行业管理和部门管理双轨制。其管理模式是：市建委统一对施工企业进行全行业管理。负责建筑业管理法规的制定；负责施工队伍成立、撤销的资格审查；经营活动的监督、协调；工程质量的监督；职工队伍的培训等。

此外，还有6个事业单位，分别行使行业专业管理职能。工程定额站：统管全市工程预算定额研究、编制和实施。工程质量监督站：受建设单位委托，代理政府对工程质量实施监督职能。外地队伍管理站：负责审查批准外地施工队伍来津施工，并承担工程项目的质量、安全、预算、合同等管理。合同预算审查处：负责全市建设工程合同预算审查。投标招标管理站：负责全市投标招标的资格审查和管理。郊县建筑管理总站：统管郊县施工队伍。

建筑企业协会：作为政府与企业之间的桥梁和纽带，对施工企业（包括全民和集体）提供咨询、服务和管理。

是年 汉沽体育馆建成，建筑面积5 700平方米，坐席4 000人。

是年 天津市人民政府下发文件清理整顿公司，提出，公司不得兼有政府职能，兼有行政职能和一个单位挂几块牌子，兼有政企职能的公司，都要在年底前实行政企分开。

是年 国务院办公厅下达通知，成立国家机构编制委员会。办公室设在人事部。

是年 天津市政府下发文件决定，改革街道集体经济管理体制完善企业内部机制，进一步搞活企业。按照政企分开，转变职能的原则，根据各区、街具体情况要逐步将街生产服务管理处改为企业性公司，实行独立核算、自负盈亏。行政上仍隶属街道办事处，业务上受区业务主管部门指导。各街办事处对区街集体企业的管理要由目前的直接管理逐步转为间接管理，由街公司组织基层企业的生产经营活动，是企业成为相对独立的商品生产者和经营者。

是年 经国务院批准，由天津港务局港务监督及通讯公司和航道局航标测量处共同组建交通部天津海上安全监督局。

1989 年

1 月 1 日 天津市外贸局、纺织局、医药局、建工局 4 个局机关的劳动工资计划归口市编委管理。

1 月 11 日 天美汽车配件有限公司工会在经济开发区成立，为天津市第一个外商独资经营企业的工会组织。

1 月 23 日 根据中共天津市委、市人民政府《关于组建天津市残疾人联合会的通知》，核定市残联的内部机构和编制。

本月 中共天津市委、市人民政府决定在海南省建立天津市人民政府驻海南办事处。

2 月 4 日 天津市人民政府发出《关于调整天津市地方史志编修委员会组成人员的通知》，聂璧初为主任委员。

同日 中国华北电力联合公司天津电力公司成立。

2 月 10 日 南市食品街“果仁张”门市部正式挂上私人企业的营业执照，成为天津市第一家由集体企业变为私人企业的门市部。

3 月 9 日 天津市残疾人联合会第一次代表大会召开，宣布天津市残疾人联合会成立。

同日 天津市工业系统以行政性公司为主的管理体制基本解

体。工业系统已组建了企业集团和企业性公司95个，企业兼并企业和企业合并22对，全民和集体联营企业20个，跨局调整企业7个，企业金额入股与各省市组建合资企业2个，企业承包企业31对。工业公司（企业集团）享受外贸出口权的有14个。

3月15日 天津国际经济贸易展览中心落成。该中心主楼建筑面积3.6万平方米，展览馆面积8 000平方米，由4个展厅组成，是目前华北地区规模最大、设施最先进的展览场地。

3月17日 天津市教卫委、市编委、市人事局、市财政局、市劳动局、市教育局制订了《天津市中等师范学校、职业高中、全日制中小学教职工编制标准暂行规定（试行)》。

同日 天津市人民政府召开清理整顿行政事业性收费动员大会。

4月17日 天津市登记注册的私营企业已有500多户。其中南郊区200多户；东郊区130多户。至年底统计，天津市城乡个体工商业共有114 644户、193 687人，比1985年分别增长16.7%和35.1%。1986年至1989年创工业产值23.6亿元。

4月18日 根据中共天津市委、市人民政府批转市编委拟定的《关于在经济整顿工作期间严格机构编制管理的几项规定》，凡一套机构、两个牌子的局和总公司，没有正式核定编制的，要按现有人员冻结并核定控制人数。4月18日至5月15日，市编委对市建工局、纺织局、医药局机关的控制人数进行了核定。

4月22日 天津市编制委员会、市老龄工作委员会发出通知，要求认真贯彻市委1989年工作要点中提出的“要注意搞好老龄工作”的精神，老龄工作要加强，区县老龄委的干部要按编制择优配齐。事业编制干部的工资福利待遇，按行政标准执行。

本月 经国家经济体制改革委员会批准，原轻工业部长芦盐务管理局（中国盐业总公司长芦区公司）及局属在津企事业单位于1989年1月起下放天津市管理，更名为天津市长芦盐务管理局

（天津长芦盐业公司）。

4—10 月 天津市各郊区人民政府人事室陆续改为人事局。

5 月 3 日 天津市编制委员会下达通知，根据市委常委会议决定，市委组织部、市编委、市人事局于 1987 年 12 月和 1988 年 6 月为银行系统、政法、工商、税务、保险等部门下达的调整干部结构计划截至 1988 年 12 月 31 日结束。

5 月 6 日 中共天津市委决定，在市计委、经委、交委、建委、商委、经贸委、农委、科委、教卫委等设置监察室，作为市监察局的派出机构，与市纪委派驻各口的纪检组实行一套班子、两个牌子。

5 月 9 日 天津港商业性保税仓库建成，投入使用。这是中国第一座商业性保税仓库。

5 月 30 日 天津市启蒙幼儿园画研究会成立，白桦任名誉会长。

本月 中共天津市委、市人民政府决定，天津市编制委员会办公室的规格定为副局级。

6 月 5 日 天津歌舞团、天津歌剧团合并，重新建立天津歌舞剧院。

6 月 12 日 根据天津市人民政府召开的防雹工作会议精神，市编委发出通知，各郊区、县和塘沽区建立人工影响天气办公室。天津市的人工防雹降雨工作已在 10 个区、县开展了 15 年。

7 月 12 日 天津市编制委员会发出通知，对区县计生委的行政编制名额作出了规定。

7 月 15 日 天津海滨浴场建成，开业剪彩。7 月 1 日对外开放，该浴场占地 1 000 亩，由 4 条大坝围海造场，长 520 米、宽 50 米的沙滩平坦坚实，可一次容纳 1 万人入场。

本月 中共天津市委批准建立中国少先队天津市工作委员会。

8 月 10 日 中共天津市委、市人民政府决定，成立天津市技术监督局，撤销原天津市标准局、计量局。

8月11日 中共天津市委、市人民政府同意，天津市计划委员会电子计算站和天津市经济信息中心合并，组建天津市信息中心。

8月12日 天津市和平区归国华侨联合会建立。

8月29日 为了加强区县财政工作，管理对行政事业经费的预算和支出，天津市编制委员会同意在区、县财政局内建立行政事业财务科。该科的主要职责是：安排文教行政优抚救济经费预算，管好用好各项资金，节约经费开支；研究生财、聚财之道，多层次多渠道发展各项事业；进行财政监督，维护财政纪律。

9月9日 天津市经委、市编委、市委工业工委、市财政局联合发文，决定撤销市二轻局塑料、地毯、家具、餐具等5个行政性公司，改建为企业性公司。

9月14日 天津市人民政府召开进一步清理整顿公司动员大会。贯彻落实中共中央、国务院《关于进一步清理整顿公司的决定》，部署天津市下一步清理整顿公司工作。

9月15日 根据最高人民法院和国家编委《关于设立各级人民法院监察机构的通知》的规定，市编委同意各区、县人民法院建立监察室，与各区、县人民法院纪检组为一套机构、两个牌子。

9月16日 天津市干部数据库建成。该库是本市人事管理信息系统总体规划第一期工程。

9月29日 坐落在天津市南开区三马路与五马路交口上的天津交易大厦竣工，建筑面积67 000平方米，主体建筑高116米，为当时本市的超高层建筑。1990年4月20日全面开业。

10月12日 天津市河西区饮食同业公会成立，是本市第一个饮食行业的自我教育、自我服务、自我管理的民间性行业团体。它吸收了全区国营、集体、个体餐馆和饮食摊点共878个单位为会员。

12月5日 天津市编制委员会下达《关于市农业广播电视学校区县分校机构编制问题的通知》，对有关郊区、县和塘沽、汉沽、大港区农业广播电视分校的机构编制问题作出规定。

12月7日 天津中德现代工业技术培训中心土建工程全部竣工，并通过国家验收，交付使用。这是目前国内最大的职业技术教育培训基地。

12月19日 天津市“三胞”妇女联谊会成立。联谊会宗旨在团结、联系在津的台、港、澳女同胞、女侨胞及其眷属和有关海外亲属关系的妇女界人士，开展参观学习、咨询服务、接待和友好联谊活动。曹秀荣被选为会长。

12月21日 天津市消费者协会正式成立。刘文田为会长。该会是以保护消费者权益为宗旨的社会团体。

12月23日 天津市红桥区新河北大街商业街工程告竣，沿街94家商店全部开业。

本月 鉴于第二次全国工业普查工作已经完成，天津市工业普查办公室的临时事业编制撤销。

是年 中共天津市委同意天津市哲学社会科学学会联合会更名为天津市社会科学界联合会。

是年 天津市有普通高等院校22所；大学分校5所；军事院校2所；河北省在津高校1所，共30所。形成了科类比较齐全、多层次、多专业的高教结构，全市高等学校在校生达54 884人，是1949年天津解放前的10倍。

是年 中共天津市委、市人民政府发出《关于市编委办公室级别问题的通知》。

1990年

1月31日 天津市残疾人抽样调查办公室撤销。

2 月 9 日 天津市残疾人福利基金会成立。张再旺为名誉理事长，石坚为理事长。

2 月 24 日 房凤友秘书长主持市政府秘书长会议，决定设置市政府办公厅修志办公室。

本月 中共天津市委、市人民政府决定将天津市农业机械管理总站恢复为天津市农业机械局。

3 月 9 日 天津市人民政府决定，成立利用外资领导小组。领导小组下设两个办事机构：市外国投资服务中心和“实益”专项办公室。

3 月 23 日 天津市地方史志编修委员会召开会议，布置《天津通志》篇目下达工作，要求在 20 世纪 90 年代中期，完成天津市第一代社会主义新方志的编修任务。

4 月 8 日 天津市人民政府办公厅转发市档案局《关于进一步加强档案工作的意见》，要求各区、县设立档案机构，档案局与档案馆合一。

4 月 25 日 天津市编制委员会转发人事部、广播电影电视部《关于颁发〈乡、镇广播电视站人员编制标准（试行）〉的通知》和人事部、林业部《关于颁发农村基层林业工作站人员编制标准（试行）的通知》，规定天津市乡、镇广播电视站和农村基层林业工作站的人员事业编制名额，在规定的设编幅度内，原则上按低限执行。乡、镇广播电视站的主要任务是，转播中央台及其他上级台（站）的广播电视节目；配合当地党委和政府的中心工作，举办本乡、镇广播节目；负责架设、维护、管理乡镇的广播网路和播出设备，保证线路畅通和设备正常运行；负责组织培训村、队的业余维护人员；建设、管理电视差转台。

4 月 28 日 天津市大港区节水办公室成立，市核拨事业编制。

5 月 3 日 天津市编制委员会同意天津市人民政府社团管理处加强天津市社团管理处的牌子。

5月11日 天津海上搜救中心成立。该中心担负着搜救海域范围内的海上船舶防火、防台风、防止船舶污染海域、防冻破冰及海难救助任务，并统一组织指挥遇险船只的搜救工作。

5月15日 由香港影业巨子邵逸夫先生资助兴建的天津大学新图书馆和南开大学新图书馆落成开放使用。

5月18日 天津中德现代工业技术培训中心落成开学。

6月6日 根据中共天津市委《关于调整市国防科工党委机构的通知》，市国防科工党委的编制分别划给有关部门。

6月8日 天津物资大厦开业。大厦坐落在海河边，毗邻天津站，总面积2万平方米，集物资商情、交易、协作、服务于一体，可为全国和本市物资交易活动提供多功能综合服务。

7月1日 天津市金融市场开业。这是由各专业银行、信托投资公司、城市信用社等29家金融机构共同组建的金融组织，是为金融机构办理同业拆借和证券集中交易等活动的服务场所。

7月10日 中共天津市委、市人民政府决定，将天津市“五讲四美三热爱”活动委员会更名为天津市精神文明建设活动指导委员会。

7月28日 天津市外商投资企业协会成立。

8月4日 天津市编制委员会发出《关于撤销友谊路大礼堂基建办公室的批复》。

8月8日 中国国际航空公司天津分公司成立。该公司由原民航天津市管理局第23飞行大队、机务维修、货运、客运、售票处等业务和经营管理部门组成。

8月20日 根据天津市人民政府《关于科技兴农若干具体问题的意见》，市编委发出通知，各乡镇建立健全农业技术推广站，列为事业单位，每个乡镇农业技术推广站的事业编制在原有1名的基础上增至2名，经费渠道不变。

8月28日 天津北洋集装箱有限公司建成开业。该公司是开发区投资额最大的重工业生产企业，系天津远洋运输公司和香港惠航、友航、益丰、富达5家船务公司合资兴建，总投资1 250万美元。

同日 中美合营天津先进信息产品有限公司开业。该公司系本市中环计算机公司与美国IBM中国/香港公司合作经营。

8月29日 隶属天津市一轻局的柠檬酸厂全建制调整给南开大学新技术实业集团公司。这是天津市调整进入校办企业的第一家工业系统企业。

9月5日 一座具有中国特色的国内首家庄园式垃圾处置场在河北区建成并投入使用。

9月11日 天津市编制委员会下达通知，根据国家统计局、人事部、财政部《关于分配国家统计系统新增人员编制的通知》给郊区、县统计局；塘沽、大港区统计局及市内6个区统计办公室增加了行政编制。

9月18日 根据广播电影电视部《关于颁发〈乡镇广播电视站人员编制标准（试行）〉的通知》，天津市编制委员会给全市乡镇广播电视站增加了事业编制。

9月21日 华联商厦建成开业，营业面积1.4万平方米。

10月6日 中国管理科学研究院天津分院成立。该院是中国管理科学研究院的直属机构，具体任务是根据现代化建设需要，结合天津市的特点，开展软科学理论、方法和应用方面的研究工作。方放为该院院务委员会主任。

10月10日 天津中环三津有限公司开业。这是国内首家生产高分辨率单色管的企业，由本市中环集团公司、显像管厂、电子仪表联合进出口公司与香港长益投资公司合资组建。

10月22日 华人艺术宫基金会的办事机构设秘书处，基金会不定规格，市给其办事机构增拨了事业编制。

10月24日 根据国家审计署、劳动人事部、财政部《关于各级审计机关增加编制和调配干部的通知》，市编委给有关区、县审计局机关增拨了审计事业编制。

11月17日 天津市人民政府办公厅批转市地方志编委会《关于天津市地方志编修工作实施方案的报告》。

11月25日 天津档案馆新馆工程竣工通过验收。该工程建筑面积12 678平方米，主楼高5层，包括3个使用区，是国内最大的档案馆之一。馆址位于复康路南侧。

11月30日 根据人事部、林业部《关于颁发〈农村基层林业工作站人员细则标准（试行）〉的通知》，市编委同意给各乡镇林业工作站增加事业编制。

12月6日 天津市听力障碍康复中心，听力障碍专科医院开业。

12月20日 天津图书馆新馆落成。总建筑面积3万平方米，可藏书500万册，坐席3 000多个，每天接待读者近万人次。新馆位于复康路南侧。

是年 天津市政府下发通知恢复天津市农业区划委员会，要求各郊区、县人民政府要根据本通知精神，相应设立区县农业区划委员会，指导本地区农业资源调查和农业区划工作。

是年 天津市人民政府第41次常务会纪要指出，市六区、塘沽区、南郊区是否设专门侨办机构由区政府确定。区暂不需要设专门机构，仍维持现状的，可刻侨办图章，在一个办事机构挂侨办的牌子，以侨办名义对外。

是年 中共中央、国务院下发《关于制止乱收费、乱罚款和各种摊派的决定》指出，精简机构，压缩人员，努力减少各种收费，对收费为主要经费来源的单位，经过清理要撤并一批。对各类检查站（点）要减少数量，尽可能实行部门联合检查。目前各种学会、协会、研究会、基金会等社会团体和群众组织过多过滥，民政部门和有关部门要结合这次整顿重审核。对不符合社会需要、不具备基本活动条件的，应予以撤销。今后除特殊情况外，新增加的工作必须由原职能部门承担，不准另设机构，也不准以自行收费不要财政负担为由，搞编外机构和人员。

是年 天津市常住户籍人口866.25万人；全市国民生产总值300.3亿元；地方财政收入47.39亿元；工业总产值717.29亿元。

1991年

1月3日 天津市编制委员会同意市医药管理局建立综合统计处，与局计划处为一套机构、两块牌子。

1月11日 天津市编制委员会同意给天津市农业广播电视学校武清县分校核拨事业编制。

1月21日 天津市编制委员会同意建立宝坻县经济体制改革委员会，所需编制在该县现有行政编制总额内调剂解决。

同日 天津市编制委员会同意南郊区成人中等专业学校的规格定为副处级，自批准之月起执行。

1月29日 天津市编制委员会同意西郊区恢复区委农村工作部、建立区委研究室，同时，撤销区委政策研究室；区委农村工作部与区委研究室为一套机构、两块牌子。所需人员编制在该区现有行政编制内自行调剂解决。

同日 天津市编制委员会同意根据市民政局《关于同意西郊区杨柳青街道办事处的批复》给杨柳青街道办事处增拨行政编制。

2月9日 天津市编制委员会同意将天津市中小学校办工业公司更名为天津市教育局校办工业公司，为教育局所属事业单位，其规格定为县处级，为便于工作，加挂天津市教育局生产教育处的牌子。所需人员在市教育局系统内调剂解决，所需人员经费仍从局教育事业费中列支。

2月11日 天津市编制委员会同意市司法局的公证工作管理处与天津市公证处分设。公证工作管理处为局机关职能处室；天津市公证处为局直属单位，负责办理全市各项集体公证事务。所需编制自行调剂解决。

同日　天津市编制委员会同意建立共青团天津市委青少年权益保护部。

3月11日　天津市编制委员会同意建立河东区人民政府法制办公室。

同日　天津市文化市场管理处成立，同时撤销天津市舞会管理办公室，其管理舞会的任务纳入文化市场管理处。该处设在文化局，为局的职能处室，对外称“天津市文化市场管理处”，为一套机构、两块牌子。

3月13日　天津市编制委员会同意市委办公厅建立老干部处，所需人员从办公厅现有行政编制内调剂解决。

3月19日　天津市编制委员会根据市委常委会会议精神，同意各区、县设社会治安综合治理办事机构，与区、县政法委合署办公。各区、县研究确定机构设置，按程序报批。

3月21日　天津市编制委员会同意政协河东区委员会秘书处改设为办公室。

3月23日　天津市编制委员会根据国家财政部批复的精神，进一步缓解国库券兑付难的局面，为促进天津市国债发行任务的完成，同意建立天津市财政局国债服务部，为市财政局所属事业单位，不定规格级别。建立区、县财政局、开发区财政局国债券服务部，为各区、县财政局下属事业单位，所需经费从业务收入中解决，不足部分用国债推销经费弥补。

3月25日　天津市编制委员会《关于区县教育局校办工业公司规格问题的通知》指出：“最近，有些区编委请示区教育局校办工业公司规格问题。我们的意见是，各区县教育局校办工业公司的规格仍应为区县属局下科级。为了加强机构规格的管理，凡未经市编委审批，自行升格、变相升格的，应予纠正。”

4月2日 天津市编制委员会同意宝坻县第一职业中等专业学校的规格定为县属局级，宝坻县成人中等专业学校的规格定为县属副局级，从批准之月起执行。

同日 天津市编制委员会同意恢复和平区人民政府集体经济办公室，该办公室与区生产服务管理局为一套机构、两块牌子。

同日 天津市编制委员会同意市财贸管理干部学院建立政治系（处级），所需人员编制在你院现有编制中调剂解决。

4月2日 天津市编制委员会同意市劳改局所属的天津市拘役所同时使用天津市第四劳改支队的名称。

4月5日 天津市编制委员会同意给市政府驻上海办事处招待所核拨事业编制，所需人员经费自收自支。

4月6日 天津市编制委员会同意市工会管理干部学院撤销基础理论教研室，建立培训部。

4月8日 天津市编制委员会同意将天津市蓟县中、上元古界国家自然保护区管理所更名为天津市蓟县中、上元古界国家自然保护区管理处。更名后，单位的性质、机构规格、人员编制、经费来源均不变。

4月10—11日 天津市人民政府召开经济体制改革工作会议，讨论《天津市经济体制改革“八五”规划和十年设想》以及《1991年继续深化改革的意见》。强调要转变观念，解放思想，下大力气搞活大中型企业，加快改革步伐。

4月23日 天津市编制委员会同意武清县成人中等专业学校的机构规格定为县属局级，从批准之月起执行。

同日 天津市编制委员会同意东郊区政府建立食品工业办公室。区政府食品工业办公室与区政府办公室为一套机构、两块牌子。

4月25日 天津市编制委员会同意红桥区地方志编修委员会办公室为事业单位，核拨事业编制。

5 月 6 日　天津图书新馆竣工。该馆藏书 280 余万册，其中，线装图书 40 余万册，中外文图书 210 余万册，中外文报刊 20 余万册合订本，新中国成立前出版的图书 8 万册。

5 月 9 日　以天津碱厂、天津化工厂、大沽化工厂及渤海化工联合进出口公司为主体的企业集团——天津渤海化工集团公司在塘沽成立。

5 月 12 日　国务院批准建立天津港保税区。

5 月 13 日　天津市编制委员会同意在天津市质量管理协会现有事业编制内安排《中国经营报》天津记者站记者编制名额。

5 月 15 日　天津市编制委员会同意建立北郊区民族宗教事务委员会，所需人员编制由区自行调剂解决。

同日　天津市编制委员会同意建立南开区经济委员会，区集体经济办公室、生产服务管理局与区经委合署办公。所需人员编制，由区自行调剂解决。

5 月 17 日　天津市编制委员会根据国家税务局、人事部《关于给国家税务局河北等 14 个进出口税收管理处增加事业编制的通知》将中央下达的专项编制拨给国家税务局天津进出口税收管理处使用。

5 月 18 日　天津市编制委员会同意建立北郊区物资局，区物资总公司撤销。

5 月 20 日　天津市编制委员会同意给市电子仪表局职工俱乐部核拨事业编制，所需经费由工会经费列支。

6 月 18 日　天津市典当服务行业开业。

6 月 19 日　天津市编制委员会同意市水利局建立天津市引滦入港工程管理处，为局属处级事业单位，核定事业编制，所需人员经费从用水单位交纳的水费中列支。

6 月 20 日　天津市编制委员会为适应机构编制管理工作的需要，同意建立宁河县编委办公室，其规格级别为县属局级。

6月24日 天津市编制委员会经研究，同意根据天津市人民政府办公厅《关于恢复中共天津建党纪念馆的会议纪要》精神，给中共天津建党纪念馆核拨事业编制。

6月25日 天津市编制委员会根据市委、市人民政府《关于组建天津市国有资产管理局的通知》及市人民政府第四十七次常务会议纪要精神，为适应工作需要，同意给市国有资产管理局核拨行政编制。

7月2日 天津市编制委员会根据国家劳动部《关于颁发〈职业安全卫生检测检验站管理办法〉的通知》精神，同意建立天津市职业安全卫生检测检验中心，为局所属县处级事业单位；中心下设职业卫生检测站、起重机械安全检验站、电梯安全检验站、厂内机动车辆安全检验站，4个检测、检验站，其规格均为科级。所需人员经费，从物价部门批准的项目收费中开支。

同日 天津海关又批准本市开发区91家企业为保税工厂。截至目前，天津海关在本市共批准182家保税工厂、58个保税仓库。

7月9日 天津市编制委员会为适应机构编制管理工作的需要，同意建立河东区编制委员会办公室。

同日 天津市编制委员会同意将市农工商总公司设计室更名为天津市农牧工程设计所，为市农工商总公司直属自收自支事业单位。

7月13日 天津市公路管理局成立，该局隶属于天津市政工程局。

7月15日 天津市编制委员会同意市委外经外事工委增设干部处，为工委机关职能处室，所需编制从工委机关现有行政编制内自行调剂解决。

7月16日 天津市编制委员会同意将市第一法律顾问处和市第二法律顾问处分别更名为天津市第一律师事务所和天津市第二律师事务所，更名后，原单位性质、人员编制、机构规格、经费渠道及隶属关系等均不变。市第一、第二法律顾问处更名后，各区县法律顾问处可更名为某某区或县律师事务所。具体更名事宜请各区县编委办理。

7月19日 中共中央、国务院下达通知决定，各级党政群机关的机构、编制实行冻结，停止增设机构、提高规格、增加人员编制和领导职数；事业单位的机构、编制原则上实行冻结。在冻结的同时，要着手研究精兵简政的措施和方案。各种学会、协会、研究会、基金会等群众社团，国家一律不给行政或事业编制，不拨经费。

7月20日 天津市编制委员会同意市人事局建立天津市军队转业干部培训与接待中心。

同日 天津市编制委员会根据市委（五届）常委会第122次会议精神，同意建立河东区、河西区、汉沽区社会治安综合治理委员会办公室，与区委政法委合署办公。

同日 天津市编制委员会同意给河北、河东、河西、南开、红桥、塘沽、汉沽、大港、东郊、西郊、南郊、北郊、蓟县、宝坻、静海等区、县政府法制办公室增拨行政编制，用于承担行政复议工作。

7月29日 天津市编制委员会同意东郊区交通运输管理所改设为交通运输管理处。其行政领导关系、职责任务均不变，业务上仍受市交通主管部门领导。劳动工资计划归口市编委管理。

7月30日 天津市编制委员会同意红桥区政协建立办公室。

同日 天津市编制委员会同意为适应专利技术实施工作发展的需要，将天津市专利技术实施部更名为天津市专利技术服务中心，为市专利管理局下属事业单位。

本月 中共天津市委批准成立中共天津港保税区委员会。

8月2日 天津市编制委员会同意天津企业管理培训中心增设电教部和对外联络处两个职能机构，所需编制及处级领导职数均从该中心现有编制和领导职数中自行调剂解决。

8月7日 天津市编制委员会同意建立天津市资产评估管理中心，为市国有资产管理局下属事业单位，经费实行差额预算管理。该中心的主要职责是，具体负责市国有资产、集体所有制资产评估工作和评估机构的管理。劳动工资计划归口市编委管理。

8月24日 天津市编制委员会同意建立蓟县人民政府食品工业办公室，与县经济协作办公室为一套机构、两块牌子。

9月2日 天津市编制委员会同意天津国际工程咨询公司内部机构设5个部室。

9月6日 天津市编制委员会同意市津能投资公司内部机构设6个部室。

9月17日 天津市编制委员会同意将天津广播电视发射台更名为天津广播电视塔管理中心。

9月21日 中共天津市委、市人民政府决定，成立天津市纠正行业不正之风办公室。

10月1日 天津广播电视塔建成投入使用后，新增的29频道和36频道开播。至此天津电视台共播出6套节目，其中3套转播中央电视台节目，3套为自办节目。

10月7日 天津市编制委员会同意市房管局建立合作建房管理处，对外称天津市合作建房管理办公室，为市房管局下属县处级事业单位，主要职责是：负责合作建房的政策研究、组织推动、协调指导、建房合作社的资质审查等工作。所需编制由市房管局自行调剂解决，所需人员经费从按有关规定收取的管理费中列支。劳动工资计划归口管理渠道不变。

10月9日 天津市编制委员会同意建立河北区政府侨务办公室。

10月10日 天津市编制委员会同意河北区人民政府档案办公室更名为河北区档案局，其规格级别不变。

10月14日　交通银行天津分行开业。这是一家以公有制为主的股份制银行。交通银行解放前为大陆银行。

10月16日　天津市编制委员会同意天津市翠屏科学园管理处更名为天津市翠屏湖科学园，更名后，该单位的性质、隶属关系、机构规格、人员编制及经费来源等均不变。

10月30日　天津市人民政府同意，将天津市供销合作社联合更名为“天津市供销合作总社”。

11月21日　天津市编制委员会同意河西区建立天津风味食廊管理委员会，所需人员经费从按规定收取食廊内的企业管理费中列支，劳动工资计划归口市编委管理。

12月11日　天津市编制委员会同意天津市会计师事务所更名为天津会计师事务所，更名后，该单位的性质、规格级别、人员编制、经费来源及隶属关系等均不变。

12月16日　天津市编制委员会同意建立天津钢管公司东郊排水管理处，隶属东郊区政府领导，业务上接受天津钢管公司指导；劳动工资计划归口市编委管理。

12月27日　天津市编制委员会同意将环保局科研、监测等部门的科技情报人员集中起来，成立天津市环境保护科技情报中心，编制来源，从市环境保护科研所、市环境监测中心划转。劳动工资计划归口市编委管理。

是年　中共天津市纪律检查委员会开展了党纪条规教育。3月25—30日，对全市现职副局级以上党员干部进行了党纪条规考试，有1 569名副局级以上干部参加，占局级以上干部的98%。

是年　天津港保税区建立，设立天津港保税区的构想是从1986年探讨和研究天津港有无辟建自由港的可能性开始的。中央领导同志分别到保税仓库进行实际考察，认为保税仓库具有生命力，值得发展，值得研究。为此，天津市人民政府向国务院提出了建立保税区的报告，经国务院批准正式建立天津港保税区。

是年 天津市人民政府设立残疾人事业领导小组，1993年更名为天津市人民政府残疾人工作协调委员会。

1992年

1月1日 经国务院住房制度改革领导小组批准，《天津市城镇住房制度改革方案》开始实施。《方案》确定实行建立职工住房公积金制度、分步提租发帖、租房购买债券、鼓励员工买房、发展合作建房、建立住房基金等六项改革措施。

1月8日 天津市人民政府作出《关于进一步加强我市农业和农村工作的若干规定》，其中提出，本着精简机构、简政放权的原则，确定郊区、县有关部门在乡镇一级的机构设置及领导体制改革方案。

1月17日 天津市编制委员会为落实中共天津市委、市人民政府《关于建立天津市中医药研究院的通知》精神，同意市中医药研究院设7个职能处室。同意该院科研机构设：临床研究所、中药研究所、基础研究所、实验中心、情报图书中心。同意该院下设附属医院。核定该院事业编制，所需人员经费由卫生事业费列支。

1月22日 天津市编制委员会同意将武清县人民政府档案科改设为武清县档案局，与县档案馆为一套机构、两个牌子。

1月29日 天津市经济体制改革工作会议召开。会议确定1992年本市深化改革的中心任务是：紧紧抓住转变经营机制、搞活国营大中型企业这个重点，加快改革步伐，扩大对外开放。

2月13日 天津市编制委员会同意建立西郊区房地产管理局，由市核拨事业编制，人员工资福利待遇等按行政标准执行，所需人员经费从区现有房管事业费中解决，劳动工资计划归口市编委管理。

2月18日 天津市编制委员会同意将天津市兽医卫生检疫站更名为天津市动物检疫站，更名后其机构规格不变。

同日 天津市城市信用社联社成立。该社是经中国人民银行批准，天津市信用社入股组成的集体所有制金融机构。

2月19日 天津市编制委员会同意市文化局科技生产办公室更名为教育科技处，更名后，该处仍与天津市文化艺术品公司为一套机构、两块牌子。

2月20日 天津市编制委员会同意市市容委下属事业单位《城市管理》杂志编辑部更名为《城建监察》杂志编辑部。更名后，原单位性质、机构规格、编制、经费来源等均不变。

2月21日 天津市编制委员会根据《国务院办公厅转发审计署关于在部分城市增设审计特派员报告的通知》精神及审计署人事教育司《关于中企处编制归属问题的函》，同意撤销市审计局中央企事业审计处。原该处使用的专项行政编制并入市审计局机关行政编制总额中。原拨给塘沽区审计局使用的中央企事业审计专项行政编制由市里收回。

2月25日 为加强城市规划建设和行政区划管理，经国务院批准，天津市人民政府决定变更4个郊区名称。

3月4日 天津市编制委员会同意市检察院建立天津市检察官培训中心，该中心与该院政治部宣传教育处为一个处室两个名称，所需人员编制在该院现有人员编制内自行调剂解决。

3月12日 天津市编制委员会同意建立天津市第一轻工业局待业职工管理中心，为该局下属处级事业单位。该中心的主要任务是：对本局系统待业职工进行管理、培训和安置。给该中心暂核定事业编制，所需人员经费自收自支；人员来源，从该系统内调配解决；劳动工资计划归口管理渠道不变。

3月19日 天津市编制委员会同意建立天津市节能监测中心，与市节能技术服务中心实行一套机构、两块牌子，所需人员编制从市节能技术服务中心现有人员编制内调剂解决。

3月24日 天津市编制委员会同意市长芦盐务管理局财务供应处改设为财务处；原财务供应处负责的物资供应工作并入局运销处；运销处改设为供销处。

同日 天津市编制委员会同意建立中共天津市水利局委员会党校。该校为局直属事业单位，核定事业编制，所需人员编制在局系统内自行调剂，所需人员经费由局自行解决。劳动工资计划归口管理渠道不变。

3月27日 天津劝业商场改建工程全面展开。

3月31日 天津市编制委员会根据市委、市人民政府《关于天津市建筑设计院级别问题的通知》精神，批复了市建筑设计院内部机构设置及人员编制。

同日 天津经济技术开发区立达国际商场开业。

本月 天津市4个郊区分别更名。

4月4日 天津市编制委员会同意将天津市劳改警察学校更名为天津市劳改工作警官学校，更名后，原隶属关系、规格级别等不变。

4月8日 天津市编制委员会同意建立天津市税务局保税区分局，为县处级单位。该分局基本工作职责是：按照国家颁布的各项税收法规及税收管理权限规定，具体负责坐落在保税区的外商投资企业、外国企业、国内投资企业以及个人的一切税务事项的征收管理工作。所需编制在全市税务事业编制机动名额内解决。劳动工资计划归口市编委管理。

4月9日 天津市编制委员会同意成立天津市价格事务所，该所与市价格信息服务中心为一套机构、两块牌子，所需人员编制从市价格信息服务中心现有人员编制中调剂解决。

4月29日 天津市成立“狗不理包子饮食集团”。

5月1日 《天津日报》大厦正式开工建设，1995年8月28

日竣工并投放使用。

5月11日 天津市编制委员会同意市内6个区的房改机构名称改称为各区住房制度改革办公室，其他均不变。

5月23日 天津市编制委员会同意东丽、西青、津南、北辰4个区和5个县在规划土地管理办公室的基础上组建区、县规划土地管理局；同意汉沽、大港区规划土地管理处改设为区规划土地管理局。区、县规划土地管理局列入区县政府工作部门序列，规格分别为区县局级和县属局级，实行区县政府与市规划局、土地局双重领导以区县为主的体制，规划、土地管理业务接受市规划局、土地局的领导。各区、县应将原属规划土地管理办公室（规划土地管理处）的科室及人员编制一律划归规划土地管理局，市不增拨编制，人员编制渠道不变。关于各区县建立规划土地管理局，采取成熟一个审批一个的办法，由各区县政府研究确定后，按程序报市编委审批。

5月25日 天津市编制委员会同意建立河西区经济体制改革委员会，与区政府研究室为一套机构、两块牌子。

5月26日 中共天津市委、市人民政府决定，在东丽、西青、津南、北辰新4区和蓟县、宝坻、武清、宁河、静海5县以及塘沽、大港3个滨海区，各划出2平方千米地块建设经济开发小区，以此作为这些区县改革开放的试验性区域。

5月27日 天津市编制委员会根据市委、市人民政府《关于天津机电设备招标公司更名及级别问题的通知》精神，同意天津机电设备招标局内设6个处室。为便于工作，业务三处对外称天津市机电设备国际招标公司。

同日 天津市成立公共安全协会。对见义勇为者视情况一次性发给2 000 ~40 000元的慰问金。

5月28日 天津市编制委员会同意将市联合运输办公室确定为事业单位，规格为县处级，直属市交委领导。给市联合运输办公室核拨事业编制，所需人员经费自收自支，劳动工资计划归口市编委管理。市联合运输办公室的主要职责是，贯彻执行国家有关联运工作的方针、政策；制订天津市联运发展规划，推动联运网络化建设；负责天津市联运行业管理；组织港站货场联合办公室，并对之实行业务领导；组织推动旅客联运；组织国家联运、国内集装箱联运以及过境散杂货联运等。

6月13日 天津市编制委员会根据市委、市人民政府《关于天津市市政工程勘测设计院级别问题的通知》精神，同意天津市市政工程勘测设计院党政职能处室设12个处室，机构规格均为副处级。同意设天津市市政工程勘测设计院道路桥梁设计所、给水排水设计所、建筑设计所、电算所、规划设计研究所、市政工程勘测处、多种经营部，机构规格均为副处级。

6月17日 中共天津市委、市人民政府同意组建天津新技术产业园区管理委员会。在市人民政府领导下对新技术产业园区实施集中统一管理。园区管委会建立后，原设在市科委的园区办公室相应撤销。

6月20日 天津市编制委员会根据《天津市城市燃气管理条例》的精神，同意建立天津市燃气管理处，为公用局下属事业单位，规格为县处级。天津市燃气管理处为事业编制，所需人员经费自收自支，经费来源从按规定收取的费用中解决，劳动工资计划管理归口渠道不变。

6月25日 天津市编制委员会根据市委、市人民政府《关于组建天津新技术产业园区管理委员会的通知》精神，同意天津新技术产业园区管理委员会内部机构设办公室、规划发展处、企业管理处。

同日 天津市编制委员会同意在《今晚报》社内部增设《天津老年时报》编辑部，对外加挂《天津老年报社》的牌子，核定为事业编制，所需人员经费自收自支。

6月27日 天津市编制委员会同意成立天津市专利交易服务所，与市专利管理局下属的天津市专利技术服务中心为一套机构、两块牌子。

同日 天津市编制委员会同意在天津人民广播电台内部建立天津经济广播电台，同时撤销天津人民广播电台专题部和天津人民广播电台经济台的呼号。该电台建立后，仍为天津人民广播电台领导的处级机构，不另增编，所需人员在天津人民广播电台现有编制内调剂。

7月17日 天津市编制委员会同意成立天津市微型技术研究所，为县处级事业单位，核定为事业编制，所需人员经费自收自支。

7月18日 天津市编制委员会根据市人民政府办公厅《关于天津市体育中心规划选址问题的会议纪要》精神，同意成立天津市体育中心筹备处，列为市体委所属事业单位。主要任务是：在市体育中心建设工程领导小组和工程指挥部的领导下，具体负责整个建设工程的筹建工作。该筹备处核定为事业编制，所需人员来源，从市体委机关及市体委系统内调整，人员经费从建设单位管理费中列支。

7月28日 中国农业银行天津港保税区分行正式开业。

8月3日 天津市编制委员会同意建立天津市建设市场监察站，其主要职责是，依法负责天津市建设市场的日常检查工作。该站与建委下属的天津市外地施工队伍管理站为一套机构、两块牌子。

8月4日 天津市编制委员会同意建立天津市资产评估事务所，为市国有资产管理局下属县处级事业单位。该所的主要任务是：负责重大的资产评估业务的操作和组织较大的评估业务活动，负责评估业务的咨询服务；负责建立天津市资产评估资料信息库。该所核定为事业编制，所需人员经费自收自支。

8月15日 天津市编制委员会根据市人民政府《关于建立天津市治理工业污染基金问题的批复》精神，同意建立天津市治理工业污染基金管理办公室，为县处级事业单位。基金管理办公室的主要职责是：拟定基金年度安排总体方案；进行项目管理和技术、财务评估；负责基金的资金支付和回收等。基金管理办公室暂核定为事业编制。

8月17日 天津市编制委员会同意一商局使用在编委1992年调整一商局机关内部机构时余下的一个处室数额，恢复外经处，为局机关职能处室，所需人员编制在局现有行政编制内自行调剂解决。

同日 天津市编制委员会根据市人民政府《关于同意建立天津市教育招生考试中心的批复》精神，同意市教育招生考试中心设7个职能处室。给该中心核拨事业编制，劳动工资计划归口市编委管理。市招生委员会办公室（即中心的普通高等学校招生处）现使用的行政编制暂留在市教卫委。市招生分配接待办事处的机构和人员编制撤销，其工作并入市教育招生考试中心。原核定市高等教育自学考试指导委员会办公室的事业编制由市收回。

8月18日 天津首家资产转让中心在和平区成立。

8月26日 天津市编制委员会根据市政府常务会议精神，同意建立河西区人民政府侨务办公室。

同日 天津市编制委员会同意建立武清县规划土地管理局。原县规划土地管理办公室撤销，其人员编制一律划归县规划土地管理局，人员经费渠道不变。

同日 天津市编制委员会同意建立天津经济技术开发区产品质量监督检验所，该所与开发区技术监督局（科技局）下属的计量检定所为一套机构、两块牌子，所需人员编制从计量检定所现有人员编制中自行调剂解决。

8月28日 天津证券交易中心开业。

8 月 31 日　天津市编制委员会同意建立天津市东大粮油批发市场管理委员会，为副处级事业单位，核定事业编制，人员来源，原则上从机关分流中调剂。所需人员经费，从按规定收取的交易手续费中解决。

本月　中共天津市委、市人民政府召开科技工作会议，公布《关于依靠科技进步加快经济发展的若干意见》，提出从体制上解决科研生产一体化问题，加速科技成果向生产力转化。

9 月 8 日　天津市编制委员会同意《中国技术市场报》由原隶属市科协领导，划转为隶属市科委领导。该报社改变隶属关系后，原事业单位性质、规格及所使用的事业编制等均不变。

9 月 18 日　全国中医药对外教育基地——中国传统医药国际学院在天津成立。

9 月 22 日　经国务院有关部门批准天津港保税区区域面积在原基础上增扩 3. 8 平方千米（总面积达到 5. 1 平方千米）。

9 月 23 日　天津市编制委员会同意将天津市收容所更名为天津市社会福利院，更名后，该单位的性质、机构规格、人员编制、经费来源及隶属关系等均不变。

同日　天津市编制委员会同意河东区政府人事室更名为河东区人事局，其规格级别、人员编制不变。

10 月 6 日　天津市编制委员会同意天津市科技馆筹建办公室核定为事业编制，所需人员经费由基建费列支，劳动工资计划归口市编委管理。

10 月 7 日　经天津市人民政府同意，市财政局批准，1992 年至 1995 年市对区县实行分税制财政体制改革。总的原则是，调整收支结构，扩大固定收入范围，适当照顾部分区县支出基数。

10 月 15 日　天津市编制委员会同意市冶金局撤销大厂处、制品处。建立外经处、质量处。

10 月 22 日　天津市编制委员会根据市委、市人民政府《关于成立天津市社会保险公司和天津市人寿保险股份有限公司的通知》精神，同意撤销市劳动保险事业管理处及各区、县（含天津经济技术开发区）劳动保险事业管理所。原市、区、县社会劳动保险机构所使用的事业编制划归市社会保险公司、市人寿保险股份公司实行垂直管理。同意成立天津市社会保险公司、天津市人寿保险股份有限公司各区、县分支机构，称为天津市社会保险公司××区（县）分公司和天津市人寿保险股份有限公司××区（县）分公司，均实行一套机构、两块牌子。区、县分公司列为市公司所属事业单位。各区、县分公司机构规格暂不确定，今后随着工作任务的增加另行确定。

同日 天津市编制委员会同意塘沽、汉沽、大港区和原4个郊区交通运输管理处更名为区交通运输管理局，原职能、规格不变。各区交通运输管理处是否更名，经区政府研究后，报市编委审批。

10月23日 天津市举行首家国家级钢材交易市场——北洋钢铁大厦奠基典礼。

10月31日 天津市教育局批准建立天津市第一所私立学校建华中学。

本月 中国共产党第十四次全国代表大会召开，标志着中国社会主义改革开放和现代化建设事业进入新的发展阶段。

11月3日 天津市编制委员会同意将天津风味食廊管理委员会更改为天津风味食廊·儿童玩具大世界管理委员会。更名后其机构规格不变。

11月8日 天津市中药集团股份有限公司成立。

11月12日 天津市滨江商厦开业。

11月14日 天津市编制委员会根据市政府办公厅《关于新建居民小区行政管理有关问题的通知》同意河东区鲁山道街道办事处核定人员编制（其中包括：行政编制、街道外勤事业编制、计划生育事业编制）。

11月18日 天津市编制委员会同意将市环卫局计划基建处与财政处合并，建立计划财政处；建立对外经济处。

同日 天津市编制委员会同意在河西区界内设立津南区人民政府长青办事处，行使现长青农工商总公司的行政职能，协助河西区各有关街道办事处管理辖区内农户居民有关的社会行政事务。长青办事处的规格级别定为副处级，所需行政编制由津南区自行调剂解决。

11月24日 天津市编制委员会同意建立天津九三科技发展公司，为九三学社天津市委员会所属事业单位。公司下设建筑设计所、达因自动化仪器部、冷暖工程部。该公司核定为事业编制，所需人员经费自收自支。

11月27日 天津劝业场股份有限公司创立。

11月28日 天津市老年活动中心竣工开业。

11月30日 天津市劳务市场开业。

12月4日 天津市编制委员会同意天津市新闻出版管理局建立出版大楼管理处，为该局所属县处级事业单位，核定为事业编制，人员来源，原则上从机关分流人员中调剂。所需人员经费，从出版大楼内各单位上缴的管理费中列支。

12月8日 天津市编制委员会同意市房地产管理局所属天津市房产公司更名为天津市房产总公司。更名后，其单位性质、机构规格、人员编制、经费来源等均不变。

12月9日 天津市编制委员会同意撤销天津市业余政法学院，建立天津市社会治安综合治理宣传教育培训中心。所需编制使用天津市业余政法学院的事业编制。该中心由市社会治安综合治理委员会领导；人员编制、人员经费、干部及党的关系由市政法管理干部学院管理；中心的工作任务由市社会治安综合治理办公室管理。

12月11日 天津市编制委员会根据市政府关于《天津市实施〈中国残疾人事业“八五”计划纲要〉的工作方案》精神，同意建立天津市残疾人用品用具服务站。

12月12日 天津市乡镇企业协会成立。

12月13日 天津芭蕾舞团成立。

12月20日 天津市科技馆工程正式动工兴建。

12月26日 天津市编制委员会同意建立天津市优质农产品开发服务中心。该中心为市农林局所属事业单位，核定为事业编制，所需人员经费自收自支。劳动工资计划归口市编委管理。

是年 天津出版系统突破旧模式，打破条块分割，发挥群体优势和综合功能，组建集编、印、发、供、外贸为一体的天津出版贸易集团公司。

是年 国家财政部确定，天津市自1992年至1995年实行分税制改革试点。分税制财政体制以1989年为基数，将财政收入划分为中央与地方共享收入和地方固定收入。

1993年

1月5日 天津市编制委员会同意市高级人民法院设立执行庭，为院机关职能处室，所需人员编制在该院现有编制内自行调剂解决。

1月7—9日 天津市召开经济工作会议，以发展社会主义市场经济为主线，明确全市国民经济发展和社会各项事业的目标，提出新的要求。

1月5日 天津市编制委员会同意建立天津市工商行政管理咨询服务中心。该中心与市工商局下属事业单位天津市商标事务所为一套机构、两块牌子。

1月7日 天津市编制委员会同意建立天津市文化产业发展公

司，为市文化局所属事业单位，所需人员经费自收自支。人员来源原则上由市文化局机关分流。

1月11日 天津市编制委员会同意建立天津市公用局离休退休干部活动中心，为局所属事业单位，该中心核定为事业编制，所需人员经费自收自支。人员来源，原则上从局机关分流。劳动工资计划归口管理渠道不变。

1月13日 天津市编制委员会同意《天津民政》编辑部定为副处级事业单位，从批准之月起执行。

2月7日 中共天津市委、市人民政府批转市委办公厅、市政府办公厅等5部门《关于清理市级非常设机构的意见》。为了促进本市市级机关转变职能，下放权力，减少机构重叠、职能交叉，发挥常设机构的职能作用，《意见》提出撤销77个非常设机构，其中包括协调任务已经完成应宣布撤销的非常设机构26个。

2月13日 天津市编制委员会同意在各区、县招生办公室的基础上，将区、县各类教育招生考试工作统一调整为区（县）教育招生考试中心，为区、县教育局所属事业单位，所需编制在区县现有教育事业编制内调剂解决，不增加编制。各区、县调整招生考试机构，由各区、县政府研究后，按程序报市编委审批。

3月4日 天津市编制委员会根据国务院办公厅《关于在外留学人员有关问题的通知》精神，同意建立天津市留学人员服务中心，该中心与天津市教育综合服务中心为一套机构、两块牌子，市不另增拨编制。

3月7日 中共十四届二中全会通过《关于党政机构改革方案》。

3月24日 天津市编制委员会同意市体育运动委员会成立工会核定事业编制，所需人员经费由工会经费列支。

本月 中共天津市委、市人民政府根据中共中央、国务院的指示，决定市纪委、市监察局合署办公，实行一套工作机构、两个机关名称的体制，同时履行党的纪律检查和政府行政监察两种职能。

4月1日 天津市粮食流通体制实行重大改革。取消粮食凭本定量供应办法，粮票停止使用。

4月8日 天津市编制委员会同意河北区政府人事室加挂人事局的牌子，其职责任务不变。

4月10日 天津市编制委员会同意成立天津市墙体材料革新和建筑节能办公室，为县处级事业单位。该办公室核定为事业编制，所需人员经费自收自支。人员来源，原则上从局机关分流。劳动工资计划归口市编委管理。

4月24日 中共天津市顾问委员会召开第九次全体会议，拥护党的十四大关于省、市不再设立顾问委员会的决定，建议天津市委不再设立顾问委员会。

4月26日 天津市编制委员会下发《关于全市事业单位统一代码标识工作有关问题的通知》中指出：全市事业单位统一代码颁发工作，严格按《国务院批转国家技术监督局等部门关于建立企业、事业单位和社会团体统一代码标识制度报告的通知》和市政府办公厅转发市技术监督局拟订的《天津市企业事业单位和社会团体统一代码标识管理暂行办法》规定执行。事业单位统一代码颁发工作，由各级机构编制主管部门负责。根据市人民政府《批转市编委制订的天津市事业单位法人资格认定登记暂行办法》为保证统一代码的严肃性，事业单位统一代码的颁发赋码工作应在事业单位法人资格认定、登记工作的基础上进行。事业单位统一代码的颁发赋码机关是各级机构编制主管部门，其他部门无权颁发和赋码，不是各级机构编制主管部门赋予的统一代码无效。全市事业单位统一代码标识颁发赋码的具体问题，待市编委同市技术监督局商定后，另行通知。

4月28日 列为天津市人民政府改善城乡人民生活20件实事

之一的东郊污水处理厂，建成试运行。

5月6日 天津市人民政府批转市体改委拟订的《天津市1993年加快经济体制改革工作要点》改革的主要内容是：以落实企业自主权为重点，加快转换企业经营机制，增强企业活力；以发展要素市场为重点，加快市场体系培育，搞活大流通；以改革养老、待业、医疗保险为重点，加快转变政府经济管理职能等。

5月6—12日 中共天津市第六次代表大会召开，选举产生了中共天津市第六届委员会、纪律检查委员会，根据中央精神，大会同意从市第六次党代会起不再设立中共天津市顾问委员会。大会报告中提出，推进行政管理体制和机构改革，转变政府职能。

5月29日 天津市人民政府召开第四次转变职能座谈会。会议以下放权力，发挥区县作用，加快改革开放和经济发展为主题，围绕城市建设，特别是老城区改造，下放了详细规划、设计选定、对外招商、房屋拆迁等方面的审批管理权限。

5月31日 中共天津市纪律检查委员会、市监察局根据《中央、国务院批转中央纪委、监察部〈关于中央纪委、监察部机关合署办公和机构设置有关问题的请示〉的通知》精神，向市委、市政府提出了市纪委、监察局机关合署办公和机构设置的方案。

6月1日 天津市编制委员会根据全国科技情报工作会议精神，同意天津市中医药研究院内设的情报图书中心更名为中医药信息研究院。更名后其规格级别及隶属关系等均不变。

6月7日 天津市编制委员会同意建立天津市大、中专毕业生就业指导中心。该中心为事业单位，由市教育卫生委员会代管。该中心核定为事业编制，所需人员经费自收自支。人员来源，由市教育卫生委员会机关分流。劳动工资计划归口市编委管理。

同日 天津市编制委员会同意市环卫局成立建筑垃圾工程渣土管理处，该处与局环卫管理处为一套机构、两块牌子，该处对外加挂天津市建筑垃圾工程渣土管理处的牌子。所需人员编制，在局现有编制在中自行调剂解决。

6月10日 中共天津市委、市人民政府同意市纪委、监察局《关于中共天津市纪委、天津市监察局机关合署办公和机构设置有关问题的请示》，市纪委、市监察局合署办公。

同日 天津市编制委员会同意在天津电视台内部建立天津经济电视台，同时撤销天津电视台经济部。该台建立后，对内仍为天津电视台的一个机构，所需人员在天津电视台现有编制内调剂。

6月15日 天津市中医药研究院成立。

6月18日 天津市编制委员会同意建立河西区有线电视台，为自收自支事业单位，核拨事业编制。劳动工资计划归口市编委管理。

6月19日 天津市编制委员会同意建立天津市女子进修大学，为市妇联所属事业单位，主要任务是面向社会，为广大妇女群众进行多层次、多门类和多种形式的教育培训。市女子进修大学核定为事业编制，所需人员经费自收自支。根据精简的原则，由市收回市妇联培训部行政编制1名。

6月25日 天津市编制委员会同意天津市海岸带和海涂资源综合调查领导小组办公室更名为天津市海洋办公室，对内名称，由原市科委海岸带和海涂资源综合管理处更名为市科委海洋处。

7月2日 中共中央印发《关于党政机构改革的方案》和《关于党政机构改革方案的实施意见》。

7月3日 天津市编制委员会同意建立天津市医疗急救指挥中心，给该中心核定事业编制，由局系统事业编制调剂，所需人员经费从局现有的事业经费中列支。撤销天津市医疗急救站及天津市卫生通讯总台两个单位，其人员、设备并入天津市医疗急救指挥中心。

7月17日 天津市编制委员会同意天津企业管理培训中心增设对外经济贸易系，为中心内部教学机构，该系与中心对外联络处为一套机构、两块牌子，其领导职数及人员编制均由中心内部自行调剂解决。

7月26日 天津市编制委员会同意建立天津新技术产业园区人才交流服务中心，为园区管委会所属事业单位。

8月2日 天津市编制委员会同意建立天津市城市房屋拆迁管理办公室，为市房地产管理局所属事业单位。该办公室核定为事业编制，所需人员经费从按规定收取的拆迁管理费中列支。人员来源，原则上从市房地产管理局机关分流。

8月5日 中共天津市委、市人民政府关于充实加强天津市机构编制委员会的通知中指出，根据工作需要，市委、市人民政府决定，将天津市编制委员会调整充实为天津市机构编制委员会。

8月5日 根据中央纪委二次全会将纠正行业不正之风确立为反腐败斗争的三项任务之一。为领导全市纠正行业不正之风的需要，市委、市政府成立纠正不正之风领导小组。下设办公室，设在市纪委。

8月6日 天津市编制委员会同意将市水产局渔政渔港监督处的对外名称（中华人民共和国天津渔港监督）改为中华人民共和国天津渔港监督局。同意将塘沽、汉沽、大港3个区的东沽、北塘、大神堂、唐家河渔港监督站的对外名称分别为中华人民共和国东沽渔港监督、中华人民共和国北塘渔港监督、中华人民共和国大神堂渔港监督、中华人民共和国唐家河渔港监督。上述渔港监督机构对外名称改变后，其原来的机构体制、业务领导关系、机构规格、人员编制均不变。

8月30日 天津市机构编制委员会同意市统计局建立保卫处，该处与局人事处为一套机构、两块牌子。

本月 天津青年职业技术学院建立。

9月15日 天津市机构编制委员会同意天津市老年活动中心将活动部和服务部合并为活动服务部，另设立企业管理部。

9月28日 天津市机构编制委员会同意建立天津市税务局新

技术产业园区分局，为县处级事业单位。该分局暂定为事业编制，所需编制来源，从南开区税务所现有税务事业编制和全市税务事业编制机动名额内划拨。

10月12日 天津市机构编制委员会同意天津市和平区编制委员会办公室更名为天津市和平区机构编制委员会办公室。

10月15日 天津市机构编制委员会同意给天津市海河医院核拨事业编制，所需人员经费自收自支。劳动工资计划归口市编委管理。

同日 天津市机构编制委员会同意天津市结核病防治所更名为天津市结核病控制中心。更名后，其人员编制、经费来源、隶属关系等均不变。

10月28日 天津市机构编制委员会同意市政工程局所属地铁管理处加挂天津市地下铁道建设发展公司牌子，为一套机构、两块牌子。

10月29日 天津市机构编制委员会同意天津站地区管理办公室为县处级事业单位，自批准之月起执行。

本月 中共天津市委组织部下发《关于下放市委委托市委组织部审批的部分干部职务任免的通知》。下放部分干部管理权限，市委各部委办和市直机关正处级干部由干部所在单位任免。

本月 天津市经委、市体改委下发《关于我市工业企业深化改革，加快经营机制转换的意见》，核心是落实企业14项自主经营权。

11月3日 天津市机构编制委员会同意建立南开区有线电视台，为自收自支事业单位，核拨事业编制。劳动工资计划归口市编委管理。

11月26日 天津市机构编制委员会同意建立天津开益国际咨询研究中心，为事业单位，挂靠在市政协，核定为事业编制，所需经费自筹，劳动工资计划归口市编委管理。

12 月 3 日　天津市机构编制委员会同意建立天津市企业咨询服务中心，为企管协会所属事业单位，给该中心核拨事业编制，所需人员经费自收自支。劳动工资计划归口市编委管理。

12 月 12 日　天津市经委决定，在机械、医药、电子仪表、二轻、纺织、冶金等局属 34 家集体所有制企业进行放开生产经营权、投资决策权、劳动用工权、人事分配管理权试点。

12 月 18 日　天津市机构编制委员会根据国家海洋局《关于授予天津市海洋监察管理权的通知》和《关于同意成立天津市海洋监察大队的复函》精神，为履行海洋检查管理的职能，决定在国家海洋局塘沽海洋站的基础上成立天津市海洋监察大队。从 1994 年 1 月 1 日起实施对天津市海域的海洋监察管理。

12 月 18 日　天津港保税区海关开关。

12 月 20 日　天津市机构编制委员会同意天津市工农教育教学仪器设备公司更名为天津市第二教育局学校生产供应管理处。更名后，该处仍为局所属事业单位。

同日　天津市机构编制委员会同意建立天津市网球运动中心，为市体委所属事业单位，该中心核定为事业编制，所需经费和编制来源，在市体委系统内自行调剂解决。

本月　国务院作出关于金融体制改革的决定，确立了中国人民银行独立行使货币政策的中央银行的地位。

是年　天津市已经进行了 15 年的改革开放，先后实行了农村承包经营责任制，扩大了企业自主权，改革了流通体制，引进了一些外资，经济取得了较快的发展。

是年　中共十四届三中全会通过《关于建立社会主义市场经济体制若干问题的决定》。

是年　天津市纪检、监察机关合署办公后，纪检机关信访室和监察机关举报中心于合署后进行了调整，市纪律检查委员会信访室与市监察局信访处、市监察局维护廉政举报中心合署办公，保留了市纪律检查委员会和市监察局维护廉政举报中心两个名称，专职信访干部编制增加，受理范围扩大到涉及党风政风、党纪政纪的检举、控告和申诉，监督对象囊括了市委、市政府各部门及其工作人员，全市各区、县党政机关及其工作部门，市属企业、事业单位由国家行政机关任命的领导干部，一切机关、团体、企业事业单位中的党组织和全市党员。

是年 成立天津市医疗保险改革调研小组。

1994 年

1月1日 天津市公共交通公司更名天津市公共交通总公司。

同日 天津市交通广播电视台试播，每天播音9小时。

1月3日 天津市机构编制委员会同意天津市河西区编制委员会办公室更名为天津市河西区机构编制委员会办公室。

同日 天津市机构编制委员会同意天津影视文学创作中心的行政的隶属代管关系由市文化局转到市政协，为市政协挂靠的事业单位。其名称更名为天津影视文学中心。劳动工资计划归口市编委管理。

1月11日 天津市机构编制委员会根据中共天津市委、市人民政府《关于中国北方食糖批发市场规格级别的通知》精神，同意中国北方食糖批发市场（天津商品交易所）内部机构设6个部，核拨事业编制，人员经费自收自支。劳动工资计划归口市编委管理。

1月15日 天津市被国家体改委批准为全国综合配套改革试点城市。

1月22日 天津市机构编制委员会同意建立天津市人才考评中心，为市人事局所属事业单位，核定为事业编制，所需经费自筹，所需人员应首先从组织、人事部门现有人员中选调。

1月26日 天津市机构编制委员会同意建立天津有线电视台，为市广播电视局所属事业单位，下设6个部室。暂定为事业编制，所需人员原则上在市广播电视局系统内部调剂解决，人员经费自收自支。劳动工资计划归口管理渠道不变。

2月5日 天津市机构编制委员会同意《天津青少年报》社更名为天津青少年报刊总社。

2月17日 天津市机构编制委员会同意撤销第四招待所建制，建立天津市机关行政管理局培训中心，为事业单位，经费自筹，所需人员编制在局系统内调剂解决。该中心同时加挂中共天津市机关行政管理局委员会党校的牌子。

2月19日 天津市机构编制委员会同意建立中共南开区城市建设工作委员会，与南开区建委为一个机构、两块牌子，所需人员编制在区建委内自行调剂解决。

3月9日 天津市机构编制委员会同意天津市工人业余技术大学更名为天津市职工经济技术大学。

3月21日 天津市机构编制委员会同意有色金属工业公司所属的天津市有色金属工业公司技工学校核定为副处级事业单位，从批准之月起执行。

本月 天津市第十二届人代会第二次会议通过“用十年左右时间基本建成天津滨海新区”的决议（滨海新区包括天津经济开发区、天津港保税区、天津港、塘沽区、汉沽区、大港区及东丽区、津南区的部分地区，规划面积350平方千米）。

4月1日 天津市机构编制委员会同意建立天津市技术监督执法稽查大队，为局直属单位，核定为事业编制，编制分别从局机关事业编制、市计量技术研究所事业编制中划转和市增拨，所需人员来源，尽量从党政机关选调。人员工资福利待遇等按行政标准执行。劳动工资计划归口管理渠道不变。

4月25日 天津市机构编制委员会同意河东区委党校的规格

为处级。

4月26日 天津市机构编制委员会同意天津市建设工程招标管理站更名为天津市建设工程招标管理办公室。更名后，该事业单位性质、机构规格、人员编制、经费来源等均不变。

5月10日 天津市机构编制委员会根据市委、市人民政府《关于与国家科委联合组建北方技术交易市场及有关问题的通知》精神，同意北方技术交易市场内设机构设一室七部。该市场核定为事业编制。所需人员经费自收自支。劳动工资计划归口市编委管理。

5月11日 天津市机构编制委员会根据市人民政府第十八次常务会议纪要精神，同意给街道办事处计划生育办公室增加人员编制，所需编制和干部来源，从各区机关现有编制和干部中解决。

同日 中国平安保险公司天津分公司成立。

5月16日 天津市机构编制委员会同意天津市三毛艺术学校为市妇联下属事业单位，核拨事业编制。所需人员经费自收自支。劳动工资计划归口市编委管理。

5月16日 天津市机构编制委员会同意天津市科学技术进修学院内部机构设二室六处。该院教学机构设五个系。

5月30日 天津市机构编制委员会同意撤销天津市二轻局所属天津市二轻局锅炉压力容器设备检测中心，原该中心所使用的事业编制由市收回。

6月10日 经国家教委批准，天津医学院、天津第二医学院合并组建的天津医科大学成立。

6月17日 天津市机构编制委员会同意天津市河北区职工中等专业学校的规格定为处级，从批准之月起执行。

6月30日 天津市机构编制委员会根据市政府关于《天津市实施〈中国残疾人事业“八五”计划纲要〉的工作方案》（津政发［1992］70号）精神，同意成立天津市残疾人劳动服务中心，为市残联所属事业单位，给该中心核拨事业编制，经费第一年、第二年实行差额预算，所需人员经费，由市财政解决，从第三年开始实行自收自支。

本月 天津市人民调解员协会成立。

7月1日 天津市机构编制委员会同意天津经济技术开发区国际学校为副处级事业单位，该校暂核定为事业编制。所需人员经费由开发区财政自行解决。劳动工资计划归口市编委管理。

同日 天津市机构编制委员会同意建立天津市商委开发区办事处，为委所属事业单位，该处核定为事业编制，所需人员经费自筹解决。劳动工资计划归口市编委管理。

7月4日 天津市机构编制委员会根据市人民政府《关于将盘山游览区划归蓟县人民政府管理的批复》精神，同意撤销天津市盘山游览区管理处建制，建立天津市园林职工盘山疗养院，为市园林局所属事业单位，核定事业编制，所需人员经费自收自支。

7月12日 天津市机构编制委员会根据国务院批准的《工人考核条例》同意建立天津市职业技能鉴定指导中心，为事业单位。给该中心核拨事业编制，所需人员经费自收自支。人员来源，原则上从市劳动局机关分流。劳动工资计划归口市编委管理。

7月18日 天津市机构编制委员会同意成立天津经济技术开发区交通运输管理处，为事业单位，业务上受市交通主管部门领导。该处核定为事业编制，所需人员经费由开发区财政自行解决。劳动工资计划归口市编委管理。

同日 天津有线电视台试播，共播出18套节目。

本月 中共天津市委决定中共天津港保税区委员会改为中共天津港保税区工作委员会，由市委直接领导，组织部具体管理。

8月1日 组建天津市国家、地方两套税务机构。根据《国务院关于组建国家税务总局在各地的直属税务机构和地方税务局有关问题的通知》和《国务院办公厅转发国家税务总局关于组建在各地的直属税务机构和地方税务局实施意见的通知》要求，经市人民政府和国家税务总局研究同意，自1994年8月1日起，天津市税务局分设为天津市国家税务局和天津市地方税务局，各区县税务分局同时分设为区县国家税务局和区县地方税务分局。

8月9日 天津市人民政府发布《天津市户口管理暂行规定》。

8月15日 天津市机构编制委员会同意将天津市电子仪表工业建筑设计院更名为天津市电子工程设计院。更名后，其机构规格、人员编制、经费来源等均不变。

8月17日 天津市机构编制委员会同意中国北方人才市场内设9个部。中国北方人才市场核定为事业编制，所需人员原则上内部调剂解决，逐步配编。人员经费自收自支。劳动工资计划由市场统一对市编委。

本月 中央决定在天津修建平津战役纪念馆。1997年7月23日建成开馆。该馆占地面积4.7万平方米，建筑面积1.4万平方米。

本月 天津市土地估价委员会成立。

9月1日 天津市机构编制委员会同意调整民盟市委机关处室。

9月2日 天津市机构编制委员会同意建立天津商业发展中心和天津春季全国商品交易会办公室，为一套机构、两块牌子，挂靠在市商委，为事业单位。该中心（办公室）核定为事业编制，所需人员经费自收自支。劳动工资计划归口市编委管理。

9月8日 天津市政府颁布第28号令，公布《天津市引滦工程管理办法》。

9月9日 中共天津市委、市人民政府《关于天津产权交易中心规格级别问题的通知》同意天津产权交易中心为副局级事业单位，由市经济体制改革委员会管理，所需经费自收自支。其内部机构设置和人员编制由市编委另行核定。干部任免按干部管理权限审批。

9月10日 中国太平洋保险公司天津分公司成立。

9月13日 天津市机构编制委员会同意和平区、红桥区、汉沽区、大港区、西青区、东丽区、静海区建立建设工程招标管理办公室、建设工程合同管理办公室，实行一套机构、两块牌子。

9月19日 天津市机构编制委员会同意将天津市城乡规划设计院更名为天津市城市规划设计研究院。更名后，该单位性质、机构规格、人员编制、经费来源等均不变。

9月24日 天津市机构编制委员会同意建立天津市饲草饲料工作站（天津市草业技术服务中心），实行一套机构、两块牌子，为事业单位，所需人员经费自筹。人员来源，原则上从局机关分流。

9月28日 天津市机构编制委会同意天津市清算事务所由原市二轻局管理变更为由市经委管理。该所变更隶属关系后，原事业单位性质，规格及所使用的事业编制不变，其人员经费仍自收自支。

10月1日 天津科技馆开馆。该馆位于河西区隆昌路，占地面积4万平方米，建筑面积近2万平方米，迄今在国内规模最大、展品数量最多、设备最先进。

10月10日 天津市机构编制委员会同意天津市天津产权交易中心内部机构设4个部，核定为事业编制。所需人员经费自收自支。劳动工资计划归口市编委管理。

10月19日 天津市机构编制委员会同意津南区人民政府长青办事处的规格调整为处级。

10月24日 天津市机构编制委员会同意成立天津经济技术开发区管委会电话通信台，为开发区管委会下属事业单位，核定为事业编制，所需人员经费由开发区财政自行解决。劳动工资计划归口市编委管理。

同日 天津市机构编制委员会同意建立天津市总工会人才智力服务中心，为事业单位，核定为事业编制，所需人员经费自收自支。

11月3日 天津市机构编制委员会同意建立天津市二轻局园区管理办公室，为局所属事业单位，该办公室核定为事业编制，所需人员经费自收自支。人员来源，原则上从市二轻局机关分流。

11月8日 天津市机构编制委员会同意成立天津市长芦盐务管理局科技咨询开发中心，为事业单位。该中心核定为事业编制，所需人员经费自收自支。人员来源，原则上从该局机关分流。劳动工资计划归口市编委管理。

同日 天津市机构编制委员会同意各区县政协在原有办公室的基础上，增设一个专门委员会办公室，所需人员编制自行调剂解决。请各区、县编委按上述精神进行研究，需增设机构的，报市编委审批。

11月15日 天津体育中心土建工程告竣。该体育中心位于市区西南部，规划总占地105公顷，体育设施占地70公顷，体育娱乐设施占地35公顷。体育设施规划建6万人的大型体育场、自行车赛场、棒垒球场、游泳跳水馆、运动员村和天津体育馆。天津体育馆工程1992年9月28日动工，经过两年多的建设，基本完工，转入设备调试和试运转阶段。它是举办第四十三届世乒赛的主赛场，比赛的开、闭幕式将在这里举行。

11月17日 天津市机构编制委员会根据农业部关于全国水产养殖病害防治网络建设工作会议精神，为保障天津市水产养殖事业的稳步发展，加强水产养殖病害防治工作，经研究，同意建立天津市水产养殖病害防治中心，为事业单位，所需编制和人员，原则上从市水产研究所调剂。人员经费，由该局现有事业经费中解决。

11月18日 由天津市人民政府和国家粮食储备局共同组建，

天津市粮食局承办的中国天津粮油批发交易市场开业。

11月21日 天津市机构编制委员会同意天津市游泳跳水馆为市游泳运动中心下属事业单位，实行差额预算管理。

11月28日 天津市机构编制委员会同意建立蓟县绿色食品发展中心，为县属事业单位，核定为事业编制，所需人员经费编制和人员由县自行解决。

同日 天津市机构编制委员会同意建立天津实物转让调剂市场与天津市设备管理协会为一套机构、两块牌子，核定为事业编制，所需人员经费自收自支。

12月12日 天津市机构编制委员会同意建立天津市体育彩票发行中心，为市体委所属事业单位。该中心核定为事业编制10名，人员来源，由体委系统内调剂，所需人员经费自收自支。

12月12日 天津市机构编制委员会同意建立天津体育馆，其内部机构设1室4部，核定事业编制，占编人员全部实行新机制（全员劳动合同制），岗位不足之外可采取雇佣临时工方法解决。所需人员经费，第一年、第二年实行差额预算，从第三年开始实行自收自支。天津体育馆下属的体育宾馆的人员经费从开始即实行自收自支。

12月13日 天津市机构编制委员会同意将市环卫局机关环卫管理处与法制室合并，改设为法制监察处，主要承担法规建设和执法监督、管理两项职能。成立直属工作处，为局机关职能处室，所需人员编制，在机关现有行政编制中自行调剂解决。

12月19日 天津市机构编制委员会同意建立和平区对外经济贸易委员会，与和平区计划委员会实行一套机构、两块牌子。

同日 天津市机构编制委员会同意静海县政府人事室更名为静海县人事局。

12月23日 天津市机构编制委员会同意将天津市公安交通管理局所属交通设施工程队更名为交通设施工程管理处。更名后，其机构规格和职责任务不变。

12月26日 天津市机构编制委员会为落实利用世行贷款建立规划信息管理工程项目的需要，同意建立天津市城建综合信息管理办公室，该办公室同时加挂改进天津市城市基础设施计划和管理领导小组办公室的牌子，为事业单位，该办公室核定为事业编制，所需人员经费由项目费列支。人员来源，原则上从委机关分流。劳动工资计划归口市编委管理。

12月28日 天津市机构编制委员会同意天津市经济管理干部学院做如下调整：撤销基础部，其工作划归政治系。建立贸易经济系，为该院教学机构，所需人员编制在该院现有事业编制内自行调剂解决。

12月29日 天津市机构编制委员会同意撤销天津市档案装具服务部，连同事业编制同时撤销。

是年 天津市医疗保险改革调研小组根据国家《医疗保险改革试点意见》，在广泛调研的基础上，制定《天津市关于职工医疗制度改革的试点意见》，并经市政府常务会议通过。

是年 中共天津市委、市人民政府批准了《关于进行现代企业制度试点工作的意见》。

1995年

1月3日 天津市机构编制委员会同意给南开产权交易事务所核拨事业编制，所需人员经费自收自支。

1月6日 天津市机构编制委员会同意天津科学技术馆为处级事业单位，核拨事业编制，规定了干部、工人比例和计划用工控制指标。所需经费实行差额预算。

1月10日 天津市机构编制委员会同意建立宝坻县经济开发小区管理委员会，其规格级别为县属局级，核拨事业编制，所需人员经费由县自行解决。

1月18日 天津市十二届人大常委会举行第十三次会议，审议通过《天津市城市道路管理条例》、《天津市建筑市场管理条例》、《天津市实施〈中华人民共和国水土保持法〉办法》。

1月19—20日 天津市人民政府召开经济管理体制改革工作会议。强调积极推进配套改革，巩固和完善宏观管理体制改革的各项措施，加快建立社会主义市场经济体制。

1月24日 天津市机构编制委员会同意成立天津市建设设计院，实行企业化管理，主要承担建筑工程设计、咨询等业务。给该院核拨事业编制。所需人员经费自收自支，劳动工资计划归口市编委管理。

1月25日 天津市人民政府颁布第33号令，公布《天津市实施〈城市供水条例〉办法》。颁布第34号令，公布《天津市实施劳动合同制度规定》。

2月6日 经国家科委批准，塘沽海洋高新技术开发区正式纳入天津新技术产业园的区域范围，成为园区的重要组成部分。

2月12日 天津市人民政府颁布第35号令，公布《天津市实施〈中华人民共和国企业劳动争议处理条例〉办法》。

2月14日 天津市人民政府颁布第36号令，公布《天津市实施〈取水许可制度实施办法〉细则》。

2月15日 天津市十二届人大常委会举行第十四次会议，审议通过《天津市实施〈中华人民共和国义务教育法〉办法》和《天津市外商投资企业清算条例》。

2月16日 天津市机构编制委员会同意天津市安居工程办公室加挂天津安居建设发展总公司的牌子，为事业单位，实行企业化管理。核拨事业编制。所需人员经费从收益中列支，劳动工资计划归口市编委管理。

2月21日 天津市机构编制委员会同意建立武清县建设工程

合同管理办公室，与武清县建设工程招标管理办公室为一套机构、两块牌子，核拨事业编制，所需人员经费自收自支。

2月23日　天津市机构编制委员会同意建立大众投资指南杂志社，为市新闻出版管理局所属处级自收自支事业单位，核定为事业编制，所需人员原则上从市新闻出版管理局机关分流。劳动工资计划归口市编委管理。

同日　天津市机构编制委员会同意建立天津市报刊信息咨询服务中心，为市新闻出版管理局所属副处级自收自支事业单位，该中心核定为事业编制，所需人员从市新闻出版管理局机关分流。劳动工资计划归口市编委管理。

2月24日　天津市机构编制委员会同意建立中国北方人才市场驻塘沽办事处，该办事处不定机构规格，所需人员从中国北方人才市场内选派。

2月28日　天津市机构编制委员会同意市经济建设投资公司内部机构设9个处室。

3月10日　天津市机构编制委员会同意天津市区县社会福利生产办公室机构规格为处级，自批准之日起执行。

3月13日　天津市机构编制委员会同意宁河县政协在原有的办公室的基础上，增设专门委员会办公室，其规格级别为县属局级，所需人员编制自行调剂解决。

3月15日　天津市机构编制委员会同意天津市军用饮食供应站（天津市新老兵运输接待站）机构规格为处级，自批准之日起执行。

3月29日　天津市机构编制委员会同意给市老龄问题委员会办事机构增加事业编制，专项用于市老年基金会工作，所需人员经费自收自支。

3月30日　天津市机构编制委员会同意建立天津市工商行政管理局经济信息中心，为处级事业单位。该中心核定为事业编制。

所需人员经费不由财政增拨，在该局现有事业费中调剂，不足部分从该中心收入中解决。

4月3日 天津市机构编制委员会同意建立天津市出版物质量检测中心，为市新闻出版管理局所属处级事业单位，核定事业编制，所需经费从收取的检测费中开支，人员来源，从局系统内调剂解决。劳动工资计划归口市编委管理。

4月11日 天津市机构编制委员会同意天津青年职业技术学院加挂天津市团校的牌子。

4月17日 天津市机构编制委员会同意中国北方人才市场培训部加挂天津市机关、事业单位工人技术等级岗位培训考核指导中心的牌子。不另增拨编制，不拨经费。

4月18日 中国农业发展银行天津市分行成立。

4月19日 天津市机构编制委员会根据市政府发布的《天津市实施〈城市供水条例〉办法》的精神，为加强天津市供水行业的统一管理和城市供水管理工作，同意建立天津市供水管理处，为事业单位，核定事业编制。所需人员经费从按规定收取的费用中列支。撤销市公用局职能处室供水管理处。

同日 天津市机构编制委员会同意天津华锦会计师事务所成建制并入天津会计师事务所。

4月25日 中共中央、国务院、中央军委决定，在天津修建平津战役纪念馆。

4月26日 天津市人民政府颁布第40号令，公布《天津市城镇街道综合整修管理规定》。

5月3日 天津市人民政府颁布第43号令，公布《天津市夜景灯光设置管理办法》。

5月6日 天津市人民政府颁布第42号令，公布《天津市实施〈城市绿化条例〉办法》。

5月9日 天津市机构编制委员会同意建立天津市退休职工管

理服务中心，为市总工会所属处级事业单位，核定事业编制，所需经费由市社会保险公司拨付的专款中列支，人员来源，原则上从市总工会机关和其他市级机关分流人员中解决，不要从社会招录人员，也不要从企事业单位选调人员。劳动工资计划归口市编委管理。

5月10日 天津市机构编制委员会同意天津新技术产业园区管理委员会内部机构设置为：党组办公室、办公室、政策法规处、企业管理处、外经外事处、开发建设处、劳动人事局、财政局，其规格均为处级，所需人员编制在园区委员会编制内自行调剂解决。

5月24日 天津市十二届人大常委会举行第十六次会议，审议通过《天津新技术产业园区管理条例》。

5月31日 天津市机构编制委员会同意建立天津冶金工程质量监督站，为局所属事业单位。该站核拨事业编制。所需人员经费在该站收取的质量监督费中列支。人员来源，原则上从局机关分流。

6月1日 天津市教育局首次命名35所小学、8所特教学校为义务教育示范校。

同日 天津市高、中级人民法院分别设置知识产权审判庭，专门负责审判专利、商标、著作权、技术合同和反不正当竞争等知识产权纠纷案件。

6月21日 天津市机构编制委员会根据市人民政府《关于成立天津土地交易中心的批复》精神，同意天津土地交易中心内部机构设1办6部。给该中心核拨事业编制。所需人员经费自收自支，劳动工资计划归口市编委管理。

同日 天津市机构编制委员会同意建立天津经济技术开发区泰达幼儿园，为开发区文教卫生局下属事业单位，建园初期为差额补贴单位，逐步过渡到自收自支。

同日　天津市机构编制委员会同意中国天津SOS儿童村为局下属处级事业单位，核定事业编制，所需人员经费仍由国际SOS儿童村组织提供。

7月12日　天津市人民政府公布《天津市地热资源管理规定》。

7月13日　天津市人民政府公布《天津市按比例安排残疾人就业办法》。

7月24日　天津市人民政府公布《天津市建设项目环境半壶管理办法》。

8月8日　南开医院被国家评为三甲中西医结合医院。这是天津市唯一的三级甲等中西医结合医院。

8月15日　天津市机构编制委员会同意给河东区城市房管拆迁管理办公室核拨事业编制，所需人员经费自收自支。

同日　天津市五区县自收自支事业单位工作人员养老保险制度试点工作会议召开，市政府推出《天津市自收自支事业单位工作人员养老保险制度改革试点方案》及其实施办法等一系列有关规定。

8月16日　天津市机构编制委员会根据市委《关于成立黄埔军校天津同学会的批复》同意黄埔军校天津同学会内部机构设秘书处、联络处。

8月28日　《天津日报》大厦竣工投入使用。

9月1日　天津市人民政府颁布《天津市实施〈城市房屋拆迁管理条例〉细则》。

9月6日　中共中央颁布《中国共产党党校工作暂行条例》对新形势下党校的性质、地位、教育方针、基本任务和培养目标作出了明确规定，对党校各方面工作进一步进行了规范。

9月12日　天津滨海新区总体规划编制完成。规划提出，滨海新区最终向以港口为中心的国际自由贸易区发展。

9月19日 中共天津市委、市人民政府决定，撤销天津市教育卫生委员会、高等教育局、第二教育局，组建天津市教育委员会。天津市教育委员会综合管理全市各类教育。高等教育以市教委管理为主，有关部门为辅；中等职业教育、成人教育由市教委决策。市教育局在市教委领导下负责具体管理基础教育。是教委是市政府主管全市教育事业的职能部门，设20个职能处室。天津市教育招生考试中心定为副局级事业单位。

9月25日 中共天津市委、天津市人民政府发出《关于印发〈天津市爱国卫生运动委员会办公室职能配置、内设机构和人员编制方案〉的通知》中指出：天津市爱国卫生运动委员会办公室挂靠在市卫生局，规格为副局级，党的工作有市教委教育卫生工作委员会管理。市爱卫会办公室设两个处，规格为正处级。市爱卫会办公室经费管理渠道不变。市爱卫会办公室原下属的事业单位：犬类管理站加挂卫生除害管理站的牌子，规格为正处级，原事业编制不变；改水除四害技术指导站撤销。

10月9日 天津市机构编制委员会《关于中共天津市委、天津市人民政府关于调整市和区县残疾人联合会规格及管理体制的通知》中指出：市委、市人民政府同意天津市残疾人联合会的规格调整为局级，区、县残疾人联合会的规格调整为处级和县属局级。天津市残疾人联合会的管理体制由市民政局代管调整为由市政府直接领导。

10月16日 天津市机构编制委员会根据市委《关于设立天津市第一、第二中级人民法院及天津经济技术开发区人民法院的通知》精神，同意第一中级人民法院审判业务机构设10厅1室；综合部门设7个处室（队）。同意第二中级人民法院审判业务机构设12厅1室；综合部门设7个处室（队）。

10月22日 天津市机构编制委员会同意给天津经济技术开发区科学技术协会核拨事业编制，所需人员经费由开发区财政自行调剂解决。

10 月 23 日　天津市机构编制委员会根据国家体委的通知精神，同意将天津市体育彩票发行中心更名为天津市体育彩票管理中心。更名后，其隶属关系、单位性质、机构规格等均不变。

本月　经中央批准，中共天津市委、市人民政府决定建立周恩来邓颖超纪念馆。1998 年 2 月 28 日建成并开馆。该馆占地 6 公顷，建筑面积 7 150 平方米。

本月　成立天津市科技领导小组。

11 月 14 日　中共天津市委发出《关于印发〈中共天津市委教育卫生工作委员会职能配置、内设机构和人员编制方案〉的通知》。同意保留中共天津市委教育卫生工作委员会，同天津市教育委员会实行合署办公。市委教卫工委设 8 个处（室）。

11 月 14 日　中共天津市委、市人民政府发出《关于印发〈天津市教育局职能配置、内设机构和人员编制方案〉的通知》。同意市教育局设 19 个职能处（室）。

11 月 22 日　天津市机构编制委员会同意天津市黄金开发办公室核拨事业编制。新增编制的人员经费由冶金部黄金管理局核拨；新增人员在机关分流人员中解决。

12 月 6 日　天津市机构编制委员会同意将天津市劳改工作警官学校更名为天津市司法警官学校，更名后，其隶属关系、机构规格、人员编制等均不变。

同日　中共天津市委、市人民政府发出《关于印发〈天津市卫生局职能配置、内设机构和人员编制方案〉的通知》。同意市爱国卫生运动委员会办公室挂靠在市卫生局。

12 月 11 日　中共天津市委、市人民政府发出《关于印发〈天津市计划生育委员会职能配置、内设机构和人员编制方案〉的通知》。根据中共中央、国务院批准的《天津市党政机构改革方案》和市委、市政府审定的《天津市市级党政机构改革实施方案》，制定天津市计划生育委员会职能配置、内设机构和人员编制方案。市计生委设7个职能处室。

12月15日 中共天津市委、市人民政府发出《关于印发〈天津市体育运动委员会职能配置、内设机构和人员编制方案〉的通知》。

同日 天津张贵庄机场更名为天津滨海国际机场。

12月16日 天津市人民政府批转《天津市国家公务员制度实施方案》、《天津市国家公务员制度实施范围》、《天津市国家公务员非领导职务设置办法》、《天津市国家行政机关工作人员向国家公务员过渡的实施办法》。

12月22日 中共天津市委、市人民政府召开天津市推行国家公务员制度工作会议，对全面实施公务员制度和参照公务员法管理工作进行部署。

12月25日 中共天津市委、市人民政府发出《关于印发〈天津市劳动局职能配置、内设机构和人员编制方案〉的通知》。根据中共中央、国务院批准的《天津市党政机构改革方案》和市委、市政府审定的《天津市市级党政机构改革实施方案》，保留天津市劳动局。市劳动局设19个职能处（室）。

12月28日 经中共天津市委、市人民政府批准，撤销天津市机械局、天津市电子仪表局、天津市纺织局、天津市建材局等8个工业局，分别成立天津市机电工业总公司、天津市电子仪表工业总公司、天津市一轻工业总公司、天津市医药工业总公司、天津市化学工业总公司、天津市冶金工业总公司、天津市纺织工业总公司、天津市建材集团总公司，授予这些总公司国有资产经营职能。同时天钢集团有限公司、天铁冶金集团有限公司宣告成立。

本月 中共天津市委批转市委组织部《关于天津市中国共产党机关参照执行〈国家公务员暂行条例〉的实施办法》，市政府批转市人事局《天津市国家公务员制度实施方案》，全面推行公务员制度。

本月 中共天津市委党史资料征集委员会改为中共天津市委党史研究室，负责组织协调全省党史研究、征集整理编纂地方党史资料、进行党史宣传教育。

是年 天津市按照党中央、国务院的统一部署，全面展开了国家公务员制度的推行工作。成立了天津市推行国家公务员制度领导小组。

是年 中共天津市委、市人民政府召开科学技术大会，明确提出在天津市实施“科教兴市”战略，实现科技与经济的有机结合。

是年 天津市政府对市属科研院所进行统一考评，评选出13个一级所。当年，市属科研机构已全部推行全员聘任制。

是年 市委保密委员会讨论通过了《市委保密委员会职责及议事规则》。随着计算机互联网的发展，网络保密问题摆上日程。

是年 市委组织部和市委教卫工委制定下发《关于加强天津市高等学校领导班子建设的实施意见》，对坚持和完善党委领导下的校长负责制提出具体要求，建立了高校领导班子建设责任制，推动了高校领导体制建设。天津所有高校实行党委领导下的校长负责制。

是年 天津市中心六区完成与市有线电视联网。

是年 天津市经审查批准的市级社团839个、区和县级社团1 988个。

1996年

1月1日 位于天津市红桥区的平津战役纪念馆开工建设。

1月6日 和平区岳阳道小学被全国中小学整体改革专业委员会确定为全国中小学教育整体改革实验基地。

1月8日　中共天津市委印发《中共天津市委工业工作委员会职能配置、内设机构和人员编制方案》。保留中共天津市委工业工作委员会，同天津市经济委员会实行合署办公。市委工业工委设8个处（室）及纪检组。

1月10日　天津市十二届人大常委会举行第二十一次会议，审议通过《天津市城镇企业职工养老保险条例》、《天津市劳动保护条例》、《天津市基本菜田保护管理条例》、《天津市家畜家禽检疫条例》、《天津市职业病防治条例》，自公布之日起施行。

1月12日　天津市机构编制委员会同意建立天津市工业废物交换中心，该中心与天津市环境保护科学研究所为一套机构、两块牌子。

1月18日　中共天津市委、市人民政府印发《天津市对外经济贸易委员会职能配置、内设机构和人员编制方案》。保留天津市对外经济委员会。市外经贸委设15个职能处室。

1月25日　天津市机构编制委员会同意建立天津新技术产业园区规划土地管理处，与南开区规划土地管理处为一套机构、两块牌子，不增加编制。

1月26日　中共天津市委、市人民政府印发《天津市人民政府外事办公室职能配置、内设机构和人员编制方案》、《天津市乡镇企业管理局职能配置、内设机构和人员编制方案》、《天津市水利局（天津市引滦工程管理局）职能配置、内设机构和人员编制方案》、《天津市水产局职能配置、内设机构和人员编制方案》、《天津市畜牧局职能配置、内设机构和人员编制方案》、《天津市农业机械局职能配置、内设机构和人员编制方案》。

2月6日　天津市机构编制委员会同意撤销市爱卫会办公室下属犬类管理站的牌子，保留该办下属事业单位卫生除害管理站。

2月7日　天津市人民政府颁布第61号令，公布《天津市批发市场管理办法》；颁布第62号令，公布《天津市商业管理规定》。

2月9日 中国科学院学部联合办公室天津联络处在南开大学成立。

2月14日 中共天津市委印发《中共天津市委政法委员会职能配置、内设机构和人员编制方案》、中共天津市委、天津市人民政府印发《天津市计划委员会职能配置、内设机构和人员编制方案》，天津市石油化工化纤规划办公室挂靠在市计委。市计委机关行政编制含市石油化工化纤规划办公室的编制。

2月16日 中共天津市委、市人民政府印发《天津市人民政府人民防空办公室职能配置、内设机构和人员编制方案》。保留天津市人民政府人民防空办公室。天津市人民政府、天津警备区交通战备小组办公室与天津市人民政府人民防空办公室为一套机构、两块牌子。

2月26日 中共天津市委、市人民政府印发《天津市司法局职能配置、内设机构和人员编制方案》。保留天津市司法局。市司法局设14个职能处（室）和政治部。

3月25日 天津市机构编制委员会同意建立天津市乡村公路管理总站，为市农委直属处级事业单位，该站核定为事业编制，所需人员经费自收自支。人员来源，原则上从机关分流人员中解决。劳动工资计划归口市编委管理。

3月28日 经中共天津市委、市人民政府批准，天津市第一商业局、天津市第二商业局成建制改组为天津益商集团总公司、天津二商集团有限公司，退出政府序列。

同日 天津市机构编制委员同意建立天津教育报刊社，为市教委所属处级事业单位，核定为事业编制，所需人员经费自收自支，人员来源，原则上从机关分流。劳动工资计划归口市编委管理。

本月 为适应天津市改革开放和经济发展的需要，市委组织部报经市委研究决定，下发《关于进一步下放干部管理权限的通知》，适当下放部分干部管理权限，将市委直接管理的部分企事业单位领导干部，下放给市委有关部委代市委管理。

4 月 17 日　天津市机构编制委员会同意鉴于红桥区房管局是1983 年市政府明确实行政、事、企分设的试点单位，现同意将红桥区房管局确定为行政机关。

4 月 30 日　中共天津市委、市人民政府印发《天津市市政工程局职能配置、内设机构和人员编制方案》、《天津市公用局职能配置、内设机构和人员编制方案》、《天津市农林局职能配置、内设机构和人员编制方案》。中共天津市委印发《中共天津市委科学技术工作委员会职能配置、内设机构和人员编制方案》，中共天津市委科学技术工作委员会同天津市委科学技术委员会实行合署办公。市委科技工委设 5 个职能处室及纪检组。

5 月 2 日　全国首家代谢病医院天津医科大学代谢病医院成立。

5 月 10 日　中共天津市委、市人民政府印发《天津市广播电视局职能配置、内设机构和人员编制方案》、《天津市新闻出版管理局（天津市版权局）职能配置、内设机构和人员编制方案》。

5 月 21 日　天津市机构编制委员会同意建立天津市人防工程建设管理站，为事业单位，该站核定为事业编制，其编制来源，从市人防平战结合管理站现有事业编制中划拨。所需人员经费自收自支，其业务工作受市人防办工程技术处领导。

5 月 27 日　中共天津市委、市人民政府同意印发《关于〈天津市第二轻工业局改组为天津市二轻工业总公司的方案〉的通知》。天津市第二轻工业局改组为天津市二轻工业总公司。总公司机构设置暂定为 9 部 1 室。总公司设董事会、总经理，其成员按《公司法》及总公司《章程》产生。董事长为总公司法定代表人。

5 月 28 日　天津市机构编制委员会同意撤销原天津市第一商

业局经济研究所及使用的事业编制。该所撤销后，原承担的任务和职责由益商集团总公司的有关处室负责，不增加总公司人员编制。

6月1日 中共天津市委、市人民政府印发《天津市园林管理局职能配置、内设机构和人员编制方案》市园林局机关设14个职能处（室）。

6月9日 天津市海洋局成立。

6月12日 中共天津市委印发《中共天津市委宣传部职能配置、内设机构和人员编制方案》。中共天津市委宣传部职能配置、内设机构和人员编制。市委宣传部设12个处（室）。中共天津市委对外宣传小组办公室、天津市人民政府新闻办公室为一个机构、两块牌子，是市委对外宣传小组的办事机构，又是市政府负责对外宣传的机构，主管全市对外宣传工作，由市委宣传部管理。市委对外宣传小组办公室设3个职能处。

6月17日 天津市机构编制委员会同意天津乐团更名为天津交响乐团。更名后机构规格与编制不变。

6月24日 天津市机构编制委员会同意将天津市服装工业公司技工学校更名为天津市服装技术学校。更名后，原学校性质、隶属关系、机构规格均不变。

同日 天津市机构编制委员会同意撤销天津市医药信息所的机构和编制。

6月27日 天津市机构编制委员会同意建立天津古海岸与湿地国家级保护区管理处，该处隶属市海洋局行政主管，接受国家海洋局的业务指导，为事业单位，核定为事业编制。

7月1日 天津市医药管理局改组为天津市医药总公司。新组建的医药总公司是具有企业法人资格的国有独资性质的大型控股公司。

7月4日 天津市机构编制委员会同意将天津市纺织工业设计

院更名为天津市纺织建筑设计院。更名后，原隶属关系、规格级别均不变。

同日 天津市机构编制委员会同意给天津新技术产业园区花苑产业园区建设工程质量监督管理站，核拨事业编制，所需人员经费自收自支。该站业务上接受天津市建设工程质量监督管理总站的指导，具体负责华苑产业园区内建设工程的质量监督任务。

7月9日 天津市机构编制委员会同意建立天津市足球运动管理中心，为市体委下属处级事业单位，该中心核定为事业编制，所需人员编制在市体委系统内调剂解决，所需人员经费在现有的体育事业费中解决。

7月10日 天津市机构编制委员会同意建立天津市控制地面沉降工作办公室，为事业单位。该办公室核定为事业编制。

7月10日 天津市机构编制委员会同意在天津市化学公司技工学校加挂天津市化学公司职工中等专业学校的牌子，两校为一套机构、两块牌子。

7月17日 天津市机构编制委员会同意天津市中山涉外金融职业中等专业学校规格定为处级，从批准之日起执行。

7月18日 天津市机构编制委员会同意将天津市化工局干部中等专业学校更名天津市化工干部中等专业学校。更名后，仍与总公司党校为一套机构、两块牌子，其学校性质、隶属关系、机构规格均不变。

同日 天津市机构编制委员会同意天津市护士职业中等专业学校更名为天津市卫生职业中等专业学校，仍与天津市红星中学一套机构、两块牌子，机构规格、人员编制、经费来源均不变。

8月16日 天津市机构编制委员会同意建立开发区经济发展局，与开发区工商行政管理局合署办公。撤销开发区企业管理局和项目审批处的牌子。

8月19日 天津市机构编制委员会同意建立天津经济技术开

发区逸仙科学工业园管理局，为开发区管委会下属行政单位。

同日 天津市机构编制委员会同意天津仲裁委员办公室内设的综合部、业务一部、业务二部、业务三部。

8月23日 中共天津市委印发《中共天津市委商业工作委员会职能配置、内设机构和人员编制方案》。保留中共天津市委商业工作委员会，同天津市委商业委员会实行合署办公。市委商业工委设7个职能处（室）及纪检组。

8月27日 中共天津市委、市人民政府印发《关于〈天津市房地产管理局职能配置、内设机构和人员编制方案〉的通知》。保留天津市市房地产管理局，天津市城镇住房制度改革领导小组办公室设在市房管局。市房地产管理局机关设21个职能处（室）。

8月30日 中共天津市委印发《中共天津市委交通口岸工作委员会职能配置、内设机构和人员编制方案》，保留中共天津市委交通口岸工作委员会，同天津市委交通委员会实行合署办公。市委交通口岸工委设5个职能处室及纪检组。

同日 中共天津市委、市人民政府印发《天津市技术监督局职能配置、内设机构和人员编制方案》。

9月3日 中共天津市委、市人民政府印发《天津市粮食局职能配置、内设机构和人员编制方案》。市粮食局机关设18个职能处（室）。

9月5日 天津市机构编制委员会同意建立天津经济技术开发区微电子工业区管理局，为开发区管委会下属处级行政单位。

9月6日 天津市机构编制委员会发出通知：天津市塘沽区、汉沽区、大港区、东丽区、西青区、津南区、北辰区、蓟县、宝坻县、武清县、静海县、宁河县12个区、县的气象台（站）各加挂区、县气象局的牌子，实行局、台（站）合一，一个机构两块牌子，为事业单位性质，主管本行政区域内的气象工作，实行以市气象局为主和区县双重领导的体制。

9月9日　天津市机构编制委员会同意撤销天津轻音乐团独立建制，将天津轻音乐团并入天津歌舞剧院。

同日　天津市机构编制委员会同意天津市源阳中等专业学校的机构规格为处级，从批准之日起执行。

同日　天津市机构编制委员会同意建立天津市兽医卫生督察大队，为市兽医卫生监督检验所下属全额拨款事业单位，核拨事业编制，督察大队下设6个分队，每个分队负责市内一个区的兽医卫生执法工作。

9月10日　中共天津市委、市人民政府印发《天津市商业委员会职能配置、内设机构和人员编制方案》。保留天津市商业委员会。市商委设13个职能处（室）。

9月11日　天津市机构编制委员会同意给天津市注册会计师协会秘书处核拨事业编制。

9月24日　天津市机构编制委员会同意成立天津农垦环保监测站，与天津市乳品食品监测中心为一套机构、两块牌子。

9月25日　天津市机构编制委员会同意天津市长芦盐务管理局质量检测站（天津市质量监督检验第五十站）为事业单位，核定为事业编制，人员来源，原则上从局机关分流，所需人员经费自收自支。劳动工资计划归口市编委管理。

9月26日　天津市机构编制委员会同意增加交通警察人员编制。

同日　中共天津市委召开深化部门执法责任制，推进依法治市工作会议。贯彻中共中央关于加强社会主义法制建设的指示精神，总结交流一年来实行部门执法责任制的经验，研究部署进一步深化部门执法责任制的工作。

同日　中共天津市委、市人民政府印发《天津市专利管理局职能配置、内设机构和人员编制方案》。市专利管理局改为事业单位，赋予其行政职能，规格级别、名称、经费渠道不变。市专利管理局机关设4个职能处（室）。

10月3日 天津市机构编制委员会同意重新确定天津市劳动服务公司的规格。核定事业编制，所需人员经费，仍由劳动服务公司管理费和职工失业保险基金提取的管理费中列支。劳动工资计划归口管理渠道不变。

10月11日 中共天津市委、市人民政府印发《天津市城乡建设管理委员会职能配置、内设机构和人员编制方案和天津市市容管理办公室职能配置、内设机构和人员编制方案》。天津市城市建设委员会改为天津市城乡建设管理委员会。在市城市建设管理委员会内设市容管理办公室，对外名称为市人民政府市容管理办公室。市容管理办公室机关设6个职能处。

同日 中共天津市委、市人民政府印发《河西区党政机构改革方案》。街道办事处是区政府的派出机构。街道办事处要与街道生产管理部门和街办企业实行政事分开、政企分开。街道设党委设办公室。街道办事处设6个科室。区人大常委会机关设3个处级综合办事机构。区政协机关设2个处级综合办事机构。机关人员按原有编制精简。

10月11日 中共天津市委、市人民政府印发《西青区党政机构改革方案》。街道办事处设党委办公室。街道办事处设6～7个科室。乡镇机构设党委办公室、政府办公室等6～7个办公室。街道、乡镇设纪律检查委员会。街道、乡镇武装部的设置不变。设乡镇企业管理办公室，为乡镇政府的全民事业单位，赋予行政职能，所需经费从征收并纳入预算管理的乡镇企业管理费中列支。区人大常委会机关设3个处级综合办事机构。乡镇人大主席一般由乡镇党委书记兼任，也可设专职主席或副主席1人。区政协机关设2个处级综合办事机构。机关人员按原有编制精简。

同日 中共天津市委、市人民政府印发《武清县党政机构改革方案》。乡镇党政机构设党委办公室、政府办公室等6～7个办公室。乡镇设纪律检查委员会。乡镇武装部的设置不变。设乡镇企业管理办公室，为乡镇政府的全民事业单位，赋予行政职能，所需经费从征收并纳入预算管理的乡镇企业管理费中列支。县人大常委会机关设3个县属局级办事机构。乡镇人大主席一般由乡镇党委书记兼任，也可设专职主席或副主席1人。县政协机关设2个处级综合办事机构。机关人员按原有编制精简。

10月15日 天津市人民政府公布《天津市地方预算执行情况审计监督暂行办法》。

10月16日 天津市十二届人大常委会举行第二十七次会议，审议通过《天津市实施〈中华人民共和国台湾同胞投资保护法〉办法》、《天津市蓄滞洪区管理条例》、《天津市制定规章设定罚款限额规定》，自公布之日起施行。

10月21日 天津市机构编制委员会同意建立天津经济技术开发区城市发展管理局，为开发区管委会所属行政单位。

10月25日 中共天津市委、市人民政府印发《南开区党政机构改革方案》、《津南区党政机构改革方案》、《宝坻县党政机构改革方案》、《静海县党政机构改革方案》、《宁河县党政机构改革方案》。

10月29日 天津市人民政府颁布第68号令，公布《天津市印章治安管理规定》。

10月31号 天津市学位委员会成立。这个委员会是根据《中华人民共和国学位条例》和国务院学位委员会的要求，由市政府决定成立的。副市长庄公惠任第一届学位委员会主任。

11月2日 中共天津市委、市人民政府印发《北辰区党政机构改革方案》。

11月6日 天津市机构编制委员会同意建立天津经济技术开发区化学工业区管理局，为开发区管委会所属行政单位。

11月10日 中共天津市委、市人民政府印发《和平区党政机构改革方案》、《河东区党政机构改革方案》、《红桥区党政机构改革方案》、《河北区党政机构改革方案》、《塘沽区党政机构改革方案》、《汉沽区党政机构改革方案》、《大港区机构改革方案》、《东丽区党政机构改革方案》、《蓟县党政机构改革方案》。

11 月 10 日 中共天津市委、市人民政府印发《蓟县党政机构改革方案》。

11 月 21 日 中共天津市委、市人民政府印发《天津市供销合作总社职能配置、内设机构和人员编制方案》。根据《中央、国务院关于深化供销合作社改革的决定》精神，天津市供销合作总社设 17 个职能处室。

11 月 21 日 天津市机构编制委员会同意天津市冶金工业局职工大学更名为天津市职工冶金学院。更名后，其隶属关系、单位性质及机构规格等均不变。

12 月 4 日 中共天津市委、市人民政府印发《中共天津市纪律检查委员会机关、天津市监察局职能配置、内设机构和人员编制方案》。市纪委机关和监察局设 16 个职能厅、室。

同日 中共天津市委印发《中共天津市委农村工作委员会职能配置、内设机构和人员编制方案》。保留中共天津市委农村工作委员会，同天津市人民政府农业办公室实行合署办公。市委农村工委设 6 个职能处（室）及纪检组。

同日 中共天津市委、市人民政府印发《天津市人民政府农业办公室职能配置、内设机构和人员编制方案》。天津市委农村工作委员会改建为天津市人民政府农业办公室。市政府农业办公室设 12 个职能处室。

同日 中共天津市委、市人民政府印发《天津市档案局、天津市档案馆职能配置、内设机构和人员编制方案》。天津市档案局与天津市档案馆为一套机构、两块牌子，履行全市档案事业行政管理和档案保管、利用两种职能，为市委、市政府直属机构，由市委管理。市档案局、市档案馆设13个处级机构。

同日 中共天津市委、市人民政府印发《天津市环境卫生管理局职能配置、内设机构和人员编制方案》市环境卫生管理局机关设13个职能处室。

12月6日 天津市机构编制委员会同意建立天津市计委信息中心大厦管理处，为处级事业单位，内设4个业务处。该处核定为事业编制，所需人员经费自收自支。人员来源，原则上从该委机关分流的人员中解决，所进人员素质要高，对工人要采取新的用工制度。

12月17日 天津港保税区、天津经济开发区合作建设天津保泰工业园项目签字。保泰工业园坐落于保税区内，占地100平方米。

12月20日 京津两市联合组织边界线勘定工作，总长69.68千米京津界线全部勘定完毕。两市政府签署联合勘定行政区域界线协议书。

12月24日 天津市机构编制委员会同意撤销天津市农民协会筹备组。

12月31日 天津市人民政府公布《天津市职业介绍所管理规定》。

是年 天津市第十二届人民代表大会第四次会议审议通过了《天津市国民经济和社会发展“九五”计划和2010年远景目标纲要》。

1997年

1月2日 天津市机构编制委员会同意建立天津市津南区机关事务所管理中心，为区委、区政府直属事业单位，核定为事业编制，所需人员主要由区委、区政府后勤管理部门或成建制划出的人员组成，经费暂维持原渠道，逐步向差额补贴单位过渡。

同日 天津市机构编制委员会同意天津市津海供销公司更名为天津市监狱管理局后勤供应总站。更名后，其隶属关系、人员编制、经费渠道等均不变。

1月7日 中共天津市委发出《关于印发〈中共天津市委老干部局职能配置、内设机构和人员编制方案〉的通知》、《关于印发〈天津市交通委员会、天津市人民政府口岸管理委员会职能配置、内设机构和人员编制方案〉的通知》。

1月14日 天津市机构编制委员会印发《关于〈中国技术市场报〉社内部机构设置和人员编制的批复》、《关于天津市纺织纤维检验所单位性质的批复》。

1月17日 天津市机构编制委员会同意成立天津市企业文化中心，为副处级事业单位，由市委宣传部和支部生活社实行双重领导。给该单位核拨事业编制，所需人员经费自收自支。所需人员由机构改革中的分流人员中解决。

2月3日 天津市机构编制委员会印发《关于天津市社会主义学院内部机构设置及规格级别的批复》。

同日 天津市机构编制委员会同意给天津市生猪定点屠宰工作小组办公室增拨行政编制，此项编制列入市商委机关行政编制内。

2月13日 天津市机构编制委员会同意将天津市建设发展总公司并入天津市房地产信托集团公司。

2月14日 天津市机构编制委员会印发《关于区县科协机构编制问题的通知》。

2月21日 天津市机构编制委员会同意建立天津有线电视台河北区分台，为事业单位，归口区委宣传部领导，核拨事业编制，所需人员经费自收自支。劳动工资计划归口市编委管理。

2月24日 天津市机构编制委员会同意天津市农业综合开发

办公室由原设在市农委改为挂靠在市财政局，为事业单位，核拨事业编制，所需人员经费从项目管理费中列支。劳动工资计划归口市编委管理。

2月25日 天津市机构编制委员会同意给市勘界工作领导小组办公室核拨行政编制，专项用于充实勘界专业技术人员。此项编制列入市民政局机关行政编制内。

3月10日 中共天津市委、市人民政府印发《关于〈天津市环境保护局职能配置、内设机构和人员编制方案〉的通知》。

3月11日 天津市机构编制委员会同意在市文联机关现有事业编制总额内安排《中国艺术报》驻天津记者站记者编制名额。

3月19日 天津市机构编制委员会印发《关于核定区、县、街、镇劳动服务公司人员编制的通知》。

3月25日 天津市机构编制委员会同意建立中共天津市委科学技术工作委员会党校，与市科委所属市工业设计培训中心、市科委培训中心为一套机构、三块牌子。不增加编制。

4月4日 天津市机构编制委员会印发《关于市精神文明建设委员会办公室内设机构及编制问题的函复》。

4月6日 中共天津市委、市人民政府印发《关于〈天津市规划设计管理局（天津市土地管理局）职能配置、内设机构和人员编制方案〉的通知》。

4月8日 天津市机构编制委员会同意组建天津市法律援助中心，所需人员经费由市财政拨款。人员来源全部由执业律师组成。劳动工资计划归口市编委管理。

4月18日 中共天津市委、市人民政府《关于批转〈关于天津市农工商总公司改组为天津农垦集团总公司的请示〉的通知》提出：天津市农工商总公司改组为天津农垦集团总公司（以下简称集团总公司）集团总公司为具有企业法人资格的国有独资性质的经济实体，是农垦集团核心企业，独立核算、自负盈亏。在市政府领导下，归口市政府农业办公室。农垦集团的组建，由集团总公司拟定方案，按有关规定报市政府审批。按《公司法》及现代企业制度的规范要求，逐步建立健全集团公司组织管理机构，本着精简、效能的原则设立内部机构。集团总公司建党委，党的工作在市委领导下，归口市委农村工作委员会。

4月23日 天津市机构编制委员会同意天津宾馆由企业单位恢复为事业单位，所需人员经费自收自支。劳动工资计划归口市编委管理。

5月6日 天津市十二届人大常委会举行第三十二次会议，审议通过《天津市电子出版物管理条例》，自公布之日起施行。

5月17日 天津市档案馆晋升为国家一级档案馆。

5月20日 天津市机构编制委员会发出《关于建立天津市盐政稽查队蓟县、武清、宝坻、静海、宁河盐政稽查分队的通知》。

同日 天津市机构编制委员会同意建立天津市经济技术开发区建设发展局，与开发区规划建设管理局、土地管理局、房地产管理局合署办公，所需人员编制在开发区现有行政编制内调剂解决。

5月26日 天津市机构编制委员会印发《关于天津市测绘院（天津市测绘管理办公室）内部机构设置及人员编制的批复》。

5月28日 中共天津市委印发《关于〈天津市高级人民法院机关机构改革方案〉、〈天津市第一中级人民法院机关机构改革方案〉和〈天津市第二中级人民法院机关机构改革方案〉的通知》。

同日 中共天津市委印发《关于〈天津市人民检察院机关机构改革方案〉、〈天津市人民检察院第一分院机关机构改革方案〉和〈天津市人民检察院第二分院机关机构改革方案〉的通知》。

同日 中共天津市委、市人民政府印发《关于〈天津市文化局（天津市文物局）职能配置、内设机构和人员编制方案〉的通知》。

6月1日 天津市少年儿童图书馆新馆开放。新馆占地面积约3 000平方米，藏书近70万册，设有10个服务窗口，包括国内一流的多媒体电子阅览室和汽车流动图书馆。

6月4日 中共天津市委办公厅印发《关于转发〈天津市区县人民法院机关机构改革的实施意见〉和〈天津市区县人民检察院机关机构改革的实施意见〉的通知》。

6月9日 天津市人民政府公布《天津市持证执法管理办法》。

6月11日 天津市人民政府公布《天津市行政处罚听证程序》。

7月7日 天津市机构编制委员会根据《中共天津市委天津市人民政府关于平津战役纪念馆内设机构规格和人员编制的通知》，同意平津战役纪念馆内设8个部室。

7月10—11日 中共天津市委、市人民政府召开天津市卫生工作会议。此次会议是新中国成立以来市委、市政府名义召开的第一次全市性卫生会议。会议研究制定了市委、市政府《贯彻落实〈中共中央、国务院关于卫生改革与发展的决定〉的实施意见》和《关于发展社区卫生服务的决定》。

7月24日 天津市人民检察院反贪污贿赂局成立。

同日 天津市机构编制委员会同意撤销天津市食品卫生监督检验所；建立天津市卫生局公共卫生监督所。该所以本级卫生行政主管部门的名义，承办公共卫生监督的具体工作，对外不得以公共卫生监督所的名义做出任何具体行为。给该所暂核定事业编制，编制来源从撤销的市食品卫生监督检验所原编制名额中划转，经费渠道不变。

8月7日 天津市机构编制委员会同意建立天津市泰达国际创业中心，为开发区管委会下属事业单位。

同日 天津市机构编制委员会同意建立天津经济技术开发区贸易发展局、天津市体委体育装备管理中心。

8月11日 天津市机构编制委员会同意核定天津市无机化工研究所的事业编制，所需人员经费由原全额拨款改为自收自支。其单位性质、隶属关系、机构规格等均不变。

8月14日 天津市机构编制委员会同意在本市有农业的区县建立区县乡村公路管理办公室，为区、县属副局级事业单位，区挂靠建委，县挂靠计委，经费自收自支，业务受市乡村公路管理总站指导。人员来源，由区、县乡村公路管理人员中调剂解决。区乡村公路管理办公室的劳动工资计划归口市编委管理，县的劳动工资计划管理渠道不变。

8月15日 天津市出租汽车行业管理部门完成对5 700余部原货运出租汽车的收编工作。至此，全市出租汽车均已实行归口管理，解决了客运市场管理混乱问题。

8月27日 天津市机构编制委员会同意核定中国化工装备总公司天津防腐蚀质量技术监测中心的事业编制，所需人员经费自收自支。

8月28日 天津银行卡网络正式开通运行。

9月5日 天津市机构编制委员会印发《关于天津市塘沽区中等专业学校规格级别的批复》、《关于天津市环海职业中等专业学校规格级别的批复》、《关于正式成立天津市科技档案馆的复函》。

同日 天津市机构编制委员会同意建立天津新技术产业园区房地产管理局，业务上受市房地产管理局领导。

同日 天津市机构编制委员会发出《关于给街、乡、镇增加司法助理员编制的通知》。

9月8日 天津市环境保护科学研究院成立。

9月12—18日 中国共产党第十五次全国代表大会召开。大会进一步阐述社会主义初级阶段理论并提出一些新的论断，作出我国跨世纪的发展战略部署。大会提出深化行政体制改革，实现国家组织、职能、编制、工作程序的法定化，严格控制机构编制膨胀，坚决裁减冗员。

9月26日 中共天津市委、市人民政府印发《关于〈天津市工商行政管理局职能配置、内设机构和人员编制方案〉的通知》。

10月18日 外环线西段改造工程竣工。

10月28日 天津农垦集团成立。

11月4日 天津理工学院聋人工学院成立。

11月19日 天津市机构编制委员会印发《关于核定天津市城市规划设计研究院内部机构设置及人员编制的批复》。

11月24日 天津市机构编制委员会根据农业部关于建立畜牧兽医服务体系的指示精神，同意建立天津市畜牧兽医技术服务中心，与天津市畜牧兽医站为一套机构、两块牌子。

12月1日 天津市机构编制委员会根据市二轻工业总公司与河西区人民政府协议，同意将市二轻工业总公司所属天津市包装装潢研究所整建制调整给河西区人民政府管理。

12月2日 天津市机构编制委员会同意建立天津有线电视台红桥区分台。

12月8日 天津滨江商厦集团公司成立。

12月11日 天津市机构编制委员会同意建立天津市房地产信息中心，该中心与天津市城市建设综合开发办公室为一套机构、两块牌子。

12月14日 国务院学位委员会批准，天津大学获得在9个工程领域的工程硕士学位授予权。天津大学是天津市唯一获得此授予权的高校。

12月15日 天津市机构编制委员会印发《关于〈核定各局（总公司）工会机关人员编制〉的通知》、《关于〈核定区县工会机关人员编制〉的通知》。

12月23日 天津市机构编制委员会同意撤销天津市企业咨询服务中心的机构与编制。

12月24日 天津市机构编制委员会同意建立天津直属机关党校，为市直属机关工委所属事业单位，核拨事业编制，所需人员经费实行差额拨款。劳动工资计划归口市编委管理。

12月26日 天津市工人医院新院落成。新院位于河东区新开路，于1995年12月开工建设，占地面积12 357平方米，建筑面积2万平方米，主体11层，局部15层，拥有较完备的现代化医疗设施。

12月26日 《今晚报》大厦投入使用。《今晚报》大厦占地1.8万平方米，总建筑面积8.14万平方米，主楼结构40层，总高度168米，总投资额6.5亿元。大厦内部全部实行电脑自动化管理，并与国际信息高速公路联网。

12月28日 中华人民共和国武清海关开关。

12月29日 天津市机构编制委员会同意天津市三毛艺术幼儿园为事业单位，核定为事业编制，所需人员经费自收自支。劳动工资计划归口市编委管理。

是年 天津市全年实现国内生产总值1 240.25亿元，完成财政收入169.12亿元，其中地方财政收入89.91亿元。

1998年

1月1日 天津市开始实行全国统一基本养老保险制度。城镇企业职工养老保险制度并入统一轨道，行业统筹移交地方管理，为企业参保职工建立个人账户，对新退休人员实行新的养老金计发办法。3月12日，召开全市养老保险工作会议，进行动员部署。

1月7日 天津市机构编制委员会同意致公党天津市委员会调整内部机构设置。

1月11日 中远散货运输有限公司正式挂牌。

1月12日 为加强对华苑居住区的行政管理，天津市机构编制委员会同意华苑南街、华苑北街街道办事处核定为行政编制、工勤事业编制，所需人员主要从党政机关现有工作人员中调配解决，尽量减少社会招聘。

1月20日 天津市机构编制委员会同意在天津市财政科学研究所现有事业编制内安排《中国财经报》天津记者站记者编制名额。

2月9日 天津市机构编制委员会根据《中共天津市委、天津市人民政府关于周恩来邓颖超纪念馆机构规格问题的通知》精神，核定了周恩来邓颖超纪念馆内设机构和事业编制，“周恩来青年时代在津革命实践活动旧址纪念馆”并入新建的纪念馆，并撤销原建制。

2月12日 天津市机构编制委员会调整了市社会保险公司内部机构设置。

2月17日 天津市机构编制委员会根据市人大常委会颁布的《天津新技术产业园区管理条例》，为适应新技术产业园区经济发展的需要，同意建立天津新技术产业园区工商行政管理局，为园区管委会所属职能部门，业务上接受市工商行政管理局的指导。核定该局为行政编制，所需人员经费由园区财政解决。撤销南开区工商行政管理局所属的天津新技术产业园区工商行政管理所，其职能由市新技术产业园区新建的工商行政管理局承担；该所现有的事业编制由市编委收回；本着人随任务走的精神，工作人员原则上划归市园区管理。

2月18日 天津市棉纺行业压锭工作启动。

2月25日 中共十五届二中全会举行。全会通过了《国务院机构改革方案》。

同日 天津市机构编制委员会印发《关于区县人大常委会工作委员会设置问题的通知》。

同日 天津市十二届人大常委会举行第四十次会议，审议通过《天津市环境卫生管理条例》、《天津市殡葬管理条例》，均在公布之日起实施。

2月26日 中共天津市委、市人民政府印发关于《天津市人事局职能配置、内设机构和人员编制方案》的通知。

同日 中共天津市委员会印发关于《天津市机构编制委员会办公室职能配置、内设机构和人员编制方案》的通知。天津市机构编制委员会办公室是天津市机构编制委员会的常设办事机构，在市机构编制委员会的领导下，负责全市行政管理体制和机构改革以及机构编制的日常管理工作，既是市委的机构，又是市政府的机构。市机构编制委员会与市人事局合署办公。

3月2日 中共天津市委、市人民政府印发《关于进一步加快个体私营经济发展的决定》。

3月10日 天津市机构编制委员会根据中国气象局《关于建立天津市滨海新区气象预警中心的批复》精神，同意建立天津市滨海新区气象预警中心，与塘沽区气象局（天津市海洋气象台）为一套机构、三块牌子。

3月11日 天津市机构编制委员会同意建立开发区路灯管理所，为开发区城市发展局下属科级事业单位，核定事业编制，所需人员经费由开发区财政解决。

3月12日 中共天津市委印发《关于〈中共天津市委组织部职能配置、内设机构和人员编制方案〉的通知》。

同日 天津市机构编制委员会印发《关于核定天津人民广播电台、天津电视台内设机构和人员编制的复函》。

同日 天津市机构编制委员会印发《关于调整天津日报社内设机构的复函》。

3月16日 天津市机构编制委员会同意建立天津市统计局计算机网络管理中心，给该中心增拨事业编制，劳动工资计划归口市编委管理。

3 月 27 日　天津市机构编制委员会印发《关于天津市中国旅行社增加人员编制的批复》。

4 月 3 日　天津市物业管理协会成立。

4 月 13 日　天津市机构编制委员会印发《关于天津协通会计师事务所增加事业编制的复函》。

4 月 14 日　天津市机构编制委员会同意建立天津市津南区津南水库管理处，为区水利局所属事业单位，核定为事业编制，所需人员经费近年内由区财政差额拨款，今后逐步过渡到自收自支，所需人员，原则上从区水利局系统内部调配解决。

4 月 14 日　天津市机构编制委员会同意建立天津市乡镇企业生产力促进中心，为市乡镇企业管理局所属事业单位，核定为事业编制，所需人员从局乡镇企业培训中心现有编制和人员中调剂解决。所需人员经费自收自支。

4 月 21 日　天津市机构编制委员会同意将天津市冶金工业技术学校整建制划转给市劳动局管理，并更名为天津市劳动局第二职业技术学校。

4 月 23 日　天津市机构编制委员会同意大津市电影发行放映公司更名天津市电影公司。

5 月 20 日　中共天津市委、市人民政府决定，组建天津市劳动和社会保障局。该局的主要职责是负责全市的劳动和社会保障工作的总体规划，拟定有关规定和改革方案，并组织实施。

5 月 26 日　天津市机构编制委员会同意在泰达有线电视台的基础上成立天津经济技术开发区广播电视局，该局与泰达有线电视台为一套机构、三块牌子，业务上受市广播电视局的领导。

5 月 28 日　天津市机构编制委员会同意天津市河西区教师进修学校更名河西区教育学校。

6 月 1 日　天津市机构编制委员会印发《关于天津市地方税务局经济技术开发区分局实行垂直领导和建立天津市地方税务局保

税区、新技术产业园区分局机构编制的批复》。

同日 天津市机构编制委员会印发《关于天津市民族职业中等专业学校规格级别的批复》。

6月2日 天津市第一中学、第二十中学、第二南开中学、新华中学、实验中学、南开中学等14所重点中学取消初中部，办成高中校。

6月16日 经中共中央批准，中共中央金融工作委员会成立。

6月18日 天津市机构编制委员会根据中共天津市委、市人民政府《关于组建天津市劳动和社会保障局的通知》精神，同意原市社会保险公司改建为市社会保险基金管理中心，内设处室和各区、县分支机构原规格级别不变。为了统一称谓，原市社会保险公司各区、县分公司均更名为天津市社会保险基金管理中心××区（县）分中心，仍隶属市社会保险基金管理中心垂直领导。为加强全市社会保险基金的统筹管理，天津经济技术开发区、天津港保税区、天津新技术产业园区的社会保险机构，划归市社会保险基金管理中心，实行垂直领导。

6月26日 天津劝业集团有限公司成立。

7月1日 中华人民共和国天津出入境边防检查总站成立。天津、张贵庄、塘沽、东港、南疆5个边防检查站从天津市公安局划出，由现役制改为职业制，直属国家公安部领导。天津市是经国务院批准的进行此项改革工作试点城市之一。

同日 天津市首所中、小、幼一体化的南开试验学校建成招生。

7月9日 天津市人民政府发布《关于调整事业保险基金缴费比例的通知》。规定：自10月1日起，将失业保险基金的缴费比例由企业工资总额的1%调整为3%；由企业单方负担改为企业和职工个人共同负担，其中企业缴费比例由1%调整为2%，个人缴费比例为1%。

8月5日 天津市人民政府公布《天津市行政执法投诉办法》。

8月11日 天津市人民政府公布《天津市住房公积金条例实施办法》。

本月 天津市人民政府发出通知，决定撤销天津市饲料工作领导小组等29个非常设机构。

9月1日 中国人民武装警察部队指挥学院新址在津南区建成并开学。

9月11日 天津市机构编制委员会同意服装展销中心管委会为市商委所属事业单位，按现实有工作人员暂核定事业编制，所需人员经费自收自支。劳动工资计划归口市编委管理。

9月14日 天津市机构编制委员会印发《关于撤销市环境保护局所属蓟运河水源保护领导小组办公室等单位机构编制的批复》。

9月22日 国家农产品保鲜工程技术中心在天津成立。该中心依托天津农业科学院和珠海绿色南方保鲜公司，以有限责任公司形式组建。

本月 原分别隶属于中国轻工总会、中国纺织工业总会、国家内贸部的天津轻工业学院、天津纺织工业学院和天津商学院，从本月开始实行中央与天津市共建、以天津市管理为主的管理体制；原国家建筑材料工业局所属的天津建筑材料工业学校（普通中等专业学校），划转天津市管理。

10月1日 天津国家网球训练基地建成。

10月13日 天津市机构编制委员会根据市政府《关于加强我市基础设施配套建设管理的通知》精神，同意建立天津市市政工程配套办公室，为事业单位。所需人员经费从市人民政府城市基础设施配套办公室按规定收取的大配套费总额中切块划拨列支。人员来源，原则上从局机关分流。

10月19日 天津市机构编制委员会根据财政部《关于执行证

券、期货相关业务的会计师事务所与挂靠单位脱钩的通知》精神，同意撤销天津会计师事务所，原所事业编制和部分工作人员，随有关业务并入天津滨海会计师事务所。

10 月 28 日　天津自然博物馆竣工开馆。该馆位于河西区马场道，占地面积 2 万平方米，建筑面积 1.4 万平方米，标本收藏能力为 50 万件，是国内标本数量多、珍品含量高的自然博物馆之一。总投资 1 亿元，1997 年 7 月 4 日正式开工建设。

本月　国务院发布《社会团体登记管理条例》。

11 月 8 日　天津大学生命科学与工程研究院成立。

11 月 18 日　中国保险监督管理委员会成立。

11 月 26 日　天津城建集团正式成立。城建集团母公司由天津路桥工程总公司和天津污水技术开发总公司合并组成，为国有独资性质。该集团是一个以工程设计、施工总承包为龙头，房地产开发为依托，集市政、公路、地下铁路、建筑等工程建设、设计、咨询、租赁、售后服务为一体的多法人联合体。紧密层子公司有 10 家，半紧密层企业 20 余家，松散层企业近 70 家。有国家一级施工企业 6 家，甲级勘察设计院 1 家。

12 月 1 日　国务院发出《关于建立城镇职工基本医疗保险制度的决定》。

同日　国务院人口普查办公室确定天津市为人口普查试点单位。

12 月 2 日　天津市人民政府发出《关于进一步深化我市粮食流通体制改革的通知》，粮食流通体制改革工作进入实质性操作阶段。31 日，天津市粮油集团成立。从此，开始实行粮食管理和粮食经营分开的运行机制。

12 月 15 日　天津市机构编制委员会根据市科委《关于天津市光学精密机械研究所整建制转为企业的审查意见》，同意撤销天津市光学精密机械研究所事业单位建制。

12月16日 中国人民银行天津分行成立。该分行为中国人民银行的派出机构，管辖一市（天津市）、二省（河北省、山西省）、一区（内蒙古自治区）的金融业务（证券、保险机构除外），下设天津分行营业部和石家庄、太原、呼和浩特3个金融监管办事处等。从1999年1月1日起，该分行在辖区内正式履行中央银行职责。同时，原中国人民银行天津市分行撤销。

12月21日 天津市机构编制委员会印发《关于中共天津市委员会党校内设处室及教学机构调整的复函》。

同日 天津市机构编制委员会同意天津市散装水泥办公室加挂天津市商品混凝土管理办公室牌子，为一套机构、两块牌子，不增加人员编制。

12月25日 天津市机构编制委员会办公室同意建立天津市职业介绍服务中心河北分中心，核拨事业编制，所需人员经费自收自支。人员来源，原则上从局机关分流。劳动工资计划归口市编委管理。

是年 中共中央印发《中国共产党和国家机关基层组织工作条例》。

是年 天津市推行国家公务员制度基本完成。至年底，市委、市政府批准机构改革“三定”方案并列入实施人员制度范围的64个市级国家行政机关，有62个通过检查验收，16个区县的直属机关完成检查验收，全市街道和部分乡镇机关完成入轨实施工作。

是年 天津市实现国内生产总值1 340.70亿元，全市财政收入186.55亿元，其中地方财政收入101.40亿元。

1999年

1月1日 即日起，天津市邮电管理局的邮政、电信两个专业分别建账，独立运营，邮政、电信分离的体制改革进一步深入。

1月4日 天津市机构编制委员会根据市政府《关于进一步深化我市粮食流通体制改革的通知》精神，同意市内六区设粮食管理办公室，有农业的区和各县设粮食局，为区县政府的粮食行政管理机构，规格为区县属局级。各区县粮食管理部门的编制，待下一步机构改革时正式核定。

同日 天津市机构编制委员会办公室同意建立南开区信息网络中心，该中心与南开区有线电视台实行一套机构、两块牌子，不另增加人员编制，所需经费自行解决。

1月5日 中共中央、国务院《关于地方政府机构改革的意见》中指出，加强执法监管部门。全国大中城市所设的区工商行政管理局、质量技术监督局，一律改为市工商行政管理局、质量技术监督局的分局，作为市局的派出机构。地方各级政府不再设置工业、商业、物资管理部门和各种行政性公司，其职能并入经贸部门。水产（海洋水产）、畜牧、农垦、农机等机构改建为经济服务实体，实行政企分开，其政府职能并入有关部门。

综合考虑市、县人口、面积、行政区划以及经济规模等因素，大城市政府工作部门精简为40个左右，中等市30个左右，小城市22个左右，经济不发达、人口较少的市应更少一些。

乡镇机关精简的重点是降低乡镇财政供养人员比重，首先要坚决把不在编的人员精简下来。同时要结合费改税，清理清退各类由行政性收费供养的人员。

1月6日 天津市机构编制委员会办公室根据中共天津市委、市人民政府《关于切实做好国有企业下岗职工基本生活保障和再就业工作的通知》精神，同意建立天津市再就业服务指导中心，给该中心核拨事业编制，所需人员经费在失业保险基金提取的管理费中列支。人员来源，主要从局机关工作人员中分流派遣。劳动工资计划归口市编委管理。

1月8日 天津市机构编制委员会办公室为贯彻实施《中华人

民共和国价格法》，同意建立天津市价格举报中心，与天津市物价检查所为一套机构、两块牌子。所需人员编制在天津市物价检查所现有编制中调剂解决。

同日　天津大学环境科学与工程研究院成立。

1月11日　天津市粮食管理局、天津市粮油集团有限公司同时挂牌成立。粮食管理与粮食经营机构分开是粮食流通体制改革的重大举措。4月16日，18个区县粮食管理机构全部建立。到4月底，区县粮食经营公司全部成立。天津市粮食管理局代表市政府对全社会粮食流通进行管理，指导区县粮食管理部门的业务工作，与粮食企业在人、财、物方面彻底脱钩，下辖国家级批发市场中国天津粮油批发交易市场，管理政策性粮食储备企业天津市粮食储备有限公司。天津市粮油集团有限公司为具有法人资格的国有独资控股公司，独立核算、自主经营、自负盈亏。其主要职责是，执行国家的粮食政策和有关规定，在保障市场供应及稳定市场粮价中发挥主导作用。拥有粮食储藏、面粉加工、粮油贸易等16家下属单位。

1月12日　天津市机构编制委员会办公室同意将静海县成人中等专业学校、静海县中等专业学校、静海县电大工作站、静海县职业中等专业学校四个机构合并，组建静海县成人职业教育中心，经费来源渠道和人员编制均不变。机构合并后，为适应职业教育工作需要，对外仍保留静海县成人中等专业学校、静海县中等专业学校、静海县职业中等专业学校和天津市广播电视大学静海县工作站的牌子。

1月22日　天津市机构编制委员会办公室同意建立天津无形资产研究开发中心，核定为事业编制，所需人员经费自收自支。

同日　荷兰贸易促进委员会天津代表处成立。

1月28日　天津市机构编制委员会同意市政府驻山东、云南、黑龙江、广西、新疆办事处内设办公室和业务处两个处（室），规格为副处级，各办事处原编制不变。

1月29日 天津市机构编制委员会办公室同意南开区有线电视台更名为南开区有线电视中心。更名后，其单位性质、隶属关系、机构规格、人员编制等均不变。

1月30日 南开大学环境科学与工程学院成立。

2月1日 天津市机构编制委员会办公室同意建立天津市食品工业生产力促进中心，给该中心核定事业编制，所需编制及人员来源，从天津市食品工业研究所现有事业编制和人员中调剂解决，所需人员经费自收自支。

2月21日 天津市机构编制委员会办公室同意建立天津市纺织工业生产力促进中心，给该中心核定事业编制，所需编制及人员来源，从天津市纺织工业研究所现有编制和人员中调剂解决，所需人员经费自收自支。

3月5日 天津市机构编制委员会同意建立天津市政府采购和投资评审中心，给该中心核定事业编制，编制来源，从天津滨海会计师事务所现有事业编制中核拨，所需人员经费自收自支。人员来源，原则上从局机关分流。劳动工资计划归口市编委管理。

3月8日 天津市机构编制委员会办公室同意天津市机动车辆清洗管理处按该处现有工作人员重新核定事业编制，所需人员经费，由市建委每年包干给局的经费中解决，不新增经费。

3月13日 天津市人民政府颁布第11号令，公布《天津市集贸市场管理办法》。

3月23日 国家开发银行天津分行成立。此前，原国家投资银行于1988年12月11日并入国家开发银行。1999年3月国家开发银行和中国光大银行达成协议，原投资银行天津分行的债权债务、营业网点等商业银行业务全部转让给光大银行。

3月29日 天津市机构编制委员会为贯彻落实《中华人民共和国献血法》和《天津市献血条例》，做好天津市公民无偿献血工作，同意成立天津市人民政府献血办公室，为市卫生局局内部职能处室，所需人员编制，从该局现有行政编制中调剂解决。

同日 天津市机构编制委员会办公室印发《关于各区县劳动局更名为劳动和社会保障局的通知》。

3月29日 天津市机构编制委员会为贯彻落实《中华人民共和国献血法》和《天津市献血条例》，同意各区、县相应成立献血办公室，该办公室不单独设立，在同级卫生行政部门内设机构中加挂献血办公室的牌子，所需人员编制，在同级卫生行政部门现有行政编制中调剂解决。

4月3日 国务院发布《住房公积金管理条例》。

4月8日 新天津师范大学成立。该校是经中共天津市委、市人民政府决定，国家教育部同意，由天津师范大学、天津师范高等专科学校、天津教育学院三所院校合并组建。新的天津师范大学占地570亩，建筑面积35万平方米，共有教职工2 547人，其中专任教师1 000人，教授、副教授531人，博士生导师11人。设50个本专科专业，42个成人教育本专科专业，有各类学生2.65万人。

4月9日 天津市机构编制委员会办公室同意天津市海运中等专业学校为事业单位，核定事业编制，所需人员经费自收自支。

4月12日 天津市机构编制委员会办公室同意天津经济技术开发区第一保育院为事业单位，暂核定事业编制，所需人员经费自收自支。劳动工资计划归口市编委管理。

4月15日 天津市机构编制委员会办公室同意建立天津市工商行政管理局机关服务中心，为自收自支事业单位，实行企业化管理。该中心与局所属天津市市场建设服务中心为一套机构、两块牌子。

同日 天津市第一中心医院兼并位于河东区新开路的天津工人医院，成立第一中心医院东院。

4月20日 天津市机构编制委员会办公室同意天津市河西区人才交流服务中心为区人事局下属事业单位，所需人员经费自收自支。

4月26日 天津市机构编制委员会同意建立天津市华夏未来少年儿童文化艺术基金会管理办公室。该机构为天津市华夏未来少年儿童基金会办事机构，机构性质为事业单位，由市文化局代为管理，给该办公室核定事业编制，所需人员经费自收自支，劳动工资计划归口市编委管理。

5月7日 经天津市教育局批准，天津市首家民办完全中学天津明华学校挂牌。该校实行董事会领导下的校长负责制。

5月10日 天津市机构编制委员会同意将蓟县公安局更名为天津市公安局蓟县分局；武清县公安局更名为天津市公安局武清分局；宝坻县公安局更名为天津市公安局宝坻分局；宁河县公安局更名为天津市公安局宁河分局；静海县公安局更名为天津市公安局静海分局。

5月11日 天津市机构编制委员会办公室同意给天津市建设投资公司增加事业编制，所需人员经费，仍在该公司收回的贷款利息和收益中列支。人员来源，除个别特殊技能人员实行招聘外，其余从委机关分流人员中解决。

5月14日 天津市机构编制委员会办公室根据财政部《关于举办中华会计函授学校的通知》精神，同意建立天津市中华会计函授学校，该校核定为事业编制，所需人员经费自收自支。

同日 光大银行天津管理部门成立。系该行总行直属驻津单位，负责对所辖8个支行的管理。

5月31日 天津市机构编制委员会办公室同意天津宋庆龄渤海儿童世界行业分类调整为教育事业单位。调整后，其隶属关系、机构规格、人员编制等均不变。

同日 天津市机构编制委员会办公室同意天津市对外经济贸

易委员会计算中心的经费来源由差额预算变更为自收自支。

6月2日 天津市机构编制委员会同意撤销市委宣传部党员教育处和理论教育处，建立文化事业处、教育处。

6月3日 天津市机构编制委员会办公室同意天津市外语师范学校加挂天津市外国语高级中学的牌子，为一套机构、两块牌子。

6月23日 天津警备区所属的天津陆军预备役高炮师成立。

6月25日 天津市机构编制委员会同意建立天津市救灾物资储备站，同时加挂天津市接收救灾扶贫捐赠工作站的牌子，一套机构、两块牌子，为事业单位。该站核拨事业编制，所需人员经费实行全额预算管理。人员来源，原则上从局机关分流人员中解决。劳动工资计划归口市编委管理。

同日 天津市人民政府颁布《天津市进一步深化城镇住房制度改革实施方案》及有关配套政策。规定自1999年6月30日起，在全市范围内停止住房实物分配，逐步实行住房分配货币化。这标志着天津住房制度改革进入一个新阶段。7月5日，市政府召开房改工作会议，全面部署此项工作。

同日 继1998年地方证管办由地方政府职能部门转变为中国证监会的派出机构后，中国证监会天津证管办等9个大区办及25个特派办于今日正式挂牌，证券市场集中统一的三级监管体制初步形成。

7月5日 天津市机构编制委员会办公室同意南开区机构编制委员会办公室与南开区人事局合署办公。合署办公后，其职能、编制、规格、隶属关系等均不变。

7月8日 中华人民共和国天津海事局成立。天津海事局由天津港航监督负责的海港管理、海船管理和海员管理等水上管理职责及相关人员划转交通部管理，与天津海上安全监督局合并组成。

7月9日 中共天津市委、市人民政府同意印发《天津海事法院职能配置、内设机构和人员编制方案》。根据中央机构编制委员会办公室、最高人民法院、交通部、财政部《关于理顺大连等6个海事法院管理体制的若干意见》精神，天津海事法院由天津港务局代管，成建制地移交给市委、市政府和市高级人民法院共同管理。天津海事法院纳入国家司法行政体系后，比照市中级人民法院为局级单位。

7月10日 经国家教育部批准，天津市第一所职工技术学院天津工业职业技术学院成立。

7月13日 天津市人民政府颁布《天津市罚款决定与罚款收缴分离规定》。

7月23日 全国地方政府机构改革工作会议召开，国务院总理朱镕基在讲话中提出，省级政府工作部门由现在平均设置53个精简为40个左右，经济不发达、人口较少的省（区）精简为30个左右。直辖市由现在的61个精简为45个左右。省级政府机关人员编制精简幅度原则上参照国务院精简比例进行，逐步分期达到精简一半左右。

同日 经国务院总理办公会议审定，国务院批复，原则同意修订后的《天津市土地利用总体规划（1997—2010年）》。批复重申了中央关于天津的城市定位，即“天津市是环渤海地区的经济中心，要努力建设成为现代化的港口城市和我国北方重要的经济中心”。并指出，该规划是天津市土地利用和管理的依据，具有法定效力，城乡建设、土地开发等各项土地利用活动都必须符合规划的要求。

7月29日 天津市机构编制委员会办公室根据民政部《关于天津民政学校划转天津市民政局管理的批复》精神，同意天津民政学校更名为天津市民政学校，核定事业编制，所需人员经费自收自支。劳动工资计划归口市编委管理。

同日 天津市机构编制委员会办公室同意建立天津市法制宣传教育培训中心，该中心为事业单位。给该中心核拨事业编制，所需人员经费自收自支。人员来源，原则上从局机关分流。劳动工资计划归口市编委管理。

8月16日 天津市机构编制委员会办公室同意建立天津市财政局（天津市地方税务局）票据管理中心，该中心为事业单位。给该中心核拨事业编制，编制来源，从天津滨海会计师事务所现有事业编制中划拨；所需人员经费自收自支。人员来源从局机关分流人员中解决。劳动工资计划归口市编委管理。

8月18日 天津移动通信局挂牌成立。继邮政、电信分营后，7月底，天津移动通信与电信分离。8月初，内部机构设置、人员安排相继到位。根据业务发展的需要，成立新业务卡发中心、网络管理优化中心。成立滨海移动通信分局。成立移动通信数据分局。

9月2日 天津市机构编制委员会同意天津市种子管理站与种子公司机构分设。种子管理站仍为事业单位；种子公司为国有企业。现有离休人员归市种子管理站管理。机构分设后，核减的全额拨款事业编制由市收回。

9月6日 天津市机构编制委员会同意建立天津市审计局新技术产业园区分局，为市局派出机构。核定行政编制，编制来源，从市局机关现有行政编制总额中划转。

9月16日 中国信达资产管理公司天津办事处正式运营。这是天津市第一家接受和处置国有商业银行不良资产、化解金融风险的新型金融机构。

9月17—20日 天津市十三届人大常委会举行第十一次会议，审议通过《天津市村民委员会选举办法》、《天津市实施〈中华人民共和国人民防空法〉办法》，通过关于修改《天津市人民代表大会常务委员会关于加强对法律、法规实施情况检查监督的若干规定》。

9月19日 中共十五届四中全会在北京召开。全会审议通过

《中共中央关于国有企业改革和发展若干重大问题的决定》。

9月20日 天津市机构编制委员会办公室根据国家经济贸易委员会印发《关于〈建立中小企业信用担保体系试点的指导意见〉的通知》精神，同意建立天津市中小企业信用担保中心，实行企业化管理。给该中心暂核拨事业编制，所需人员经费自收自支。劳动工资计划归口市编委管理。

9月22日 天津市机构编制委员会根据国务院法制办公室《关于天津市河西区、和平区、大港区、塘沽区开展城市管理综合执法试点工作的复函》和市政府办公厅《关于对塘沽区、大港区开展城市管理综合执法试点工作请示的复函》精神，同意组建塘沽区城市管理综合执法大队，归口区市容委员会管理。编制来源，主要从区相关部门现有行政、事业编制总数中调剂。塘沽区城市管理综合执法大队组建后，该区原设置的城管监察中队、环卫监察队以及区规划、市政、园林、工商等部门原有关的行政执法机构一并撤销，相关的行政执法职能移交给区城市管理综合执法大队集中行使。

9月23日 天津市机构编制委员会同意将原戏剧博物馆、文庙博物馆（均为文化局所属科级事业单位）机构及人员编制合并，成立天津戏剧博物馆、文庙博物馆管理办公室，核定事业编制。两馆原有全额拨款事业编制，合并后压缩的编制由市编委收回。同时，为便于展开工作，对外保留天津戏剧博物馆、天津市文庙博物馆两块牌子。

9月24—26日 中共天津市委举行七届四次全体会议。会议审议通过《中共天津市委关于贯彻〈中共中央关于国有企业改革和发展若干重大问题的决议〉的实施意见》。《意见》提出，到2000年底，大多数国有大中型亏损企业摆脱困境，大多数国有大中型骨干企业初步建立现代企业制度，力争提前实现：到2010年，基本完成战略调整和改组任务，形成比较合理的国有经济布局和结构，全面建立起比较完善的现代企业制度，形成比较完善的适应社会主义市场经济要求的管理制度和经营机制。

9 月 28 日 天津市中小企业信用担保中心成立。其资金来源以财政拨款为主，社会筹资为辅，多元募集，滚动积累。1999 年底担保资金达 7 000 万元，其中市财政拨款 2 000 万元，市经委筹资 5 000 万元。担保期一般为 5 ~ 8 个月，担保贷款额度每笔在 200 万元以下。

9 月 28 日 天津市机构编制委员会发出《关于调整天津新技术产业园区管理委员会内部机构设置的复函》。

10 月 18 日 南开大学泰达学院在天津经济技术开发区成立。

10 月 19 日 天津市机构编制委员会办公室同意给天津市河西区中小企业信用担保中心核拨事业编制，所需人员经费自收自支。

10 月 25 日 天津市机构编制委员会办公室同意给河北区建设工程招标管理办公室核拨事业编制，所需人员经费自收自支。

11 月 5 日 天津劝业华联集团及天津劝业华联集团有限公司成立。

11 月 11—12 日 天津市十三届人大常委会举行十二次会议，会议审议通过《天津市实施〈中华人民共和国乡镇企业法〉办法》、《天津市消防条例》和《天津市人民代表大会代表议案工作条例》。

11 月 15 日 天津市机构编制委员会办公室同意建立天津市农业高新技术示范园区管理中心，为市农科院下属事业单位，核定事业编制，所需人员编制在市农科院现有编制内调剂解决，所需人员经费自收自支。

同日 天津市机构编制委员会办公室同意建立天津市医药人才交流服务中心，为事业单位。给该中心暂核拨事业编制，所需人员经费自收自支。天津市医药人才交流服务中心建立的同时，将原天津市医药局人才交流服务中心撤销。

11月22日 天津市机构编制委员会办公室发出《关于清退乡镇协勤人员的通知》。

11月24日 天津市机构编制委员会办公室《关于重新核定全市工商行政管理分局及下属单位机构编制的通知》提出，区、县个体劳动者协会与区、县私营企业者协会合署办公；区、县消费者协会机构不变；区、县工商事务所（工商咨询服务中心）改设为区、县工商信息中心。市编办（包括区、县编办）下达给各区、县的个体劳动者协会、私营企业者协会、消费者协会事业编制和下达给各分局工商事务所（咨询服务中心）等事业单位的编制一律核销，重新核定各区、县的个体劳动者协会、私营企业者协会、消费者协会和分局工商信息中心人员编制。

11月25日 天津市人民政府发出《天津市政府审批制度改革实施方案》。

11月29日 中共天津市委、市人民政府发出《关于取消企业行政级别和下放市委管理的企业领导人员管理权限的通知》。

本月 中央机构编制委员会发出《关于实施省级政府机构改革几个具体问题的意见》，提出实行政企分开，推进政事、政社分开。

12月2日 天津市机构编制委员会办公室同意建立天津市职业介绍服务中心南开分中心，给该中心核拨事业编制，所需人员经费自收自支。人员来源，原则上从局机关分流。劳动工资计划归口市编委管理。

12月6日 天津市机构编制委员会根据中央机构编制委员会办公室、人事部、国家工商行政管理局《关于重新核定工商行政管理所人员编制及有关问题的通知》精神，同意将中央下达给我市工商行政管理所行政编制，全部核定给18个区（县）工商行政管理所、专业管理所、市场检查中队及市工商局市场检查大队。上述行政编制下达后，根据中央文件要求，原历年下达给全市工商行政管理所使用的专项事业编制一律核销。

12 月 16 日 天津市人民政府办公厅主办的“天津政务网”开通。

12 月 19 日 天津市机构编制委员会办公室同意天津开益国际咨询研究中心更名为开益国际咨询研究中心（天津）。更名后，其单位性质、隶属关系、机构规格、人员编制等均不变。

12 月 25 日 天津市机构编制委员会办公室同意建立天津市商业职业介绍服务中心，为事业单位。给该中心核拨事业编制，所需人员经费自收自支。人员来源，原则上从市委商业工委、市商委机关分流。劳动工资计划归口市编委管理。

12 月 26 日 天津津源影视有限责任公司挂牌成立。该公司是由天津市文化局、天津电影厂、电视台、有线电视台、电影公司等单位共同出资组建的多元投资主体公司，注册资本 1 000 万元。主要经营电影、电视的制作和销售，广告制作和代理，影视创作生产筹划咨询，影视培训及影视相关产品的开发经营。

12 月 30 日 天津市召开区街工作会议，提出《天津市区街管理体制改革的意见》。进一步明确市、区、街职能，推进城市管理重心下移，确立城市管理以区为主、以街道管理为基础的城市管理体制。改革的主要内容是，进一步完善环境卫生管理以区、街为主的体制，完善“两级政府、三级管理”。实行园林建设、养护和管理以区为主的体制。由区政府依法对城市管理行使综合执法职能。并明确街道职责，赋予相应的行政职权；加强居委会建设，改善工作条件。

同日 天津市人民政府发出《关于进一步深化公交体制改革的批复》，确定继续支持公交行业发展若干政策。1999 年至 2001 年，市财政补贴实行三年不变的政策，公交企业原享受的有关税费政策保持不变，到 2001 年公交系统要实现扭亏为盈。

是年末 全市常住人口 959.48 万人，户籍人口 910.17 万人。

是年 天津市实现国内生产总值 1 450. 1 亿元，全市财政收入 206. 9 亿元，其中地方财政收入 132. 6 亿元。城镇居民人均可支配收入 7 650 元。

2000 年

1 月 1 日 《每日新报》创刊。该报是《天津日报》社主办的《北方市场导报》改造后的一份新报。

1 月 3 日 天津市人民政府发出《关于进一步扩大对外开放的通知》，提出扩大开放的 12 项措施，成立天津市对外开放工作领导小组。

同日 天津市人民政府发出《关于进一步加快滨海新区发展的通知》，提出滨海新区建设的指导思想、发展的战略构想和发展目标。总体构想是：以天津港、开发区、保税区为骨架，以现代工业为基础，以外向型经济为主导，商贸、金融、旅游竞相发展，形成基础设施配套、服务功能齐全、面向 21 世纪的高度开放的现代化经济新区。

1 月 15 日 新组建的天津市卫生局公共卫生监督所、天津市卫生防病中心、天津市预防医学研究所同时挂牌成立。

本月 中共天津市委、市人民政府发出《天津市加强街道、社区党的建设工作的若干意见》，决定在各街道建立街道党的工作委员会，作为区委的派出所机构；管理街道内党的基层组织。

2 月 11 日 天津市法医鉴定委员会成立。该委员会由市高级人民法院、市人民检察院、市公安局、市司法局和市卫生局的法医学专家和医学专家组成。

2 月 15 日 全国首家以中西医结合、内外科结合诊疗为特色的胃肠疾病医疗基地在南开医院挂牌成立。

2 月 23 日 市政府颁布《天津市禁止违法建设规定》。

2 月 29 日 天津市机构编制委员会同意《经济日报》天津办事处核定事业编制，所需人员经费自收自支。办事处由《经济日报》天津记者站兼管，主要负责《经济日报》在津的发行、经营、外事接待，管理报社在津的财产和报社交办的其他工作。

本月 中石化股份天津分公司挂牌成立。

3 月 2 日 中共中央、国务院发出《关于进行农村税费改革试点工作的通知》。

3 月 6 日 天津市机构编制委员会同意成立天津市室内装饰行业管理办公室，该办公室核定为事业编制，编制来源从市二轻工业总公司所属事业单位建筑设计所现有事业编制总额中划拨，所需人员经费自收自支。

3 月 13 日 中共天津市委、市人民政府召开国务院部门（单位）驻津所属 19 所院校调整管理体制座谈会。根据国务院的决定，天津职业技术师范学院改为中央与地方共建、以天津市管理为主；大港石油集团职工大学、铁道部天津物资管理干部学院、中建六局职工中专、中港一航局职工中专、电力职工中专、交通部航道局职工中专、大港石油学校、中国北方曲艺学校、天津邮电学校、华北石油学校、石油公司技校、航务技校、航道学校、海员学校、大港油田技校、铁十八局技校、中石化四公司技校、天津职业技术师范学院附属技校 18 所学校划归天津市管理。

3 月 14 日 天津市机构编制委员会办公室根据市政府《关于福利彩票发行管理机构有关问题的批复》精神，同意将天津市社会福利有奖募捐委员会办公室改建为天津市福利彩票发行中心。改建后，该中心仍为市民政局所属事业单位。

3 月 30 日 天津市机构编制委员会同意成立水利部天津水利职工培训中心，为市水利局所属事业单位，该中心核定为事业编制，所需人员经费自收自支，人员来源原则由水利局机关分流人员中解决。

4 月 26 日　天津市第二肿瘤医院即天津市第二中心肿瘤医院成立。

4 月 28 日　天津国际医疗康复大厦在中医学院第一附属医院落成。

4 月 29 日　天津广播电视网络公司成立。该公司是由天津市有线电视台，市中心六区有线电视中心，滨海三区、新四区、经济技术开发区和市辖 5 县广播电局等 20 家股东单位共同发起成立的有限责任公司，注册资金 3 000 万元。其宗旨是建设一个覆盖全市、技术先进、安全可靠，能与国内国际接轨，与现代化大都市相适应的广播电视和信息传输网络，为天津市信息化建设提供基础网络平台。

本月　天津市人民政府批转市科委等 16 个部门《关于我市科研院所管理体制改革的实施意见》。2000 年，72 个转制院所中 39 家转为国有科技企业，11 家转为股份合作制企业，12 家转为有限责任公司，6 家转为企业性质的中介机构，4 家并入企业或其他机构。

5 月 9 日　天津市机构编制委员会办公室同意天津市轻工塑料学校更名为天津市涉外工业学校。

5 月 12 日　天津市机构编制委员会根据市委、市政府《关于建立天津市社会团体管理局的通知》精神，同意社会团体管理局设办公室（政治处）、社团管理处、民办非企业单位登记管理处、法制监督处、政策研究室。建立天津市社会团体管理局执法监察大队。

同日　天津市机构编制委员会办公室同意建立天津市亚行贷款项目管理办公室，为市计委事业单位。该办公室核定为事业编制，所需人员经费在项目管理费中列支。其人员工资福利待遇，参照市世界银行贷款办公室文件执行。人员来源从市计委调配，劳动工资计划归口市编委管理。

5月16日 中共天津市委、市人民政府同意印发《关于进一步严明纪律确保机构改革顺利进行的通知》。

5月24日 中共天津市委、市人民政府召开市机构改革工作会议，对实施《天津市政府机构改革实施方案》进行全面部署。市委书记张立昌讲话，市长李盛霖作动员部署。按照中央要求，市政府工作部门由55个减少到45个；部门管理机构由9个减少到6个；3个议事协调机构的常设办事机构，有2个并入有关部门、保留牌子。改革后市政府办公厅和组成部门26个；直属机构19个；部门管理机构6个；机关行政编制精简50%；各部门内设机构总体精简20%。

5月26日 天津市机构编制委员会办公室根据《天津市人民政府机构改革实施方案》精神，同意天津市生产服务合作社联合社更名为天津市私营企业服务中心，并成建制划归市工商行政管理局管理，仍为自收自支事业单位。

6月16日 天津红星职业中等专业学校、电子计算机职业中等专业学校等14所职专和铁路工程学校、大港油田集团学校等10所中专，晋升为国家级重点中等职业学校。

6月24日 《天津日报》载，国务院批准设立首批15个出口加工区。天津出口加工区位于天津经济技术开发区东北部，规划面积2.54平方千米。

6月28日 天津市机构编制委员会办公室同意天津市人才交流服务中心加挂天津市人事档案委托管理中心的牌子，人才交流服务中心与人事档案委托管理中心为一套机构、两块牌子，加挂牌子后其单位性质、机构规格、人员编制、经费来源均不变。

本月 天津市全市社会团体总数为1 869个。

7月12日 天津市高等职业学校设置评议委员会成立。国家教育部授权天津市政府自行审批设立高等职业学校。

同日 天津电信公司正式挂牌运营。该公司为中国电信集团公司的全资子公司，是经营天津地区电信业务的大型国有企业，并承担党政专用通信和应急通信任务。

7月20日 中共天津市纪委、市委组织部发出《关于街道党的纪律检查机构设置和名称问题的通知》。

7月27日 天津市机构编制委员会办公室同意调整天津市红十字会的内设部室。

8月4日 天津市机构编制委员会办公室同意天津市外贸幼儿园的人员经费来源，由差额拨款改为自收自支。

同日 天津市机构编制委员会办公室同意天津市医药管理局职工大学更名为天津市医药职工大学；天津市中药学校、天津市制药学校合并，校名为天津市药科中等专业学校。更名后，其机构规格、人员编制、单位性质及经费渠道不变。

同日 天津市机构编制委员会办公室同意天津市和平区人民政府供热办公室核定为事业编制，所需经费自收自支。

同日 天津市机构编制委员会办公室同意塘沽区广播电视局与广播电视台合并为一个机构、两块牌子，核定后该单位经费形式为差额补助。

8月7日 中共天津市委组织部、市人事局召开市级行政机关机构改革人员定岗分流工作会议。要求人员定岗工作坚持“工作需要，群众参与，综合考评，组织决定”的原则，中层职位人员要采取竞争上岗的方式；人员分流坚持部门负责、有序进行、积极稳妥的原则，主要途径是带职分流，定向培训，加强企业和基层。

8月10日 天津市首批按照新机制创建的天津市光电子联合科学研究中心、天津市干细胞科学研究中心、天津市新药科学研究中心成立。

8月14日 天津市机构编制委员会办公室同意武清县编制委员会更名武清县机构编制委员会；武清县编制委员会办公室更名

武清县机构编制委员会办公室。

8月18日 天津市机构编制委员会办公室同意天津市农业广播电视学校加挂天津市农民科技教育培训中心的牌子，加挂牌子后其单位性质、机构规格、人员编制、经费来源均不变。

同日 天津市机构编制委员会办公室同意天津市河道闸站管理总所加挂天津市水利局海河管理处牌子，天津市水利局海河管理处与天津市河道闸站管理总所为一套机构、两块牌子，加挂牌子后其单位性质、机构规格、人员编制、经费来源均不变。

8月31日 天津市机构编制委员会根据市人民政府《关于扩大城市管理综合执法试点工作的通知》精神，同意组建天津市和平区城市管理综合执法大队，归口区市容管理委员会管理。下设1个直属中队和6个中队。

本月 天津市机构编制委员会办公室先后同意河北区、河东区、河西区、南开区、红桥区、汉沽区组建城市管理综合执法大队。

本月 天津市城乡经济学校建成并投入使用。1999年7月3日，天津市人民政府批复市农委、市计委、市教委、市财政局《关于农业系统中专学校布局结构调整的意见》，将原农业学校、水利学校、农机学校、水产学校4所中专校合并建成城乡经济学校，并于同年11月开始筹建工作。该校占地面积258亩，新建校舍面积4万多平方米，总建筑面积5万多平方米。教职工2 315人，其中专任教师118人。设有14个专业。

9月7日 天津市机构编制委员会办公室同意撤销天津鼎华审计事务所、天津津华会计师事务所的机构，收回上述两个单位的事业编制。

9月8日 中共天津市委、市人民政府组建中共天津市委滨海新区工作委员会、天津市滨海新区管理委员会，同时组建中共天津市委开发区保税区工作委员会和纪律检查委员会。

9月10日 经教育部批准，天津纺织工学院、天津经济管理干部学院合并组建的天津工业大学成立。该校有学校本部、西藏路校区和大南河小区，占地总面积56.1万平方米，建筑面积23.13万平方米。设有26个本科专业，4个博士学位授权点、18个硕士学位授权点。教职员1 560人，其中专任教师594人，副高级职称以上371人。在校生10 297人。学校实行校、院、系三级管理，设纺织与服装学院、材料科学与化工工程学院等11学院，计算中心等5个辅助部门，25个实验室、6个研究所和6个研究室。

9月13日 全国第一部劳动就业地方性法规《天津市劳动就业管理条例》，经天津市十三届人大常委会第十九次会议审议通过。

9月14日 经国务院批复同意，天津市撤销武清县，设立武清区。

9月22日 天津市农村信用合作社联合社成立。

9月27日 中共天津市委宣传部、《天津日报》社、《今晚报》社、天津电台、天津电视台、天津有线电视台、天津广播电视报共同组建的天津北方网股份有限公司成立。

9月28日 天津市机构编制委员会同意撤销天津市城市管理监察大队，组建天津市城市管理综合执法监察大队，为处级行政执法机构。核定为事业编制，所需人员经费仍在城市维护费中列支。

同日 天津市机构编制委员会办公室同意建立天津市中小企业服务中心，为市经委所属事业单位。

同日 天津市机构编制委员会印发《关于天津市供销合作社内设机构和人员编制的通知》。

9月29日 天津市机构编制委员会同意建立天津市劳动保障监察总队，核拨事业编制，所需人员经费，由市财政纳入全额预算管理；撤销天津市劳动保障监察大队的牌子。

10月10日 天津市机构编制委员会办公室印发《关于区、县供销合作社机构设置和人员编制的通知》。

10月18日 南开大学科技园开园。该园由两部分组成，一部分坐落在华苑产业园内占地7.47万平方米，设计建筑面积10万平方米；另一部分坐落在南开校园西部，占地2.67万平方米，设计建筑面积3万平方米。

10月24日 中共天津市委办公厅、市人民政府办公厅印发关于《中共天津市人民政府办公厅职能配置、内设机构和人员编制规定》、《天津市人民政府经济体制改革办公室职能配置、内设机构和人员编制规定》、《天津市药品监督管理局职能配置、内设机构和人员编制规定》、《天津市市容环境管理委员会职能配置、内设机构和人员编制规定》、《天津市计划生育委员会职能配置、内设机构和人员编制规定》、《天津市人民政府侨务办公室职能配置、内设机构和人员编制规定》、《天津市人民政府人民防空办公室职能配置、内设机构和人员编制规定》、《天津市审计局职能配置、内设机构和人员编制规定》、《天津市环境保护局职能配置、内设机构和人员编制规定》的通知。

10月30日 中共天津市委办公厅、市人民政府办公厅印发关于《天津市人民政府研究室职能配置、内设机构和人员编制规定》的通知。

11月2日 中共天津市委办公厅、市人民政府办公厅印发关于《天津市知识产权局职能配置、内设机构和人员编制规定》、《天津市体育局职能配置、内设机构和人员编制规定》的通知。

11月9日 天津市机构编制委员会办公室印发《关于撤销〈体坛风云〉杂志社的批复》。

11月11日 中共天津市委办公厅、市人民政府办公厅印发关于《天津市文化局（天津市文物局）职能配置、内设机构和人员编制规定》、《天津市广播电视电影局职能配置、内设机构和人员编制规定》、《天津市新闻出版局（天津市版权局）职能配置、内设机构和人员编制规定》、《天津市人民政府经济协作办公室职能配置、内设机构和人员编制规定》的通知。

同日 南开大学文学院成立。

11月13日 天津市机构编制委员会办公室同意建立天津市南开区人民政府经济服务中心，核定为事业编制。

11月16日 中共天津市委办公厅、市人民政府办公厅印发关于《天津市财政局（天津市地方税务局）职能配置、内设机构和人员编制规定》、《天津市统计局职能配置、内设机构和人员编制规定》的通知。

11月17日 天津滨海职业学院成立。

11月18日 天津市药品监督局挂牌。

11月20日 天津市机构编制委员会同意建立天津市地方税务局征收分局，为市地税局直属单位，核拨事业编制，所需编制从税务所专项编制中调剂解决。

11月24日 国务院发出《关于加强城市供水节水和水污染防治工作的通知》。

11月27日 中共天津市委办公厅、市人民政府办公厅印发关于《天津市民政局职能配置、内设机构和人员编制规定》、《天津市粮食局职能配置、内设机构和人员编制规定》的通知。

11月28日 中共天津市委办公厅、市人民政府办公厅印发关于《天津市发展计划委员会职能配置、内设机构和人员编制规定》、《天津市人民政府法制办公室职能配置、内设机构和人员编制规定》的通知。

11月29日 天津市机构编制委员会同意市残联内设机构群工部更名为组织联络部；宣教部更名为宣传文体部。更名后，其职责不变。

本月　中共天津市委决定，对市委管理的部分干部试行任前公示，并出台相应办法。对拟提拔为市级党政机关正副局级的领导干部，在市委讨论决定后、正式办理任职手续前，将公示通告在拟提拔人员所在单位张贴，并印发所属下级单位党政正职。交流任职的，还要参照上述范围在原工作单位进行公示。公示时间一般为7～15天。需经法律程序由市人大常委会、市政府、市政协任命的干部，在市委研究确定提名人选后，先进行公示，然后再按规定向人大常委会、市政府、市政协提名。在公示期间，对群众反映有严重问题并查有实据的，不予任用；对反映的问题性质比较严重，时限内难以查实但又不能否定的，一般暂缓任用。

12月3日　天津市机构编制委员会办公室同意建立天津市创业投资发展中心，该中心为事业单位，挂靠市科委，业务上受天津市风险投资工作联席会的指导；暂核定事业编制，所需人员经费自收自支。劳动工资计划由市编委管理。

同日　天津市机构编制委员会办公室同意建立天津市社会体育指导中心，为体育局所属事业单位，核拨事业编制，所需人员经费自收自支。人员来源，从体育局机关现有干部中调剂。

12月4日　天津市机构编制委员会办公室同意成立《港口经济》杂志社，为市政协办公厅所属事业单位，由开益国际咨询研究中心主办。给该单位核定事业编制，所需人员经费自收自支。劳动工资计划归口市编委管理。

12月5日　中共天津市委办公厅、市人民政府办公厅印发关于《天津市人民政府外事办公室职能配置、内设机构和人员编制规定》的通知。

同日　天津市机构编制委员会同意建立天津市统计局普查中心，为统计局所属事业单位，核拨事业编制，所需人员经费由市财政全额拨款。人员来源，从统计局机关现有干部中调剂。劳动工资计划由市编委管理。

同日 天津市机构编制委员会办公室同意给河东区中小企业信用担保中心核拨事业编制，所需人员经费自收自支。

12 月 6 日 国家科技部批准，在天津经济技术开发区建立中国首家纳米技术产业化基地。

同日 天津市机构编制委员会办公室同意河东区国有资产经营（投资）中心核定为事业编制，所需人员经费自收自支。

12 月 11 日 中共天津市委办公厅、市人民政府办公厅印发关于《天津市海洋局职能配置、内设机构和人员编制规定》的通知。

12 月 13 日 天津市机构编制委员会同意天津市地方税务局武清县分局更名为天津市地方税务局武清区分局。

同日 天津市机构编制委员会同意市委组织部增设街道社区党建设处，所需人员编制在市委组织部现有行政编制中调剂解决。

12 月 18 日 天津市重点新闻网站北方网开通。该网站由天津日报社、今晚报社、天津人民广播电台、天津电视台、天津有线电视台、天津广播电视报社 6 家新闻单位共同出资组建，由北方网股份有限公司主办。

12 月 26 日 中共中央办公厅、国务院办公厅发出《关于市县乡人员编制精简的意见》。

12 月 27 日 中共天津市委办公厅、市人民政府办公厅印发关于《天津市商业委员会职能配置、内设机构和人员编制规定》的通知。

12 月 28 日 中共天津市委办公厅、市人民政府办公厅印发关于《天津市教育委员会职能配置、内设机构和人员编制规定》的通知。

12 月 29 日 天津市机构编制委员会办公室同意建立天津市药品监督稽查执法大队。

本月 按照国务院批转信息产业部关于地方电信管理机构组建方案的要求，组建天津市通信管理局，行使本辖区的通信行政管理职能。撤销天津市邮电管理局。

是年 天津市行政审批制度改革取得阶段性成果。此项改革起步于1999年下半年。改革前，市政府承担行政审批权的部门和企事业单位共有65个，实行审批、核准的事项1 016项。通过改革，取消审批、核准事项206项，审批、核准事项改为备案事项146项，下放区县及有关部门审批的事项29项，保留635项，其中审批事项333项，核准事项290项，备案事项12项。审批、核准事项精简40.5%。保留的审批、核准事项中，近80%是国家法律、法规和部门规章明确规定的，依据天津市地方性法规和规章设立的有20%，依据政府部门规范性文件设立的仅占1%。保留和精简的审批事项，以市政府《关于印发天津市行政审批事项清理方案的通知》确定下来，并通过《天津日报》向社会公布。

是年 天津市农村中小学布局调整规划全面完成。2000年新建中小学132所，其中高中11所，初中14所，中心小学107所，总建筑面积43.66万平方米，总投资3.2亿元。至此，全市农村地区共新建中小学896所，其中高中121所，初中230所，中心小学545所，总建筑面积345万平方米，总投资22.37亿元。

是年末 天津市常住人口1 001.14万人，其中户籍人口912.00万人。

是年 天津市实现国内生产总值1 639.41亿元；全市财政收入完成244.8亿元，其中地方财政收入133.61亿元。全年城镇居民人均可支配收入8 141元。

是年 天津市人民政府批转市教委等六部门拟定的《天津市高等学校后勤社会化改革实施方案》。

2001年

1月3日 中共天津市委办公厅、市人民政府办公厅印发关于

《中共天津市委信访办公室、天津市人民政府信访办公室职能配置、内设机构和人员编制规定》的通知。

1月11日 中共天津市委办公厅、市人民政府办公厅印发关于《天津市科学技术委员会职能配置、内设机构和人员编制规定》的通知。

1月18日 中国保险业监督管理委员会天津办公室成立。

同日 新组建的天津自来水集团有限公司揭牌。

2月1日 中共天津市委办公厅、市人民政府办公厅印发关于《天津市园林管理局职能配置、内设机构和人员编制规定》的通知。

2月2日 引黄济津调水任务完成。黄河位山闸放水8.66亿立方米，天津市九宣闸收水4.01亿立方米。

同日 全国市县乡机构改革工作会议召开。会议提出市县乡机关行政编制总的精简比例为20%，要求推进审批制度改革、清理整顿行政执法队伍、认真搞好乡镇机构改革、切实做好人员分流工作。

2月13日 中共天津市委办公厅、市人民政府办公厅印发关于《天津市卫生局职能配置、内设机构和人员编制规定》的通知。

2月14日 天津市第6所市直属重点中学——天津中学挂牌。该中学坐落于华苑居住区，占地面积160余亩。

2月15日 中共天津市委办公厅、市人民政府办公厅印发关于《天津市人事局职能配置、内设机构和人员编制规定》的通知。

2月17—19日 全国农村税费改革试点工作会议在安徽召开。

2月26日 天津市长李盛霖主持召开市政府第三十六次常务会议，部署市政府部门机构改革工作。截至3月30日，市级行政机关人员定岗分流工作进展顺利，全市30个行政单位完成人员定岗分流工作。会议通过《天津市最低生活保障办法》。

2月27日 天津市机构编制委员会同意设立天津市文化市场

稽查队，人员来源，从市文化局机关分流人员中解决。

同日 天津市机构编制委员同意设立天津市出版物市场稽查队，人员来源，从市出版局机关分流人员中解决。

2月28日 中共天津市委办公厅、市人民政府办公厅印发关于《天津市物价局职能配置、内设机构和人员编制规定》的通知。

同日 天津市市容环境管理委员会成立。

3月14日 中共天津市委、天津市人民政府发出《关于成立中共天津市委城建工委客运出租汽车行业工作委员会和天津市公共客运管理处改建为天津市客运交通管理办公室的通知》。

3月16日 天津市机构编制委员会同意成立天津《求贤》杂志社。

同日 天津市机构编制委员会同意成立天津市人事人才信息中心，为市人事局所属事业单位。

3月23日 中共天津市委办公厅、市人民政府办公厅印发关于《天津市工商局职能配置、内设机构和人员编制规定》、《天津市司法局职能配置、内设机构和人员编制规定》的通知。

3月24日 中共天津市委、市人民政府召开农村税费改革工作会议，传达贯彻中共中央、国务院关于加快农村税费改革指示精神。

3月25日 中共天津市委办公厅、市人民政府办公厅印发关于《天津市民族事务委员会（天津市人民政府宗教事务局）职能配置、内设机构和人员编制规定》的通知。

3月29日 中共天津市委办公厅、市人民政府办公厅印发关于《天津市对外经济贸易委员会职能配置、内设机构和人员编制规定》的通知。

本月 中共天津市委根据党中央批准的《中共天津市委机构改革方案》，对市委机构设置和机关行政编制进行大幅度调整和精简，行政编制精简20%。

本月 撤销宝坻县，设立宝坻区。

4月5日 中共天津市委办公厅、天津市人民政府办公厅印发关于《天津市经济委员会职能配置、内设机构和人员编制规定》、《天津市劳动和社会保障局职能配置、内设机构和人员编制规定》的通知。

4月6日 天津市人民政府批准建立天津青年职业学院。

4月9日 天津市社会团体管理局成立，为天津市民政局所属单位。

同日 中共天津市委办公厅、市人民政府办公厅印发关于《天津市质量技术监督局职能配置、内设机构和人员编制规定》、《天津市人民政府信息化办公室职能配置、内设机构和人员编制规定》的通知。

4月10日 天津市召开整顿和规范市场经济秩序工作会议。

4月12日 天津市机构编制委员会发出《关于进一步清退乡镇协勤人员的通知》提出，为了搞好乡镇机构改革和农村税费改革工作，降低行政成本，减轻农民负担。各涉农区县要继续清理、清退协勤人员。

4月13日 中共天津市委办公厅、天津市人民政府办公厅印发关于《天津市交通委员会职能配置、内设机构和人员编制规定》、《天津市房地产管理局职能配置、内设机构和人员编制规定》、《天津市规划和国土资源局职能配置、内设机构和人员编制规定》、《天津市机关事务管理局职能配置、内设机构和人员编制规定》的通知。

4月14日 国家教育部批准组建的南开大学天津大学刘徽应用数学中心成立。

4月19日 天津市机构编制委员会办公室在大港区召开区县机构改革座谈会，8个区县参加了座谈会。会议对区县街道乡镇机构改革问题进行了座谈。

4月21日 上海浦东发展银行天津分行成立。

4月24日 《天津日报》滨海记者站、新华社渤海记者站、中央人民广播电台、中国国际广播电台天津记者站4家新闻单位在塘沽广播电视大厦举行揭牌仪式。

4月28日 天津市人民政府信息化办公室正式挂牌成立。

5月15日 司法部和中央编办联合召开市县乡司法行政机关机构改革座谈会，专题研究司法行政机关机构改革中的具体问题。

同日 中共天津市委办公厅、市人民政府办公厅印发关于《天津市建设管理委员会职能配置、内设机构和人员编制规定》的通知。

5月22—23日 天津市十三届人大常委会举行第二十五次会议，审议通过《天津市失业保险条例》、《天津市节约能源条例》。

5月30日 国家科技部、教育部为22所“国家大学科技园”授牌，天津大学被授予“天津大学国家大学科技园”牌匾。这是天津市唯一的国家级大学科技园。

5月31日 天津市机构编制委员会办公室同意天津市港航监督名称变更为天津市地方海事局。名称变更后，天津市地方海事局仍与天津市航运管理处、天津市船舶检验处为一套机构、三块牌子，其人员编制、经费来源渠道、机构规格等均不变。

同日 天津市召开全市区县、街道、乡镇机构改革工作会议。传达全国市县乡机构改革会议精神，对本市改革工作进行部署。

同日 天津市机构编制委员会办公室根据中华人民共和国渔业船舶检验局文件要求，同意中华人民共和国天津渔船检验局的名称变更为中华人民共和国天津渔业船舶检验局。

6月1—3日 中共中央政治局常委、国务院副总理李岚清考察天津整顿和规范市场经济秩序工作，并就基础教育改革与发展、高校联合办学等问题进行调研。

6月6日 天津钢管有限公司成立揭牌。该公司是由天津钢管公司改制的。

6月8日 渤海证券有限公司正式揭牌。

6月11日 中共天津市委办公厅、市人民政府办公厅印发关于《天津市水利局（天津市引滦工程管理局）职能配置、内设机构和人员编制规定》的通知。

同日 中共中央宣传部公布第3批首个爱国主义教育示范基地。天津平津战役纪念馆、周恩来邓颖超纪念馆、自然博物馆、科学技术馆列为示范基地。

6月13日 国务院发布《城市房屋拆迁管理条例》。

6月16日 公安部和中央编办联合召开市县公安机关机构改革座谈会，主要研究市县公安机关机构改革问题。

同日 天津医科大学举行大会，庆祝建校50周年。

6月27日 中共天津市委办公厅、市人民政府办公厅印发关于《天津市安全生产监督管理局职能配置、内设机构和人员编制规定》的通知，设立天津市安全生产监督管理局，市安全生产监督管理局（市安全生产委员会办公室）设在市经济委员会。

7月4日 天津市财政局、物价局联合印发《关于清理整顿行政事业性收费项目的通知》。规定从7月1日起，对445项行政事业性收费，取消、停收、归并283项，只保留162项。

7月19日 天津市机构编制委员会办公室同意建立天津市津南区农业高新技术开发区管理委员会。该管委会核定为事业编制，人员来源从津南区现有机关、事业单位中调剂。

7月20日 华夏未来少儿艺术中心新厦奠基仪式举行。

8月6日 天津市9市区机构改革座谈会在大港区召开，会议对市区机构改革问题进行了座谈。6个中心城区和塘沽区、汉沽区、大港区的有关负责同志参加了座谈会。

8月10日 天津市第1个遗址类博物馆——元明清天妃宫遗址博物馆开工修建。

8月22日 天津市人民政府出台《关于全面推进住房货币分配工作实施意见》。

8月24日 中共天津市委办公厅、市人民政府办公厅发出关于转发《天津市药品监督管理体制改革实施方案》的通知。

8月29日 市科教领导小组召开第6次会议，讨论《天津市基础教育改革与发展的若干意见》及配套文件。

9月1日 深圳发展银行天津分行正式开业。该行是深圳发展银行在天津设立的一级分行，下辖河西、新华、新技术产业园区、滨海4家支行。4月13日由中国人民银行正式批准设立。

9月9日 中共天津市委办公厅印发关于《中共天津市委组织部职能配置、内设机构和人员编制规定》、《中共天津市委宣传部职能配置、内设机构和人员编制规定》、《中共天津市委统一战线工作部职能配置、内设机构和人员编制规定》、《中共天津市委老干部局职能配置、内设机构和人员编制规定》、《中共天津市委政法委员会职能配置、内设机构和人员编制规定》的通知。

9月12日 中共天津市委办公厅印发关于《中共天津市委办公厅职能配置、内设机构和人员编制规定》、《中共天津市委研究室职能配置、内设机构和人员编制规定》、《中共天津市委财经工作办公室职能配置、内设机构和人员编制规定》的通知。

同日 中共天津市委办公厅印发关于《中共天津市委工业工作委员会职能配置、内设机构和人员编制规定》、《中共天津市委对外经济贸易工作委员会职能配置、内设机构和人员编制规定》、《中共天津市委教育卫生工作委员会职能配置、内设机构和人员编制规定》、《中共天津市委科学技术工作委员会职能配置、内设机构和人员编制规定》、《中共天津市委商业工作委员会职能配置、内设机构和人员编制规定》的通知。市委上述工委为市委的派出机构，分别与政府有关委合署办公。

9月15日 中共天津市委办公厅印发关于《中共天津市纪律

检查委员会机关、天津市监察局职能配置、内设机构和人员编制规定》的通知。

同日 中共天津市委办公厅印发关于《中共天津市委交通工作委员会职能配置、内设机构和人员编制规定》、《中共天津市委规划建设工作委员会职能配置、内设机构和人员编制规定》的通知。市委上述工委为市委的派出机构，分别与政府有关委合署办公。

同日 中共天津市委办公厅印发关于《中共天津市金融工作委员会（中共天津市委综合经济工作委员会）职能配置、内设机构和人员编制规定》的通知。

同日 中共天津市委办公厅、市人民政府办公厅印发关于《天津市农村工作委员会职能配置、内设机构和人员编制规定》、《天津市农业局职能配置、内设机构和人员编制规定》的通知。

9月24日 中共天津市委办公厅、市人民政府办公厅印发关于《天津市机构编制委员会办公室职能配置、内设机构和人员编制规定》的通知。根据《中共天津市委关于市委机构改革的实施意见》，天津市机构编制委员会办公室为市机构编制委员的常设办事机构，既是市委的工作机构，又是市政府的工作机构，列入市委序列，与市人事局合署办公。

9月27日 中共天津市委、市人民政府印发关于《天津市区县、街道、乡镇机构改革实施意见》的通知。

9月29日 经国务院批准，天津市撤销宝坻县，设立宝坻区。

9月30日 天津市人民政府同意将由市体改办管理的天津产权交易中心划转市财政局（国有资产管理办公室）管理，该中心是天津产权交易管理委员会的日常办事机构。

10月4日 天津市新四区（原四个郊区，现东丽、西青、津南、北辰区）第一所投资超亿元的示范高中校杨柳青一中落成。

10月5日 中共中央办公厅，国务院办公厅发出《关于严格控制机构编制的通知》。

10 月 9 日 天津市人民政府颁布《天津市粮食购销管理办法》。

10 月 14 日 中共天津市委办公厅印发关于《中共天津市市级机关工作委员会职能配置、内设机构和人员编制规定》的通知。

10 月 17 日 中共天津市委办公厅、市人民政府办公厅印发关于《天津市公安局职能配置、内设机构和人员编制规定》的通知。

10 月 30 日 国务院发出《关于进一步规范彩票管理的通知》。

10 月 30—31 日 天津市十三届人大常委会举行第二十八次会议，审议通过《天津市矿产资源管理条例》、《天津市人民代表大会常务委员会关于加强经济工作监督的规定》和《天津市人民代表大会常务委员会预算审查监督条例》。

10 月 31 日 国务院办公厅发出《关于进一步整顿和规范建筑市场秩序的通知》。

11 月 1 日 天津市城镇职工基本医疗保险制度实施。

11 月 4 日 脐带血干细胞库在天津市建成并通过来自日本、韩国、泰国及我国台湾省的 9 位亚洲库专家验收。

11 月 6 日 中共天津市委、市人民政府印发关于《和平区党政机构改革方案》、《河西区党政机构改革方案》、《南开区党政机构改革方案》、《河北区党政机构改革方案》、《河东区党政机构改革方案》、《红桥区党政机构改革方案》、《北辰区党政机构改革方案》、《津南区党政机构改革方案》、《西青区党政机构改革方案》、《东丽区党政机构改革方案》的通知。

11 月 10 日 天津博物馆开工建设。

11 月 13 日 开发区与轻工业学院举行签字仪式，双方将在开发区建设天津轻工业学院开发区校区。

是年 中共天津市委、市人民政府发出通知，决定中共天津市委党校与天津行政学院合并。两校为一个机构、两块牌子，列入市委机构序列。

11月20日 国家海洋局所属国家海洋技术中心在天津成立。

11月22日 中共天津市委办公厅、市人民政府办公厅印发关于《天津市旅游发展委员会办公室职能配置、内设机构和人员编制规定》的通知。

12月12日 天津音乐学院和交通银行天津分行达成合作意向，拟贷款1亿元建设音乐学院。

12月17日 中共天津市委、市人民政府印发关于《塘沽区党政机构改革方案》、《汉沽区党政机构改革方案》的通知。

12月18日 中共天津市委、市人民政府印发关于《大港区党政机构改革方案》的通知。

同日 天津市机构编制委员会同意天津市人民政府驻北京办事处调整内设机构编制，同意该处招待所同时挂“北京天津宾馆”的牌子。

同日 南开大学、天津大学联合研究院揭牌仪式在南开大学举行。

12月20日 全国第一家人才股份有限公司——天津北方人才港股份有限公司成立。

12月22日 天津市大港区被批准为国家可持续发展试验区。

12月30日 中共天津市委、市人民政府印发关于《武清区党政机构改革方案》、《蓟县党政机构改革方案》、《静海县党政机构改革方案》、《宁河县党政机构改革方案》、《宝坻区党政机构改革方案》的通知。

是年 全市党政机关共有局级干部1 104名，处级干部10 684名。

是年 天津市全市国资律师事务所全部脱钩改制，完成由国家投资向自律性律师事务所的转化。

是年 天津市公证处、开发区公证处已转制为自收自支、独立承担民事责任的非营利全民所有制事业单位。

是年末 全市常住人口 1 004.06 万人，户籍人口 913.98 万人。

是年 天津市实现国内生产总值 1 826.67 亿元，全市财政收入完成 304.5 亿元，其中地方财政收入 163.63 亿元，工业总产值完成 3 278.22 亿元。城市居民人均可支配收入 8 958.70 元。

是年 天津市街道、乡镇法律服务所有 169 家。

2002 年

1 月 5 日 东方器官移植研究所在天津市第一中心医院成立。

1 月 7 日 天津市人民政府成立天津市住房委员会，原天津市城镇住房制度改革领导小组及其办公室撤销。

1 月 8 日 天津市机构编制委员会发出《关于区县政协机关综合办事机构设置问题的通知》。

1 月 10 日 天津市机构编制委员会印发关于《天津市乡镇事业单位机构改革的意见》的通知。

1 月 14 日 天津市机构编制委员会同意建立天津市生活垃圾处理中心，其主要职责是，推动先进的垃圾处理技术和工艺；负责垃圾处理费的使用和分拨等工作。给该中心核定事业编制，所需人员经费在征收的垃圾处理费中列支。

1 月 18 日 天津市困难职工救助中心成立。

1 月 22 日 天津市人民政府颁布《关于废止 80 件政府规章的决定》。

1 月 23 日 天津市机构编制委员会办公室同意建立泰达图书馆，给该馆暂核拨事业编制，主要负责图书馆的筹备和建设工作。

同日 天津市机构编制委员会办公室印发《关于西青区供销合作社内设机构和人员编制的批复》。

1月24日 天津市机构编制委员会同意建立中国海监天津总队，暂核定为事业编制。人员来源，主要从机关现有人员及军队转业干部安置中调剂解决。

1月25日 中共天津市委办公厅、市人民政府办公厅印发关于《中共天津市委党校、天津行政学院职能配置、内设机构和人员编制规定》的通知。

同日 中共天津市委办公厅、市人民政府办公厅印发关于《天津市人民政府参事室职能配置、内设机构和人员编制规定》的通知。

1月29日 天津市机构编制委员会发出《关于成立天津市水政监察总队的批复》。

2月1日 天津市司法鉴定工作委员会成立。孙海麟任主任。

2月7日 中共天津市委印发关于《天津市人大机关机构改革方案》的通知。

同日 中共天津市委印发关于《天津市政协机关机构改革方案》的通知。

同日 中共天津市委印发关于《天津市高级人民法院机关机构改革方案》、《天津市第一中级人民法院机关机构改革方案》、《天津市第二中级人民法院机关机构改革方案》和《天津市海事法院机关机构改革方案》的通知。

同日 中共天津市委印发关于《天津市人民检察院机关机构改革方案》、《天津市人民检察院第一分院机关机构改革方案》和《天津市人民检察院第二分院机关机构改革方案》的通知。

同日 天津市机构编制委员会办公室同意成立天津市人民医院（筹备处），为事业单位，暂核定事业编制，人员和编制均从局系统内部调剂。

2月11日 国务院办公厅发出《关于加强认证认可工作的通知》。

2月21日 天津市机构编制委员会发出《关于核定天津市机械设备成套局内设机构和人员编制的批复》。

2月27日 引滦入津水源保护工程开工。

3月1日 天津市规划委员会正式成立。

3月7日 天津市机构编制委员会办公室印发《关于北辰区供销合作社内设机构和人员编制的批复》。

3月12日 天津市机构编制委员会同意将市委大院管理办公室、市委接待室、政府采购与国有资产管理办公室、市级机关住房制度改革办公室、电话总站、机关门诊部、食堂、淋浴室、理发室、锅炉房、物资组、传达室合并建立市机关事务管理局市级机关后勤管理部，为局所属单位。核定事业编制，该单位所需编制从局后勤服务部门事业编制中核减，所需人员经费渠道不变。

3月18日 天津市机构编制委员会办公室同意建立天津市技术产权交易所。该所的主要职责是，支持高新技术成果和产业的发展，为企业科技成果转化提供服务；提供国内国际间技术与资本的交流渠道，为科技企业引进战略性投资伙伴，使科技企业实现低成本扩张；架设技术与资本的转换桥梁，促进高新技术产业化进程。

3月19日 天津市农业重点科技工程农业生物技术研究中心正式成立。

3月27日 天津市人民政府参事室成立，与天津市文史馆合署办公。

3月28日 中共天津市委办公厅印发关于《共青团天津市委员会机关机构改革方案》的通知。

同日 中共天津市委办公厅印发关于《天津市妇女联合会机关机构改革方案》的通知。

3月29日 中共天津市委办公厅印发关于《天津市总工会机关机构改革方案》的通知。

3 月 30 日 天津大礼堂改造工程竣工。天津大礼堂始建于1959 年，建筑面积 3.27 万平方米，主要功能为接待各种会议和一般性演出。此次改造分为两期：一期是 2000 年 8 月至 12 月 5 日，对其中的中华礼堂进行改造。二期是 2001 年 8 月 18 日至 2002 年 3 月 30 日，对大礼堂（包括小礼堂前厅）进行改造。改造后的天津大礼堂具备承接国际国内大型会议及音乐会、歌舞剧等大型综艺节目的功能。天津大礼堂同时被冠名天津大剧院。

4 月 9 日 天津市机构编制委员会办公室同意建立天津市新技术产业园区南开科技园管理委员会。该管委会核定为事业编制，人员来源，从区党政机关分流人员中调剂解决。

4 月 12 日 国务院批准《电力体制改革方案》。

4 月 16 日 天津市机构编制委员会办公室同意天津市机电工程技术学校更名为天津市机电工艺学院。

4 月 27 日 中共天津市委办公厅、市人民政府办公厅印发《关于天津市畜牧局改建为天津市畜牧业发展服务中心的通知》、《关于天津市农业机械局改为天津市农业机械发展服务中心的通知》。

4 月 28 日 上海浦东发展银行天津分行与市教委签订合作协议，授信 4 亿元人民币支持天津高校“十五”综合投资规划。

4 月 30 日 经天津市教委同意，天津对外经济贸易职业学院改为股份制中专天津市国际商务学校。天津对外经济贸易学院、北方集团、天津对外贸易总公司等发起组建总股本 400 万元。2002 年 9 月 6 日开学。

5 月 8 日 天津人民广播电台滨海台开播。滨海台是天津人民广播电台继新闻、交通、文艺、经济、音乐、生活 6 个频道之后推出的第 7 个全新广播频道。

同日 《天津青年报》复刊。该报创刊于 1949 年 6 月 12 日。

5 月 9 日 天津市机构编制委员会办公室同意将天津市市容环

境管理委员会职工中等专业学校更名为天津市环境管理中等职业学校。更名后，其隶属关系、机构规格、人员编制、经费渠道等均不变。

5 月 13 日 天津市机构编制委员会办公室同意天津市青泊洼劳教所更名为天津市青泊洼劳动教养管理所；天津市板桥劳教所更名天津市板桥劳动教养管理所；天津市新建劳教所更名为天津市新建劳动教养管理所；天津市双口劳教所更名为天津市双口劳动教养管理所；天津市渔山劳教所更名为天津市渔山劳动教养管理所；天津市大苏庄劳教所更名为天津市大苏庄劳动教养管理所。

同日 天津市机构编制委员会发出《关于天津市迎宾馆内设机构和人员编制的批复》。

5 月 15 日 国务院发出《关于加强城乡规划监督管理的通知》。

5 月 23 日 天津市机构编制委员会办公室同意建立农业部渔业环境及水产品质量监督检验测试中心（天津），为市农委所属事业单位，核定事业编制。所需编制，本着精简的原则，从原市水产局所属的市水产研究所现有事业编制中划拨。

5 月 27 日 天津医科大学眼科中心获得中国侨联授予的科教兴国示范基地称号。

5 月 28 日 天津市机构编制委员会办公室同意建立天津市广播影视稽查队，为局所属事业单位。核定为事业编制。所需人员编制，从市广播电视电影局科学技术研究所事业编制中划拨。

6 月 1 日 华夏未来少儿艺术中心新厦竣工并正式开放。该中心位于河西区体院北，2001 年 7 月 20 日奠基开工，占地 6 219 平方米，总建筑面积 15 048 平方米。

6 月 6—7 日 由中国行政管理学会、天津市行政管理学会联合主办的“中国加入 WTO 与行政审批制度改革”研讨会在天津天宇大酒店召开。全国各省、市、自治区和中央国家机关、全国行政学界、行政法学界及各高校等院校专家学者及有关企事业单位共200余人参加研讨会。

6月10日 天津市机构编制委员会办公室同意建立天津海河意式风情区管理委员会，所需编制和人员由区自行调剂解决。该管委会主要负责天津海河意式风情区内的各项管理工作。

6月11日 天津市机构编制委员会办公室同意建立天津市财政局预算编审中心，该中心核定事业编制，编制来源，从市财经学校（市财税干部中等专业学校）现有事业编制中划拨。

6月28日 天津市机构编制委员会同意成立天津市结构调整土地收购中心。给该中心核拨事业编制，人员来源，从局机关或事业单位选调。

7月2日 经国家教育部批准，天津轻工业学院更名为天津科技大学。天津科技大学为多科性本科院校，以本科教育为主，同时承担研究生培养任务。

7月9日 天津市机构编制委员会办公室同意将天津市纺织干部中等专业学校更名为天津市涉外工贸中等职业学校，该校仍与中共天津市纺织工业总公司委员会党校为一套机构、两块牌子。

同日 天津市机构编制委员会办公室同意组建天津市津工集团。撤销天津市津工房地产交易中心，收回其自收自支事业编制。

7月10日 国家海关总署驻天津特派员办事处成立。该办事处的管辖范围包括北京、天津、石家庄、郑州、太原、呼和浩特、满洲里7个直属海关和秦皇岛海关中专学校。

同日 亚洲最大器官移植中心东方器官移植中心工程在天津市第一中心医院开工建设。

7月15日 天津市人民政府公布《天津市人民政府拟定地方性法规草案和制定政府规章及其他规范性文件规定》。

7月17—18日 天津市十三届人大常委会第三十四次会议，审议通过关于修改《天津市失业保险条例》的决定；审议通过

《天津市大气污染防治条例》、《天津市建筑市场管理条例》和《天津市老年人教育条例》。

8月6日 天津市机构编制委员会发出《关于天津市区县社会福利生产办公室人员编制及变更经费渠道的批复》。同意核减天津市区县社会福利生产办公室事业编制，所需人员经费由市财政全额拨付。

8月8日 天津市自来水集团决定与美国地球工程公司合作，对芥园水厂进行大规模改造，双方组建的天津泰科水务公司举行挂牌仪式。

8月14日 天津市机构编制委员会办公室同意在天津市安宁医院加挂天津市安宁福利院牌子。

8月16日 经国务院学位委员会批准，南开大学成为中国首批 EMBA 培养学校。

同日 全国最大中央直属棉花储备库在天津建成。

8月21日 《天津日报》报业集团正式成立。

8月23日 天津市机构编制委员会办公室同意调整天津市人民政府城市基础设施配套办公室内设机构。

8月24日 中共天津市委、市人民政府同意成立天津市住房公积金管理中心，主要负责本市行政区域内住房公积金的管理运作。撤销天津市住房资金管理中心，原工作职能划归天津市住房公积金管理中心。

8月28日 天津市的南围堤河更名为复兴河。

8月30日 中共中央办公厅、国务院办公厅发出《关于进一步加强机构编制管理工作的通知》。

9月3日 中国海事仲裁委员会天津办事处成立。这是继大连、广州和上海设立办事处之后的第4个办事处。

9月6日 经国家教育部批准，天津医学高等专科学校成立。该校原为天津护士学校，前身为1908年创建的天津公立女医附设女医学堂，坐落于和平区鞍山道。

9月10日 天津市机构编制委员会发出《关于天津广播电视电影集团主要职能配置、内设机构和人员编制问题的通知》。天津广播电视电影集团为事业单位，实行企业化管理，由市委宣传部领导，接受市广播电视电影局的行业管理。

同日 天津城市建设学院举行新校题名揭牌仪式。

9月12日 天津市机构编制委员会办公室同意在元明清天妃宫遗址博物馆加挂天津市文化遗产保护中心的牌子。加挂牌子后，其单位性质、隶属关系、机构规格、人员编制、经费渠道等均不变。

9月17日 国务院办公厅转发中央编办《关于清理整顿行政执法队伍实行综合执法试点工作意见的通知》。

同日 天津市机构编制委员会办公室同意撤销天津市化工局计算机应用技术服务中心，其事业编制由市收回。

9月20日 天津市机构编制委员会办公室同意在天津市城市建设档案馆（天津市城市建设档案管理处）加挂天津市地质资料馆牌子。加挂牌子后，其单位性质、隶属关系、机构规格、人员编制、经费渠道等均不变。

9月26日 鼓楼商业街建成开业。

9月28日 天津市机构编制委员会办公室同意将天津市海洋预报台更名为天津市海洋环境监测预报中心。该中心仍与国家海洋局北海分局塘沽海洋站为一套机构、两块牌子。

9月29日 天津市外商投资企业活动中心在天津经济技术开发区泰达国际会馆成立。

10月15日 中共天津市委发出《关于设立天津空港物流加工区的通知》。建立天津空港物流加工区管理委员会，与天津港保税区管理委员会为一套机构、两块牌子，负责空港物流加工区的规划管理和区域管理。空港物流加工区管理委员会一般不设单独内设机构，国家和市有关部门及单位一般也不在区内设立驻区分支机构，有关工作由天津港保税区管理委员会职能部门、国家和市有关部门及单位驻保税区的分支机构承担。

10月18日 天津市机构编制委员会同意建立天津市希望工程实施办公室，为事业单位，核定事业编制。其主要职责是：负责希望工程实施过程中的宣传、筹资、基金和财务管理，资助贫困学生和失学儿童继续学业及援建希望小学等工作。

10月24日 天津市十三届人大常委会举行第三十六次会议，审议通过《天津市人民代表大会常务委员会讨论、决定重大事项的规定》、《天津市商品房管理条例》、《天津市滨海新区条例》和《天津市参加台湾省出席第十届全国人民代表大会代表协商选举会议代表名单》。

10月28日 经中共天津市委和国家广播电影电视总局批准，天津广播电视电影集团成立并举行揭牌仪式。成立后的集团成员单位有天津电台、电视台、电影制片厂、广播电视网络公司、北方网、津源影视公司、广播电视报、音像资料馆、广播影视艺术团、天塔、天宇大酒店、音像公司、广视房地产开发公司等。

同日 天津桂发祥集团生产基地落成投产。

11月5日 天津市人民政府公布《天津市城市房屋拆迁管理规定》。

11月8—14日 中国共产党第十六次全国代表大会在北京召开。党的十六大报告提出，要提高依法执政能力，改革事业单位管理体制，政事分开和科学规范部门职能，合理设置机构，优化人员结构，实现机构和编制的法定化。

11月15日 天津市机构编制委员会办公室发出《关于天津市房地产产权市场管理处更名及机构职责、人员编制的批复》。

同日 天津市机构编制委员会办公室发出《关于成立天津市土地登记中心的批复》。

同日 天津市机构编制委员会办公室印发《关于成立天津市房地产登记发证交易中心的批复》。

11月19日 天津市机构编制委员会办公室发出《关于收回天津市黄瓜研究所和天津市蔬菜研究所事业编制的批复》。

11月25日 中共天津市委办公厅、市人民政府办公厅发出《关于进一步加强机构编制管理工作的通知》，就进一步加强机构编制管理工作提出明确要求：充分认识加强机构编制管理工作的重要性；坚持机构编制工作施行集中统一领导；认真执行机构编制分级管理制度；进一步控制非常设机构的设立；严格控制机构编制增加；建立并完善机构编制管理与财政预算管理相互配套协调约束机制；加强机构编制管理工作的督促检查；机构编制部门要充分发挥职能作用。

12月6日 天津空港物流加工区开工。

12月11日 美国摩托罗拉电子公司亚洲物流中心在天津港保税区开工建设。

12月18—19日 天津市十三届人大常委会举行第三十七次会议，审议通过《天津市人民代表大会常委会关于召开天津市第十四届人民代表大会第一次会议的决定》，审议通过《天津市节约用水条例》、《关于修改〈天津市城市道路管理条例〉的决定》、《天津市农作物种子管理条例》。

12月26日 天津市机构编制委员会办公室发出《关于进行区县机构改革检查验收的工作通知》。

2003年

1月2日 天津市机构编制委员会同意建立天津市检察官学院（属非学历教育机构），核定事业编制。该院主要承担本市检察官的岗位培训任务。原市检察官培训中心同时撤销。

同日 国务院发布《排污费征收使用管理条例》。

1月4日 民进天津市委员会召开大会，庆祝中国民主促进会天津市地方组织成立50周年。

1月7日 天津市人民政府批转市统计局《关于天津市统计管理体制实行在地统计的意见》。

1月10日 天津市人民政府《批转市政府残工委拟定的天津市创建全国残疾人工作示范城市总体实施方案的通知》提出，市和区、县均建成功能齐全的残疾人综合服务设施。各街道、乡镇都要依托残疾人服务社（站）开展残疾人活动，为残疾人提供综合服务。

1月21日 坐落在天和医院的天津市综合性急救中心竣工。

1月22日 天津市机构编制委员会办公室同意建立天津市保护风貌建筑办公室，核定事业编制，所需人员经费自收自支。主要负责组织协调全市风貌建筑的保护、管理、规划、改造、置换等工作。

2月24—26日 中共十六届二中全会举行。全会审议通过《关于深化行政管理体制和机构改革的意见》，建议国务院根据这个意见形成《国务院机构改革方案》提交十届全国人大一次会议审议。全会指出：要进一步转变政府职能，改进管理方式，改进工作作风，提高行政效率，努力形成行为规范、运转协调、公正透明、廉洁高效的行政管理体制。

2月27日 天津市十四届人大常委会举行第一次会议，市长戴相龙就任免市政府组成人员进行说明。

3月1日 南开大学“国家文科基础学科人才培养和科学研究基地”揭牌。

3月4日 国务院办公厅转发《教育部等部门（单位）关于幼儿教育改革与发展意见的通知》。

3月5日 国务院总理朱镕基在十届全国人大一次会议上提

出，在大力推进改革开放和现代化建设的新情况下，进一步加强政府自身建设特别是政风建设十分重要。朱镕基说，深化行政管理体制改革坚持政企分开，按照精简、统一、效能的原则，进一步转变政府职能，调整政府机构设置，理顺部门职能分工，减少行政审批，提高政府管理水平，努力形成行为规范、运转协调、公正透明、廉洁高效的行政管理体制。党中央、国务院拟定了政府机构改革方案，将提交本次大会审议。

3月6日　十届全国人大一次会议在人民大会堂举行第二次全体会议。备受关注的国务院机构改革方案提请十届全国人大一次会议审议。国家发展计划委员会改组为国家发展和改革委员会；组建商务部；国家计划生育委员会更名为国家人口和计划生育委员会；不再保留国家经济贸易委员会、对外贸易经济合作部；国务院机构改革后除国务院办公厅外，国务院组成部门设置28个。根据《国务院组织法》规定，国务院组成部门的调整和设置，由全国人民代表大会审议批准。设立国务院国有资产监督管理委员会、中国银行业监督管理委员会，组建国家食品药品监督管理局，调整国家安全生产监督管理局的体制，将由新组成的国务院审查批准。本次机构改革的重点是：深化国有资产管理体制改革，完善宏观调控体系，健全金融监管体制，继续推进流通管理体制改革，加强食品安全和安全生产监管体制建设。

3月11日　天津市机构编制委员会办公室同意建立天津市现代物流业管理办公室，与天津市联合运输办公室合署办公。

3月21日　中共天津市河东区委办公室根据中共天津市委办公厅、市人民政府办公厅《关于进一步加强机构编制管理工作的通知》，印发《关于进一步加强机构编制管理工作的通知》，就进一步加强机构编制管理工作提出了明确要求。

同日　中共天津市河东区委、区人民政府同意区机构编制委员会拟订的《河东区国家机关、事业单位机构编制管理暂行规定》

并提出，加强机构编制管理工作，对于确保河东区现代化建设事业的顺利推进，巩固党的执政地位和国家政权建设，提高党的执政水平和政府管理能力，保证国家机器的高效协调运转，实现党政机关为人民服务的根本宗旨，具有十分重要的意义。要求各部门和各单位要高度重视，严格遵守机构编制工作纪律，严格按照政策规定办事。

同日 天津市塘沽区政府、天津港、天津港保税区合作开发临港工业区项目签字。该项目将在南疆海岸滩涂围海造地，一期工程造地20平方千米，约需投资18亿元。

3月25日 商务部、国家电力监督管理委员会正式挂牌。

4月11日 天津市人民政府成立天津市防治非典型肺炎工作领导小组。

4月18日 位于天津市河北区民族路44号的梁启超纪念馆正式开放。

4月22日 天津市人民政府召开会议，部署全市社会性预防和控制非典工作（SARS）。

4月23日 天津市机构编制委员会《关于我市事业单位等级规格称谓问题的通知》提出，为贯彻落实党中央、国务院和市委、市政府关于事业单位机构改革的要求，进一步实行政事分开，加强对事业单位机构编制的管理，经市委、市政府领导同志批准，现就天津市事业单位等级规格称谓问题通知如下：今后，各区县和市级机关有关部门在涉及事业单位等级规格的文件中，除对具有行政执法职能、人员依照公务员管理的事业单位仍按行政级别规定其规格级别外，对其他事业单位统称为“相当××级”。

4月24日 天津市机构编制委员会办公室同意撤销《团结与民主》杂志社，同时收回该杂志社自收自支事业编制。

4月25日 天津市机构编制委员会办公室同意成立天津医科大学人才交流服务中心，为事业单位，核定事业编制，所需人员经费自收自支。

4 月 26 日 新组建的中国电信集团公司天津市电信分公司挂牌。

5 月 1 日 天津市政府紧急征用中铁十八局中心医院(SARS)。经过上千名建设人员 96 小时紧张施工，改建为天津市救治非典定点医院，改名为海河医院。5 月 14 日开始收治非典病人。5 月 12 日，首批 6 名非典患者从天津肺科医院转入该院治疗。

5 月 6 日 国家发展和改革委员会正式挂牌。

5 月 14 日 天津市机构编制委员会办公室同意将和平区劳动服务公司改为和平区劳动保障服务中心，为全额拨款事业单位，核定事业编制（其中含专门从事失业保险经办工作编制）。同意将各街劳动服务公司改为劳动保障服务中心，给各街劳动保障服务中心核定事业编制。编制中，凡新增人员原则上从区教育系统富余人员中调剂解决。原区、街劳动服务公司的事业编制由市收回。

5 月 20 日 天津市机构编制委员会办公室发出《关于市总工会职工消费合作总社改变经费称谓的批复》。

同日 天津市机构编制委员会办公室同意将大港区接收的天津石油化工公司文体中心更名为大港区体育中心，为区体育局管理的自收自支事业单位。给该中心重新核定事业编制。

5 月 26 日 为全面推行在地统计，市编委批准在 18 个区县统计局成立普查中心，全市各街、乡、镇成立统计办公室。

5 月 27 日 《企业国有资产监督管理暂行条例》公布施行。

5 月 30 日 天津市机构编制委员会同意成立天津市复兴中学，为完全中学，由天津市第二幼儿师范学校整建制迁入组建，人员编制和领导职数暂按现有人数核定，所需人员经费为全额拨款。暂保留天津市第二幼儿师范学校牌子，待 2005 年完成幼儿师范教学任务后，此校名即行撤销。

5 月 31 日 《金融许可证管理办法》公布，自 7 月 1 日起施行。

6月18日 天津市第一个较大规模的热带植物观光园在西青区中北镇建成开放。

6月19日 中共中央办公厅、国务院办公厅转发劳动和社会保障部等部门《关于积极推进企业退休人员社会化管理服务工作的意见》的通知。

6月24日 天津市召开农村税费改革试点工作会议，会议提出，推进农村税费改革，切实减轻农民负担。改革的主要内容是：取消乡镇统筹费；取消农村教育集资等专门面向农民征收的行政事业性收费和政府性基金、集资；取消屠宰税；取消农业物产税；取消统一规定的劳动积累工和义务工；调整农业税政策，改革村提留征收使用办法。

6月25日 天津市人民政府颁布《天津市组织机构代码管理办法》、《天津市商业条码管理办法》。

6月27日 全国文化体制改革试点工作会议举行，会议提出，这次文化体制改革试点工作会议的主要任务是，认真落实中共十六大关于文化建设和文化体制改革的要求，研究部署文化体制改革试点工作。中共中央对文化建设和文化体制改革高度重视，胡锦涛总书记多次作出重要指示，中央政治局常委会把指定文化体制改革总体方案写进了2003年工作重点。

7月2日 天津市人民政府颁布《天津市建设工程施工招标投标监督管理规定》。

7月4日 天津市定点医保医院重新确定，477家医疗机构成为2003年基本医疗保险定点医疗机构，其中三级医院36家、二级医院100家、一级医院341家。

7月14日 天津市人民政府发出《批转市人事局拟定的天津市事业单位实行人员聘用制实施办法的通知》。

7月18日 天津经济技术开发区扩展区（西区）拉开建设

序幕。

7月21日 天津市人民政府发出《关于天津空港物流加工区管理委员会管理权限的通知》，天津空港物流加工区管理委员会与天津港保税区管理委员会一个机构、两块牌子，负责空港物流加工区的规划管理和行政管理。

同日 天津市机构编制委员会办公室同意天津市中华会计函授学校更名为天津市会计服务中心，其主要职责调整为：组织实施本市各类会计考试、培训和相关服务性工作；负责本市会计电算化推广、应用工作。

8月13日 中共天津市委办公厅、市人民政府办公厅发出《关于组建天津市渔业发展服务中心的通知》。

同日 天津市机构编制委员会办公室同意天津市水上公园管理处加挂天津水上公园的牌子。

8月15日 天津市人民政府公布《天津市城市建设档案管理规定》；《天津市环境噪声污染防治管理办法》。

8月16日 天津市人民政府公布《天津市矿产资源补偿费征收管理办法》。

8月25日 天津城市道路管网配套建设投资有限公司成立。

同日 坐落在天津市津南区的天津市危险物品处理处置中心落成并试运行。该中心总投资1.35亿元，每年无害化处理危险废物能力3万吨，其中焚烧处理1.35万吨，安全填埋0.62万吨，物理化学处理1万吨。项目按国际标准设计，被列入国家高科技产业化示范项目，为国内首座现代化危险废物处理处置基地。

本月 天津市召开加强环境综合整治创建环保模范城市工作会议，会议提出，积极推进环卫、园林体制改革。必须下大力气推进改革，努力建立起适应市场经济发展要求和城市发展要求的新体制、新机制。一是学习借鉴上海等城市的成功经验，按照责权利相统一原则，进一步明确市区管理职责，真正实行管理重心下移；二是按照政事分开、政企分开、养管分离的原则，加快推进环卫、园林作业单位由事业向企业转制，开放作业市场，实现作业的专业化、社会化；三是按照现代企业制度要求，改革企业用工制度和分配制度，提高企业市场竞争力。

9月1日 天津市机构编制委员会办公室同意天津市收容遣送站更名为天津市救助管理站。更名后，其单位性质、隶属关系、经费渠道、人员编制、机构规格等均不变。

9月17日 国务院发出《进一步加强农村教育工作的决定》要求，加强农村中小学编制管理。要严严格格执行国家颁布的中小学教职工编制标准，抓紧落实编制核定工作。在核定编制时，应充分考虑农村中小学区域广、生源分散、教学点较多等特点，保证这些地区教学编制的基本要求。所有地区都必须坚决清理并归还被占用的教职工编制，对各类在编不在岗的人员要限期与学校脱离关系。建立年度编制报告制度和定期调整制度。有关部门要抓紧制定和实施职业学校和成人学校的教职工编制标准。

9月22日 天津市机构编制委员会办公室印发《关于加强街道、乡镇统计办公室人员编制管理工作的通知》。

9月26日 位于天津经济技术开发区的泰达心血管医院开业。该院一期投资7.2亿元，在全国首家实行职业医院经理人体制。

9月30日 塘沽外滩公园建成并对外开放。

10月14日 中共十六届三中全会通过《中共中央关于完善社会主义市场经济体制若干问题的决定》，着重就当前和今后一个时期需要解决的重要体制问题提出改革目标和任务，作出了决策和部署。

10月16日 经中国银行监督管理委员会批准，中国银行业监督管理委员会天津监管局（简称天津银监局）成立。

10月20日 天津市机构编制委员会办公室根据市卫生局、市人事局、市编委办公室《关于区县卫生事业单位人事调配权划转问题的若干意见》，印发《关于天津市和平区卫生事业单位机构编制划转问题的通知》。

同日 《天津日报》载，国家法官学院天津分院暨天津法官学院落成。该院坐落于大港区津港公路与学府路交口处。

10 月 27 日 天津市机构编制委员会办公室同意将天津大港医院更名为天津市大港医院。更名后，其单位性质、隶属关系、人员编制、经费渠道等均不变。

同日 天津市机构编制委员会办公室同意天津市津台交流服务中心不再保留天津海峡旅行社牌子。

11 月 1 日 银河公园建成。该公园位于天津市河西区友谊路以东，乐园路以南，占地面积 19.89 万平方米，可使用面积 17.14 万平方米，为半下沉式全开放公园。2003 年 7 月开工建设，总投资 7 899 万元。公园由“三天月广场”、高 50 米的“满月塔”和若干小广场组成。

11 月 18 日 天津市人民政府颁布《天津市规范性文件备案办法》。

11 月 20 日 天津市机构编制委员会办公室根据市委、市政府《关于组建天津市人民医院的通知》，发出《关于天津市人民医院组建后有关问题的批复》，同意撤销天津市第二中心医院、天津市滨江医院和天津市红十字会医院。撤销天津市人民医院（筹备处）。同意天津市中西医结合肿瘤研究所、天津市大肠肛门病研究所和天津市脊柱外科研究所为天津市人民医院所属事业单位。天津市人民医院内设机构和人员编制等事宜，待市卫生局研究提出具体方案后，另行报市编委审批。

12 月 2 日 国家发展和改革委员会批准天津奥林匹克中心体育场开工建设。该体育场位于南开区滨水西道。建筑面积 15.8 万平方米，总投资近 14 亿元，是天津市协办 2008 年北京奥运会举行足球预赛的场地。

12 月 5 日 坐落在天津经济技术开发区的泰达图书馆建成开馆。该馆总投资 5 亿元，建筑面积 6.67 万平方米，主体地上 15 层，地下一层。由美国加州城建设计集团设计。藏书容量 100 万册，日接待读者 5 000 人次，设 1 200 个阅览座位，集图书、情报、档案一体化管理。

12 月 12 日 天津市十四届人大常委会举行第七次会议，会议审议通过《天津市气象条例》，自 2004 年 3 月 1 日起施行；审议通过《天津港保税区条例》，自 2004 年 3 月 1 日起施行。

同日 美国花旗银行天津分行开业。该行是花旗集团在中国设立的第 5 家分行。花旗银行曾在 1916 年 4 月在天津设立分行。

12 月 15 日 天津市机构编制委员会办公室同意给天津市河东区法律援助中心核定事业编制。

12 月 20 日 天津中德培训中心和西班牙机床开发培训中心合作建立的中西机床技术培训中心在南开区育梁路落成。

是年 市人民政府驻外办事处进行调整。办事处由 12 个减为 8 个。保留上海、广州、福州、西安、沈阳办事处；驻新疆、云南、四川办事处分别更名为驻乌鲁木齐办事处、驻昆明办事处、驻成都办事处；撤销驻深圳、海南、广西、重庆 4 个办事处。

2004 年

1 月 1 日 天津市即日起对出口退税机制进行改革。

1 月 7 日 天津市人民政府公布《天津市水污染防治管理办法》。

同日 天津市机构编制委员会办公室同意将天津市锅炉压力容器技术检验所、天津市特种设备监督检验所、天津市锅炉水质监测中心合并，成立天津市特种设备监督检验技术研究院，给该院核定事业编制。该院的主要职责是，按照有关法律法规，负责天津市特种设备的监督检验、定期检验、型式试验、锅炉水质监测及相关的技术咨询、技术服务工作。天津市锅炉压力容器技术检验所、天津市特种设备监督检验所、天津市锅炉水质监测中心予以撤销，其三个单位的事业编制由市收回。

2月7日 天津产权交易中心与上海联合产权交易所，同时被国务院国资委选定为中央企业国有资产产权交易市场。

2月11日 天津市机构编制委员会办公室同意中国国际贸易促进委员会天津市分会（中国国际商会天津商会）下设事业单位：中国国际贸易促进委员会天津市分会（中国国际商会天津商会）会展服务中心、中国国际贸易促进委员会天津市分会（中国国际商会天津商会）企划服务中心、中国国际贸易促进委员会天津市分会（中国国际商会天津商会）经济贸易咨询中心、中国国际贸易促进委员会天津市分会（中国国际商会天津商会）贸易中心。

2月24—25日 全国国有资产监督管理工作会议举行。会议指出：用3年左右时间，建立起新的国有资产监督体制基本框架，为实现国有资产保值增值提供体制和制度保障。

3月1日 《天津日报》报业集团的《城市快报》创刊。

3月5日 民航天津安全监督管理办公室挂牌，同时民航天津市管理局撤销。

3月8日 国务院公布《基金会管理条例》，自2004年6月1日起施行。

3月18日 南水北调天津输水干线工程启动。

3月22日 国务院印发《全面推进依法行政实施纲要》。要求经过10年左右坚持不懈的努力，基本实现建设法治政府的目标。

3月26日 天津市机构编制委员会办公室同意给天津市静海县法律援助中心核定事业编制。

3月28日 津滨轻轨开始试运营。

4月5日 天津市机构编制委员会办公室同意天津市河西区妇

女儿童咨询服务中心核定为事业编制。

4月20日 天津市机构编制委员会办公室同意天津市肺科医院与中铁十八局中心医院合并组建天津市海河医院，为差额拨款事业单位，该院核定为事业编制。撤销天津市肺科医院。原天津市海河医院即行撤销，该院的自收自支事业编制由市收回。

4月21日 国务院发出《关于做好省级以下国土资源管理体制改革有关问题的通知》提出，要进一步理顺省级以下国土资源行政管理体制。市（州、盟）、县（市、旗）国土资源主管部门是同级人民政府的工作部门，其机构编制仍由同级人民政府管理；地区国土资源主管部门的机构编制仍由行署管理。市辖区国土资源主管部门的机构编制上收到市人民政府管理，改为国土资源管理分局，为市国土资源主管部门的派出机构。乡（镇）国土资源管理所的机构编制上收到县（市、旗）人民政府管理，县（市、旗）可以根据实际情况和工作需要，按乡（镇）或区域设置国土资源管理所，为县（市、旗）国土资源主管部门的派出机构。

5月1日 天津市人民医院竣工投入使用。该院由原天津第二中心医院、滨江医院、红十字医院实质性合并迁址到红桥区芥园道重建。占地面积182.1亩，建筑总面积92 239平方米，床位1 000张。定位天津市西部地区集医疗、教学、科研为一体的区域性医疗中心，以肿瘤学科、心血管学科、肛肠学科及脊柱外科为特色，其中肛肠科和脊柱外科在国内处于领先水平。

5月17日 天津市机构编制委员会办公室同意成立天津市大港区新闻中心，该中心核定为事业编制。同意撤销《天津渤海报》大港编辑部，其事业编制由市收回。

同日 天津市机构编制委员会办公室同意成立天津市塘沽区新闻中心，给该中心核定事业编制。同意撤销《天津渤海报》塘沽编辑部，其事业编制由市收回。

5月21日 经国家教育部批准，天津财经学院更名为天津财经大学，天津理工学院更名为天津理工大学。

5月24日 天津市机构编制委员会办公室发出《关于天津市宁河县供销合作社联合社机构编制问题的批复》。

6月1日 天津港（集团）有限公司成立。按照1月20日市人民政府关于《组建天津港（集团）有限公司的批复》，该公司为市管国有独资企业，系天津港集团的母公司，经营管理市政府授权的港口国有资产，对授权范围内的国有资产实施监督、管理和资本运营，行使出资人权利，对国有资产保值增值负责。该公司由天津港务局转制成立。天津港务局行政职能移交天津市交通委员会。

同日 天津电视台少儿频道开播，成为全国省级电视台开办的第一个以未成年人为主要收视群体的专业频道。

6月23日 天津市机构编制委员会办公室发出《关于成立天津市教育考试与评价研究所的批复》。

6月26日 天津市人民政府颁布《天津市设定与实施行政许可规定》。

6月29日 天津市机构编制委员会发出《关于天津市专用通信局主要职责、内设机构和人员编制的通知》。

同日 天津市机构编制委员会办公室同意撤销天津市红桥区财政局国债服务部，将该服务部原事业编制划转给天津市红桥区中小企业信用担保中心。

同日 天津市人民政府公布《关于公布本市创设保留和取消的行政许可事项的决定》、《关于公布取消的行政许可收费项目的决定》、《关于公布市级保留、调整、取消的实施行政许可主体的决定》、《关于废止30件政府规章和80件市政府规范性文件的决定》。

7月1日 天津市机构编制委员会办公室同意将天津市津南区公证处由行政体制改为事业单位。改制后，天津市津南区公证处的主管单位不变。给该处核定事业编制，所需人员经费自收自支。

7月2日 中共天津市委、市人民政府同意组建天津市发展和改革委员会，为市政府组成部门，承担综合研究拟定经济和社会发展政策，指导全市经济体制改革的职能。撤销市发展计划委员会、市政府经济体制改革办公室。

7月9日 经中共天津市委研究决定，组建中共天津市委商务工作委员会，为市委派出机构，负责商业、对外经济贸易、旅游系统和市政府相关部门的工作。撤销市委商业工作委员会、市委对外经济贸易工作委员会。建立中共天津市委新技术产业园区工作委员会，为市委派出机构。撤销天津新技术产业园区管委会党组。

同日 经中共天津市委、市人民政府研究决定，组建天津市商务委员会，为市政府组成部门，承担有关内外贸管理和对外经济合作的职能。市商务委员会挂市对外经济贸易委员会的牌子。撤销市对外经济贸易委员会、市商业委员会。

同日 中共天津市委下发《关于调整天津市地方志编修委员会组成人员的通知》，市委书记张立昌任编委会名誉主任委员，市长戴相龙任主任委员。

7月21日 国务院发出《国务院关于做好2004年深化农村税费改革试点工作的通知》提出，要精简乡镇机构和人员，严格核定和控制乡镇行政和事业编制，由省一级实行总量管理，5年内不得突破。乡镇事业编制总量的调整，由县级机构编制部门报上一级机构编制部门审核，省级机构编制部门审批。按照将事业单位公益性职能和经营性职能分开的原则，整合乡镇事业站所。乡镇政府不再新设自收自支事业单位。强化县级政府对本地区农村义务教育工作的统筹管理，各地区要在今年年底前完成撤销乡镇教育办公室的工作。进一步做好学校布局的合理调整，抓紧进行各县（市、区）农村中小学校教职工编制核定工作，统筹配备县城内城乡中小学校教职工。

7 月 22 日 中共天津市委办公厅、市人民政府办公厅印发《关于〈天津市人民政府国有资产监督管理委员会职能配置、内设机构和人员编制规定〉的通知》。天津市人民政府国有资产监督管理委员会为市政府直属的正局级特设机构，市政府授权市国资委代表国家履行出资人职责。市国资委的监管范围是市政府出资的经营性国有资产（不含金融类企业的国有资产）和部分非经营性国有资产。经营性国有资产包括市政府履行出资人职责的企业（已授权的和未授权的）和实行企业化管理的事业单位的国有资产；部分非经营性国有资产主要是指上述企业办的学校、医院和尚未转制的研究所等。

7 月 29 日 天津市机构编制委员会办公室同意成立天津市梅江中学，为河西区教育局管理的事业单位。所需编制及人员从本区教育系统内调剂，所需人员经费由区财政解决。

7 月 31 日 投资 1.6 亿元的天津市卫生防病中心扩建工程在河东区新开路奠基。

8 月 10 日 中共天津市委办公厅印发《关于〈中共天津市人民政府国有资产监督管理委员会委员会职能配置、内设机构和人员编制规定〉的通知》。市国有资产监督管理委员会成立党委，在市委领导下进行工作，履行市委规定的职责，全面负责市国资委监管企业和事业单位的党的工作。

8 月 17 日 天津市机构编制委员会办公室同意成立天津市贸促分会人才交流服务中心，为市贸促分会管理的事业单位，给该中心核定事业编制。

9 月 市人民政府成立天津市中小企业发展协调委员会。

10 月 1 日 天津眼科新医院投入使用。该院在天津中医药研究院和职业病防治院原址建设，占地 22.56 亩，建筑总面积 37 903 平方米，主楼地上 11 层，设床位 200 张，总投资 1.76 亿元。为中国大型眼科基地之一，也是全国 3 所三级甲等眼科专科医院之一。其重点学科斜视与小儿眼科、视网膜与玻璃体疾病、视光学等，在国内处于领先地位。

10 月 12 日 天津市机构编制委员会办公室发出《关于成立〈天津日报〉武清资讯编辑部的批复》。

同日 天津市机构编制委员会办公室发出《关于给天津八仙山国家级自然保护区管理局核定事业编制的批复》。

10 月 26 日 中共天津市委办公厅印发关于《中共天津市委新技术产业园区工作委员会职能配置、内设机构和人员编制规定》的通知。

11 月 1 日 位于河东区的天津市行政许可服务中心试运行。该中心占地 2.3 公顷，建筑 26 653 平方米，主体地上三层，一、二层为对外办工服务使用，设有 160 个窗口、66 个审批室，三层为会议服务区及办公区。市政府各有关部门及单位第一批进入中心集中办理的行政许可事项 525 项，非行政许可审批事项 69 项，配套服务事项 21 项。进驻中心的部门有 68 个。

11 月 6 日 天津市公安局、市劳动和社会保障局、市财政局联合举行“4050 交通协管员”上岗仪式，首批招录的 1 100 名交通协管员走上执勤岗位。

11 月 26 日 为加快城市基础设施建设，适应全市经济社会发展的需要，经中共天津市委、市人民政府批准，天津城市基础设施建设投资集团有限公司正式成立。天津城市基础设施建设投资集团有限公司是市政府授权的国有独资公司，由市政府对其实行国有资产授权经营，并对授权范围内的国有资产依法经营、管理和监督，承担保值增值责任。市国资委代表市人民政府履行出资人职责，市建委受市国资委委托，负责对城投集团国有资产实施监督管理。

城投集团主要经营业务是，海河综合开发、市区快速路网、地铁、城市环境绿化四大类基础设施项目的投资、建设、经营开发与经营管理。集团下属四个子公司：天津市海河建设发展投资有限公司、天津市城市道路管网配套建设投资有限公司、天津地下铁道有限责任公司、天津市环境建设投资有限公司。作为市政府授权的国有独资公司，城投集团将实施资产经营和资本运作，发挥城市基础设施投融资平台的作用；负责城市基础设施项目的投资；运用政府授予的特许经营权经营城建资产；通过培育上市公司、发行债券、招商引资、吸引国内外资金等途径，募集各类社会资金，参与城市基础设施建设；负责城建相关资产的盘活和监管。

10月28日　天津市机构编制委员会办公室发出《关于事业单位实行人员聘用制工作有关机构编制问题的通知》。

10月29日　天津市机构编制委员会发出《关于核定天津华北地质勘查局机关及所属事业单位机构编制问题的批复》。

11月22日　天津市机构编制委员会办公室同意将天津市东丽区乡镇企业经济技术服务中心和天津市东丽区乡镇企业职业教育培训中心合并，成立天津市东丽区中小企业服务中心，为区工业经济委员会管理的事业单位，给该中心核定事业编制。

11月26日　天津市机构编制委员会办公室同意调整塘沽区各镇（含涉渔农业街道办事处）事业单位机构设置。调整后，各镇设置事业单位暂定为8个：（1）保留农村合作经济经营管理站、计划生育服务站、水利管理站、财政所、规划建设土地管理站。（2）农业技术推广站、农业机械管理站、水产技术推广站、林业工作站合并组建农（渔）业服务中心；广播电视站、文化站合并组建文化广播电视服务中心。（3）乡镇企业管理办公室更名为企业服务中心。以上事业单位由各镇管理。

12月1日　天津市人民政府同意组建天津市交通（集团）有限公司，其性质为政府授权的国有独资公司，是天津市交通集团的母公司。该公司对授权经营范围内的国有资产实施监督、管理和资本运营，行使出资者的权利，承担保值增值责任。天津市交通运输总公司原有行政管理职能移交市交委。

12月5—8日 天津城市总体规划修编纲要编制工作完成。以中国城市规划协会理事长、国家建设部原副部长赵宝江为组长的建设部专家组到津，对天津城市总体规划修编纲要进行审查。

12月10日 天津市机构编制委员会办公室同意成立天津市宁河县电子政务信息与网络中心，由县政府办公室管理，给该中心核定事业编制。

12月13日 经国务院批准，北京市和天津市之间将建设一条长达115千米的京津城际铁路客运专线。

12月20日 天津市又一座标志性文化设施——天津博物馆落成开馆。天津建城600周年展览在此同时开展。该馆位于河西区银河广场，建筑面积3.5万平方米，投资3.3亿元，馆藏各类文物20余万件，其中国家一级文物近千件。

12月20—21日 天津市十四届人大常委会举行第十六次会议，审议通过关于召开天津市第十四届人大代表大会第三次会议的决定；审议通过关于修改《天津市防震减灾条例》、《天津市环境保护条例》、《天津市社会办医机构管理条例》等。

12月28日 中国民生银行天津分行在天信大厦开业。

12月29日 天津市机构编制委员会办公室发出《关于成立天津九龙山国家森林公园管理处（蓟县国营林场）的批复》。

是年 以推行人员聘用制为重点的事业单位人事制度改革在全市展开。天津市人事局转发人事部《事业单位试行人员聘用制度有关问题的解释》和《关于事业单位试行人员聘用制度有关工资待遇等问题的处理意见》，并对有关问题作出具体规定。分批召开区县、委局和规模较大的市属事业单位会议，推动此项工作开展。至年末，全市有4 000多家事业单位完成推行聘用制工作，26

万多职工签订聘用合同。

是年 中共十六届四中全会第一次把依法行政确立为党执政的基本方式。

2005年

1月7日 天津市机构编制委员会办公室同意天津市河道闸站管理总所与天津市水利局海河管理处分别设置，天津市水利局海河管理处为事业单位，给该处核定事业编制，所需人员编制从天津市北大港水库管理处现有事业编制中划拨。

1月12日 天津市机构编制委员会发出《关于调整天津市地方志编修委员会办公室内设机构和编制并成立天津市地方志馆的批复》。

1月16日 全国爱卫会命名天津市塘沽区、大港区为国家卫生区称号。

1月18日 天津市机构编制委员会发出《关于区县红十字会机构设置和人员编制有关问题的通知》。

1月20日 天津经济技术开发区召开2005年区情通报会暨西区新闻发布会。宣布：经国务院批准，国家商务部、国土资源部、建设部日前联合签发《关于扩大天津经济技术开发区规划范围的复函》，同意开发区扩大发展用地区域，拓展开发区（西区）总面积48平方千米。

1月25日 天津市人民政府办公厅发出《关于开展2005年人口抽样调查的通知》，要求切实加强2005年人口抽样调查工作。决定成立天津市2005年人口抽样调查领导小组，领导小组下设办公室，办公室设在市统计局，具体负责调查的各项组织实施工作。

1月31日 中共天津市委办公厅印发《关于〈中共天津市委商务工作委员会职能配置、内设机构和人员编制规定〉的通知》。

2 月 24 日　天津市十四届人大常委会举行第十八次会议，审议通过修改《天津市实施〈中华人民共和国母婴保健法〉办法》、《天津市盐业管理条例》，重新公布施行。

2 月 25 日　天津市机构编制委员会办公室印发《关于核定并严格控制乡镇机构和人员编制的通知》，要求各有关区县要在 2005 年 5 月底前完成乡镇机构编制的核定工作。在此次核定的基础上，今后 5 年内，乡镇机构和人员编制只能减少，不能增加。区县主管部门派驻乡镇的机构及其人员编制也不得突破现有规模。

3 月 1 日　天津市机构编制委员会印发《关于调整天津市联合运输办公室、天津市现代物流业管理办公室实施行政许可主体有关机构编制问题的通知》，根据市政府《关于公布市级保留、调整、取消的实施行政许可主体的决定》精神，对天津市联合运输办公室、天津市现代物流业管理办公室调整实施行政许可主体后，天津市现代物流业管理办公室的名称变更为天津市现代物流业管理中心。天津市联合运输办公室、天津市现代物流业管理中心为一套机构、两块牌子。核减其事业编制。

3 月 2 日　天津市机构编制委员会印发《关于调整市建委部分事业单位实施行政许可主体有关机构编制问题的通知》。

3 月 18 日　国家铁道部撤销包括天津铁路分局在内的铁路分局，成立天津铁路办事处，为北京铁路局派出机构。

3 月 19 日　中央编办在安徽省滁州市召开乡镇机构改革试点工作座谈会。会议进一步指出了乡镇机构改革的重要性，明确了需要探索和解决的重点问题，并对搞好下一阶段的试点工作提出了要求。乡镇机构改革试点需要探索和解决的重点问题是：乡镇政府职能转变问题；乡镇党政机构和岗位设置问题，提出乡镇机构设置综合化、扁平化是一个趋势；乡镇事业站所改革问题，提出要把事业站所改革作为这次乡镇机构改革的重点，探索适应农村特点的服务模式；还提出了人员分流问题。

3月24日 天津市十四届人大常委会举行第十九次会议，审议通过《天津市劳动就业管理条例》、《天津市实施〈中华人民共和国防空法〉办法》、《天津市河道管理条例》、《天津市节约用水条例》，重新公布施行；通过修订《天津市客运出租汽车管理条例》，自2005年6月1日起施行。

3月29日 天津市机构编制委员会办公室发出《关于市卫生局接收天津铁路中心医院后有关机构编制问题的批复》。同意天津铁路中心医院移交后更名为天津市第四中心医院，为差额拨款事业单位，给该院核定事业编制。该院的主要职责是：承担医疗、教学、科研和预防保健工作。

3月30日 天津市机构编制委员会办公室同意将天津市大港区公证处由行政体制改为事业单位。改制后，天津市大港区公证处的主管部门不变，给该处核定事业编制，所需人员经费自收自支。

同日 天津市人口抽样调查领导小组办公室成立。市人口抽样调查领导小组印发了《关于印发天津市人口抽样调查办公室组成人员及机构设置的通知》。

4月4日 国务院发出《关于2005年深化经济体制改革的意见》。

4月12日 天津市机构编制委员会办公室发出《关于大港区接收中石化天津石化公司和第四建设公司所办中小学有关机构编制问题的批复》。

4月13日 国务院发出《关于非公有资本进入文化产业的若干决定》。

本月 中共天津市委、市人民政府发出《关于加快发展现代服务业的决定》。提出到2010年，全市服务业增加值达到2 800亿元，年均增长在14%以上。重点增强国际贸易服务功能，增强现代物流服务功能，增强旅游休闲服务功能，增强区域金融服务功能。

5 月 9 日 天津市人民政府颁布《天津市企业国有资产监督管理暂行办法》。

5 月 17 日 天津市召开了广电网络整合工作推动会。广电网络整合工作开展以来，在市委、市政府的坚强领导下，在各区县党委、政府的大力支持配合下，经过深入细致的工作，广电网络整合取得了实质性的进展（截至 7 月 1 日，全市各区县和开发区原有的 19 家广电网络，已有 18 家完成资产收购和入股，其中 17 家已成立分公司，开发区成立子公司，全市广电网络整合基本完成）。

5 月 24—25 日 天津市十四届人大常委会举行第二十次会议，审议通过修改《天津市建筑市场管理条例》、《天津市燃气管理条例》、《天津市人才流动条例》，重新公布施行；审议通过《天津市房屋权属登记条例》，自 2005 年 9 月 1 日起施行；审议通过修订《天津市图书报刊管理条例》，自公布之日起施行。

5 月 29 日 天津医科大学附属总医院改扩建一期工程——外科大楼落成投入使用。新大楼启用后，总医院病床数增至 1 700 余张。

6 月 9 日 国家检察官学院天津分院在大港区成立。学院占地 123 亩，建筑面积 7 100 平方米，由综合教学楼、学员宿舍和综合服务楼组成。主要任务是对全市检查人员进行业务与技能培训。

6 月 13—18 日 天津市编办组织有关区县和部门对安徽省事业单位机构改革与管理情况进行了考察。安徽省编办、合肥市编办、黟县编办介绍了事业单位改革与管理的情况。

6 月 20 日 天津市人民政府颁布《天津市市场中介机构管理办法》。

6 月 27 日 天津市市长戴相龙主持召开市政府第五十二次常务会议，原则通过《天津市发展散装水泥管理办法》、《天津市市政公用事业特许经营管理办法》。

6月28日 天津市人民政府颁布第90号令，公布《天津市行业协会管理办法》。

6月30日 全国第一家省级农村合作银行——天津农村合作银行成立。该行是在原天津市农村信用合作社的基础上组建的，经市政府授权，对全市农村合作金融机构行使行业管理职能。

7月9日 国务院公布《中华人民共和国工业产品生产许可证管理条例》。

7月11日 国务院发出《关于2005年深化农村税费改革试点工作的通知》要求，积极推进以乡镇机构改革、农村义务教育管理体制改革、县乡财政管理体制改革为重点的农村综合改革试点。

按照切实转变乡镇政府职能、努力建立服务型政府和法治政府的要求，对乡镇内设机构实行综合设置。严格控制乡镇领导职数，从严核定和控制乡镇机构编制和财政供养人员数量，由省级政府实行总量管理，确保5年内乡镇机构编制和财政供养人员数量只减不增。按照在合理区分公益性和经营性职能的基础上实行分类管理的要求，整合现有乡镇事业站所。强化公益性事业单位公共服务功能，其经费主要由财政保障；强化经营性事业单位自我发展能力，使其逐步走向市场。

7月14日 为深入贯彻中共十六届三中全会和天津市委八届七次全会精神，天津市召开行业协会与行政机关脱钩工作动员会，按照市十四届人大三次会议要求，安排部署行业协会与行政机关脱钩工作，促进行业协会更快更好发展。

会议指出，近年来，天津市行业协会有了长足发展，受到社会的普遍关注。截至目前，在市社团管理局注册登记的行业协会共137家。为加快建立社会主义市场经济体制，市八届七次全会和市十四届人大三次会议对促进行业社会发展提出了具体要求。市政协把加快中介机构和行业协会发展作为重点督办提案，进行了深入调研。市政府把这项工作作为今年的一项重点任务，政府常务会议多次加以研究，制订了天津市《行业协会管理办法》、《中介机构管理办法》和《行业协会与行政机关脱钩的实施意见》。各部门要以高度的责任感和使命感，切实把这项工作做实做好，推动本市行业协会的健康发展。

7月15日 天津市人民政府颁布《天津市市政公用事业特许经营管理办法》。

7月19日 天津市委办公厅、市人民政府办公厅发出《关于在全党政机关开展创建服务型机关活动的意见》。

7月20日 国务院总理温家宝主持召开国务院常务会议。会议听取了发展改革委关于邮政体制改革方案的汇报。会议认为，邮政业是国家重要的通信基础设施。长期以来，邮政业在促进我国国民经济和社会发展、保障公民的基本通信权利等方面发挥了十分重要的作用。但是，随着经济体制改革的不断深化，我国邮政业现行管理体制已不能适应市场经济需求，进一步深化邮政体制改革已成为当前的一项重要而紧迫的任务。会议批准了邮政体制改革方案。

8月4日 天津市机构编制委员会办公室发出《关于市劳动和社会保障局未核定过编制的事业单位机构编制问题的批复》。

8月5日 蓟县被国家教育部确定为首批“全国科学教育试验区”。

8月8日 天津滨海国际机场扩建工程正式开工。

8月19日 为进一步加强天津市规划和国土资源管理工作，经市委、市政府研究决定，组建天津市规划局、天津市国土资源和房屋管理局，均为市政府组成部门。市规划局承担研究和编制城市规划、对城市规划的实施进行管理和监督检查的职能。市国土资源和房屋管理局承担全市国土资源管理和房屋市场、产权、使用管理以及住房制度改革工作，指导海洋资源、矿产资源管理的职能。

同日　天津市历史风貌建筑保护专家咨询委员会成立，并召开第一次全体委员会议。经委员会专家论证评审，323 幢建筑被确认为天津市首批历史风貌建筑。

8 月 20 日　全国首家地方轻工行业联合会——天津市轻工行业联合会成立。

8 月 23 日　天津市召开农村税费改革试点工作会议。

8 月 30 日　天津市机构编制委员会办公室发出《关于市商务委未核定过编制的事业单位机构编制问题的复函》、《关于市人防办未核定过编制的事业单位机构编制问题的函复》。

9 月 6 日　今晚传媒集团成立大会在今晚大厦礼堂举行。

9 月 7—8 日　天津市十四届人大常委会举行第二十二次会议，审议通过修改《天津市实施〈中华人民共和国森林法〉办法》、《天津市渔业管理条例》、《天津市公路管理条例》、重新公布施行；审议通过《天津市道路交通安全管理若干规定》，在 2006 年 1 月 1 日起施行；审议通过《天津市实施〈中华人民共和国中小企业促进法〉办法》，自 2005 年 11 月 1 日起实施。

9 月 11 日　经天津市人民政府批准，国家教育部备案的天津铁道职业技术学院成立。

9 月 28 日　天津市机构编制委员会办公室发出《关于天津一商集团有限公司未核定过编制的事业单位机构编制问题的函复》。

同日　天津城市职业学院成立挂牌。

9 月 29 日　国务院办公厅发出《农村公路管理养护体制改革方案》。

10 月 1 日　天津市开始征收土地增值税。个人转让普通住宅免税，非普通住宅未住满五年转卖征税。

10 月 7—12 日　中共天津市委宣传部根据中央关于文化体制改革的要求，召集市出版局、市广电局、市文联、市编办等单位对重庆市、湖南省、四川省文化体制改革情况进行了考察。

10 月 8 日 天津市机构编制委员会办公室发出《关于市新闻出版局未核定过编制的事业单位机构编制问题的批复》、《关于市粮油集团有限公司未核定过编制的事业单位机构编制问题的函复》。

10 月 8 日 天津市建委、市财政局和交通银行股份有限公司天津分行举行城市基础设施配套费保理业务签字仪式。交通银行向市配套办总体授信 12 亿元。

同日 经中共天津市委、市人民政府批准，天津市规划局、天津市国土资源房屋管理局正式挂牌成立。原天津市规划和国土资源局、天津市房地产管理局撤销。

10 月 8—11 日 中共十六届五中全会举行。全会审议通过《中共中央关于制定国民经济和社会发展第十一个五年规划的建议（讨论稿）》。温家宝就《建议》作说明。《建议》提出，着力推进行政管理体制改革。加快行政管理体制改革，是全面深化改革和提高对外开放水平的关键。继续推进政企分开、政资分开、政事分开、政府与市场中介组织分开，减少和规范行政审批。各级政府要加强社会管理和公共服务职能，不得直接干预企业经营活动。深化政府机构改革，优化组织结构，减少行政层级，理顺职责分工，推进电子政务，提高行政效率，降低行政成本。分类推进事业单位改革。深化投资体制改革，完善投资核准和备案制度，规范政府投资行为，健全政府投资决策责任制度。加快建设法治政府，全面推进依法行政，健全科学民主决策机制和行政监督机制。

10 月 18 日 第一家总部设在天津的全国性财产保险公司——渤海财产保险股份有限公司开业。

10 月 19 日 天津市启动湿地保护工程，确保全市湿地完好。市政府成立天津市湿地保护领导小组。工程包括：在天津古海岸与湿地国家级自然保护区、团泊洼鸟类自然保护区、北大港湿地自然保护区等实行严格管理。

10 月 24 日 天津市机构编制委员会办公室发出《关于市畜牧业发展服务中心未核定过编制的事业单位机构编制问题的批复》。

10 月 26 日 天津市教育委员会、天津市农村工作委员会、天津市机构编制委员会办公室发出《关于印发农村乡镇（街）成人文化技术学校建设上台阶工程暨农村劳动力“351”培训乡镇平台建设工程实施意见的函》。

11 月 5 日 中共天津市委、市人民政府同意将天津航运交易所和天津口岸通关服务中心合并，组建天津国际贸易与航运服务中心，主要负责进驻中心的部门和单位的管理、协调和服务工作；受市政府口岸管理办公室委托，管理、维护和开发天津电子口岸。

11 月 7 日 天津国际贸易与航运服务中心落成仪式举行。市委书记张立昌为中心落成揭幕。天津市长戴相龙、国家质检总局局长李长江、海关总署常务副署长盛光祖致辞。天津市常务副市长黄兴国主持。

11 月 17 日 天津市机构编制委员会办公室发出《关于天津市东丽区未核定过编制的处级事业单位机构编制问题的批复》。

同日 天津市人民政府颁布第 95 号令，公布《天津市专利保护和管理办法》。

11 月 21 日 天津市市长戴相龙主持召开市政府第五十九次常务会议，讨论通过《天津市重点建设项目审计规定》、《天津市电磁辐射环境保护管理办法》和《天津市流通领域商品质量检测办法（草案）》，听取有关部门关于禽流感预防工作的汇报，并对预防工作作出部署。

12 月 1 日 中国欧盟商会天津分会成立。

12 月 7 日 天津市机构编制委员会办公室同意在天津市师范学校整建制迁入的基础上组建天津市瑞景中学，给该中学核定事业编制，天津市瑞景中学暂保留天津市师范学校的牌子，待该校现在校生全部毕业后，再行撤销天津市师范学校的牌子。

12 月 13 日 中国首家国家保理中心——滨海国际保理中心在天津经济技术开发区成立。

12 月 15 日 天津市传染病医院门诊楼改扩建工程竣工。该项目占地 2 850 平方米，建筑面积 7 200 平方米，市财政投资 5 000 万元。

12 月 18 日 天津市机构编制委员会办公室由和平区泰安道 7 号市委院内搬至新址和平区湖北路 14 号办公。

12 月 20 日 中共中央政治局进行第 27 次集体学习，中共中央总书记胡锦涛主持。他强调："深刻认识推进行政管理体制改革的重大意义，加强研究，通盘规划，突出重点，精心部署，坚定不移地把行政管理体制改革继续推向前进。""在社会主义市场经济条件下，政府的主要职能是经济调节、市场监管、社会管理、公共服务。要以转变政府职能为重点，继续推进政企分开、政资分开、政事分开、政府与市场中介组织分开，加强和完善宏观调控，减少规范行政审批，把政府职能切实转到经济调节、市场监管、社会管理、公共服务上来。""要完善政府机构设置，实现机构职能、编制、工作程序的法制化，提高行政效率，降低行政成本。要大力加强法制教育，使广大公务人员特别是领导干部提高法律素养，做到依法决策、依法行政、依法管理，不断提高工作效率和为人民服务的水平。""行政管理体制改革是一项政治性和政策性很强的工作，必须在党的领导下，从国情出发，从经济社会发展的要求出发，从人民群众的愿望出发，积极稳妥地推进。"

同日 天津市机构编制委员会印发《关于核定〈今晚报〉社（今晚传媒集团）内设机构和人员编制的批复》。

同日 天津市机构编制委员会印发《关于调整〈天津日报〉社（天津日报报业集团）内设机构和人员编制的批复》。

12 月 23 日 中共中央、国务院发出《关于深化文化体制改革的若干意见》，要求建立健全党委统一领导、政府大力支持、党委宣传部门协调指导、行政主管部门具体实施、有关部门密切配合的文化体制改革领导体制和工作机制。成立党委领导下的文化体制改革工作领导小组，负责指导文化体制改革。党委宣传部门负责协调指导文化体制改革的具体工作。

12 月 24 日 国务院发出《关于深化农村义务教育经费保障机制改革的通知》，要求“加快推进教育综合改革。深化教师人事制度改革，依法全面实施教师资格准入制度，加强农村中小学编制管理，坚决清退不合格和超编教职工，提高农村中小学师资水平”，“建立以素质教育为宗旨的义务教育评价体系。促进教育公平，防止教育资源过度向少数学校集中。”

12 月 31 日 第一家总部设在天津的全国性股份制商业银行——渤海银行股份有限公司在津成立。

本月 天津市纪委、市监察局召开派驻机构统一管理工作部署会。会上，市纪委负责同志宣读了经市委批准的《关于对天津市纪委、市监察局派驻机构实行统一管理的实施意见》。会议强调，纪检监察机关对派驻机构实行统一管理，是党的十五届六中全会作出的重要决定，是党中央为改革和完善纪律检查体制作出的重大决策。这项改革，对于充分发挥派驻机构作用，加强对驻在部门领导班子及其成员的监督，深入推进党风廉政建设和反腐败工作，具有十分重要的意义。

是年 中共天津市委制定《天津市国民经济和社会发展第十一个五年规划的建议》。《建议》中指出：推进经济体制改革。以转变政府职能和深化企业、财税、金融等改革为重点，使关系经济社会发展全局的重大体制改革取得突破性进展，建立起比较完善的社会主义市场经济体制。坚持以公有制经济为主体、多种所有制经济共同发展，积极推进以股份制为主要形式的产权制度改革，加快建立现代企业制度。加大国有经济布局和结构战略性调整的力度，加快国有资本向重要行业及关键领域集中。显著增强国家经济控制力、影响力和带动力，完善国有资产监督管理体制，实现国有资产保值增值。深化集体经济改革，发展多种形式的集体经济，进一步放开搞活中小企业、加大对中小企业的支持力度。大力发展非公有制经济，促进个体私营经济快速健康发展。各类企业都要切实维护职工合法权益。

是年　天津市卫生防疫中心扩建项目在河东区新开路竣工。

2006 年

1 月 1 日　天津保税物流园区结束自 2005 年 5 月以来的试运行，转入正式运行。

1 月 4 日　天津市机构编制委员会办公室同意成立天津市津南区新型农村合作医疗管理办公室，给该办公室核定事业编制，所需编制从区卫生学校划拨。该办公室主要职责是：建立合作医疗档案，管理合作医疗基金，审批合作医疗补助申请，发放合作医疗补助金等。

1 月 5 日　中央纪律检查委员会第六次全体会议指出：加强纪检监察机关对派驻机构的统一管理，充分发挥派驻机构对驻在部门领导班子及成员的监督作用。各省（区、市）派驻机构统一管理工作要进一步深入。

1 月 10 日　天津市机构编制委员会同意成立天津市劳动争议仲裁院，给该院核定事业编制。该院的主要职责是：根据有关法律法规，负责处理市属外商投资企业发生的劳动争议和在全市有重大影响和跨省市的劳动争议。

1 月 11 日　全国编办主任会议指出：要坚决守住确保机构和人员只减不增这条底线。必须切实把住进人关，守住只减不增的底线，这对改革的成败至关重要。否则，以往历次改革的成果就将付之东流，甚至为下一步改革设置新的障碍。为了守住这条底线，各地一定要采取果断措施，花大力气，采取各种行之有效的办法，实行最严格的措施。上收机构编制管理权限，特别是对财政供养的乡镇事业编制实行省一级总量控制。

1月18日 天津市机构编制委员会同意成立近代天津博物馆，给该馆核定事业编制。该馆主要从事研究、收集、收藏与陈列本市近代历史资料等工作。

同日 天津市首家区县级农村合作银行——天津大港农村合作银行成立。

1月25日 中共天津市委办公厅、市人民政府办公厅印发《关于天津市经济委员会主要职责、内设机构和人员编制规定》、《天津市商务委员会主要职责、内设机构和人员编制规定》的通知。

1月26日 天津市国土资源和房屋管理局召开新闻发布会宣布：全市各区县统一使用的新版合同示范文本《天津市国有土地使用权出让合同》开始启用。

本月 最高人民检察院为全国检察机关渎职侵权检察机构更名工作排出时间表；2006年6月底之前，省以下渎职侵权检察机构要全部更名为“反渎职侵权局”，并要以改革后的新名称运行。

2月6日 中共天津市委办公厅、市人民政府办公厅印发《关于天津市国土资源和房屋管理局主要职责、内设机构和人员编制规定》、《天津市规划局主要职责、内设机构和人员编制规定》的通知。

2月9日 天津市人民政府《批转市卫生局、市财政局、市民政局、市农委关于进一步加强我市新型农村合作医疗工作的意见》中提出：为进一步推进新型农村合作医疗制度健康发展，实现到2007年新型农村合作医疗制度基本覆盖全市农村人口的目标。

同日 国家人事部发布实施《事业单位公开招聘人员暂行规

定》，2006年起事业单位新进人员，除国家政策性安置、按干部人事管理权限由上级任命及涉密岗位等确需使用其他方法选拔任用人员外，都要实行公开招聘。

根据《暂行规定》，事业单位招聘人员应面向社会，公开发布招聘信息。凡具有中华人民共和国国籍、遵守宪法和法律、具有良好的品行、具备岗位所需的专业或技能条件、具备适应岗位要求的身体条件、具备岗位所需要的其他条件者均可报名。事业单位招聘专业技术人员、管理人员和工勤人员，除参照公务员制度进行管理和转为企业的事业单位外，均属于《暂行规定》的适用范围。

2月10日 天津市机构编制委员会办公室、天津市卫生局、天津市发展和改革委员会、天津市人事局、天津市财政局发出《关于推进全市区县卫生监督体制改革的意见》。将区县现有的卫生防病和监督机构承担的卫生监督职能分离出来，单独组建卫生监督所。按照中央和市委、市政府关于进一步加强机构编制管理的有关规定，区县建立卫生监督所所需人员编制，原则上在本区县总的人员编制数额内调剂解决，市里不另行增加编制。

2月14日 天津市机构编制委员会同意将天津有线电视台与天津电视台合并，合并后的名称为天津电视台。同意将原天津有线电视台的事业编制划拨给天津电视台。

同日 天津大学获“职工教育技术学”博士学位授予权。这是全国首家职教博士授予权点。

2月16日 天津市召开乡镇计划生育服务站改扩建工程推动会。今年安排改扩建78个乡镇计划生育服务站。

2月21日 国务院《关于发展城市社区卫生服务的指导意见》中提出：在大中型城市，政府原则上按照3万~10万居民或按照街道办事处所辖范围规划设置1所社区卫生服务中心，根据需要可设置若干社区卫生服务站。社区卫生服务中心与社区卫生服务站可实行一体化管理。社区卫生服务机构主要通过调整现有卫生资源，对政府举办的一级、部分二级医院和国有企事业单位所属医疗机构等基层医疗机构进行转型或改造改制设立。

2月22日 天津市人民政府同意天津文化艺术职业学院更名为天津艺术职业学院，更名后学校隶属关系不变。天津艺术职业学院系专科层次的高等职业学校，全日制在校学生规模暂定为2 000人。

同日 天津市人民政府同意建立天津城市建设管理职业技术学院，同时撤销天津市职工公用事业学院、天津市职工建材学院。天津城市建设管理职业技术学院系专科层次的高等职业学校，全日制在校学生规模暂定为3 000人。

2月23日 天津市人民政府同意建立天津生物工程职业技术学院，同时撤销天津市医药职工大学。天津生物工程职业技术学院系专科层次的高等职业学校，全日制在校学生规模暂定为3 000人。

同日 天津市人民政府同意建立天津海运职业学院，同时撤销天津市职工科技大学。天津海运职业学院系专科层次的高等职业学校，全日制在校学生规模暂定为3 000 人。

同日 天津中医学院更名为天津中医药大学。天津中医药大学是一所有着50 年办学历史的中医药高等院校，学校现有医学、理学、人文学、管理学4 个学科门类，16 个本科专业，有中医学、中药学的一级学科博士学位授予权和中医学、中药学、中西医结合等24 个二级学科硕士学位授权点，建有全国唯一的中国传统医药国际学院，拥有中国工程院院士2 名。经过建设，学校将成为以本科教育为主，以中医药学科为主干，医、理、文、管相互交叉，多学科协调发展，立足天津、面向全国、辐射世界，在国内有较大学术影响、在国际有较高知名度的中医药大学。

3月1日 中共天津市委、市人民政府信访接待中心启用。信访接待中心位于和平区烟台道 8 号。

3 月 5 日 国务院总理温家宝在第十届全国人民代表大会第四次会议上作《政府工作报告》，提出要“继续发挥经济特区、上海浦东新区的作用，推进天津滨海新区开发区开放”。

3 月 14 日 十届全国人大第四次会议表决通过决议，批准《国民经济和社会发展第十一个五年规划纲要》。《纲要》明确提出：继续发挥经济特区、上海浦东新区的作用，推进天津滨海新区开发开放，支持海峡西岸和其他台商投资相对集中的经济发展，带动区域经济发展。

3 月 24 日 天津烈士陵园落成。烈士陵园位于北辰区铁东路和外环线交口处，占地 100 亩，由纪念碑、大纪念馆、抗日纪念馆、解放纪念馆、无名烈士墓等组成，总建筑面积 1. 91 万平方米。

3 月 28 日 天津市人民政府公布《天津市行政许可违法责任追究暂行办法》。

3 月 28—30 日 全国文化体制改革工作会议举行。

3 月 29 日 国家统计局天津市调查总队成立。该调查总队是在原天津市城调队、农调队和企调队的基础上组建的，是国家统计局的派出机构。

同日 天津市人民政府和教育部联合制定《国家职业教育教学试验区建设实施方案》，标志国家职教改革试验区建设在津全面启动。

本月 天津市民政局根据国务院《关于行政区划管理的规定》、《天津市行政区划管理办法》和市政府《批转市体改办等五部门关于进一步加强街道办事处建设意见的通知》的有关规定，经审核并上报市人民政府批准，同意设立河西区梅江街道办事处。

4 月 3 日 中共天津市委办公厅、市人民政府办公厅印发《关于引导和鼓励高校毕业生面向基层就业的实施意见的通知》。

4 月 7 日 天津滨海综合发展研究院成立。

4 月 11 日 天津市机构编制委员会办公室发出《关于天津国际贸易与航运服务中心机构编制问题的批复》。

同日 卫生部、中央编办、国家发展和改革委员会等部门《关于联合印发〈关于单采血浆站转制的工作方案〉的通知》中提出：为进一步落实《中国遏制与防治艾滋病行动计划（2006—2010 年）》，控制经血传播艾滋病和其他疾病，强化地方卫生行政部门监管责任，完善单采血浆站监督管理体制，按照“管办分离”、政事分开的原则，卫生部门与单采血浆站脱钩，县级卫生行政部门不再设置单采血浆站，原由县级卫生行政部门设置的单采血浆站转制为由血液制品生产企业设置。单采血浆站由事业单位转制为企业后，应按有关规定到工商行政管理部门办理企业法人登记手续。

4 月 18 日 中共天津市委发出《关于成立天津市文化体制改革工作领导小组的通知》。

4 月 19 日 天津市机构编制委员会办公室同意将天津市计量技术研究所（天津市电磁兼容检测中心）、天津市计量检定所合并，成立天津市计量监督检测科学研究院，并加挂天津市电磁兼容检测中心的牌子。撤销天津市计量技术研究所（天津市电磁兼容检测中心）、天津市计量检定所。

4 月 20 日 天津市机构编制委员会办公室发出《关于市民政局未核定过编制的事业单位机构编制问题的批复》。

4 月 24 日 我国首家脐带间充质干细胞库在天津经济技术开发区天大科技园落成。

4 月 26 日 温家宝总理主持召开国务院常务会议，研究推进天津滨海新区开发开放的意见，批准天津滨海新区进行综合改革配套试点。

4 月 27 日 国务院办公厅转发科技部等部门《关于推进县（市）科技进步意见的通知》中提出：发展县城生产力促进中心、

技术市场、专业技术协会、科技企业孵化器等各类科技服务组织，促进技术、人才和资金的流通。

5月12日 天津市召开会议，传达学习全国文化体制改革工作会议精神。会议指出，深化文化体制改革，是一项艰巨复杂的系统工程，必须加强领导、精心组织、科学规划、抓好落实。要建立健全党委统一领导、政府组织实施、党委宣传部门协调指导、行政主管部门具体落实、有关部门密切配合的领导体制和工作体制。要在深入调研基础上，制定切合实际的实施方案，确定试点地区和单位，先点后面，总结经验，扎实推进。

5月22日 天津市人民政府召开第十七次常务会议。审议并原则通过《天津市拥军优属条例（草案）》、《天津市房屋安全使用管理条例（草案）》，提交市人大常委会审议；原则通过《天津国际贸易与航运服务中心管理办法（草案）》。

5月24日 天津市十四届人大常委会举行第二十八次会议，审议通过《天津市野生动物保护条例》，自2006年8月1日起施行；审议通过《天津市农药管理条例》，自2006年8月1日起施行；审议通过《天津市全民健身条例》，自2006年8月1日起施行；审议通过《天津市城市供水用水条例》，自2006年9月1日起施行；审议通过修订《天津市人民代表大会常务委员会关于加强经济工作监督的规定》，自公布之日起施行；审议通过修订《天津市人民代表大会常务委员会预算审查监督条例》，自公布之日起施行。

5月26日 《国务院推进天津滨海新区开发开放有关问题的意见》中提出，推进天津滨海新区开发开放，是在新世纪新阶段，党中央、国务院从我国经济社会发展全局出发作出的重要战略部署。《意见》进一步强调推进天津滨海新区开发开放的重大意义，明确指导思想和主要任务，要求切实发挥滨海新区作为配套改革试验区的示范和带动作用。

本月 按照天津市公安局的统一部署，全市18个区县公安分局按一街（镇、乡）一个派出所设置。根据工作需要，公安武清、宝坻、静海、宁河、蓟县和西青、津南分局可在中心街镇增设一个派出所；管辖面积较大且治安状况复杂的街镇派出所，可设置分驻所。各分局的开发区派出所和治安派出所，可依据实际情况设置。按照任务分工，派出所可设置社区、治安和内勤三个警组，规模较大的派出所，可根据实际情况增设巡控警组。同时，派出所实行属地管理原则，统一受理辖区内发生的治安案件和刑事案件，管辖分工和职责按照有关规定执行。

5月30日 天津市人民检察院反渎职侵权局成立暨揭牌仪式举行。市人民检察院第一、二分院和各区、县人民检察院也在同时各自举行反渎职侵权局成立揭牌仪式。

6月1日 天津市少儿图书馆新馆开馆。

6月8日 经国务院第136次常务会议同意，2006年6月2日国家发展和改革委员会正式批准合资建设空客A320系列飞机总装线，选址天津滨海新区。

6月9日 中共天津市委召开常委扩大会议，传达学习《国务院关于推进天津滨海新区开发开放有关问题的意见》。

6月12—17日 天津市编办组织区县及有关部门对山东省、福建省和厦门市的事业单位管理与改革情况进行了考察。

6月21日 天津市机构编制委员会办公室同意成立天津理工大学中环信息学院。天津理工大学负责该学院的教学管理工作，市中环电子信息集团有限公司负责该学院的运行与管理工作。其主要职责是：开展自动化、电气工程及其自动化、计算机科学与技术、电子信息工程、工商管理等学科本科学历教育。

6月22日 天津市人民政府公布《天津市行政审批管理规定》。

7月3日 天津市政府原则通过市发改委《关于编制天津滨海

新区综合配套改革试验区方案的工作意见》。

7月7日 天津市机构编制委员会同意成立天津市人工影响天气办公室，为事业单位，事业编制。该办公室的主要职责是：负责全市人工影响天气工作的日常管理，负责有关技术装备和弹药的购置、调配和管理，开展有关科学实验、技术开发和人员培训工作。

7月10日 中共天津市委《关于批转市委组织部〈关于做好乡镇领导班子换届工作的意见〉的通知》提出：乡镇党委委员一般为9~11人，党员较少的乡镇可适当减少1~2人。其中，书记1人，副书记2~3人（其中1人由乡镇长兼任）。担任纪委书记的副书记，可以继续留任，负责纪检工作，新任的纪委书记任党委委员。乡镇纪委委员一般为3~5人，纪委书记1人。乡镇人大主席团主席一般由乡镇党委书记兼任。由党委书记兼任人大主席团主席的，根据工作需要可设专职副主席1人。乡镇政府设乡镇长1人，副乡镇长一般3~4人。配备科技副乡镇长的，可不占职数。政府班子成员与党委班子成员可交叉任职2~3人。乡镇武装部设部长1人。

7月21日 国务院发出《关于发展城市社区卫生服务的指导意见》。要求大力发展社区卫生服务，解决群众“看病难、看病贵”问题。

7月26日 天津市机构编制委员会办公室印发《关于天津市公证机构设置调整方案的通知》。

7月27日 国务院对《天津市城市总体规划（2005—2020年）》作出批复，进一步明确天津城市的性质、定位与发展重点，并对天津市城市发展、建设和管理提出了明确要求。

7月31日 天津滨海新区综合配套改革总体方案研讨会在迎宾馆举行。

8月3日 天津市机构编制委员会办公室同意成立天津市武清

区杨村第六中学，为事业单位。给该校核定事业编制，所需人员及经费从武清区教育系统内调剂解决。

8月5日 天津市人民政府公布《天津市行政执法违法责任追究暂行办法》。

8月7日 天津市计量技术研究所与天津市计量检定所合并，成立天津市计量监督检测科学研究院，并举行揭牌仪式。

8月9日 天津市机构编制委员会办公室同意给天津城市建设管理职业技术学院核定事业编制。

8月26日 中国民用航空学院正式更名为中国民航大学。

8月31日 国务院正式批准设立天津东疆保税港区。

9月1—2日 全国农村综合改革工作会议举行。会议指出：农村综合改革是巩固农村税费改革成果的必然要求。目前农村乡镇机关和事业站所少则几十人、多则上百人甚至几百人，增加的支出主要用在养人、养机构上。农村综合改革需要解决好基层政府职能转变、机构精简、富余人员出路等问题。这次乡镇机构改革的总体要求是，转变政府职能，精简机构人员，提高行政效率，建立行为规范、运转协调、公正透明、廉洁高效的基层行政体制和运行机制。合理调整乡镇政府机构，改革和整合乡镇事业站所，精简富余人员，是乡镇机构改革的重要内容，必须积极稳妥地推进。中央提出五年内乡镇机构编制只减不增是必须坚守的一条底线。

9月1日 天津市第一中心医院东方器官移植中心新大楼启用。该中心建筑面积3万平方米。

9月4日 天津、浙江、山东、四川、陕西5个省（市）邮政管理局宣布成立，作为邮政业的监管机构，标志邮政改革政企分开。

9月15日 天津市突发公共事件应急委员会办公室成立。

9月26日 天津美院举行办学百年庆典。

10 月 8 日　国务院发出《关于做好农村综合改革工作有关问题的通知》。

10 月 9 日　天津市人民政府批转《市卫生局市农委市财政局关于加强我市乡镇村卫生服务管理一体化工作指导意见的通知》。

10 月 14 日　天津市医药大学举行揭牌仪式。

10 月 15 日　天津市最早设立的公办小学——中营小学迎来建校 100 周年纪念日。

10 月 16 日　中共天津市委、市人民政府作出《关于进一步发展社区卫生服务的决定》。市有关部门联合制定《关于进一步落实社区卫生服务机构业务用房的实施意见》等配套文件，将社区卫生服务定位为公益性质，由政府按照统一标准购买社区卫生服务机构。10 月 19 日，市委、市政府召开社区卫生服务工作会议，贯彻市委、市政府的上述《决定》。

同日　天津海河医院（原铁十八局职工医院）综合楼开工建设。新大楼总投资 1.4 亿元，建筑面积 3.1 万平方米，设 350 张床位。

10 月 19 日　天津市机构编制委员会发出《关于天津市第一中心医院和天津市人民医院内设机构和人员编制问题的通知》。

10 月 23 日　中共中央政治局进行第三十五次集体学习。胡锦涛总书记在主持学习时发表讲话，指出：要走中国特色医疗卫生改革发展道路，坚持公共医疗卫生的公益性质，建设覆盖城乡居民的基本卫生保健制度。

10 月 24 日　中共天津市委、市人民政府决定，成立天津市中小企业发展促进局，加挂天津市中小企业发展协调委员会办公室牌子，设在市经济委员会。主要负责对全市中小企业的发展实行统筹规划、政策制定、综合协调和指导服务。市中小企业发展促进局党政正职任免，按照干部管理权限审批。市中小企业发展促进局内设机构和人员编制由市编委另行核定。

10 月 27 日　天津滨海国际机场跑道延长拓宽工程竣工，扩建后跑道长 3 600 米，宽 75 米。世界最大的民用客机 A380 可全载起降。

本月　经国务院批准，大连设立大窑湾保税港区。目前国务院已批准设立上海洋山、天津东疆和大连大窑湾 3 个保税港区。

11 月 8 日　北京银行天津分行开业。

11 月 9 日　中央机构编制委员会发出《关于对各地控制乡镇机构编制和实有人员情况开展督促检查的通知》。2005 年 9 月，中央编办会同中组部、监察部、财政部对部分地区控制乡镇机构编制和实有人员的情况开展了联合督查，仍存在着一些突出问题，这些情况说明，完成 5 年内乡镇机构编制和实有人员只减不增任务，形势依然非常严峻。为贯彻落实《国务院关于做好农村综合改革工作有关问题的通知》的有关精神，中央编办决定自 2006 年 11 月开始，对各地控制乡镇机构编制和实有人员情况开展一次全面的督促检查。

11 月 14 日　天津市机构编制委员会办公室同意将《智力》杂志社、科普杂志社由市科学技术协会主管、主办，划转由《今晚报》社（今晚传媒集团）主管、主办。

同日　天津市人民政府公布《天津市建筑节能管理规定》。

11 月 21 日　天津市民族教育示范校红光中学新校区落成。该校 1985 年成为内地西藏校和天津市唯一藏汉学生共同就读的完中校。

11 月 22 日　天津市机构编制委员会发出《关于天津海运职业学院（天津市科学技术进修学院）内设机构和人员编制问题的通知》。

11 月 28 日　京沪高速公路天津段建成通车。

12 月 9 日　由天津港集团、中国光大控股有限公司等单位共同出资组建的天津港财务有限公司开业，成为全国首家港口企业集团财务公司。

12月14日 天津市胸部肿瘤中心在天津医科大学总医院成立。

12月19日 国家科技部与天津市人民政府共建“国家生物医药国际创新园”的核心单位天津国际生物医药联合研究院在滨海新区奠基。

12月30日 渤海产业投资基金和渤海产业投资基金管理公司成立，在津举行设立和揭牌仪式。

是年 天津市3 744个村级党组织和3 769个村委会进行了换届。新一届村“两委”班子成员的平均年龄44.8岁，比上届下降1.9岁；具有高中（中专）以上学历的人数占78.7%，提高34.6个百分点；大专以上学历的人数占20%，提高11.9个百分点；村“两委”班子成员交叉任职比例55.5%，提高6.3个百分点；村级党组织书记与村委会主任“一肩挑”比例为17%，提高2.5个百分点。

是年 天津市依法勘定行政区域界线，在天津有史以来还是第一次，它彻底改变了天津市各级行政区域界线管理粗放的状况，步入依法治界的新阶段。在全面勘界以前，本市行政区域界线不清的问题普遍存在。由于行政区域界线不明确或未经依法勘定，边界争议不断。此次勘界之后，全市街乡镇数量由20世纪80年代中期的353个减少到目前的241个。其中，全市共有区15个，县3个，街道办事处101个，乡20个，镇120个。以往区县边界争议问题将得到解决，各自的归属与代管问题也将确定。

是年 中共中央、国务院《关于推进社会主义新农村建设的若干意见》中提出，进一步深化以农村税费改革为主要内容的农村综合改革。2006年，在全国范围内取消农业税。通过试点、总结经验，积极稳妥地推进乡镇机构改革，切实转变乡镇政府职能，创新乡镇事业站所运行机制，精简机构和人员，5年内乡镇机构编制只减不增。妥善安置分流人员，确保社会稳定。要按照强化公共服务、严格依法办事和提高行政效率的要求，认真解决机构臃肿的问题，切实加强政府社会管理和公共服务的职能。

是年 在全国人大召开期间，124 位全国人大代表提出了 4 件关于制定机构编制法的议案。代表们表示，依法规范国家机关机构编制管理秩序是许多国家从传统管理迈向现代管理的通行做法。我国编制立法滞后，编制管理存在的弊端日益明显，建议立法规范，制定一部适应国家机关、司法机关、政党机关、政协机关及事业单位的机构编制法。

2007 年

1 月 1 日 天津市第二次农业普查现场登记工作全面启动。

1 月 15 日 天津港散货交易中心挂牌运营。

1 月 19 日 中共天津市委、市人民政府同意成立天津市市政公路管理局，为市建委管理的事业单位。撤销天津市市政工程总公司（天津市市政工程局）和天津市公路管理局。

2 月 6 日 国务院公布《商业特许经营管理条例》。

2 月 13 日 中央编办、监察部印发关于《机构编制监督检查工作暂行规定》的通知。

2 月 24 日 国务院公布《地方各级人民政府机构设置和编制管理条例》（该《案例》已经 2007 年 2 月 14 日国务院第 169 次常务会议通过，自 2007 年 5 月 1 日起施行）。

2 月 27 日 中共天津市委办公厅、市人民政府办公厅印发关于《天津市交通委员会主要职责、内设机构和人员编制规定》的通知。

本月 天津市邮政公司宣布成立，并与新成立的市邮政管理局同时举行挂牌仪式。这标志着天津邮政政企分开工作基本完成，也标志着继国家邮政局政企分开后，本市作为地方率先完成了邮政政企分开工作。此次邮政体制改革的主要内容是：实行政企分开；改革邮政主业，改革邮政储蓄；完善邮政普遍服务机制、特殊服务机制、安全保证机制和价格形成机制。新成立的市邮政管理局将代表政府依法履行监管职能，建立公平、公开、竞争、有序的市场环境，维护和确保邮政业的健康发展。市邮政公司成立后，将继续履行国家赋予的普遍义务和特殊服务职能，在邮政普遍服务特别是在邮政进社区、服务“三农”、党报党刊发行等方面更好地发挥作用。

3月15日 中共中央办公厅、国务院办公厅发出《关于进一步加强和完善机构编制管理严格控制机构编制的通知》。要求强化省级机构编制部门对本地区各级事业单位机构编制的管理职责。各省、自治区、直辖市机构编制部门统一制定本省、自治区、直辖市事业单位机构编制管理办法，上级机构编制部门要对下级事业编制总量和结构进行管理，根据各地实际适当上收事业单位机构编制审批权限。乡镇事业编制总量的调整，由县级机构编制部门报上一级机构编制部门审核，省级机构编制部门审批。根据实际情况，可探索试行将县（市、区）党委、政府及其工作部门所属事业单位机构编制由上一级机构编制部门审批，具体实施办法由省级机构编制部门结合本地实际研究制定。

本月 经教育部批准，天津商学院更名为天津商业大学。

3月29日 中共天津市委、市人民政府决定，组建天津市人民政府金融服务办公室。

3月30日 大新华快运航空有限公司在津成立。

4月24日 经中国银监会批准，天津市商业银行更名为天津银行，并获准跨区域经营。

5月1日 天津市第二工人文化宫改造工程完成。

5月26日 我国首家以干细胞生物治疗为特色的专科医

院——天津协智医院，在天津市落成。

6 月 18 日 津滨科技创新园在天津市汉沽区开工建设。

6 月 25 日 天津市与中国科学院共建“中国科学院天津工业生物技术研究与发展中心”合作协议签约仪式在钓鱼台国宾馆举行。这是第一家中科院所属的科研机构落户滨海新区，标志着天津与中科院全面科技合作进入了新阶段。

6 月 28 日 《国务院办公厅转发发展改革委关于 2007 年深化经济体制改革工作意见的通知》中提出：加快政府职能转变。抓紧研究深化行政管理体制改革总体方案。继续推进政府职能、机构和编制的科学化、制度化和法定化。深化行政审批制度改革，进一步减少审批项目，规范审批行为。研究制定事业单位分类改革方案和相关配套政策。贯彻落实加快推进行业协会、商会等自律性组织改革与发展的政策意见。加快推进政府机关后勤服务社会化改革。

7 月 3 日 天津市加快滨海新区开发开放领导小组召开第一次会议。会议宣布了中共天津市委、市人民政府关于成立加快滨海新区开发开放领导小组的决定。

7 月 4 日 首家落户天津滨海新区的外资银行天津分行——日本瑞穗事业银行天津分行开业。

7 月 6 日 天津市期货协会成立。

7 月 8 日 《中国邮政报》天津记者站成立。

7 月 10 日 国务院发布《关于开展城镇居民基本医疗保险试点的指导意见》。

7 月 11 日 中共天津市委决定调整天津市机构编制委员会组成人员，主任：戴相龙；副主任：邢元敏、黄兴国；委员：史莲喜、段春华、何荣林、杨福刚、于瀛泸、李功立。

同日 国务院发出《关于在全国建立农村最低生活保障制度的通知》。提出将符合条件的农村贫困人口全部纳入保障范围，稳定、持久、有效地解决全国农村贫困人口的温饱问题。

同日 天津机场扩建航站楼主体结构工程完工。

本月 天津奥林匹克中心体育场工程竣工。该体育场是2008年北京奥运会的分赛场，占地7.8公顷，建筑面积约16.9万平方米，设有观众坐席6万个。

8月1日 盛京银行天津分行开业。

8月6日 中共天津市委、市人民政府印发《关于推进城乡一体化发展战略加快社会主义新农村建设的实施意见》。提出建设蔬菜、水稻、水产品、种猪、奶牛等10大种业基地；启动建设盐生植物园等5个农业科技园区和渤海水产研究所、国家饲料研究中心天津分中心等6个农业科技创新与成果转化基地。建设5个区县级重大动物疫病防控中心。完成基层农业技术推广体系改革。

8月8日 浙商银行天津分行正式开业。

8月20日 天津市人民政府召开第101次常务会议，讨论并原则通过天津市《关于进一步促进服务业务发展的若干意见》。

8月24日 天津医科大学附属肿瘤医院、中国科学院高能物理研究所、国家纳米科学中心合作在津建立的肿瘤纳米技术研究中心成立。

9月3日 天津市市长戴相龙主持召开市政府第102次常务会议。审议《天津市国家机关机构编制管理规定（草案)》和《天津市事业单位机构编制管理规定（草案)》。会议听取了市编办所作的起草说明和市政府法制办所作的法律审核说明。会议决定：同意就本市国家机关和事业单位机构编制管理问题制定相关规定。责成市编委办根据会议所提意见，并吸取其他省市相关经验，修改完善后向市政府报告。

9月11日 作为天津滨海新区中心商务商业区和新区域之一的响螺湾商务区开工建设。

9月13日 国家预防腐败局成立新闻发布会暨揭牌仪式。国家预防腐败局的主要职责有三项：负责全国预防腐败工作的组织协调、综合规划、政策制定、检查指导；协调指导企业、事业单位、社会团体、中介机构和其他社会组织的防治腐败工作；负责预防腐败的国际合作和国际援助。按照“三定”方案，国家预防腐败局列入国务院直属机构序列，在监察部加挂牌子。

9月14日 天津股权投资基金协会成立，这是国内首家股权投资基金协会。

10月10日 中石化股份天津分公司与新加坡大港新泉海水淡化有限公司签订购水协议。中石化天津100万吨乙烯项目新增用水将全部采用淡化海水和中水，为全国乙烯项目中唯一增水不增淡水的项目。

同日 天津滨海新区最大规模的综合性医院泰达医院落成开诊，该院总投资5.3亿元，建筑面积7.8万平方米，主体12层，设床位500张，具有24小时救治大批量伤病员的能力。

10月15—21日 中国共产党第十七次全国代表大会举行。党的十七大报告提出：加快行政管理体制改革，建设服务型政府。行政管理体制改革是深化改革的重要环节。要抓紧制定行政管理体制总体方案，着力转变职能、理顺关系、优化结构、提高效能、形成权责一致、分工合理、决策科学、执行顺畅、监督有力的行政管理体制。健全政府职责体系，完善公共服务体系。加快推进政企分开、政资分开、政事分开、政府与市场中介组织分开，减少和规范行政审批，减少政府对微观经济运行的干预。加大机构整合力度，探索实行职能有机统一的大部门体制，健全部门间协调配合机制。

10月28日 《中华人民共和国城乡规划法》公布，2008年1月1日起施行。

11月1日 中共天津市委组织部、市人事局、天津警备区政治部《转发中组部、人事部、总政治部〈关于人事争议处理规定〉

的通知》中提出：中央机关及所属事业单位人事争议仲裁委员会设在人事部。省（自治区、直辖市）、副省级市、地（市、州、盟）、县（市、区、旗）设立人事争议仲裁委员会。同级人民政府分管人事工作的负责人或者政府人事行政部门的主要负责人任人事争议仲裁委员会主任。办事机构设在同级人民政府人事部门。

11 月 20 日 中国海洋馆档案馆在天津滨海新区揭牌。

11 月 23 日 中国银监会批准渤海银行筹建天津分行。这是继天津滨海新区分行成立以后渤海银行在天津开设的第二家分行。

11 月 28 日 中国邮政储蓄银行天津分行挂牌成立，本市 271 家支行与 109 个营业所同时挂牌开业。

同日 本市华明、双港两个新家园居住区开工建设。

12 月 7 日 天津滨海新区创业风险投资引导基金设立。

12 月 11 日 天津东疆保税港区（一期）正式开港。东疆保税港区位于天津港东北部的东疆港区，规划面积 10 平方千米，由码头作业区和物流加工区组成。一期面积 4 平方千米，包括北港池集装箱码头三期项目和物流加工区起步区。该保税港区是集港口、保税区、出口加工区、保税物流园区等优势于一体，享受国家经济贸易优惠政策的海关特殊监管区域，是目前中国内地对外开放层次最高、政策最优惠、功能最齐全、区位优势最明显的特殊功能区。东疆保税港区可根据全国综合配套改革试验区的要求，在机制、体制等方面先行试验一些重大改革开放措施，并借鉴国际通行做法，积极探索海关特殊监管区域管理制度创新，以点带面，推进海关特殊监管区域整合和政策叠加工作。

同日 天津人民广播电台滨海新区新闻中心启用。

12 月 16 日 京津城际铁路客运专线实现全线贯通。

12 月 17 日 全国编办主任会议提出：会议的主要任务是，学习领会中共十七大精神，总结回顾 2007 年的工作，研究安排今后一个时期主要是 2008 年的行政管理体制改革和机构编制工作。

12月25日 中共天津市委、市人民政府决定，本市市级公共博物馆、纪念馆将分批逐步实现永久免费向社会开放。

12月29日 天津滨海新区内第一家具有独立法人资格的商业银行——天津滨海农村商业银行股份有限公司成立。

本月 中新天津生态城中方投资联合体在天津滨海新区成立，并召开第一次股东会和董事会。

2008年

1月1日 天津市城镇居民基本医疗保险正式启动。《天津市农村社会基本养老保障暂行办法》正式实施。

1月17日 空客天津总装公司举行第一届董事会，选举合资公司董事长，任命高层管理人员，宣告空客天津总装公司合资公司正式成立。

1月23日 中共天津市委办公厅、市人民政府办公厅印发关于《天津市事业单位岗位设置管理实施办法》的通知。

1月31日 中新天津生态城联合工作委员会召开第一次会议，审议并原则通过中新天津生态城指标体系，确定下一步的工作计划。

本月 天津滨海化工区的临港工业区被列入国家第二批循环经济试点区域。

2月2日 厦门航空公司在天津成立分公司，同时开通天津—厦门—新加坡国际航线。

2月4日 中央编办综合司发出《关于对地方副厅级以上党政机构设置情况进行摸底统计的通知》。

2月22日 中共中央政治局召开会议，决定2月25—27日在北京召开中国共产党第十七届中央委员会第二次全体会议。会议讨论了《关于深化行政管理体制改革的意见》、《国务院机构改革方案（草案）》稿。会议认为，深化行政管理体制和机构改革，是发展社会主义市场经济和发展社会主义民主政治的必然要求，是我国全面改革的重要组成部分。要按照党的十七大提出的加快行政管理体制改革、建设服务型政府的要求，立足我国改革开放和社会主义现代化的新形势新任务，统筹兼顾、突出重点、积极稳妥、分步实施，坚定不移地把行政管理体制和机构改革推向前进，着力转变职能、理顺关系、优化结构、提高效能，为改革开放和社会主义现代化建设提供重要体制保障。

同日　天津市人民政府公布《天津市生活废物管理规定》，自2008年5月1日起施行。

2月23日　中共中央政治局进行第四次集体学习。胡锦涛总书记指出，建设服务型政府，首先要创新行政管理体制。要着力转变职能、理顺关系、优化结构、提高效能，把政府主要职能转变到经济调节、市场监管、社会管理、公共服务上来，把公共服务和社会管理放在更加重要的位置，努力为人民群众提供方便、快捷、优质、高效的公共服务。要优化政府组织结构，加强公共服务部门建设，推进以公共服务为主要内容的政府绩效评估和行政问责制度，完善公共服务监管体系，加快法治政府建设，全面推进依法行政，依法规范政府职能和行政行为。要加快推进政企分开、政资分开、政事分开、政府与市场中介组织分开，发挥公益类事业单位提供公共服务的重要作用，支持社会组织参与公共服务和社会管理，形成公共服务供给的社会和市场参与机制。

2月25—27日　中共十七届二中全会举行。全会审议通过《关于深化行政管理体制改革的意见》和《国务院机构改革方案》。《关于深化行政管理体制改革的意见》中提出：按照精简、统一、效能的原则和决策权、执行权、监督权既相互制约又相互协调的要求，紧紧围绕职能转变和理顺职责关系，进一步优化政府组织结构，规范机构设置，探索实行职能有机统一的大部门体制，完善行政运行机制。

推进事业单位分类改革。按照政事分开、政企分开和管办分离的原则，对现有事业单位分类进行改革。主要承担行政职能的，逐步转为行政机构或将行政职能划归行政机构；主要从事生产经营活动的，逐步转为企业；主要从事公益服务的，强化公益属性，整合资源，完善法人治理结构，加强政府监管。推进事业单位养老保险制度和人事制度改革，完善相关政策。

2月29日　国务院召开常务会议，研究部署事业单位工作人员养老保险制度改革试点工作。会议讨论并原则通过了《事业单位工作人员养老保险制度改革试点方案》，确定在山西、上海、浙江、广东、重庆5省市先期开展试点，与事业单位分类改革配套推进。试点主要内容包括：养老保险费用由单位和个人共同负担，退休待遇与缴费相联系，基金逐步实行省级统筹，建立职业年金制度，实行社会化管理服务等。

3月6日　天津市人民政府举行市政府门户网站——“天津政务网”开通仪式。

3月8日　有着78年历史、迁址重建的天津市第一医院正式开诊。新第一医院坐落于河北区南口路与榆关道交口，建筑面积2.5万平方米，设病床300张。

3月11日　十一届全国人大一次会议11日举行第四次全体会议，听取关于国务院机构改革方案的说明。标志着新时期以来的第6次国务院机构改革拉开帷幕。国务院将新组建工业和信息化部、交通运输部、人力资源和社会保障部、环境保护部、住房和城乡建设部。改革后，除国务院办公厅外，国务院组成部门设置27个，调整变动的机构共15个，正部级机构减少4个。

3月13日　国务院发出《关于天津滨海新区综合配套改革试验总体方案的批复》，原则同意《天津滨海新区综合配套改革试验总体方案》。《方案》包括十项改革内容，即企业改革、科技体制改革、涉外经济体制改革、金融改革创新、土地管理制度改革、城乡规划管理体制改革、农村体制改革、社会领域改革、资源节约和环境保护等管理制度改革、行政管理体制改革。《批复》要求，用5~10年时间，在滨海新区率先基本建成完善的社会主义市场经济体制，推动新区不断提高综合实力、创新能力、服务能力和国际竞争力，使新区在带动天津发展、推进京津冀和环渤海区域经济振兴、促进东中西互动和全国经济协调发展中发挥更大的作用，为全国发展改革提供经验和示范。

同日 国务院办公厅《关于加快发展服务业若干政策措施的实施意见》中提出：推进生产经营性事业单位转企改制和政府机关、事业单位后勤服务社会化改革。主要从事生产经营活动的事业单位要转制企业，条件成熟的尽快建立现代企业制度。中央编办会同财政部、人事部等部门抓紧制定和完善促进生产经营性事业单位转企改制的配套政策措施。

3月19日 中纪委、中央编办、监察部发出《关于严明纪律切实保证行政管理体制改革和政府机构改革顺利进行的通知》。

3月24日 《中国日报》天津记者站成立。

3月25日 国务院批准全国性非上市公众公司股权交易市场落户天津滨海新区。

3月27日 经国家新闻出版署批准，《天津文学》复刊。该刊既是天津市作家协会的机关刊物，又是天津日报报业集团的系列报刊。

同日 天津市人民政府公布《天津市城市管理规定》，自2008年6月1日起施行。

同日 天津市人民政府召开第五次常务会议，审议并原则通过《关于进一步完善中心城区“两级政府、三级管理”体制的意见》、《天津市城乡规划管理体制改革方案》、《天津市城市管理规定（草案）》。

3月29日 中共天津市委决定，将中共天津市委开发区保税区工作委员会并入中共天津市委滨海新区工作委员会，不再保留中共天津市委开发区保税区工作委员会牌子。组建中共天津市滨海新区纪律检查工作委员会，将中共天津市开发区保税区纪律检查工作委员会并入中共天津市滨海新区纪律检查工作委员会。建立中共天津经济技术开发区党组，建立中共天津港保税区党组，在市委滨海新区工委领导下开展工作。

同日 《国务院关于印发2008年工作要点的通知》中提出：加快行政管理体制改革，加强政府自身建设。加快转变政府职能。健全政府职责体系，全面正确履行政府职能，努力建设服务型政府。在加强和改善经济调节、市场监管的同时，更加注重社会管理和公共服务，维护社会公正和社会秩序，促进基本公关服务均等化。重视发挥行业协会，商会和其他社会组织的作用。深化政府机构改革。优化政府组织机构，探索实行职能有机统一的大部门体制，完善运行机制。组织实施国务院机构改革方案，做好部门“三定”工作，力争上半年完成。合理配置宏观调控部门职能，调整和完善行业管理机制，加强社会管理和公共服务部门；界定部门分工和权限，理顺部门职责关系，健全部门间协调配合机制，精简和规范议事协调机构及其办事机构。加快推进事业单位分类改革。妥善处置机构变动部门和单位的经费和资产。

3月31日 最高人民检察院副检察长胡克惠一行来津，就司法保障体制改革进行专题调研。

本月 中共天津市委、市人民政府成立行政机构改革领导小组。黄兴国市长任组长，杨栋梁常务副市长任副组长。

4月5日 国务院批准设立天津滨海新区综合保税区。

4月6日 天津市劳动和社会保障局、市财政局发出《关于调整机关事业单位劳动合同制工人、自收自支事业单位工作人员养老保险缴费比例等有关问题的通知》。机关事业单位劳动合同制工人、自收自支事业单位工作人员养老保险缴费比例，由工资总额的27%调整为33%。其中，单位缴费比例由22%调整为25%，个人缴费比例由5%调整为8%。同时，机关事业单位养老保险个人账户的记入比例由5%调整为8%。

4月7日 中共天津市委召开常委扩大会议。讨论并原则通过进一步完善中心城区管理体制和市城乡规划管理体制改革方案等工作。

4月28日 天津图书馆被列为第一批全国古籍重点保护单位。

本月 国务院批准设立天津滨海新区综合保税区。该综合保税区位于保税区空港物流加工区，规划面积195.63公顷。保税区实行封闭管理，享受与保税港区同样的功能和税收、外汇政策，是中国内地开放层次最高、优惠政策最多、功能最齐全的特殊功能区。

本月 国务院批准设立天津滨海新区综合保税区。

本月 国务院批准《天津市海洋功能区划》。该《区划》明确了未来几年填海造陆的规模、用途和时序；将海域划分为10个一级类型，121个功能区。

5月26日 天津市成立由人民市政府办公厅、研究室、法制办、市编办组成的市政府机构改革调研组，负责市政府机构改革方案的调研论证和起草工作。分为6个小组，深入20多个单位进行调研。

5月29日 南开大学滨海开发研究院成立揭牌仪式举行。

本月 国家教育部公布2007年度全国普通高等学校本科教学水平评估结论。天津市参评的南开大学、天津大学、天津师范大学、天津城市建设学院、天津农学院5所院校本科教学水平评估全部获得“优秀”。

6月3日 中共天津市委决定调整天津市机构编制委员会组成人员，调整后，主任：黄兴国；副主任：邢元敏；委员：杨栋梁、史莲喜、段春华、李泉山、李功立、杨福刚、魏大鹏。

6月18日 国际航空货运分拨中心在空港国际物流区建成运营。

本月 全国分离膜标准化技术委员会在津成立。

7月28日 中国建设银行信用卡中心天津运行中心成立。

8月6日 天津市加快滨海新区开发开放领导小组第五次会议在滨海新区举行。

8月18日 天津市机构编制委员会发出《关于天津市文化市场行政执法总队（市“扫黄打非”领导小组办公室）主要职责、内设机构和人员编制的通知》。

8月20日 中共中央、国务院《关于地方政府机构改革的意见》中提出：党的十七大和十七届二中全会对深化行政管理体制改革作出了部署，各地要着力转变政府职能。加快推进政企分开、政资分开、政事分开、政府与市场中介组织分开，把不该由政府管理的事项转移出去，更好地发挥公民和社会组织在社会公共事务管理中的作用。切实解决部门职责交叉和关系不顺问题。地方各级政府要结合实际确定各部门的职责分工，坚持一件事情原则上由一个部门负责。各地要结合实际，积极探索实行职能有机统一的大部门体制。部门内设机构要进一步综合设置，规格和名称要加以规范。清理和规范议事协调机构及部门管理机构，该撤销的要坚决撤销，确需设立的，要严格按照规定程序审批。议事协调机构不设实体性办事机构。严格控制机构编制。要严格控制机构数量，中央规定的地方各级政府机构限额不得突破。严格按规定核定部门领导职数。

9月8日 天津市人民政府召开第14次常务会议。听取中心城区河道治理、污水处理和大沽排污河治理实施计划的汇报，审议并原则通过《天津市地震应急预案》和《中心天津生态城管理规定》、《天津市城市规划管理技术规定》。

同日　天津市新闻出版局召集会议，落实市文化体制改革工作领导小组会议精神，部署新华书店和出版社转企改制工作。

9月10日　中央编办召开省级编办负责人会议。会议主要内容是贯彻地方政府改革工作电视电话会议精神，就地方政府机构改革方案的拟订报批的具体事项进行说明并提出要求。会议提出，各省级编办当前的首要任务是，按照中央部署，结合本地实际，深入调查研究，研究拟订好改革方案，争取在年底前完成省级政府改革方案的上报和审批工作。要把转变政府职能、理顺职责关系、明确和强化责任放在突出位置。能否在这方面取得较大进展，是衡量这次地方政府机构改革成效的重要标志。要严格按照中央规定的限额设置机构。对超限额机构进行清理。根据中央现有规定，省级政府工作部门分为组成部门和直属机构（含直属特设机构）。今后，各地必须切实执行省级政府副厅级以上机构报中央审批的规定。改革方案要充分体现综合设置机构、积极探索实行职能有机统一的大部门体制的要求。对部门管理机构的规格要严加规范，要在方案中明确部门管理机构为副厅级，不能擅自升格为正厅级。要严格控制人员编制，确保改革后中央下达的各省、自治区、直辖市行政编制总额不突破。

9月17日　中共天津市委、市人民政府发出《关于进一步严明纪律确保机构改革顺利进行的通知》中提出：从本通知下发之日起，在机构改革期间冻结行政机关日常机构编制调整，各部门、各单位机构设置和人员编制调整事项，应结合定职责、定机构、定编制工作统筹考虑。

同日　天津市人民政府印发《关于进一步完善国有资产监管体制工作方案的通知》中提出：认真贯彻党的十七大和市第九次党代会精神，按照政企分开、政资分开、政事分开和“三统一、三结合”的要求，借鉴外省市做法，进一步明确出资关系，统一监管方式，扩大市国资委直接监管范围，采取由市委、市政府一次批复整体方案，分步实施的办法，将委托监管企业整建制由市国资委直接监管，充分利用全市国有资源，加快推进我市国有经济布局和结构战略性调整，深化国有企业改革，做强做大企业，充分发挥国有经济在天津市经济社会发展中的主导和带动作用。

9月19日 天津市文化局召开专题会议研究进一步深化直属艺术院团改革工作，起草《天津市文化局直属艺术院团改革方案》。

9月26日 世界首家企业资源交易中心——瑞普（天津）资源交易中心有限公司开业。

9月28日 中新天津生态城在滨海新区正式开工。

同日 空中客车“A320”天津总装公司在空港物流加工区正式投产。

同日 天津财经大学亚洲商学院暨中国新金融研究中心、全球并购研究中心、中国外汇与黄金研究中心在天津财经大学揭牌成立。

10月13日 天津市人民政府法制办公室和中新天津生态城管理委员会在中新天津生态城联合举办新闻发布会，发布《中新天津生态城管理规定》。该规定共5章37条。

10月21日 天津市人民政府召开第十六次常务会。会议传达学习《中共中央、国务院关于地方政府机构改革的意见》精神，研究部署行政机关改革工作；审议并原则通过《天津市畜牧条例（草案）》、《天津市促进实验室发展办法》。

同日 中国德国商会天津办事处成立。

10月23日 摩托罗拉中国研究院天津分院成立。

10月25日 天津新华发行有限责任公司举行成立仪式。该公司由天津市新华书店、天津古籍书店、天津外文书店共同出资组建。

10月29日 东北亚金融合作研究中心在津成立。

10 月 30 日 滨海新区综合保税区通过国家验收。

10 月 31 日 国务院联合验收组在津召开滨海新区综合保税区验收工作会。联合验收组一致认为，滨海新区综合保税区达到国家规定的验收标准，完全具备封关运作条件。

同日 天津市召开深化滨海新区综合配套改革推动会。

本月 天津市再次提高新型农村合作医疗的筹资标准。市及区县财政共同出资对参合农民每人增加 20 元，筹资标准达到 164 元，有条件的涉农区县可适当提高补助标准。

本月 天津市机构改革调研组分别向市委常委、市人大副主任和秘书长、市政府副市长、市政协副主席和秘书长等 32 位市领导，市委各工委、市政府组成部门和直属机构及各区县等 91 位主要负责同志征询意见。形成了《中共天津市委机构调整方案》（草案）和《天津市人民政府机构改革方案》（草案）经与中编办沟通、市政府常务会议审议、市委常委会审定后，报党中央、国务院。

11 月 5 日 天津市十五届人大常委会举行第五次会议，审议通过《天津市地下空间规划条例》、《天津市人民代表大会常务委员会和区县人民代表常务委员会听取和审议专项工作报告办法》、《天津市法制宣传教育条例》。

11 月 6 日 华北五省市及直辖市机构编制工作联席会在津召开。

11 月 11 日 天津市人民政府召开第 18 次政府常务会议，听取本市医疗卫生改革工作的情况汇报等。

11 月 20 日 中宣部、中央编办、文化部、国家广电总局《关于进一步理顺地方电影管理体制的通知》中提出：按照国务院批准的国家广播电影电视总局“三定”规定，由国家广电总局全面负责指导全国电影制作、发行、放映等管理工作，将文化部承担的指导地方电影发行、放映的工作职责，统一归口划入国家广电总局。

11 月 24—25 日 由中央机构编制委员会委员、办公室主任王东明率领的调研组一行在津调研。中共天津市委副书记、市长黄兴国，市委副书记、市政协主席邢敏元会见王东明一行。

11 月 28 日 天津电影艺术中心工程项目开工。

12 月 3 日 中央编办、住房和城乡建设部、交通运输部《关于出租车行业管理职责问题的通知》中提出：根据十一届全国人大一次会议通过的《国务院机构改革方案》关于指导城市客运职责由交通运输部负责的精神，出租车行业指导职能由交通运输部门承担。在地方政府机构改革中，地方政府要明确出租车行业管理由地方交通运输部门负责。

12 月 18 日 国务院发出《关于实施成品油价格和税费改革的通知》，决定自 2009 年 1 月 1 日起实施成品油税费改革。

同日 天津市海上应急指挥中心在天津海事局揭牌成立。

12 月 26 日 天津图书馆喜迎百年华诞。中共天津市委书记张高丽、市长黄兴国、国家文化部部长蔡武发来贺信。

同日 李叔同（故居）纪念馆举行落成仪式。

12 月 27 日 中共天津市委、市人民政府决定，本市市级公共博物馆、纪念馆将分批逐步实现永久免费向社会开放。

12 月 30 日 天津市人民政府办公厅发出《关于将农垦集团国有企业办中小学校移交所在区县人民政府管理的通知》。

本月 《中共天津市委 2009 年工作要点》中提出：按照转变职能、整合机构、减少层级、提高效率的要求，建立统一、协调、精简、高效、廉洁的管理体制。建设服务型政府。按照转变职能、理顺关系、优化结构、提高效能的要求，深化行政管理体制改革，推进政府机构改革，加快政府职能转变，加强依法行政和法制政府建设。清理、减少和规范行政审批和行政收费。清理整顿议事协调机构。强化现场审批和联合审批，充分发挥市和区县两级行政许可服务中心作用。加强电子政务建设，推进政府信息公开。推进文化体制改革和文化创新。加快出版社转企改制，完成杂技团改革试点任务，推进报业集团宣传与经营两分开，推动电台电视台制播分离。继续推进区县文化体制改革工作。加强文化产业聚集园区规划建设，积极筹建滨海新区文化产业示范区。推动事业单位工资制度改革。

本月 天津市国资委发出《关于同意将天津长芦海晶集团有限公司职工医院国有资产移交塘沽区政府管理的批复》。

是年 天津人民政府《关于加快我市养老服务业发展的意见》中提出：到2010年，由政府投资兴建的国办养老机构新增床位7 400张，其中：市级国办养老机构新（扩）建床位400张；区县国办养老机构新建、改扩建新增床位3 000张，实现每个区县建有一所200张以上床位的示范性、综合性养老机构；农村国办“五保”供养服务机构新建、改扩建30所，新增床位4 000张。通过政策引导扶持，社会力量办养老机构新增床位达到5 000张。国办养老机构主要以保障“三无”、“五保”、低收入老年人和优抚对象的集中供养为主，机构管理人员经费由同级财长给予补贴。公建民营或其他社会化方式运营模式，引入社会力量参与管理运营，推动政府职能转变。到2010年全面新建国办养老机构要有40%以上实现公建民营。

2009年

1月6日 全国编办主任会议提出：创新体制机制，服务科学发展，不断提高机构编制工作整体水平。继续做好国务院机构改革工作；着力抓好地方政府机构改革；推进乡镇机构改革，要统筹乡镇党政机构设置，推进事业站所改革，合理确定人员编制规模，改进工作方式；积极稳妥推进事业单位分类改革，抓好分类改革方案制定工作，分别研究提出行政类、公益类、生产经营类事业单位改革的具体意见。要搞好衔接，配套推进事业单位养老保险制度和人事制度改革，完善相关财政政策。

1月8日 天津市与中国航空工业集团在北京人民大会堂签署协议。天津港保税区与中国航空工业集团共同投资80亿元组建中航工业直升机有限责任公司，总部设在滨海新区。

1月10—14日 中国人民政治协商会议天津市第十二届委员会第二次会议召开。

1月11—15日 天津市第十五届人民代表大会第二次会议召开。

1月15日 天津市高新区管委会与北京大学高新区研究院签署战略合作协议。

1月23日 天津市人民政府办公厅发出《转发市卫生局、市发展改革委、市财政局、市编办拟定的天津市区县疾病预防控制机构能力建设实施方案（2009—2011年）的通知》中提出：根据疾病预防控制机构所承担的职责，按照全国统一名称，将现有的区县卫生防病站统一更名为“天津市××区（县）疾病预防控制中心”。根据区县实际，逐步将独立的结核病预防控制机构整建制并入疾病预防控制机构。

同日 天津市规划展览馆（过渡性）开馆并向社会开放。

2月1日 天津市医疗纠纷人民调解委员会成立。

2月24日 中国（天津）知识产权维权援助中心揭牌。

2月26日 由中国航空工业集团和天津港保税区共同组建的中航工业直升机公司在滨海新区空港加工区成立，标志着直升机研究制造基地项目即将全民开工建设。

3月5日 温家宝总理在全国人大第二次会议《政府工作报告》中提出：加快地方政府机构改革。推进事业单位改革。坚持依法行政。规范行政行为，做到合法行政、合理行政、程序正当、高效便民、诚实守信、权责统一。继续推进行政审批制度改革，减少行政许可和审批事项，特别要减少投资审批、项目核准，落实企业的投资主体地位。

3月12日 由中航工业集团西飞公司投资的“A320”机翼总装项目在空港物流加工区开工建设，此为中航工业集团与空客公司在飞机零部件转包方面的重大合作项目，也是天津市航空产业聚集发展的标志性项目。在天津生产的“A320”机翼将直接交付空客天津总装公司。

3月16日 中共天津市委召开常委扩大会议，传达学习十一届全国人大二次会议和全国政协十一届二次会议精神，就抓好贯彻落实提出要求。会议还听取了关于天津市第一批学习科学发展观实践活动情况和第二批学习实践活动准备工作情况的汇报，传达了《中共中央办公厅、国务院办公厅关于印发〈天津市人民政府机构改革方案〉的通知》。

3月17日 中共中央、国务院发出《关于深化医药卫生体制改革的意见》。

3月18日 《天津市普通高等学校招生考试制度综合改革方案》经教育部和市人民政府批准正式颁布，并于2009年开始实施。

3月22日 《天津市普通高等学校招生考试制度综合改革方案》经教育部、天津市政府批准颁布，并于今年开始实施。

3月24日 中国民航天津安全监督管理局成立，在滨海国际机场举行揭牌仪式。原民航天津安全监督管理办公室正式更名为民航天津安全监督管理局，成为全国首家更名成立的监督局。

3月26日 国家科技部正式批复同意《天津高新区创新型科技园区建设方案》，同意天津高新区启动并开展创新型园区建设工作。天津高新区正式进入首批国家创新型科技园区试点名单，全国仅4家。

本月 国务院批准“天津新科技产业园区”更名为“天津滨海高新技术产业开发区”。

本月 魏建一主编的《事业单位机构编制管理与改革简论》经过两年多的编撰，由天津教育出版社出版。本书共分15章，300千字。主要内容有：事业单位架构、机构设置、机构管理、事业编制、事业编制管理、职能配置、监督检查、事业单位登记管理制度、机构编制管理信息、机构编制管理的调查研究、机构编制公文、事业单位改革、事业单位分类、机构编制立法理论、机构编制立法实践等内容。

4月9日 中共中央办公厅、国务院办公厅发出《关于深化中央各部门各单位出版社体制改革的意见》。

4月28日 中粮集团天津粮油综合基地项目在临港工业区正式开工。天津粮油综合基地主要包括蛋白饲料加工项目、前沿码头项目、仓储项目及相关配套设施等，总投资额超过40亿元。

5月4日 天津市召开机构改革工作会议，部署市委、市政府机构改革工作。市委书记张高丽主持会议并讲话，市委副书记、市长黄兴国作部署、市人大常委会主任刘胜玉出席。

5月7日 天津市人民政府办公厅发出《关于启用市人民政府新组建工作部门印章的通知》中提出，根据党中央、国务院批准的天津人民政府机构改革方案，天津市人民政府设置工作部门45个。其中新建的部门9个，分别为：天津市经济和信息化委员会、天津市市容和园林管理委员会、天津市人力资源和社会保障局、天津市城乡建设和交通委员会、天津市水务局、天津市文化广播影视局、天津市交通运输和港口管理局、天津市人民政府合作交流办公室、天津市人民政府口岸服务办公室。根据市人民政府要求，上述部门印章统一于2009年5月8日启用，涉及有关部门的旧印章同时废止并交市政府办公厅封存。

同日 中央文化体制改革工作督查组，来津检查文化体制改革工作。

5月8日 中航直升机有限责任公司天津总成基地在滨海新区开工。市委书记张高丽会见中国航空工业集团总经理林左鸣一行。

5月18日 中共天津市委办公厅、市人民政府办公厅转发《市机构编制委员会〈关于认真做好部门“三定”工作的意见〉的通知》。

同日 中共天津市委办公厅、市人民政府办公厅印发《关于〈天津市机构改革实施方案〉的通知》。

5月22日 天津博物馆、天津市烈士陵园入选中宣部公布的第四批全国爱国主义教育示范基地名单。

5月26日 天津市人民政府办公厅发出《关于进一步规范设置临时性议事协调机构有关事项的通知》中提出：严格控制议事协调机构设置。凡工作可由现有机构承担或协调解决的，不再另设议事协调机构，涉及跨部门的事项，由主办部门牵头协调；确需设立议事协调机构的，要严格按照有关规定报批。各区县人民政府、市人民政府各部门也要尽量减少议事协调机构的设置，一般不单设临时性的办事机构。

5月28日 天津市人民政府办公厅发出《关于天津市人民政府机构设置的通知》。

6月3—12日 中共天津市委、市人民政府向全市人民广泛征求对《天津市空间发展战略规划》和《天津市文化中心规划设计方案》（征求意见稿）的意见。

6月8日 由海航集团、保税区、海南航空股份有限公司联合出资的天津航空有限责任公司正式揭牌成立。

6月9日 天津滨海新区与国防科技大学签署合作协议，确定在开发区共建国家超级计算天津中心，研制千万亿次超级计算机，建设大规模集成电路设计中心和基础软件工程中心及产业化基地。超级计算机天津中心选址开发区服务外包产业园，由国家科技部、滨海新区、开发区、国防科技大学共同投资6亿元建设。

6月17日 中共天津市委决定调整天津市机构编制委员会组成人员，主任：黄兴国；副主任：何立峰；委员：杨栋梁、史莲喜、段春华、李泉山、李功立、杨福刚、魏大鹏、孔长起。

同日 中共天津市委召开常委会议，研究讨论深化医药卫生体制改革等。市委书记张高丽主持会议并讲话，市领导黄兴国、刘胜玉、何立峰出席。

6月18日 天津人民广播电台北京记者站成立。

6月25日 中央党校教学基地在滨海新区建立。中央党校副校长孙庆聚率省部级领导干部进修班60多名副省级以上领导干部到津考察。

同日 天津国际生物医药联合研究院正式挂牌成立。

6月26日 中央编办发出《关于开展事业单位改革专题调研工作的通知》。

6月29日 天津市首家外资法人银行——韩国企业银行（中国）有限公司开业。

6月30日 天津海河教育园区工程在津南区开工。

同日 受黄兴国市长委托，常务副市长杨栋梁主持召开会议，听取天津市编办关于市机构改革中部门“三定”工作及区县机构改革进展情况的汇报，并就有关问题进行了深入的研究。

7月2日 中国银监会批准，天津银行获准筹建上海分行。

同日 中央编办发出《关于委托部分省（市）编办对事业单位改革有关重点问题进行专项调研的通知》。

7月5日 北方报业印务股份有限公司成立。公司由天津日报报业集团、天津农垦集团总公司、天津报业印务中心、天津第三建筑工程公司、今晚传媒集团等7家国有企业共同注资，股改组建，公司总资产5亿多元。

7月13日 国家林业局盐碱地研究中心落户天津。

8月1日 国务院批准天津港口岸扩大对外开放。

8月8日 《人民日报》社天津分社揭牌成立。

8月9日 天津市人民政府召开第33次常务会议，确定本市第一批15个区县示范工业园区。

8月12日 中新天津生态城投资开发有限公司成立。该公司注册资本40亿元人民币，负责生态城基础设施建设、招商引资、对外推广。

8月20日 中央编办发出《机构编制法制建设中长期规划(2009—2020年)》的通知。

同日 中央编办发出关于省级以下食品药品监督管理机构行政编制问题的函。食品药品监督管理机构省级以下垂直管理改由地方政府分级管理后，其行政编制分别纳入市、县行政编制总额。根据《地方各级人民政府机构设置和编制管理条例》规定，跨层级调配使用行政编制，应当由省级人民政府机构编制管理机关报中央编办审批。

8月21日 天津市召开深化医药卫生体制改革工作会议。

8月22日 中共天津市委、市人民政府同意组建天津市建设工程质量安全监督管理总队，该队为市建设交通委管理的事业单位。

8月24日 中共天津市委办公厅、市人民政府办公厅印发关于《天津市市容和园林管理委员会主要职责内设机构和人员编制规定》、《天津市人民政府口岸服务办公室主要职责内设机构和人员编制规定》、《天津市中小企业发展促进局主要职责内设机构和人员编制规定》的通知。

8月26日 中共天津市委办公厅、市人民政府办公厅印发于《天津市文化体制改革中经营性文化事业单位转制为企业的实施意见》。

8月28日 中共天津市委办公厅、市人民政府办公厅印发关于《天津市人力资源和社会保障局主要职责内设机构和人员编制规定》、《天津市公务员局主要职责内设机构和人员编制规定》、《天津市外国专家局主要职责内设机构和人员编制规定》的通知。

8月31日 天津市人民政府印发《关于同意天津东丽航空产业区等十六个工业园区为区县示范工业园区的批复》。

9月9日 法国兴业银行（中国）有限公司零售网点在津开业。

9月10日 滨海新区管委会、天津大学、滨海新区临港工业区管委会共同签署合作协议，共建天津大学滨海工业研究院。

9月14日 中共天津市委召开常委会议，听取本市庆祝新中国成立60周年活动安排和筹备工作汇报，讨论通过《天津市区县政府机构改革指导意见》等。

9月16日 天津滨海水产研究所暨中国水产研究院渤海水产研究中心奠基开工。

同日 中共天津市委、市人民政府印发关于《天津市区县政府机构改革指导意见》的通知。

9月19日 天津理工大学举行建校30周年庆典大会。

9月22日 中共天津市委办公厅、市人民政府办公厅印发关于《天津市人民政府外事办公室主要职责内设机构和人员编制规定》、《天津市文化广播影视局主要职责内设机构和人员编制规定》、《天津市环境保护局主要职责内设机构和人员编制规定》、《中共天津市委金融工作委员会天津市人民政府金融服务办公室主要职责内设机构和人员编制规定》的通知。

9月25日 中共天津市委办公厅、市人民政府办公厅印发关于《天津市人民政府法制办公室主要职责内设机构和人员编制规定》、《天津市知识产权局主要职责内设机构和人员编制规定》、《天津市安全生产监督管理局主要职责内设机构和人员编制规定》、《天津市人民政府合作交流办公室主要职责内设机构和人员编制规定》的通知。

9月28日 渤海商品交易所在天津挂牌成立。

9月29日 中宣部、中央编办、文化部、国家广电总局、新闻出版署印发关于《加快推进文化市场综合执法改革工作的意见》的通知。

10月9日 中共天津市委办公厅印发关于《中共天津市委老干部局主要职责内设机构和人员编制规定》的通知 。

同日 人力资源和社会保障部、中央编办印发关于《进一步加强公共就业服务体系建设的指导意见》的通知提出：公共就业服务机构和公共就业服务体系由各级政府人力资源社会保障行政部门统筹管理。各地在整合人才市场和劳动力市场过程中，要进一步加强各级公共就业服务机构，合理确定各级公共就业服务机构的人员编制，充实人员力量，规范机构名称。原地方人事、劳动保障部门的就业（人才）服务管理机构进行合并。原县级以上人事、劳动保障部门以就业服务和人才服务为主要职能的各类工作机构和服务实体进行整合加强。

10月11日 武警指挥学院新校区落成暨开学典礼举行。

10月16日 泰达国际心血管病医院通过国际医院标准认证，成为全国第五家、天津市唯一一家通过国际医院认证联合委员会认证的医院。

10月21日 国务院发出《关于同意天津市调整部分行政区划的批复》。同意撤销天津市塘沽区、汉沽区、大港区，设立天津市滨海新区，以原塘沽区、汉沽区、大港区的行政区域为滨海新区的行政区域。

10月22日 新加坡大华银行（中国）有限公司天津分行正式开业。

10月23日 天津市召开区县政府机构改革工作会议。

10月26日 经国务院同意，国家发展和改革委员会批复《天津滨海新区综合配套改革试验金融创新专项方案》。

10月28日 天津工程师范学院举行建校30周年庆祝大会。

10月30日 中共天津市委、市人民政府同意组建天津出版传媒集团有限公司，建立中共天津出版传媒集团有限公司委员会。天津出版传媒集团有限公司为市管企业，实行党委领导与法人治理结构相结合的领导体制。同意组建天津北方电影集团有限公司，建立中共天津北方电影集团有限公司委员会。天津北方电影集团有限公司为市管企业，实行党委领导与法人治理结构相结合的领导体制。

11月5日 中共天津市委、市人民政府召开座谈会，就滨海新区管理体制改革方案听取滨海新区组成单位主要负责同志的意见建议。市委书记张高丽主持会议并讲话。他指出：推进滨海新区管理体制改革势在必行，关系天津和全国发展的大局。我们一定要用中央的精神和市委、市政府的部署统一思想认识行动，切实增强责任感和紧迫感，积极稳妥地推进管理体制改革，为加快滨海新区开发开放提供体制机制保障。

11月6日 中共天津市委印发关于《天津市滨海新区管理体制改革工作实施意见》的通知中指出："研究提出滨海新区党委、人大、政府、政协机关机构设置方案，报市委审批。"

同日 中共天津市委办公厅、市人民政府办公厅印发关于《天津市人民政府办公厅主要职责内设机构和人员编制规定》、《天津市经济和信息化委员会主要职责内设机构和人员编制规定》、《天津市人民政府人民防空办公室主要职责内设机构和人员编制规定》、《天津市工商行政管理局主要职责内设机构和人员编制规定》的通知。

同日 中共天津市委、市人民政府印发关于《天津市滨海新区管理体制改革工作实施意见》的通知中提出：本市上报的《关于调整天津市部分行政区划的请示》，国务院10月21日批复同意。根据国务院批复精神，为搞好滨海新区管理体制改革，为加强组织领导，成立滨海新区管理体制改革工作领导小组，研究提出实施方案和分阶段安排意见，报市委审批抓好推动落实。

11月8日 天津市人民政府印发关于《转发国务院关于同意天津市调整部分行政区划批复》的通知。

11月9日 天津市文化体制改革工作领导小组印发关于《天津出版传媒集团有限公司组建方案》的通知中提出：出版集团的组成以天津市新闻出版局所属经营性出版、印刷、发行单位为主体，区县所属新华书店在完成转企改制后以资产入股的形式进入出版集团，非新闻出版局所属出版社在完成转企改制后以国有资产划拨形式进入出版集团。出版集团为市管企业。建立中共天津出版传媒集团有限公司委员会，实行党委领导与法人治理结构相结合的领导体制。

同日 中共天津市委办公厅、市人民政府办公厅印发关于《天津市侨务办公室主要职责内设机构和人员编制规定》、《天津市民政局主要职责内设机构和人员编制规定》、《中共天津市委台湾工作办公室（天津市人民政府台湾事务办公室）主要职责内设机构和人员编制规定》、《天津市财政局主要职责内设机构和人员编制规定》的通知。

同日 天津市文化体制改革工作领导小组印发关于《天津北方电影集团有限公司组建方案》的通知中提出：北方电影集团为市管企业，建立中共天津北方电影集团有限公司委员会，实行党委领导与法人治理结构相结合的领导体制。

同日 天津市文化体制改革工作领导小组发出《关于区县所属12个新华书店转制为企业的实施意见》。

同日 中共天津市委、市人民政府召开滨海新区管理体制改革动员大会。市委书记张高丽讲话，市委副书记、市长黄兴国传达国务院同意撤销塘沽区、汉沽区、大港区，设立天津市滨海新区的批复并作工作部署。市政协主席邢元敏出席，市委副书记、滨海新区工委书记、管委会主任何立峰主持会议。塘沽区、汉沽区、大港区主要负责人作发言。新的滨海新区人民政府将坐落在新港街道新港二号路。国务院要求，上述行政区划调整涉及的各类机构要按照“精简、统一、效能”的原则设置。

11 月 9 日 中共天津市委办公厅、市人民政府办公厅印发关于《天津市人口和计划生育委员会主要职责内设机构和人员编制规定》、《天津市民族事务委员会主要职责内设机构和人员编制规定》的通知。

11 月 15 日 天津银行上海分行对外运营。

11 月 20 日 天津市人大常委会印发关于《天津市人民代表大会常务委员会关于设立天津市滨海新区人民代表大会及有关问题的决定》的通知。

同日 天津市文化体制改革工作领导小组办公室印发《关于对天津市经营性出版发行单位转企改制人员安排意见》的批复。

本月 天津市中心妇产科医院新院迁址扩建项目全面竣工。新院位于南开三马路 156 号，总体建筑面积 71 510 平方米，门急诊住院综合楼地上建筑 19 层，病床数增至 600 张，门急诊可满足每天 3 000 人次就诊需求。

12 月 8 日 中共天津市委办公厅、市人民政府办公厅印发关于《中共天津市人民政府国有资产监督管理委员会、天津市人民政府国有资产监督管理委员会主要职责内设机构和人员编制规定》的通知。

同日 中共天津市委办公厅印发关于《中共天津市委市级机关工作委员会主要职责内设机构和人员编制规定》、《中共天津市委研究室主要职责内设机构和人员编制规定》的通知。

同日 德意志银行（中国）有限公司宣布，德银中国天津分行正式成立。该行 2009 年 7 月获中国银监会批准筹建天津分行。

12 月 11 日　中共天津市委办公厅印发关于《中共天津市委政法委员会主要职责内设机构和人员编制规定》。

同日　中共天津市委办公厅、市人民政府办公厅印发关于《中共天津市委信访办公室天津市人民政府信访办公室主要职责内设机构和人员编制规定》、《天津市规划局主要职责内设机构和人员编制规定》、《天津市旅游局主要职责内设机构和人员编制规定》的通知。

12 月 13 日　中共天津市委印发关于《中共天津市滨海新区委员会机构设置方案》的通知。

同日　中共天津市委印发关于《天津市滨海新区人大常委会机构设置方案》的通知。

同日　中共天津市委、市人民政府印发关于《天津市滨海新区人民政府机构设置方案》的通知。

同日　中共天津市委印发关于《天津市滨海新区政协机关机构设置方案》的通知。

12 月 14 日　中共天津市委办公厅、市人民政府办公厅印发关于《天津市审计局主要职责内设机构和人员编制规定》、《天津市统计局主要职责内设机构和人员编制规定》、《天津市体育局主要职责内设机构和人员编制规定》的通知。

12 月 20 日　天津评剧院白派剧团成立。

12 月 21 日　天津市人民政府召开常务会议，研究文化产业振兴工作，讨论《政府工作报告》，审计并原则通过滨海旅游区分区规划。

12 月 22—23 日　中国共产党天津市第九届委员会第七次全体会议召开。审议通过《中共天津市委 2010 年工作要点》、《中国共产党天津市第九届委员会第七次全体会议决议》。

12 月 23 日　天津神经工程研究中心成立。

12 月 25 日　根据《国务院关于天津市调整部分行政区划的批

复》和《天津滨海新区管理体制改革工作实施意见》，中共天津市委宣布，组建中国天津市滨海新区委员会，撤销中共天津市委滨海新区工作委员会；组建中共天津市滨海新区塘沽工作委员会、汉沽工作委员会、大港工作委员会，撤销中共天津市塘沽区委员会、汉沽区委员会、大港区委员会。

12 月 27—29 日 中国共产党天津市滨海新区第一次代表大会召开。

本月 中国医学科学院肝细胞医学中心在津成立。

2010 年

1 月 4 日 中共天津市委办公厅、市人民政府办公厅印发关于《天津市商务委员会主要职责内设机构和人员编制规定》的通知。

1 月 5—6 日 政协天津市滨海新区第一届委员会第一次会议在塘沽大剧院召开。会议选举产生政协天津市滨海新区第一届委员会，常务委员 52 人。

1 月 8—10 日 天津市滨海新区第一届人民代表大会第一次会议在塘沽大剧院召开。会议选举产生滨海新区人大常委会主任、副主任、委员；选举产生滨海新区人民政府区长、副区长；选举产生滨海新区人民法院院长、人民检察院检察长。

1 月 22—25 日 中共中央政治局常委李长春在天津调研。深化文化体制改革、加快文化产业发展，是李长春这次调研的重点。

1 月 24—25 日 全国编办主任会议在北京召开，会议传达学习了中央编委领导的重要批示精神，全面回顾总结了 2009 年工作，安排部署了 2010 年工作。中央编委委员、中央编办主任王东明出席大会并讲话，7 个省区编办在会上作了发言。会议提出，新的一年，围绕中心，服务大局，继续深化行政管理体制改革，进一步推动政府职能转变，进一步探索实行职能有机统一的大部门体制，积极开展依法探索省直管县体制改革试点和经济发达镇行政管理体制改革试点，切实抓好政府机构改革的评估工作；积极稳妥地推进事业单位改革，加大机构编制管理创新力度，切实管住管好机构编制；加快机构编制法制化进程，为深化行政管理体制改革和加强机构编制管理提供有力保障。

1月26日 天津市编办和滨海新区编办为了搞好滨海新区机构设置工作，对上海市浦东新区机构改革工作进行了考察。

同日 中共天津市委办公厅、市人民政府办公厅印发关于《天津市河西区人民政府机构改革方案》、《天津市武清区人民政府机构改革方案》、《天津市宝坻区机构改革方案》、《天津市蓟县机构改革方案》、《天津市静海县机构改革方案》的通知。

本月 经中共天津市委、市人民政府决定，天津空港物流加工工业区更名为天津空港经济区，天津空港物流加工区管理委员会相应更名为天津空港经济区管理委员会，与天津港保税区管理委员会仍为一个机构、两块牌子。天津空港经济区位于滨海国际机场东北侧，是滨海新区距离市区最近的经济功能区。区内设有保税区、综合保税区等国家级特殊经济区，区位和政策功能优势突出。

3月7日 天津市与国家教育部在北京签署两项协议，共建南开大学、天津大学新校区以及国家职业教育改革创新示范区。根据协议，天津市将在海河教育园区总体规划中，为南开大学、天津大学各选址25平方千米建立新校区，教育部将其作为重点建设项目纳入基本建设规划，在“十二五”期间给予重点支持。双方将在海河教育园区重点共建国家职业教育师范培训中心、国家职业教育研究和成果转化中心、全国职业教育技能大赛主赛场等6个重大项目。

同日 中国科学院和天津市共建工业生物技术研究所补充协议签字仪式在中国科学院举行。

3月8日 中共天津市委副书记、市机构编制委员会副主任何立峰会见来津出席部分省（区、市）编办主要负责同志座谈会的中央机构编制委员会委员、办公室主任王明东一行。

3月11日 上海浦东新区党政代表团到津考察。

3月25日 国家发改委、卫生部、中央编办、教育部、财政部、人力资源和社会保障部印发的《关于以全科医生为重点的基层医疗卫生队伍建设规划的通知》中提出：中央研究制定乡镇卫生院机构编制标准，各地依据《城市社区卫生服务机构设置和编制标准指导意见》和即将出台的相关编制标准，结合实际服务人口数量、服务半径和当地经济发展水平等，重新核定基层医疗卫生机构的人员编制数和岗位设置方案，明确岗位职责和任务，配备合格人员。

同日 天津市文化大发展大繁荣攻坚战推动会在天津礼堂召开，集中推出涉及文化体制改革、公共文化建设、文化产业发展等方面40个重点项目。市委书记张高丽出席并讲话。市长黄兴国做部署。

3月29日 天津市召开落实城市管理规定工作会议。会议就落实城市管理规定提出要求。为加强城市管理工作，市政府专门成立城市管理委员会，并就贯彻落实规定要求，向各区县政府、各委办局和直属单位发出通知，明确了管理责任区域等问题。

同日 中共天津市委办公厅、市人民政府办公厅印发关于《天津市新闻出版局主要职责内设机构和人员编制规定》、《天津市人民政府行政审批管理办公室主要职责内设机构和人员编制规定》、《天津市机关事务管理局主要职责内设机构和人员编制规定》、《天津市人民政府研究室主要职责内设机构和人员编制规定》、《天津市水务局主要职责内设机构和人员编制规定》、《天津市司法局主要职责内设机构和人员编制规定》、《天津市监狱管理局主要职责内设机构和人员编制规定》、《天津市劳动教养管理局主要职责内设机构和人员编制规定》的通知。

本月 根据《高等教育法》和《普通本科学校设置暂行规定》的有关规定以及全国高等学校设置评议委员会评议结果，并经教育部批准，天津外国语学院更名为天津外国语大学，天津工程师范学院更名为天津职业技术师范大学。根据发展规划，两所大学为多科性普通本科学校，以本科教育为主，同时承担研究生培养任务。学校现有专业结构的调整和新专业的增设，将按照教育部有关规定办理。

4月1日 中共天津市委办公厅印发关于《中共天津市委办公厅主要职责内设机构和人员编制规定》、《中共天津市委组织部主要职责内设机构和人员编制规定》的通知。

同日 中共天津市委办公厅、市人民政府办公厅印发关于《天津市发展和改革委员会主要职责内设机构和人员编制规定》、《天津市粮食局主要职责内设机构和人员编制规定》、《天津市国土资源和房屋管理局主要职责内设机构和人员编制规定》、《天津市海洋局主要职责内设机构和人员编制规定》的通知。

4月2日 中共天津市委办公厅印发关于《中共天津市委宣传部主要职责内设机构和人员编制规定》、《中共天津市委教育工作委员会天津市教育委员会主要职责内设机构和人员编制规定》的通知。

同日 中共天津市委办公厅、市人民政府办公厅印发关于《中共天津市委科学技术工作委员会天津市科学技术委员会主要职责内设机构和人员编制规定》、《天津市卫生局主要职责内设机构和人员编制规定》、《天津市食品药品监督管理局主要职责内设机构和人员编制规定》的通知。

4月7日 截至目前，天津市区县政府机构改革方案实施工作已陆续展开。已有和平区、南开区、河北区、河东区、津南区、静海县、蓟县7个区县召开了机构改革工作会议，“三定”工作正在陆续进行；其他区县准备在4月中旬召开机构改革工作会议。市编办正在抓紧进行督促检查有关工作。

4月8日 中共天津市委办公厅、市人民政府办公厅印发关于《天津市质量技术监督局主要职责内设机构和人员编制规定》的通知。

4月11日 中共中央办公厅、国务院办公厅转发《中央宣传部关于党的十六大以来文化体制改革以及事业文化产业发展情况和下一步工作意见》的通知中提出：继续推动公共博物馆、文化馆、纪念馆和有条件的公共美术馆、科技馆免费开放。加快推进经营性文化单位转企改制，今年基本完成出版发行单位及电影制片、发行、放映单位和电视台电视剧制作机构的转企改制。积极推动市场发育比较成熟的文艺院团转企改制。推动党报党刊所属的非时政类报刊率先专制。推动业务相近、资源相通的文化企业组建集团公司，开展跨地区、跨行业、跨所有制兼并重组。鼓励和引导非公有制资本进入文化产业，形成以公有制为主体、多种所有制共同发展的产业格局。继续推动副省级和副省级以下城市文化市场综合执法机构的整合组建，建立统一的文化行政主体。建立健全国有文化资源管理体制，确保国有资产保值增值。

4月26日 中共天津市委、市人民政府发出关于天津外国语学院更名为天津外国语大学的通知。

同日 中共天津市委、市人民政府发出关于天津工程师范学院更名为天津职业技术师范大学的通知。

本月 国家发改委正式批复国家海洋博物馆落户天津。国家海洋博物馆是中国首座国家级综合性、公益性海洋博物馆，是首座落户天津市的国家级博物馆。将由天津市和国家海洋局共同组织建设，建成后由天津市负责运营管理。

5月5日 中新天津生态城联合工作委员会第五次会议在生态城举行。

5月10日　天津港东疆岗区第三战役举行开工仪式。第三战役预计总投资45亿元，重点安排用地巩固、物流仓库、市政设施等五大项目建设，全面完成保税港区二期基础设施工程，为实现该区域2010年底封关运作创造有利条件。

5月18日　中新天津生态城读者新媒体大厦正式开工，生态城投资开发有限公司与读者新媒体发展有限公司举行土地使用权转让合同书签约仪式。大厦投资3.50亿元，建筑面积约4万平方米。读者出版集团有限公司是以原甘肃人民出版社为基础改制组建的专业出版集团，2009年在生态城注册成立读者新媒体发展有限公司，作为发展数字出版、动漫期刊、新媒体等新兴业务的全国基地。

5月21日　中共天津市委办公厅、市人民政府办公厅印发关于《天津市滨海新区塘沽、汉沽、大港管理机构设置方案》的通知。

5月25日　天津市长办公会议听取了滨海新区区长宗国英关于有关企业级格问题的汇报，责成市编办牵头，会同市国资委、人力社保局等有关部门研究提出规范性意见，向市政府报告。

5月26日　天津市第十五届人民代表大会常务委员会第十七次会议，经过审议天津市高级人民法院提交的议案，决定：撤销天津经济技术开发区人民法院。天津经济技术开发区人民法院撤销后，其审判职权由天津市滨海新区人民法院行使。

5月27日　《国务院批转发展改革委关于2010年深化经济体制改革重点工作意见的通知》中提出：按照政事分开、事企分开和管办分离的原则，制订出台分类推进事业单位改革的总体文件及相关配套文件，逐步扩大改革试点范围，为全面启动改革创造条件、积累经验。

同日　天津市与国家广电总局开展战略合作框架协议签字仪式在迎宾馆举行。中国天津3D影视创意园区、国家影视网络动漫实验园、国家影视网络动漫研究院同时揭牌。

5月28日 天津外国语学院更名为天津外国语大学，天津工程师范学院更名为天津职业技术师范大学，两校更名揭牌仪式举行。

本月 天津市人民政府作出决定，取消市本级行政审批事项45项，暂不列入市本级的行政审批事项25项，将原106项行政审批事项合并为48项，向区县下放审批权限的行政审批事项25项。经过新一轮行政审批改革，天津市行政审批是事项权仅保留495项；申请材料减少2 906件，平均承诺办结时限压缩到6.9天，立等可取事项达155项，网上申报办理增至231项。

本月 中央编办《关于分类推进事业单位改革的意见（稿）》征求意见工作告一段落。按照国务院和中央编委领导的部署，为集思广益，《意见（稿）》通过多种方式广泛征求了各方面意见。以国办名义发出通知，书面征求了各省（区、市）政府、新疆生产建设兵团及计划单列市政府，中央有关部门、全国人大常委会办公厅、全国政协办公厅、最高人民检察院、最高人民法院、国务院各部门等131个单位意见。中编委领导同志先后在武汉、济南、北京主持召开了6个座谈会，分别听取湖北等18个省（区、市）及深圳、宁波市政府负责同志、中央有关部门、事业单位及专家学者的意见和建议，并到一些事业单位进行了实地调研。三是中央编办、财政部、人力资源社会保障部分别就《意见》涉及的10个配套文件，广泛征求了地方、相关部门及事业单位的意见。

6月1日 中央机构编制委员会印发《关于开展地方政府机构改革评估的通知》。

6月3—4日 中央编办在京召开了部分省区市乡镇机构改革工作座谈会，北京、河北、山西、辽宁、安徽、福建、山东、湖北、广东、广西、重庆、陕西、甘肃13个省区市编办和中组部、中农办、国务院综改办有关同志参加会议，中编办主任王东明同志出席会议并讲话。

6月4日 中共天津市委办公厅、市人民政府办公厅印发关于《中共天津市委农村工作委员会天津市农村工作委员会主要职责内设机构和人员编制规定》的通知。

6月5日 “六五”世界环境日，天津市命名表彰一批绿色社区、绿色学校和绿色幼儿园。和平区体育馆街尚有里社区等38个社区被命名为第三批天津市绿色社区，第19中学等33所学校被命名为第六批天津市绿色学校，和平保育院等13所幼儿园被命名为第五批天津市绿色幼儿园。

6月6日 天津文化中心大剧院工程启建。天津文化中心大剧院工程总建筑面积10万平方米，地下一层，地上四层、局部七层，大剧院屋面为长235米、宽160米的整体钢桁架屋盖，内设3座主要剧场，分别为可容纳1 600人的综艺剧场、可容纳1 200人的音乐厅及可容纳500人的小剧场。大剧院临水而建，并设有亲水平台，为市民提供更多的生活空间。

6月7日 天津市人民政府召开常务会议，会议研究了本市公路养管体制改革工作，审议并原则通过了《关于深化天津市公路养护管理体制改革的意见》，为进一步理顺本市公路养管体制，市有关部门在深入调查研究，多方征求意见的基础上，起草了《关于深化天津市公路养护管理体制改革的意见》，以向区县下放公路养管事权为重点，建立责权权利统一、人财路相随，统一领导、分级管理、条块结合、责权分明的公路养管体制。

6月12日 中国银监会正式批准天津农村商业银行股份有限公司（简称天津农商银行）开业，标志着天津市深化农村信用社改革工作全面完成，拥有近60年历史的“农村信用社”将正式退出历史舞台。新成立的天津农商银行注册资金70亿元，下辖近500个网点，是全市最大的地方性总部商业银行，将成为天津市服务“三农”和中小企业的金融主力军。

6月24—25日 中国机构编制管理研究会在京召开课题申报立项答辩会，围绕2011—2012年的8个课题：建立和完善机构编制评估机制、城市行政管理体制、加快政府职能转变、机构编制法定化、改进政府管理和公共服务方式、建立和完善社会主义行政体制的对策措施、部门职责分工与协调机制、中共十七大以来政府机构改革的成效经验研究等课题。来自部分省市级党政机关、编办及机构编制管理研究会和各大高校的22名课题申报单位代表及中央编办研究中心的人员参加会议。

6月28日 由《天津日报》报业集团主办的《滨海时报》正式创刊，天津滨海新区先锋文化传媒集团有限公司和中国新经济文学创作基地同时揭牌成立。市委副书记、滨海新区区委书记何立峰出席仪式。市委宣传部、市宣传系统有关单位和部门、滨海新区有关负责同志参加。

6月30日 天津农村商业银行开业，成为本市最大的一家地方性总部商业银行，标志本市深化农村信用社改革工作全面完成。

本月 《国家中长期人才发展规划纲要（2010—2020年）》中提出：分类推进事业单位人事制度改革，逐步建立起权责清晰、分类科学、机制灵活、监管有力的事业单位人事管理制度，克服人才管理中存在的行政化、“官本位”倾向，取消科研院所、学校、医院等事业单位实际存在的行政级别和行政化管理模式。在科研、医疗等事业单位探索建立理事会、董事会等形式的法人治理结构。

7月13日 渤海钢铁集团成立。中共天津市委、市政府决定，由天津钢管集团、天津钢铁集团、天津天铁冶金集团和天津冶金集团4家国有钢铁企业联合组建国有独资公司渤海钢铁集团。

7月22日 国家广播电影电视总局《关于规范广播电台电视台合并工作的通知》中提出：随着广播影视体制改革的逐步推进，部分市（地）级以上广播电台、电视台已经完成或正在进行合并工作。广播电台、电视台合并后，机构不得升格，局台隶属关系不得改变。根据《广播电视管理条例》，合并后的广播电视台应由广播电视行政部门依法设立并实施行政管理。

8月6日 天津市召开的贯彻落实国家工商总局《关于进一步支持天津滨海新区开发开放的意见》会议。国家工商总局特别出台25项政策以进一步促进天津滨海新区经济发展。根据国家工商总局此次出台的政策，滨海新区工商局获得了依法应当由国家工商行政管理总局登记管辖的内资企业登记管辖权及外商投资企业核准登记权。进一步放宽企业名称核准条件，对在滨海新区设立综合性地区总部的企业，允许在名称中使用“总部”、“地区总部”等字样；放宽企业集团登记条件，凡母公司注册资本达到3 000万元人民币，集团母子公司注册资本总额达到5 000万元人民币的，允许申请设立企业集团。此外，这25项政策还包括鼓励境外投资者到滨海新区开办广告企业、支持商标无形资产资本化运作、支持滨海新区创新消费者权益保护机制等。

8月10日 《天津日报》传媒集团有限公司、今晚传媒集团有限公司正式成立，标志着天津市党报宣传经营两分开改革取得新的突破。《天津日报》、《今晚报》按照宣传经营两分开改革方向，将所属非时政类报刊的所有权、经营权及广告、发行、印刷等经营性业务和资产剥离出来，整建制地进入企业集团，分别成立《天津日报》传媒集团有限公司、今晚传媒集团有限公司。两个新的集团公司成立以后，将通过企业化、市场化变革，打破媒体体制“瓶颈”，使党报可经营资源真正进入市场，激发创造力，提高竞争力，进一步壮大党报传媒的整体实力。

8月11日 中共天津市委办公厅、市人民政府办公厅印发关于《天津市机构编制委员会办公室主要职责内设机构和人员编制规定》的通知。市机构编制委员会办公室为市机构编制委员会的常设办事机构，既是市委的工作机构，也是市政府的工作机构，列入市委工作序列。

8 月 22 日 中共天津市委办公厅、市人民政府办公厅印发关于《中共天津市委城乡规划建设交通工作委员会天津市城乡建设和交通委员会主要职责内设机构和人员编制规定》、《天津市交通运输和港口管理局主要职责内设机构和人员编制规定》、《天津市市政公路管理局主要职责内设机构和人员编制规定》的通知。

8 月 23 日 天津市机构编制委员会发出《关于天津市滨海新区功能区管理机构设置方案的批复》。

8 月 26 日 中央编办印发《关于广东省积极探索大部门体制改革情况的函》介绍了广东省大部门体制改革的主要做法：大力推进简政放权，政府职能从“越位缺位”到“退位补位”；切实推行“同类项合并”，组织机构从“物理组合”到有机融合的“化学反应”；大胆创新体制机制，改革重点从“硬件压缩”到“软件更新”；努力打造服务“超市”，群众办事从“多道门槛”到“一个窗口”。

8 月 27 日 国务院召开全国依法行政工作会议。

9 月 19 日 天津市综合应急救援总队成立大会在天津礼堂隆重举行。本市急救援总队重点依托市公安消防总队，融合市有关部门和专业技术力量，由抢险救援队、安全监管组、工程抢修组、医疗救护组、治安交通组、电力保障组、通信保障组、气象保障组、专家组“一队八组”编成，除完成火灾扑救任务外，主要承担本市范围内发生的水旱、气象、地质、地震、森林火灾和风暴潮、台风等自然灾害，建筑施工事故、道路交通事故、危险化学品事故、环境污染事故等安全事故，恐怖袭击、群众遇险等社会安全事件的抢险救援任务，协助做好突发公共卫生事件的抢险救援工作。

9 月 20 日 全国机构编制部门自身建设座谈会在北京召开。会议的主要任务是，交流各级编办在新形势下加强自身建设、提高机构编制工作水平的经验和做法，统一思想，提高认识，进一步做好加强自身建设的各项工作。会议要求：要围绕“创新体制机制、服务科学发展”的主题，按照完善职能、健全机构、优化结构、提高素质的总体要求，全面加强自身建设，打造学习型、创新型、服务型、高效型机关，树立起政治坚定、勤奋务实、开拓进取、公道正派的良好形象，为顺利完成各项工作提供有力保障。

10 月 8 日 天津大学软件学院成立大会举行，滨海高新区软件人才培养基地同时揭牌。

10 月 10 日 中国政法大学机构编制法定化研究课题组给天津市编办来函，邀请市编办合作研究参与“机构编制法定化”研究课题的研究。该课题由中国政法大学朱维究教授为课题组长。

10 月 11 日 中央编委召开全国乡镇机构改革工作电视电话会议。会议提出：认清形势，进一步增强推进改革的责任感和紧迫感。改革开放以来，中央已先后部署开展过三次全国范围的乡镇机构改革。2004 年启动的这次乡镇机构改革，是配合农村税费改革和农村综合改革、加快推进城乡经济社会一体化进程进行的新一轮改革。2009 年 1 月中办、国办转发了中央编办《关于深化乡镇机构改革的指导意见》。截至目前，全国已有 70% 的乡镇进行了机构改革。要优化乡镇党政府机构设置；优化乡镇事业站所设置；严格控制人员编制，严格控制财政供养人员规模，坚决守住机构编制和实有人员“只减不增”这条底线。加强领导，确保乡镇机构改革任务顺利完成。中央要求，乡镇机构改革任务要在 2012 年基本完成。一要周密部署，落实责任；二要统筹兼顾，稳步推进；三要加强指导，密切配合。

10 月 15 日 天津文学馆、天津画院开工建设。市人大常委会主任刘胜玉出席开工仪式。天津文学馆、天津画院坐落于西青区中北镇侯台村。天津文学馆建筑面积 13 950 平方米，一期建筑面积7 680平方米，主要建设展览中心、公共用房和文学创作中心，以及附属设备用房等。天津画院总建筑面积14 000平方米，一期建筑面积约7 410平方米，主要建设展览中心和美术创作中心，以及部分附属用房。

10月20日 中央编办发出《关于重庆市政府副秘书长职数问题意见的函》。提出对于市政府副秘书长职数问题，中组部、中央编办《关于规范地方政府助理和副秘书长配备问题的通知》规定，地方政府已配备助理的，配备副秘书长过多的，有关省（区、市）应妥善调整，在2年内予以消化。对于兼职副秘书长问题，中组部、中央编办《关于规范地方政府助理和副秘书长配备问题的通知有关问题的答复》规定，兼职的政府副秘书长应占职数。

10月27—28日 中共天津市委第九届八次全会在天津礼堂举行。全会审议通过《中共天津市委关于制定天津市国民经济和社会发展第十二个五年规划的建议》和《中国共产党天津市委第九届八次全体会议决议》。《建议》中提出：推进法治政府和服务型政府建设。加快转变政府职能，完善两级政府、三级管理体制，进一步理顺市和区县管理职能，形成权责一致、分工合理、决策科学、执行顺畅、监督有力的行政管理体制。更加重视公共服务和社会管理，提高服务水平。加快推进政企分开、政资分开、政事分开、政府和市场中介组织分开。加强行政服务体系建设，深化行政审批制度改革。坚持科学民主决策和依法行政，全面推进政务公开，增强公共政策制定透明度和公共参与度，改进行政复议和行政诉讼，健全行政监督和问责制度，提高政府公信力和执行力。

11月11日 中国政法大学召开了《机构编制法定化课题》课题组成员见面会。会议由国务院参事、博士生导师朱维究教授主持，该校顾向明博士、天津市编办等课题组成员参加了会议。会议分工天津市编办负责我国机构编制管理的历史沿革和现状分析起草工作。

11 月 24 日　中央编办研究中心《关于提供研究成果的函》中提出，为加强机构编制部门研究工作，促进研究成果的交流与共享，更好地为深化改革和创新提供理论与服务，拟对各省及副省级编办开展研究取得的主要成果进行整理汇编。

12 月 3 日　天津市在天津礼堂召开依法行政工作会议，贯彻落实全国依法行政工作会议精神，总结国务院《全面推进依法行政实施纲要》和天津市《关于全面推进依法行政的实施意见》发布以来的工作情况，安排部署下一阶段任务。

12 月 6 日　中共天津市委、市人民政府召开天津市金融改革创新工作座谈会。

12 月 11 日　天津市机构编制委员会办公室由和平区湖北路 14 号迁往河西区友谊路 30 号市委、市政府大院 5 号楼办公。

12 月 17 日　天津市人民政府召开常务会议，审议并原则通过《政府工作报告（讨论稿）》等。

12 月 22 日　复旦大学与南开中学签署协议结成合作交流友好学校。

12 月 22—23 日　中央编办研究中心在山东济南市召开部分省市研究工作座谈会。15 个省市编办的相关同志参加了会议。会议讨论了《关于加强机构编制研究工作的指导意见》。

12 月 23 日　天津市学前教育工作会议提出：坚持政府主导、社会参与、公办民办并举，构筑覆盖城乡、布局合理的学前教育公共服务体系。要大力发展公办幼儿园。在今年新建改扩建 25 所公办园的基础上，明后两年再分别新建改扩建 50 所公办园，争取用三年实践完成增加 120 所一级公办园的目标任务，使学前三年适龄幼儿入园率达到 95%。本着实事求是的原则，通过新增指标和区域内统筹等办法，逐步配齐公办幼儿园的保教人员，从根本上解决一些区县存在的教师数量不足问题。

12 月 26—27 日　中共天津市委九届九次全体会议开幕。市委书记张高丽讲话，市委副书记、市长黄兴国主持。审议通过《中共天津市委 2011 年工作要点》、《中国共产党天津市第九届委员会第九次全体会议决议》。

本月　中共天津市委组织部、市人力资源和社会保障局转发中组部、人社部《关于进一步规范事业单位公开招聘工作的通知》。

是年　天津市属集团公司共有 55 家，其中，市国资委直接监管 42 家，委托监管 13 家；委托监管的地方金融类企业 8 家。

2011 年

1 月 6 日　天津市机构编制委员会办公室同意成立 2013 年第六届东亚运动会组织委员会执行局，负责 2013 年第六届东亚运动会的日常筹备工作。2013 年第六届东亚运动会结束后，2013 年第六届东亚运动会组织委员会执行局即行撤销。

1 月 19 日　天津市机构编制委员会办公室同意对天津机电职业技术学院机构编制进行核定。

1 月 24 日　中央编办发出《2011 年工作要点》中提出：研究制定“十二五”时期机构编制工作规划意见。坚持把改革放在更加突出的位置，统筹推进改革、管理和机构编制法制化建设。进一步明确深化行政管理体制和政府机构改革的重点任务和优先顺序，明确加强和创新机构编制管理的新途径新办法，明确加快机构编制法制化建设的思路和重点，为今后 5 年的机构编制工作谋好篇、布好局。积极稳妥分类推进事业单位改革。继续修改完善改革文件。加大对试点省市指导力度。扎实开展事业单位清理规范工作，推进事业单位分类。开展事业单位法人治理结构试点。切实做好改革的综合指导与协调。

1 月 30 日　天津市医改领导小组办公室《医改工作信息》登载《天津泰达国际心血管病医院探索管理体制改革的调研报告》。介绍天津泰达国际心血管病医院是一所公立非营利性三级甲等专科医院，从 2003 年 9 月开院以来，勇于实践，大胆探索新的管理体制和运行机制。推行全新的管理体制。在建院之初即打破了传统的体制，取消行政级别，医院为无行政级别的事业单位。医院根据事业发展情况，科学合理核定人员编制，采取扁平高效的管理模式，使绝大部分编制用于临床和医辅科室，而行政管理人员仅占全院员工的 4.5%，提高了运行效率，减少了人力成本。

2 月 8 日　中共天津市委办公厅发出《关于转发〈天津市 2011 年宣传思想工作要点〉的通知》。提出推动文化体制改革向纵深发展。组建天津北方演艺集团有限公司，完成除京剧、芭蕾、歌剧、交响乐之外所有国有文艺院团的转企改制。组建天津北方文化产业集团有限公司、天津图书馆管理集团有限公司。进一步巩固出版、发行、电影转企改制成果，推动已转制文化企业建立现代企业制度，完善法制人治理结构，培育自主经营、富有活力的文化市场主体。稳步推进公益性文化事业单位内部人事、收入分配和社会保障制度改革，进一步提高服务水平。扶持民营文化企业发展。

2 月 13 日　国务院办公厅印发关于《医药卫生体制五项重点改革 2011 年度主要工作安排的通知》。

2 月 15 日　国务院召开全国深化医药卫生体制改革工作会议，市委副书记、市长黄兴国在天津分会场讲话。

2 月 18 日　天津市人民政府召开第 66 次常务会议，审议通过南开大学、天津大学新校区总体规划方案，研究海河教育院二期工程建设工作，审议并原则通过第四批示范小城镇建设方案、《天津海河教育园区管理规定（草案）》和《天津市人民政府 2011 年度立法计划（草案）》。

2月22日　天津市机构编制委员会办公室同意成立天津市北辰区华辰学校，为区教育局管理的事业单位。给该学校核定事业编制，所需编制由天津市第四十七中学、天津市北辰区丁赵庄小学划转。

2月23日　天津市人民政府同意对天津市财贸管理干部学院和天津对外经济贸易职业学院进行整合，建立天津商务职业学院；同时撤销天津市财贸管理干部学院和天津对外经济贸易职业学院。天津商务职业学院系专科层次的普通高等职业学校，全日制在校学生规模设定为8 000人。

2月24日　天津市机构编制委员会办公室同意天津市北辰区启智学校更名为天津市北辰区特殊教育学校。

2月28日　国务院办公厅《关于印发2011年公立医院改革试点工作安排的通知》中提出：大力推动试点城市在“管办分开、政事分开、医药分开、营利性和非营利性分开”等重大体制机制综合改革方面积极探索，并加强指导，力争形成公立医院改革的基本路子。

同日　天津市机构编制委员会办公室发出《关于核定天津交通职业学院机构编制的批复》。

3月1日　天津市机构编制委员会印发《关于组建天津海河教育园区管理委员会的通知》。

3月2日　天津市机构编制委员会印发《关于开展区县政府机构改革评估的通知》。

3月7日　天津市机构编制委员会同意将天津市劳动争议仲裁院更名为天津市劳动人事争议仲裁院。

3月14日　中央编办印发关于《关于加强机构编制研究工作的指导意见》的通知。

3月15日　中共中央办公厅、国务院办公厅《关于进一步做好党政机关厉行节约工作的通知》中提出：加强机构编制和人员经费管理。加强机构设置和编制管理，严格控制机构编制总量。坚决执行机构编制审批程序和制度，进一步严格控制行政机构设置和行政编制，继续清理和规范议事协调机构，及时撤销已完成任务的临时机构；加强和规范事业单位机构编制管理，严格控制事业编制的使用范围，精简撤并职能交叉、任务不饱满的事业单位。切实解决人员超编问题，对超编人员不予核拨经费。加强对机构编制执行情况的监督检查，坚决制止和纠正自定行政编制和政法专项编制、超编进人、超职数超规格配备领导干部、超限额设立机构和擅自提高机构规格、以虚报人员等方式占用编制并冒用财政资金以及越权审批机构等行为。

3月16日　天津市编办在蓟县召开首次机构编制研究暨机构编制法定化课题座谈会。国务院参事、中国政法大学朱维究教授出席座谈会并对课题工作进行了辅导。课题组成员单位市编办、市政府研究室、市法制办和滨海新区、河西区、西青区、宝坻区、蓟县编办的同志参加了会议。

3月22日　天津市机构编制委员会同意成立天津市青年就业创业服务中心，为团市委管理的事业单位。

3月23日　中共中央、国务院发出《关于分类推进事业单位改革的指导意见》。

3月28日　中共中央政治局就推进依法行政和弘扬社会主义法治精神进行第二十七次集体学习。胡锦涛总书记强调，要更加注重行政执法，严格依照法定权限和程序行使权力、履行职责，推进政府管理方式创新，加强行政决策程序建设，切实把政府职能转变到经济调节、市场监管、社会管理、公共服务上来，着力保障和改善民生。要更加注意行政监督和问责，完善监督体制机制，全面推进政务公开，切实为人民掌好权、用好权。要更加注重依法化解社会矛盾纠纷，完善行政调解制度，提高行政调解效能，完善行政复议制度，完善信访制度。

3月29日 天津市机构编制委员会办公室同意天津市乡镇企业人才交流服务中心更名为天津市中小企业人才交流服务中心，同意将天津乡镇企业生产力促进中心更名为天津市中小企业生产力促进中心。

4月1日 天津市机构编制委员会办公室同意天津科技翻译出版社（原天津科技翻译出版公司）的主管部门由市科委调整为天津出版传媒集团有限公司。调整后，撤销天津科技翻译出版社（原天津科技翻译出版公司）。

4月14日 中央编办发出《关于加强机构编制部门干部教育培训工作的指导意见》的通知中指出：党的十七大和十七届二中全会对深化行政管理体制改革作出全面部署，“十二五”规划纲要对深化行政管理体制改革提出明确的任务要求。今后一个时期，机构编制部门的责任更大、任务更重，自身建设也要面临着新的机遇和挑战，迫切需要进一步加大干部教育培训力度，提高干部队伍的整体素质和工作水平，以适应机构编制部门干部队伍建设和促进机构编制工作长远发展的需要。

4月15日 天津市机构编制委员会同意成立天津市交通高级技工学校，为市交通集团管理的自收自支事业单位。

同日 天津市机构编制委员会办公室同意天津市建委老干部盘山疗养院（天津市建委老干部活动中心）更名为天津市建交委老干部盘山疗养院（天津市建交委老干部活动中心）。

4月27日 中共天津市委组织部、市人力资源和社会保障局发出《天津市事业单位岗位设置管理工作检查认定方案》的通知。

同日 天津市首家中外合作医疗机构——泰达普华医院在天津经济技术开发区成立。该医院将依托泰达国际心血管病医院和泰达医院的硬件优势，邀请国内权威专家出诊，满足国内外人士高端医疗需求，提升滨海新区投资与服务环境。

4月29日 中国旅游产业园揭牌仪式和项目签约仪式在滨海

旅游区举行。由国家旅游局和天津市政府共同建设的中国旅游产业园，位于滨海新区北部生活区片，园区范围涵盖滨海旅游区整个行政辖区。该园区将重点培育“生活性服务产业链”和“生产性旅游产业链”，重点发展旅游休闲度假业、商业服务业、旅游装备制造业和总部经济。预计到2020年，园区总投资额将达到3 000亿元，年产值500亿元，实现旅游总收入200亿元。

同日 中国租赁业研究中心在滨海新区东疆保税区揭牌成立，并正式向中国内外独家发布了其编制的《2010中国融资租赁业发展报告》。中国租赁业研究中心由天津市租赁业协会、滨海新区发改委、天津滨海综合发展研究院、东疆保税港区管委会共同组建。中心将充分了用滨海新区先行现试的政策优势和全国融资租赁业中的领先地位，联合国家有关部委、专家学者、各地租赁行业协会、重点融资租赁企业，就本市及全国租赁行业急需解决的问题进行深入研究，提出政策建议和改革方案。该中心还将定期举办全国性的专业会议，定期编辑出版《中国融资租赁业发展报告》，并建设全国租赁业信息交流平台“中国租赁联盟网”，最终打造成为专家、企业、政府三方密切交流合作的平台。

5月3日 中共天津市委召开常委扩大会议，讨论通过《天津滨海新区综合配套改革实验第二个三年实施计划（2011—2013年)》。

5月4日 天津市机构编制委员会办公室同意成立天津市国资系统老干部活动中心，为市国资委党委管理的全额拨款事业单位，该中心核定为事业编制。

同日 天津市机构编制委员会同意将天津市计算机应用能力培训考核中心更名为天津市公务员能力建设中心。

同日 天津市机构编制委员会同意成立天津市合作交流信息中心，为市合作交流办管理的事业单位。

5月10日 中央编办、卫生部、财政部发出《关于印发乡镇卫生院机构编制标准指导意见的通知》。

5月16日 中央编办发出《关于进一步明确节约用水部门职责分工的通知》。

5月17日 中央编办发出《关于完善地理标志保护管理体制机构的意见》。提出：由工商总局会同农业部、商务部、质检总局等部门尽快建立部际联席协调机制，共同研究拟定地理标志保护法律法规草案及综合性政策，协调重大问题等。

5月20日 中共天津市委常委、市委组织部部长史莲喜在市编办全体干部会议上宣布了市委调整市编办主要领导的决定并对进一步做好新形势下的机构编制工作提出了明确的要求。

5月28日 国务院《批转发展改革委关于2011年深化经济体制改革重点工作意见的通知》中提出：制定出台分类推进事业单位改革的指导意见及相关配套文件，分类指导、分业推进、分级组织、分步实施。

同日 空港经济区与中铁十三局集团有限公司签署协议，集团总部正式落户空港经济区。

5月31日 天津滨海国际机场二期扩建工程开工建设。市委书记张高丽宣布开工。

6月2日 全国分类推进事业单位改革工作座谈会在北京召开。会议强调，要充分认识分类推进事业单位改革的重大意义，坚持分类指导、分业推进、分级组织、分步实施的工作方针，积极稳妥推进事业单位改革，促进公益事业更好更快发展。

6月7日 京沪高铁天津南站命名，位于本市西青区张家窝镇。

6月16日 中共天津市委决定调整天津市机构编制委员会组成人员，主任：黄兴国；副主任：何立峰；委员：杨栋梁、史莲喜、段春华、袁桐利、黄平洋、杨福刚、孔长起。

同日 天津医科大学在迎来建校60周年之际，举行继承优良办学传统、加快高水平大学建设大会。

同日　黄兴国市长主持召开市政府常务会议。其中会议听取了市编办主任黄平洋关于全国分类推进事业单位改革工作座谈会有关情况和下一步工作建议的汇报，原则同意所提建议，要求根据会议所提意见进一步梳理完善向市委常委会报告。会议提出，分类推进事业单位改革是党中央、国务院从经济社会发展全局出发作出的重要部署，涉及面广、工作量大，是一项复杂的系统工程。要充分认识改革的重要意义，认真领会中央精神，紧密结合天津实际，准确把握政策尺度，积极稳妥加以推进。当前，天津市分类推进事业单位改革工作的首要任务是做好调查研究。有关方面要深入贯彻落实党中央、国务院有关文件和全国座谈会议精神，明确职责分工，摸清底数，掌握政策，抓紧制定具体工作方案，分阶段有序推进。根据进展情况，适时召开会议全面部署相关工作。

6 月 30 日　天津西站正式启用。

7 月 15 日　中央编办三司发函提出，机构编制管理规定十分明确，涉及机构编制事项，必须严格按规定程序和权限进行审批；副厅级以上行政机构设立、变更、撤销等事项，包括加挂牌子、机构升格和设立副厅级以上事业单位等，必须报中央编办批准；中央编办批复的机构调整事项，必须严格执行，不得随意更改。经报办领导批准特此函告，请各省、自治区、直辖市编办负责同志对此要高度重视，切实认真执行。今后一经发现违反这些规定的，中央编办将严格按照中央纪委《机构编制违纪行为适用〈中国共产党纪律处分条列〉若干问题的解释》进行查处纠正。

7 月 24 日　中央机构编制委员会《关于印发〈中央和国家机关部门职责分工协调办法〉的通知》中提出：相关部门在工作中对职责分工有异议的，主办部门应当及时主动召集协办部门进行协商，协办部门应当予以配合。已明确工作牵头部门的，以牵头部门为协商工作的主办部门；工作中有多个牵头部门的，以排在第一位的牵头部门为协商工作的主办部门。尚未明确工作牵头部门的，以首先对职责分工提出异议且建议共同协商的部门为协商工作的主办部门。其他相关部门是协商工作的协办部门。协办部门或者相关部门可以主动向主办部门提议协商。

7月29日 中共天津市委、市人民政府发出《关于成立天津市分类推进事业单位改革领导小组的通知》。

8月2日 中共中央办公厅、国务院办公厅发出《关于进一步深化事业单位人事制度改革的意见》的通知。

8月15日 天津市纪委、市委组织部、市编办、市监察局、市财政局、市人力资源和社会保障局发出《关于分类推进事业单位改革期间严明纪律的通知》。

8月30—31日 为贯彻落实《中共中央国务院关于分类推进事业单位改革的指导意见》和全国分类推进事业单位改革工作座谈会精神，中组部、中央编办调研组来津调研。听取了天津市关于分类推进事业单位改革进展情况汇报，并到河西区及和平区社区卫生服务中心实地调研。

本月 魏建一主编的《机构编制工作思辨》由天津教育出版社出版。本书首先摘录了导师谈精兵简政的内容。之后为思索、思考、思维三篇内容。最后，参考资料部分摘录了历史上中国地方国家机构演变、当代中国地方政府体制层级结构演变和外国城市政府机构设置等内容。全书共374千字。

9月1日 中共天津市委组织部、市人力资源和社会保障局发出《关于印发〈天津市事业单位公开招聘人员面试工作规则（试行)〉的通知》。

9月2日 中共天津市委《关于认真做好区县领导班子换届工作的通知》中提出：这次换届，区县党委常委一般11人左右。其中，书记1人，除担任政府正职的副书记外，一般设1名专职副书记，主要协助书记抓党的建设工作，具体负责党的建设领导小组工作；可根据常委分工和实际情况，负责政法工作；也可受书记委托处理党委有关事宜。党的领导班子成员交叉任职3人左右。区县纪委常委为7~9人。其中，书记1人，副书记2~3人，纪委书记由党委常委担任。区县人大常委会设主任1人，副主任一般为4~5人。区县政府设区县长1人，副区县长一般为5~6人。区县政协设主席1人，副主席一般为6~8人。滨海新区党委、人大、政府、政协领导班子职数，按照市委批准的机构设置方案执行。

9月8日　中共天津市委办公厅、市人民政府办公厅发出《关于印发〈天津市街道、乡镇机构改革指导意见〉的通知》。

10月10日　国务院办公厅印发《关于调整省级以下工商质监行政管理体制加强食品安全监管有关问题的通知》。

10月11日　中央编办召开事业单位改革司成立会议。

事业单位改革司的主要职责是：指导各地并组织中央部门开展事业单位清理规范和分类工作；研究拟定有关事业单位改革的具体政策，负责改革共性问题的研究和衔接，提出对策建议；承担着部际联席会议办公室的日常事务性工作。

10月14日　中共天津市委、市人民政府发出《关于进一步加强和创新社会管理的实施意见》。

10月15—18日　中国共产党第十七届中央委员会第六次全体会议在北京举行。审议通过了《中共中央关于深化文化体制改革、推动社会主义文化发展大繁荣若干重大问题的决定》。

10月25日　中共天津市委办公厅、市人民政府办公厅发出《关于天津市社会治安综合治理委员会更名为天津市社会管理综合治理委员会的通知》。

10月27—29日　第25次全国大城市机构编制工作联席会议在南京召开。中央编办三司和北京市、天津市、上海市、重庆市、新疆建设兵团及15个副省级城市的编办领导参加了会议。会议围绕中央关于分类推进事业单位改革精神要求，重点交流了各地分类推进事业单位改革探索情况；并就大城市大部门制改革、基层管理体制改革、简政强区事权改革、行政运行机制优化和机构编制管理创新等进行了研讨。

10月28日 中共天津市委、市人民政府同意撤销天津广播电视电影集团、天津人民广播电台、天津电视台，组建天津广播电视台，建立中共天津广播电视台委员会。天津广播电视台为市文化广播影视局实施行政管理的差额拨款事业单位，实行党委领导下的台长负责制。同意将原天津广播电视电影集团、天津人民广播电台、天津电视台中政策允许的可经营性资产剥离出来，组建天津广播电视传媒集团有限公司，同时建立中共天津广播电视传媒集团有限公司委员会。天津广播电视传媒集团有限公司为市管国有企业，实行董事会领导下的总经理负责制。

11月18日 经中共天津市委、市人民政府批准，市分类推进事业单位改革领导小组召开了全市事业单位清理规范工作会议，市各区县、各有关部门分管负责同志和组织人事处长参加了会议。

12月9日 中央编办《关于推进事业单位机构编制标准工作的意见》中提出：为深入贯彻落实党的十七大、十七届二中全会和中央分类推进事业单位改革有关精神，创新事业单位机构编制管理，提高事业单位机构编制管理的科学化、规范化、法制化水平，经商财政部，就推进事业单位机构编制标准工作提出意见。

12月12—14日 中央经济工作会议在北京举行。会议提出：要继续深化国有企业、行政管理体制、文化体制等改革和事业单位分类改革。要继续做好医药卫生体制改革工作，加快推进以县级医院为重点的公立医院改革试点，加快全科医生培养。

12月29日 中共天津市编办、市卫生局、市财政局、市民政局发出《〈天津市基层医疗卫生机构设置和编制标准实施意见〉的通知》。

本月　中共天津市委常委会扩大会议和市政府市长办公会审议通过了《关于进一步完善我市国有资产监管体制的实施方案》。

本月　《中共天津市委2012年工作要点》中提出：稳妥推进事业单位分类改革，推进医疗卫生事业改革发展。

名词解读部分

一、体制

[国家]　“国家”一词，我国古籍中早已使用过。古时候，诸侯统治的疆域称国，大夫统治的疆域称家。后来通称“国家”。在古希腊，“国家”是指城邦的意思；在古罗马，则是就一个城市的全体公民而言。到了现代，人们常常在两种意义上使用“国家”一词：一指社会上一个阶级对另一个阶级进行政治统治的工具；一指政治地理意义上的国家，如俄罗斯、美国、日本等。后者实际上讲的是国度。马克思主义经典作家曾对国家下过定义。恩格斯认为：“国家无非是一个阶级镇压另一个阶级的机器。”列宁指出：“国家是维护一个阶级对另一个阶级的统治的机器。”这些定义表述了国家是统治阶级的组织，是统治阶级手中的机器；表述了国家的本质，即是一个阶级对另一个阶级的专政。

[国体]　指国家的阶级本质。即社会各阶级在国家中的地位，它表明国家政权掌握在哪个阶级手中，哪些阶级处在被统治和被压迫的地位。国体决定政体。不同阶级的专政就形成了不同的国体。历史上有奴隶主阶级专政、封建地主阶级专政、资产阶级专政和无产阶级专政四种不同的国体。《中华人民共和国宪法》规定：“中华人民共和国是工人阶级领导的，以工农联盟为基础的人民民主专政的社会主义国家。”这就是我国的国体。

[政体]　指国家政权的构成形式。即统治阶级采取哪种形式去组织反对敌人和保护自己的政权机关。政体是由国体决定的，同国体相适应，是国体的表现形式。没有一定形式的政权机关，就不能代表国家。由于各国的经济、政治、文化、民族关系和历史传统等差异，国体相同的国家，也可能采取不同的政体。比如，奴隶制国家的政体形式，就有奴隶制的君主制、民主共和制和贵族共和制。这三种国家的政体形式，都表现为奴隶主阶级专政。

封建制国家主要是采取君主制的政体形式，可是在历史发展过程中，就有封建割据的君主制、等级代表君主制和绝对君主制的不同形式。在中世纪的欧洲还产生过封建制城市共和国。尽管形式不一，但都表现为封建贵族和地主阶级的专政。在现代资本主义国家里，政体形式，有君主立宪制和民主共和制之分。美国是总统制共和政体，意大利是议会制共和政体，瑞士是委员会制共和政体，英国是君主立宪制政体等，尽管这些国家政体形式各异，但都是资产阶级专政。在社会主义国家里，一般的都是实行共和政体形式，但由于各国条件不同，具体形式也不一样。在我国实行的是人民代表大会制。

[城邦民主政体]　实行这种政体最为典型的是公元前8世纪在希腊亚提加半岛形成的城邦国家雅典。这种政体最主要的特征是，作为行使国家权力主体的公民大会定期举行，它是国家的最高权力机关，其他各种国家机关，如五百人的议事会、陪审法庭、贵族院、执政官等，都隶属于公民大会。公民大会有权解决国家的各种重大事件，如选举将军和其他高级公职人员、决定战争等。从公民直接行使立法权这一意义上讲，雅典民主制是直接民主制。但是，由于这种民主建立在奴隶制的基础上，它仍然是少数人的民主。本质上只是奴隶主阶级维护自己统治的一种政权组织形式。

[贵族共和制政体]　公元前6世纪至公元1世纪的古罗马共和国是此制的代表。作为共和制的一个重要标志，就是不存在终身任职的国王，国家的最高官吏是由选举产生、任期为一年的两名执政官。由于执政官任期短且互相牵制，所以国家的权力实际掌握在由终身任职的元老组成的元老院手中。元老院的成员都是贵族，高级官吏包括执政官都是从贵族中选举产生的。

[封建共和制政体]　在世界历史上，封建共和政体仅仅是中世纪欧洲个别城市国家的政权组织形式。典型的城市共和国有意大利境内的威尼斯、热那亚、佛罗伦萨等。从12世纪始，威尼斯

就采用共和制。主要特征是，设立了由贵族、富商组成的“大议会”，大议会掌握威尼斯的最高立法权和监察权；同时，还设立了一个“小议会”，即“元老院”，其成员由大议会选举产生。元老院在实际上掌握着威尼斯的行政大权。共和国的元首是由选举产生的“总督”。他统率部队，并和六名元老院成员共同组成一个管理机构，其权力受到大议会和小议会的限制。

[专制君主制政体]　专制君主制政体是封建制国家最主要的政权组织形式，世界上大多数封建制国家都曾实行过这种政体，其共同特征是：这种政体建立在封建经济基础之上，是封建统治阶级强化王权的工具；国家的最高权力全部集中在君主一人手中；君王行使权力是无限制的，一旦登位，便终身在位。专制君主制最鲜明的特征是君主个人拥有超乎一切法律和一切机构之上的，不可分割、不可转让、至高无上的权力。由于中国封建专制君主制存在的时间远比欧洲国家长得多，因此，可以说，专制君主制在中国的发展远比欧洲国家完备得多。

[等级君主制政体]　等级君主制政体是在贵族君主制向专制君主制过渡之中，欧洲许多国家出现的一种政体。等级君主制的重要特征，在于出现了等级代表会议。参加会议的第一级是高级教士，第二级是世袭贵族，第三级是城市富裕市民。农民、手工业者、城市贫民则没有代表参加会议。等级代表会议是君主用来强化王权，同封建割据势力进行斗争的工具。尽管等级会议在财政以及其他某些方面握有某些权力，但它并不是真正的权力机关，它的决议对君主没有约束力。随着王权的加强，大封建主的权力逐渐削弱，立法权、司法权、军事权、税收权、铸币权等都慢慢集中到君主手中，等级会议或不复存在，或成为虚有。

[贵族君主制政体]　贵族君主制政体是封建君主制的一种早期形态。它是在中央王权十分软弱、地方割据势力相对强大的情况下出现的一种政权组织形式。其主要表现是，国家元首称为国

王或大公；产生方式分为选举和世袭两种；国王的行政权力只限于自己的直辖领地，在此范围之外，每一个封建主就是他自己领地内的政府。可以有各自的税收制度、度量衡制度，并发行货币，建立法院，甚至建立自己的军队，同别国交战等。

[**二元君主制政体**]　二元君主制政体是二元制君主立宪政体的简称。一般产生在资本主义发展较晚、封建势力较大的国家里。如尼泊尔、摩洛哥、约旦等国。实行二元君主政体的国家一般有以下特征：政府与议会分掌政权，属于两个权力系统，因此把这种政体称作二元制；政府部长由君主任命并在形式上对君主负责，而不对议会负责；君主是真正的政权中心，他的权力虽然受到宪法和议会的限制，但他拥有全部执行权，他的行动不仅不受议会约束，而且君主还有解散议会、否决议会决议，以及不经过议会而颁布非常命令的权力；宪法是钦定的，不是议会制订的。

在二元君主政体下，君主仍然拥有很大的权力，但这种权力毕竟不能和专制君主的权力相比。君主的权力受到宪法的限制，一般不能撇开议会制定法律。而宪法和议会的产生，本身标志着君主专制权力的削弱。

[**议会君主制政体**]　又称议会制君主立宪政体。实行这种政体的，一般都是资本主义比较发达，资产阶级占巨大优势的国家。这种政体既保留了一些封建君主统治的形式，又把它改造成为适合资产阶级统治的工具。其主要特征是：议会成为国家权力的中心；国王成了名义上的国家元首。君主的权力不仅受到宪法的限制，而且受到议会制定的法律以及议会权力的较大限制。实际上君主不掌握统治国家的实权；作为政府的内阁由议会产生，它不向君主负责，而对议会负责。这种政体以英国为典型。

[**议会共和制政体**]　议会共和制实际上是英国式的政治制度在共和制国家的应用。在近现代，许多资产阶级共和国都采用了这种政体。与议会君主立宪制政体相比较，议会共和制具有以下

特征：国家元首不再是世袭的君主，而是选举产生并有一定任期的总统；与议会君主立宪制下的君主一样，总统也处于“虚位元首”状态，都是名义上的国家元首；君主对自己的行为不负政治责任，也不负法律责任，而总统若有违宪行为，要受到弹劾或审判。

［**议会制政体**］　亦称“内阁制政体”。可分议会君主立宪政体和议会共和政体两种。凡是议会制政体都是以议会为国家政治的中心，政府必须向议会负责的一种政治制度。这种政体的主要特征是：由普选产生的议会具有国家最高权力机关的性质，它享有立法权、组织与监督政府或内阁的权力；政府与议会的关系是合二为一的，国家元首只能任命议会中多数党领袖或几个党的政治联盟领袖担任政府总理，并由它组阁；国家元首只具有象征国家的称号，而没有实权；内阁掌握一切行政大权，制定一切内外政策并向议会准备重要议案；内阁必须向议会负责，内阁的政策和行为只有得到多数议员赞同时，才可以继续执政，否则必须辞职或解散议会，宣布重新选举。

［**总统制政体**］　总统制政体是资产阶级民主共和政体中的一种政权组织形式。美国是最早也是最典型的总统制政体的国家。总统制政体主要特征是：作为国家元首的总统同时又是政府首脑，掌握国家最高行政权力；内阁只是向总统个人负责的政府领导班子，内阁成员与总统是从隶关系，总统可以随时罢免他们的职务；总统制是按照立法、行政、司法三权分立的原则建立起来的。议会、总统、法院分掌立法、行政、司法权力，三者相互制衡。总统大多有一定的任期和限任届数。

［**委员制政体**］　委员制政体是国家的最高行政权力掌握在一个合议机构中的共和政体。它是不同于“议会制”和“总统制”的独特的政权组织形式。瑞士是长期实行委员会制的国家。瑞士议会由两院组成，两院立法权相等，任何法案都需经两院一致通

过方能成立。最高行政机构是联邦委员会，它由两院选出7名委员组成。委员不兼任议员，他们分别担任7个部的部长，任期四年，可连任。联邦委员会主席、副主席由联邦议会两院从7名委员中选出，政府首脑联邦委员会主席同时兼任国家元首。联邦主席任期一年，期满后再由副主席选举升任，同时另选新的副主席，联邦委员会主席、副主席均不得连选、连任。瑞士司法权由联邦法院行使。委员会作为行政机关，它实质上是议会意志的一个执行机关，联邦委员会各委员职权平移，一切重要政务均由委员会集体决议。委员制还实行“直接民主制”，在瑞士立法权除两院行使外，公民也可以通过“公民倡议”等途径行使某些立法权。

[**法西斯独裁政体**]　法西斯独裁政体是20世纪上半叶资本主义国家中产生的一种特殊现象。法西斯独裁政体是实行恐怖统治和专制独裁的政治形式，是一种专制政体。其主要特点是：实行个人独裁统治，资产阶级民主制度下的议会名存实亡；实行一党专政；对内实行恐怖主义统治，公民在形式上所享有的游行、示威、集会、结社、言论、出版、罢工等各种权利和自由均被取消和禁止；对外大肆侵略、扩张、奴役和压迫其他国家人民。

[**人民代表大会制政体**]　人民代表大会制政体是中华人民共和国的根本政治制度和政权组织形式。它是以民主集中制为组织原则，由人民选举代表组成国家权力机关，统一领导国家事务的政体。我国宪法规定：“中华人民共和国的一切权力属于人民。人民行使国家权力的机关是全国人民代表大会和地方各级人民代表大会。”这种政治制度，是根据中国人民革命根据地政权建设的长期经验建立的。人民代表大会的基本特点是：人民有权依法通过各种途径和形式，管理国家社会事务，管理经济和文化事业，人民代表必须密切联系群众，对人民负责，受原选举单位选民的监督和依法随时予以撤换；各级国家行政机关，审判机关和检察机关都由本级人民代表大会产生，并向它负责和报告工作；各级权

力机关内部实行集体领导和工作责任制，实行少数服从多数、下级服从上级、地方服从中央的原则。人民代表大会制以高度的民主和高度的集中相结合，既保证人民享有广泛的民主，又保证国家权力的集中统一，成为我国人民行使国家权力的行之有效的政权组织形式。

［**苏维埃制政体**］　苏维埃制政体是前“苏联”的国家政权组织形式。全俄苏维埃代表大会是国家最高权力机关，在代表大会休会期间由代表大会选出的全俄中央执行委员会行使它的权力。苏维埃共和国把立法权和行政权结合起来，全俄苏维埃代表大会、全俄中央执委会及其主席团都享有立法权，作为中央政府的人民委员会也拥有某些立法权。苏联1936年撤销“苏维埃代表大会”，由普选产生的“苏联最高苏维埃”成为苏联的最高权力机关。1949年，国家的最高管理机关也由“人民委员会”改称为“部长会议”。苏联最高苏维埃是由“联盟院”和“民族院”组成。联盟院是代表苏联一切劳动者共同利益的最高机关，民族院则是代表各加盟共和国各民族的特殊利益的。联盟院的代表按人口比例产生，民族院则不论人口多少、由各加盟共和国或自治共和国选出同样名额的代表组成。1936年苏联宪法规定：苏联最高苏维埃是唯一的立法机关，政府机关不再享有立法权。联盟院和民族院是平等的，代表同时经选举产生，任期相同，每个院立法提案权相同，一切法律草案须经两院出席代表过半数通过才能成为法律。最高苏维埃有权批准国家预算、国民经济计划，拥有组织政府等权力。最高苏维埃在闭会期间，由在其成员中选举产生的主席团行使职权。根据苏联宪法规定，最高苏维埃不仅是唯一的立法机关，而且是最高国家权力机关，其他国家机关的权力，都不能超过或平行于最高苏维埃。

［**代表团制政体**］　原南斯拉夫实行的政权组织形成，实行“代表团制”和联邦主席团一年一任的“轮换制”。原南斯拉夫的

政治制度，是建立在“代表团制”的基础上的。代表团制规定：所有基层自治组织和共同体（联合劳动组织、劳动者其他形式的联合、地方共同体）的公民均以直接的、无记名投票的方式选举代表组成代表团参加“自治利益共同体”的议会和“社会政治共同体”（区、共和国和自治省、联邦）的议会。南斯拉夫的国家机构即联邦组织，包括联邦议会、联邦主席团、联邦执行委员会、联邦管理机关、联邦法院、联邦检察院、南斯拉夫宪法法院等。由于南斯拉夫是个联邦制国家（有六个共和国和两个自治省），联邦议会由两院组成，即联邦院和共和国自治省院。两院的职权不同。联邦院主要解决有关联邦的共同利益问题，职权主要是修改宪法，确定联邦内外政策，制定联邦法律，通过联邦的预算和决算，批准国际条约，决定战争与和平等问题。联邦院讨论问题时由代表个人投票，以简单多数通过。共和国自治省院着重处理与各共和国和自治省利益密切相关的经济问题，协调各共和国和自治省的立场。在共和国自治省院中，每个代表团都只有一票，一切问题都必须在各共和国议会和各自治省议会同意的基础上通过。南斯拉夫设有联邦共和国主席团，它在国内代表南斯拉夫社会主义联邦共和国，起着国家集体元首的作用。联邦执行委员会是联邦议会的执行机关，它只对联邦议会负责。

[**国家结构**]　指国家的内部构成形式，即国家整体和部分、中央政权和地方政权之间的相互关系。国家结构的主要内容是：(1) 国家是由怎样的部分构成的，是由一些行政区域单位组成还是由各个成员国家组成的；(2) 作为总体的国家和它的组成部分之间是什么关系，等等。在形式上主要有单一制和复合制。

[**单一制**]　单一制是指由若干行政区域构成单一主权国家的结构形式。单一制国家就是实行统一的中央集权的国家。它有统一的宪法，统一的立法机关，统一的行政机关体系和国籍。在单一制国家内部，按地域划分为若干行政单位，这些行政单位都是

国家不可分离的部分，各行政区域内的地方政府都受中央政府的统一领导。在对外关系上，它是作为一个国籍法主体出现的。现在世界上大多数国家都采用单一制的国家结构形式。我国是社会主义性质的单一制国家。

［**复合制**］ 单一制的对称，是由几个国家（或邦、独立自主的州、有自治权的省市）通过协议联合起来组成的各种国家联盟的结构形式。按这种形式组成的国家称复合制的国家。每个国家都在一定程度上有独立自主的权限，而对整个国家也有一定范围的权利和义务。复合制国家又分为联邦、邦联、政合国和君合国等。

［**联邦制国家**］ 联邦制国家是指两个以上的联邦组织单位（如州、邦、共和国等）组成的联盟国家。它是国际交往中的主体，设有最高立法机关和行政机关，有统一的宪法和法律。联邦国家的立法、外交、军事和财政等主要权力一般都集中于联邦中央机关，也有的采取立法分权或较大的财政管理权。联邦的代议机关一般采取两院制，其中一院通常由联邦各成员代表组成。在联邦国家里，除了联邦宪法和联邦中央机关以外，各成员国根据联邦宪法和法律的规定，制定自己的宪法和法律，组织成员国的政府机关。在自己的管辖地域内行使权力。各成员国的公民除具有自己的国籍外，同时还具有同联邦的国籍。在当代，大多数联邦制国家实际上在很大程度上已经变成中央集权的单一制国家了。

［**邦联**］ 邦联是由几个保留有主权的独立国家为了某种特定的目的（如军事、经济等）而结成的一种国家联合。邦联本身没有统一的立法机关和行政机关，也没有统一的军队、赋税、预算和国籍等，它不是主权国家。全邦联的机关是由成员国的代表组成的协商机关邦联“议会”或成员国“首脑会议”，其活动必须以签订的条约为基础，通过的决议只有经成员国的认可，才能对其有约束力。所以，邦联并不具有真正的国家性质。邦联产生于资

本主义发展的早期。随着资本主义的发展，经济上集中，要求政治上的统一，这种国家联合也就逐步为联邦所代替。现代某些国家为了某种共同的利益也组成了一种国家联合。如 1958 年成立的欧洲经济共同体，1967 年成立的由印度尼西亚、泰国、菲律宾、新加坡、马来西亚等国参加的东南亚国家联盟等，实际上也是邦联的一种形式。

［**政合国**］　也叫复合国，它通常是指两个或两个以上国家在缔结条约的基础上组成的一种国家联合。成员国尊奉同一国家元首，制定共同宪法，设立统一的国家机关，统一管理军事、外交、财政等事务，在国际交往中成为一个主体。但其成员国又有各自的宪法、议会和政府，保持一定的独立性。如 1814—1905 年瑞典与挪威的联合。

［**君合国**］　也称“两合君主国”。它是根据两国缔结的条约，由一个君主进行统治的国家联合。通常规定统一管理军事、外交和财政事务，在国际关系中成为一个主体。其成员国有各自的宪法、议会和政府，保持一定程度的独立性。如 1867 年奥地利皇帝兼任匈牙利国王，建立了联合君主国——奥匈帝国。1815—1890 年荷兰同卢森堡联合，两国共同拥戴一个君主，但两国各自独立，在国际关系中都是主体国家。

［**经济体制**］　亦称经济管理体制。一般指国民经济管理制度和管理方法，包括国民经济各部门组织管理形式、管理权限划分、管理机构设置、管理办法运用等，可分为集权型和分权型。集权型是指国家既掌握整个国民经济活动的决策，又掌握企业经济活动的决策。优点是易于集中经济力量和进行整体的调整或改革，但其易使企业失去活力，造成经济僵化，一旦发生整体决策失误将对经济产生较大影响。分权型是指国家主要掌握整个国民经济活动的总决策，企业经常性活动和决策权由企业自行掌握。优点是可以保证企业活力，但不利于整个经济的有计划管理。新中国

成立后的经济体制基本属于集权型的计划经济，存在许多弊端。正在进行的经济体制改革的目标，是在坚持社会主义所有制的前提下，实行社会主义市场经济体制。

［**政治制度**］　政治统治的性质和其形式的总和，即国体和政体的统一。包括国家的管理形式、结构形式以及选举制度等，是同国家性质和社会经济基础相适应的。不同阶级属性，不同历史条件，政治制度亦不同。社会经济基础的改变必然导致政治制度的改革。政治制度按政权组织形式划分有君主制、共和制、议会制、人民代表大会制等；按管辖权限划分有中央集权制、地方分权制等；按国家结构又分为单一制和复合制。同一国体的国家，可采取不同政体形式。我国政权组织形式为民主集中制的人民代表大会制，国家结构为单一制。

［**政治体制**］　政治体制一词人们认为是 1968 年 3 月，由前苏联当时的领导人勃列日涅夫第一次提出来的。1977 年苏联颁布的新宪法中专门谈到了“政治体制”的内容、地位、作用和任务、活动原则及发展方向。中国共产党第十二次代表大会的报告中，也提出了“政治体制”一词。政治体制概念出现以后，立即成为政治学中重要的范畴。现在国内外关于政治体制概念的解释是多种多样的，以下几种观点是具有代表性的：（1）政治体制是政治关系体系，它不仅是单纯的一定机构的总和，而且首先是各阶级、社会集团、共同体、民族由于组织和运用国家权力而形成的政治关系体系。（2）政治体制是国家政治机构行为方式的规范体系和国家公民参加政治活动形式的规范体系的统一体。（3）政治体制作为对社会政治活动过程作总体、动态研究的概念，它的内涵包括三个部分：政治设施（国家、政党、政治团体）、政治规范、政治运行机制。（4）政治体制是一个综合体，由政治设施、政治规范、政治职能、政治思想 4 个主要要素构成。（5）政治体制就是指国家的政治制度，指国家的政权组织形式及其相关的制度，即

统治阶级为了反对敌人和保护自己而采取一定的政治形式组织政权机关来管理国家的制度。（6）政治体制就是政治决策机制，正确理解政治体制的概念的关键在于必须从整体上，从动态中去把握它，着重于政治的结构功能、决策过程、信息传递、政治行为规则上。（7）政治体制就是政治权力的存在形态和运行方式。权力的存在形式即“权力的结构”，也就是国家机关内部权力分配和权力主体（经济关系中的统治阶级）与国家之间的权力分配；权力运行方式就是权力执行者是按照法律还是主观意志行使政权。

在这里政治体制是指一定社会历史条件下政治主体在特定的政治意识和政治文化指导下，运用政治设制对社会进行综合管理的方式。如果我们把政治体制当作一个运动并且发挥一定功能的系统来看，那么该系统中的硬件是政治设制，软件则是政治意识和政治文化。政治体制又是一个社会系统，所以还有政治生活和政治行为的主体参加。因此，政治体制也就是由政治主体、政治设制、政治文化三个子系统按一定方式构成并在运行中对社会发挥管理作用的系统。政治主体是指阶级、阶层、国家公民、社会成员。一定社会中生产资料的所有者是政治主体中的领导力量。在社会主义的政治体制中人民是政治主体的领导力量。政治设制指国家政权、政党组织、群众团体、政治研究团体等。其中国家机关和政党最为重要。国家政权是社会公共权力，只有它才能以社会名义对全社会实施管理，是政治主体掌握的最重要的工具。但是近代社会中通行政党政治原则，所以政治主体又是通过政党这个中介来行使国家权力的，所以政党对政治主体同样也是重要的。政治文化指反映一定社会关系、经济关系、政治关系的政治心理、政治意识及政治思想、政治文化。政治文化进一步规范化、法制化，就形成众多的政治规范（法律、政治原则等）。

政治体制就是政治主体、政治设施、政治文化三者在特定历史条件下，按特定的方式有机组合起来的系统。它包含了政治主体与政党的关系、政治主体与国家的权力分配、政党与国家的关系、政权的运行方式、政治文化对政治主体、政治设施的影响等众多的内容。由于历史传统不同，文化背景不同，三者的组合方式亦不同，就会出现相互差异的政治体制。社会主义政治体制改革任务的社会性、整体性、复杂性也是由政治体制内容本身决定的。正是在这个意义上说，社会主义国家的政治体制改革是一项艰巨而复杂的系统工程。

［**社会主义政治体制**］　社会主义国家按照特定方式运行着的社会各种政治设施系统和各种政治集团的结构、功能、相互关系、活动方式的总和。是实现和保障广大人民群众的政治、经济利益，调节社会各个系统运行关系的社会协调体系。其主要组成部分是：(1) 社会的政治组织，包括无产阶级政党，国家政权组织、群众性的社会组织（工会、共青团等）、各民主党派等；(2) 国家和社会生活的规范基础。包括政治体制组织和活动的宪法原则、民主集中制、社会主义法制、共产党的领导作用、政治法律规范、社会组织规范、政治传统的风俗、社会生活的伦理与道德、社会主义国际主义等；(3) 作为政治领导手段的政治思想体系，包括劳动者及其共产主义先锋队的政治思想和对政权及其管理的基本问题的看法，阶级与民族之间的关系，发扬民主和巩固社会秩序，国家之间的相互关系以及其他更重要、更尖锐的政治问题；(4) 社会政治生活领域中沟通思想的渠道，包括政治交往的许多程序，群众性的宣传报道工具（出版、广播、电视等）和社会舆论（特别的社会设施）等。

［**行政**］　“行政”一词，在我国最早见于《纲鉴易知录》。文载公元前 841 年，西周的周厉王因“国人发难”而逃走，时太子靖年方幼，由“召公、周公行政”。意即管理国家的政务。在国外 2 000 多年前古希腊学者亚里士多德就使用过“行政”一词，现代英语中“行政”（Administration）一词，指治理、管理、执行事

务等含义。“政”是“令人之事”，“行”是“推行”或“管理”，行政就是公务的推行和管理。现今国际普遍采用的《社会科学大辞典》，对“Administration”解释为：国家事务的管理。在马克思的著作中，把行政称为“国家的组织活动”。

目前对“行政”一词的解释尚不统一，人们从不同的角度赋予它不同的含义。

受“制衡原理”和“三权分立”学说的影响，有人认为“行政”是指与立法、司法并立的“三权”之一的部分，行政只是行政部门所管理的事务。对“行政”这种解释被称为狭义的行政概念。这种定义是与国家组织活动的实际情况不相符的，最主要的表现在现代国家三权的相互渗透上。

有的则从政治和行政分离的角度来解释行政，认为行政只是国家意志的执行，它更多的是一种管理的技术手段，是与国家的政治活动截然分开的。显然，这种界定也并不严密。行政不可能不表现国家的意志，执行不可能不体现政治。现代国家无不积极参与政治决策，无不积极体现统治阶级的意志。所以，这种相对广义的解释，同实际生活也是不一致的。

有的从管理功能的角度来解释行政，认为“行政艺术乃是为完成某种目的对许多人的指挥、协调与控制”。因而行政范围不仅包括一切国家机关的活动，而且包括一切非营利的公共机构，以及私人的企业、事业机关的管理活动。这种最广义的行政概念过于笼统，失去科学分类的意义，不利于国家管理规律的探讨，所以，亦不能为人们普遍接受。

一般认为，行政就是国家机关依据宪法和法律，行使国家权力，对社会事务进行管理的一种活动。

［行政体制］ 相对立法体制、司法体制而言，指管理国家行政事务的政府机关的设置、职权的划分与运行等各种制度的总称。它属于上层建筑的范畴，是国家政治体制不可分割的重要组成部

分。行政体制的核心是各级各类行政机关职权的划分。任何行政体制的设计、建立与改革、完善，都是着眼于行政职权的划分或分配。行政体制的载体是各级各类行政机构。如果没有一定的行政机构，行政人员就无以存在，行政职能就不能发挥，整个行政体制就不存在了。

从不同的角度可以把行政体制划分为不同的类型。西方比较行政体制的学者从生态学角度将其分为农业型的行政体制和工业型的行政体制以及过渡性的行政体制三种类型。从国家经济发展程度划分可分为发达国家的行政体制和发展中国家的行政体制以及欠发达国家的行政体制三类。就实施行政权力过程及其社会效果来说，也可划分为僵化型行政体制、活力型行政体制以及混合型行政体制三类。从层次角度亦可划分为中央、地方以及基层这三种行政体制。从阶级性质来划分亦可分为剥削阶级的行政体制和社会主义的行政体制。

［**行政体制的作用**］　国家行政体制作为政治体制不可分割的重要组成部分，在行政管理活动中，有着举足轻重的地位和作用。

首先，科学的行政体制，在合理确定职能的基础上，科学地设置职能齐全、运转灵活、富有效率、充满活力的各级各类行政机构，有助于更好地发展社会生产力和充分发挥社会主义优越性；其次，科学的行政体制通过对行政机关及其行政人员的行政职权的科学划分、通过建立层层行政责任制和实绩考核制，有助于克服官僚主义、增强行政管理的生机和活力；第三，科学的行政体制通过对行政人员依法进行科学的分类管理，为政务活动家和行政管理家的大批涌现，为年轻优秀的行政人才脱颖而出创造良好的环境，有助于造就更多优秀的行政人才；第四，科学的行政体制通过理顺各方面的关系，调动各方面的积极性，建立、维护正常的行政秩序，有助于保证国家的长治久安。

［**影响行政体制的因素**］　行政体制的形成、发展既受制于经

济体制与政治制度，又深受民族文化传统、国外文化等诸因素的影响。作为上层建筑范畴的行政体制，必须随着社会经济的发展，与社会经济体制相适应。经济体制很大程度上决定了行政体制的基本内容，而经济形势和经济体制的发展变化，必然对现行的行政体制产生巨大的影响作用，促使行政体制转变经济管理职能、转变管理方式和手段。政治制度也与经济体制一起，相互作用、相互影响着该国的行政体制。主要表现为：一方面基本政治制度决定着行政体制的性质和运行的基本方向；另一方面行政体制必须与基本政治制度相适应、相协调，并随着基本政治制度的发展而相应变革。民族文化传统亦对本国的行政体制产生着不可估量的影响。一个国家或民族共同体，在长期的历史发展过程中形成的共同政治观念、价值观念以及受其影响而建立的各种制度，深深地积淀在民族的文化心理结构中，融化于人们的举止言行中，它对行政体制的建构、运行的影响是潜在的、无形的，也是长久的。国外文化随着频繁的国际经济、文化的输入与输出，对行政体制的影响也日益加深。日本行政体制受国外文化的影响较为典型，既有中国封建文化的影响，又受大陆法系的法、德等国的影响，第二次世界大战后更直接地按美国模式设计。所以有的学者称日本的行政体制为混合型。此外，国家的地理环境、国际政治变化等因素，也不同程度地影响着行政体制的特征。

[行政权力体制]　所谓行政权力体制，是指一个国家的行政机关与该国的其他国家机关、政党组织、群众团体等之间的权力分配关系及其制度的总称。其中心内容是指国家行政机关在该国政治体制中所据有的职权范围、所占有的权力地位。行政权力体制通常应由宪法和法律作出明确规定，以利于各司其职、各尽其责。

一个国家行政权力体制的合理化、科学化程度，在当代已成为衡量该国政治体制、行政体制合理化、科学化程度的标尺。并且由于行政机关在该国权力结构体系中的权力地位，直接影响着行政活动的权限、范围和效应，直接关系到事权多少和职能的大小，行政权力体制日益成为行政体制的首要内容。

[三权分立] 主张立法、行政、司法三种国家权力分别由议会、内阁（或总统）和法院掌握，各自独立行使、相互制约的学说和制度，是资本主义国家政治制度的一项重要原则。17 世纪英国资产阶级革命中，激进的平等派领袖李尔本，针对专制主义的暴虐统治，主张立法权和行政权分立，并反对行政干预司法。后由英国洛克在此基础上提出分权说。他认为有三种权力即立法权、执行权、联盟权。立法权是国家的最高权力，属于民选的立法机关即议会，执行权和联盟权属于君主。18 世纪法国孟德斯鸠根据洛克分权说，进一步提出把国家权力分成立法权、行政权、司法权，由不同机关掌握，它们相互牵制而又彼此平衡，认为这样能够保障政治自由和防止封建专制主义卷土重来。这一学说的提出，是为了反对封建专制，要求建立资产阶级君主立宪制或共和制，在当时具有进步意义。许多国家的资产阶级夺取政权后，把立法、行政、司法三权分别列入了宪法。美国、法国、日本是实行此制的典型国家。三权分立在法律和实践中的表现是以权力对抗权力，以权力制衡权力，其实质是权力分配。现在一些资本主义国家，行政权力日益庞大，几乎达到吞食整个国家权力的地步。当代不少学者认为，三权分立已名存实亡。

[议行合一] 决定和执行国家重大事务的权力由国家权力机关统一行使的制度。与三权分立相对应，是社会主义国家民主集中制原则在国家权力机关之间的权力分配关系及其工作关系上的体现。为 1871 年巴黎公社所首创。巴黎公社打碎了旧的国家机器，实行一切公职人员由人民选举并随时可以撤换的制度。公社不是议会式的，而是同时兼管立法和行政的工作机关。公社通过法令，决定重大问题，并直接指挥执行。俄国十月革命后建立的以列宁

为首的布尔什维克党领导的苏维埃，中国的人民代表大会，都体现了议行合一的原则。我国的全国人大是最高国家权力机关，不仅行使国家的立法权，并且产生和监督国家行政机关、司法机关，这些机关都要对它负责、受它监督。

[**政府首脑体制**]　指现代各国最高行政权力的代表者与其实际承担者之间权力关系的制度。其中心内容是指不同政体的各国，国家元首与政府首脑之间的最高行政权力的配置关系。在我国是指作为国家元首的中华人民共和国主席与作为政府首脑的中华人民共和国国务院总理之间的最高行政权力的配置关系，由宪法和法律作出规定。根据世界各国国家元首与政府首脑的职位担任者的关系及人数状况，可以划分为三种类型即一元制（单头制）、二元制（双头制）、多元制（多头制）。

[**党政合一**]　是特指亚非拉某些民族主义国家的法律形式规定执政党处于至高无上的地位（取缔其他政党），党的总书记或主席是总统唯一的候选人，党中央有权终止总统职务和解散议会这样一种政党政治模式。在这种体制下，有的将全国成年人都宣布为党员，将类似工会、青年团、妇联等群众团体作为党的专门组织，从而形成高度的党政合一局面，维护一党专制。

[**政教合一**]　政权与教权合为一体的政治制度。古代一些奴隶制国家有特定的国教，教规就是国法，君主兼国教首脑。公元756—1870 年意大利中部是教皇统治的政教合一的教皇国。欧洲 16 世纪宗教改革运动反对罗马教皇对各国教会的控制，产生了脱离天主教的新教各宗派，一些奉行基督教新教的国家，由君主改组教会，自任教主，这也是政教合一的一种形式。欧洲资产阶级革命后，许多国家逐步实行政教分离，但某些国家至今仍实行政教合一的制度，由国王兼任教长。当今位于意大利罗马城西北的梵蒂冈，是一个典型的政教合一的城国，教皇拥有立法、司法、行政全权。

[军政合一] 指军事权力和行政权力合二为一，并以军事权力作为整个国家权力的核心和后盾，国家立法机关、司法机关等，都受军事政府操纵的一种制度。军政合一制的典型，是拉丁美洲、非洲等一些实行军人执政的国家。

[一元制] 亦称“单头制”，指一个国家的国家元首职位与政府首脑职位，由一人兼任的制度。最典型的是总统制的美国，国家元首与政府首脑的职权集中于总统一身。一元制固然容易造成国家权力的滥用和个人专断的危险，但职责专一，带来处事果断、富有效率的好处。特别是在国家处于存亡关头，客观形势要求当机立断、反应迅速的时候，其优点更为显著。

[单头制] 见“一元制”。

[二元制] 亦称“双头制”。是指一个国家的国家元首职位与政府首脑职位，分别由不同的个人担任的制度。采用此制的有两种情况：一种是近现代的君主立宪制的国家，既保留世袭的国家元首，又另外设置执掌实权的政府首脑。以英国、荷兰、卢森堡、日本为代表。一种为内阁制的共和制国家，由选举产生并有一定任期、一般称为总统者担任国家元首，由议会产生并对议会负责的政府及其首脑，执掌着国家行政实权。这样，国家元首与政府首脑从权力执掌而言，一虚一实。此类以联邦德国、印度为典型。

[双头制] 见“二元制”。

[多元制] 亦称“多头制”。指一个国家的国家元首职位与政府首脑职位，分别由不同的个人或两个人以上的集体担任的制度。以圣马加诺和瑞士为典型。欧洲最古老的共和国圣马力诺，目前仍然采用“多头制”的政府首脑体制，即每半年由国家最高立法机关（大议会）从议员中选出两人为执政官，他们的权力相等，既是国家元首同时也是政府首脑。瑞士由瑞士联邦议会选出7名委员组成最高行政机关联邦委员会，并且还从7名委员中每年选

出2人为联邦总统、副总统，兼任联邦委员会主席、副主席。但无论是总统还是副总统，都与其他委员一样，只拥有一个投票权，都是平等地集体行使国家元首的职责和最高行政权力。此制有助于避免国家权力的滥施和个人专权的危险，有助于政策的连续性和国家行政管理的稳定性，亦有助于发挥集体的智慧，特别是在集体领导者团结协作的基础上，这些优势就更能发挥。但如果流于形式，没有明确的职责相配合，也容易使整个集体陷于软弱无力、相互扯皮的状况，发生严重内耗。

［**多头制**］　见“多元制”。

［**合议制**］　亦称“委员会制”，与首长制相对应的一种集体领导制度。其特点是：行政机关法定的决策权力和领导责任由委员会集体承担，其全部工作都由委员会集体讨论，根据少数服从多数的原则决定，集体负责。优点是能集思广益，考虑问题比较周详，便于彼此监督。缺点是往往责任不明，行动迟缓，效率较低，容易形成议而不决，无人负责，贻误时机。一般地说，立法机关、咨询机关、决策机关，为了深思熟虑，充分发挥集体智慧，宜采取合议制。

［**首长制**］　亦称“独任制”。将行政机关的职权法定赋予行政首长一人决策和处理。首长制的优点：职权集中，责任明确，指挥灵便、行动迅速，保守秘密、效率较高，便于建立强有力的行政指挥系统。缺点：易导致独断专行。一般地说，凡执行性、技术性和速决性一类的事务，宜实行首长制。

［**地方分权制**］　指地方政府机关在其管辖的范围内，享有充分的自主决定权，上级机关对其在权限内决定的事项不加干涉。实行分权制可使下级机关有独立决定问题的自主权，有利于发挥下级机关的主动性和积极性，做到因地制宜，提高工作效率。但如果过度分权，易造成各自为政，各行其是，政令难以统一，也将影响行政管理整体功能作用的发挥。

[**中央集权制**]　指行政权力高度集中于中央政府，地方没有或很少有自主权。任何行政组织，都需要有不同程度的集中权，以利于政令统一，指挥统一，标准一致，达到共同的行政目的。然而，权力过于集中，统得太多、太死，管得太严、太细，地方政府及下级机关不能在职责权限范围内决策处理问题，成为执行行政命令的机械工具，必然束缚地方和下级机关的主动性和积极性，而且容易导致各层次的官僚主义。

[**中央政府体制**]　中央政府体制是指一个国家代表统治阶级统一领导全国和地方行政工作的最高行政机关的职权划分、活动方式和组织形式等制度的总称。它是行政体制的核心部分，它直接影响着行政效率，关系着整个国家机器的运转状况。从纵向行政职权角度可以把中央政府体制划分为中央集权型、地方分权型、集权与分权结合型；从横向行政领导职权角度又可以划分为合议制和首长制，或者划分为政府首脑负责制和集体领导负责制。若从国家性质角度来划分，亦可分为资本主义的中央政府体制和社会主义的中央政府体制两种类型。

[**总统制**]　共和制的国家是以总统为政府首脑的政权组织形式。首先出现于18世纪末的美国。主要特点是：由选民选举产生的总统，既为国家元首，又是政府首脑，对选民负责，不对议会或国会负责，议会或国会除可以对总统依法行使弹劾权外，不能以不信任票迫使总统辞职，而总统亦不能解散议会或国会；总统是国家实际权力的中心，行政权完全属于总统，拥有任免政府部长，驻外大使等高级官员之权，代表政府对外缔结条约和签订行政协定之权，统帅武装部队并掌握最高军事指挥权，行使签署法案生效和发布具有法律效力的行政命令的部分立法权。由总统组织和领导内阁，在美国按照惯例，各部部长都是内阁阁员，内阁会议不定期召开，成员也不固定，由总统决定。内阁不是决策机关，仅是总统的集体顾问或办事机构，向总统个人负责，内阁成

员不能同时兼任国会议员。

有的国家，总统只是国家元首，不是政府首脑，政府（内阁）由议会产生，对议会负责，这种制度是内阁制而不是总统制。

［内阁制］ 一般认为正规的内阁制始于英国1721年成立的以罗伯特·沃尔特尔（1676—1745）为首相的内阁。后来为许多资本主义国家采用的中央政府的一种组织形式。亦称责任内阁制或议会内阁制。内阁制的特点是：由议会中的占多数席位的一个政党或政党联盟的领袖，受国家元首的委托，单独或联合组织内阁，该政党领袖经国家元首任命为内阁首脑，一般称内阁总理或首相；内阁总理或首相是国家实际权力的中心，不仅是所属政党的领袖，而且是议会（或众议院）的领袖，更是政府首脑，拥有主持内阁会议、制定施政方针、决定阁员人选、任免高级官吏、直至宣布国家紧急状态和军队指挥权等；内阁代表国家元首行使行政全权，向议会负责，受其监督，若议会通过对内阁的不信任案，则内阁应辞职，或提请国家元首解散议会，重新选出议会，以决定内阁的去留；内阁是整个国家行政机关的枢纽和决策中心，其组成人员由内阁总理或首相挑选，其人选，一般主要是本执政党内的重要人物，并担任外交、财政、内政、国务等大臣职务，内阁决策以首相的意见为准，最后决议也不投票表决，当阁员不同意首相意见而又不愿放弃时，首相有权免去其职务，或接受其辞职。

［委员制］ 委员制是现代政治组织中政治或行政体制的一种形式。萌芽中的委员制早在罗马共和国时代的执政制度中就已实行，我国历史上的“周召共和”、法国大革命中的主政委员会以及瑞士联邦的国家政府机构都属于此类制度。现以瑞士为典型，主要特点是：国家最高行政权力不是由一人独掌，而是由联邦议会产生的联邦委员会集体执掌，一切重要决议都要经过集体讨论，以少数服从多数的原则通过，包括总统，副总统或主席、副主席

在内的所有委员地位完全平等，职权完全相同。联邦委员会是联邦议会的执行机关，必须服从联邦议会所决定的政策，无权否决或退还联邦议会通过的法律和决议，更不得解散联邦议会，而联邦议会也不能因与其意见不合，而迫使联邦委员会辞职。联邦委员会委员的出任虽由政党推荐，但本人不一定就是该党领袖，并且一旦当选，就不以该政党身份参与领导工作，其言行原则上不受该政党约束，只对联邦委员会集体负责。

［**部长会议体制**］　最初是苏联的中央政府形式，后为保加利亚、民主德国、罗马尼亚、阿尔巴尼亚、蒙古、古巴等社会主义国家采用。一些民族主义国家如刚果、埃塞俄比亚、几内亚比绍等国也模仿使用部长会议的名称。此制以苏联为典型。主要特点是：部长会议由国家最高权力机关产生，是最高权力机关的最高执行机关，对最高权力机关负责并对它报告工作；部长会议的成员主要包括部长会议主席、第一副主席和副主席，各部部长，各国家委员会主席，以及其他有关成员；部长会议的常设机构是部长会议主席团，由部长会议的主席、第一副主席、副主席等组成，不实行政府首脑负责制，最高行政权力由主席团集体执掌，实行会议制，类似于委员制。苏联部长会议是 1946 年 3 月根据苏联最高苏维埃决议，由原人民委员会改变而来的。

［**国务院体制**］　国务院体制是我国的中央人民政府的组织形式，由新中国成立初期的中央人民政府政务院演变而来，1954 年 9 月 15 日第一届全国人民代表大会召开后设立。国务院是最高国家权力机关的执行机关，也是我国最高国家行政机关，对全国人大及其常委负责并报告工作。国务院由总理、副总理、国务委员、各部部长、各委员会主任、审计长和秘书长等组成。总理由中共中央依法定程序推荐，由国家主席提名，经全国人大的全体代表过半数通过决定，由国家主席任命。其他组成人员，均由中共中央推荐、总理提名，由全国人大全体代表过半数通过决定，由国

家主席任命。国务院实行总理负责制，总理领导国务院的工作，副总理和国务委员协助总理工作。总理召集和主持国务院全体会议、国务院常务会议。国务院工作中的重大问题，必须经全体会议或常务会议讨论，因而总理负责制又是建立在合议制基础上的。

其主要职权是：根据宪法和法律，规定行政措施，制订行政法规，发布决定和命令，并审查其实施情况；向全国人民代表大会或常务委员会提出议案；统一领导各部和各委员会及其他所属机构的工作；统一领导全国的地方各级国家行政机关的工作；编制和执行国家经济计划和国家预算；保护国家利益、维护社会秩序、保障公民权利；批准省、自治区、直辖市的区域划分及自治州、县、自治县、市的建制和区域的划分报告；依照法律规定任免行政人员，行使全国人民代表大会和全国人大常委会授予的其他职权。

[政务院体制]　1954 年 9 月以前我国中央人民政府政务院简称为政务院，是我国国家政务的最高执行机关。政务院体制主要指朝鲜民主主义人民共和国中央政府的组织形式。此体制的特点是：国家最高权力机关是朝鲜最高人民会议，行使国家立法权；国家权力的代表是共和国主席，既是国家元首又是全国武装力量的最高司令官，以主席为首的中央人民委员会为国家权力的最高领导机关；政务院则是国家权力机关的行政执行机关，在国家主席和中央人民委员会领导下进行工作，同时对最高人民会议、国家主席、中央人民委员会负责；政务院总理由最高人民会议选举产生，副总理、各部委主要负责人以及其他政务院组成人员，根据总理提名，由中央人民委员会任免，国家主席为国家权力中心，集党政军大权于一身，必要时可以召集和指导政务院会议。

[行政区划]　亦称“行政区域”。国家为便于行政管理而分级划分的区域。这些区域都设有相应的国家机关。各国因政治、经济、文化、历史、民族和领土大小的不同，有不同的划分和名

称。我国自秦代实行郡县制开始，就已形成行政区域制度，历代相沿，并有变更。根据宪法规定，我国现行的行政区域，全国分为省、自治区、直辖市；省、自治区分为自治州、县、自治县、市；县、自治县分为乡、民族乡、镇。直辖市和较大的市分为区、县。自治州分为县、自治县、市；在必要时还可设立特别行政区。省、自治区、直辖市的区域划分和自治州、县、自治县、市的划分均由国务院批准。乡、民族乡、镇的区域划分由省、自治区、直辖市人民政府决定。我国目前有23个省、5个自治区、4个直辖市、2个特别行政区。

[**行政区划体制**]　是指国家为实现有效管理依据一定的原则，将全国领土划分为若干层次的区域单位，并建立相应的各类行政机关的一种制度。亦称为行政区域划分建制。行政区划体制亦是行政体制的一个重要内容。

社会主义国家的行政区域的划分，一般应遵循如下原则：(1) 政治原则。亦即有利于促进国家行政人员密切联系人民群众，有利于广泛吸收人民群众参加国家管理和实行民主监督。(2) 民族平等原则。应从民族的分布状况及少数民族的人口数量、风俗习惯等特点出发，有利于实现各民族的平等、团结和共同繁荣。(3) 经济原则。从不同地区的经济发展水平、资源及分布特点出发，有利于促进地方的以及整个国家的生产力的迅速发展。(4) 精简、统一、效能原则。从现代行政管理看，应力求管理幅度适中、减少不必要的行政层次，达到全国政令统一，机构及人员精干、行政高效。

[**市管县体制**]　又称市带县体制，即城市领导县，领导农村，是我国现行行政区域体制的一种。该体制源于20世纪50年代的城乡供需互助，1958年辽宁省最早采用。为了适应商品经济发展的需要，破除传统型行政区划对经济发展的束缚，更好地发挥中心城市带动农村的作用，1982年12月7日，中共中央发出《关

于地方党政机关改革若干问题的通知》，要求改革地区行政管理体制，在经济发达地区，将原来由地区或省、自治区直接管县改为地、市合并，由市管县、市管企业。市管县体制的核心是城市带动农村。市管县体制是一条在城乡关系上探索行政管理和经济管理职能适当分开、农村政权和经济组织适当分开和国家计划指导下，以经济手段和经济立法搞活农村的新路子。它适应了农村经济体制改革深入发展和商品经济发展的需要，有利于发挥中心城市的优势，促进城乡一体、实现共同繁荣。但市管县体制中仍有不少问题需要研究。

[我国行政体制改革的目标] 实现行政权力划分科学化。一方面要科学地进行横向权力划分，要划清党政的不同职能，理顺行政机关与党组织、人民代表大会、司法机关、群众团体、企事业单位、其他各种社会组织之间的关系，并进一步理顺行政机关内部之间的关系，使之逐步走向制度化；另一方面要科学的进行纵向权力的划分，要划清中央、地方、基层各自的职权，明确各级行政机关及其人员的职权，理顺上下级之间的关系，调动各方面的积极性。

实现行政机构设置和人员编制以及行政活动的法制化。为巩固改革成果，必须使行政管理走上法制化的轨道。对行政机构的设置、行政人员的编制与管理、行政工作程序、行政人员的行政活动，必须制定相应的行政组织法、行政编制法、行政程序法、公务员法，为行政活动提供基本规范和程序。同时还必须制定行政诉讼法以及行政法律监督法，对各种行政活动予以检查监督。

实现行政管理方式方法及手段的现代化。不仅要对社会事务的管理采用宏观管理、横向管理、综合管理、目标管理等现代化管理方式，而且要善于综合运用法律方法、经济方法、行政命令方法、思想教育方法以及系统方法、信息方法等诸多现代管理方法，还要逐步实现行政管理技术手段现代化。

实现行政管理高效化。这也是行政体制改革的基本目标。

[**预算管理体制**]　国家对中央和地方上下级之间在资金使用和预算管理权限方面相互关系的制度的总称，是国家财政管理体制的核心。我国从1980年起实行“划分收支、分级包干”即“分灶吃饭”的预算管理体制。主要内容是：(1) 按照隶属关系，划分中央和地方财政收支范围。中央财政收入包括：中央所属企业的收入、关税收入及其他收入；地方财政收入包括：地方所属企业收入、盐税、农牧业税、所得税、地方税收收入。工商税作为中央和地方的调剂收入。中央的财政支出包括：中央的基本建设投资、企业的流动资金、挖潜改造资金和新产品试制费、地质勘探费、国防战备费、对外援助费、国家物资储备费以及中央各项事业费和行政管理费等；地方的财政支出包括：地方统筹的基本建设投资、挖潜改造资金和新产品试制费、支援农村地区和农业事业费、城市维护和文教科技卫生事业费、抚恤和社会救济费、行政管理费等。少数专项财政支出，如自然灾害救济费、支援不发达地区的发展资金等由中央拨出专款。(2) 根据划分的收支范围，中央对地方核定的财政收支包干级数，确定收入上缴和留用比例。凡收入大于支出的地区，多余部分按比例上缴；支出大于收入的地区，不足部分从工商税中按一定比例留给地方或由中央财政给予定额补助。分成比例和补助数额确定后，原则上5年不变，5年中地方可以多收多支，少收少支，自求收支平衡。

[**财政金融行政管理体制**]　国家行政机关对国家财政税收、银行信贷机关及其工作进行管理的组织制度的总称。财政金融部门通过财政税收和银行信贷积累和合理分配现代化建设所必需的资金，保证国民经济和社会发展计划的实现。财政金融行政管理的任务是：按照“发展经济、保障供给”总方针的要求，积极为现代化建设积累和分配资金，在此过程中，也要加强财政监督、严肃财经纪律，促进国民经济有计划、按比例、持续、稳定地发

展。为不断完善人民的物质文化生活和巩固人民民主专政服务。基于上述要求，国家通过各级管理机关对口管理各项财政金融的行政事务，合理发挥各自的专门职能。这些管理机关是：（1）中央财政部和各省、自治区、直辖市、自治州、省辖市、县、自治县、市的财政厅（局）、处、科（局）。（2）国库即“国家金库”。分中央金库和地方金库，由中国人民银行代理，是国家预算资金的出纳保管机构。（3）中国人民银行。是直属于国务院领导的中央银行，由其统一管理全国金融事务。（4）各专业银行。分口管理各项具体信贷业务的银行有中国农业银行、中国工商银行、中国人民建设银行、中国银行等。（5）其他金融机构。如农村信用合作社、中国人民保险公司。（6）审计机关。对各级财政部门和企事业组织的财政收支实行财政监督，一般是在县级以上的地方各级人民政府设立审计机关。

［**税收管理体制**］　税收管理体制是中央和地方之间划分税收管理权限的制度，它是国家财政管理体制的重要组成部分，体现了税收管理集权与分权的关系。税收管理权限主要包括：（1）税法的制定和颁布；（2）税法的解释或实施细则的制定；（3）税种的开征与停征；（4）减税免税的确定；（5）税目的增减与税率的调整。税收管理体制的基本方针是，统一领导，分级管理。在中央统一领导下，调动和发挥地方的积极性，既保证国家统一政策、统一制度的贯彻执行，又让地方可以根据本地区具体情况，因地制宜地解决税收工作中的某些具体问题，从而更好地发挥税收的经济杠杆作用。

我国现行税收管理体制实行三级管理办法：（1）中央管理权限：税收政策的改变，税法的颁布实施，税种的开征、停征，税目的增减和税率的调整，一律由国务院决定。（2）财政部管理权限：在全省范围内对某一种应税产品或某一行业以及烟、糖、酒、手表四种产品的减税免税，必须报财政部批准。（3）地方管理权限：县办“五小”企业、乡镇队企业的减免照顾等，由省、市、自治区根据体制规定，因地制宜处理。除上述规定外，任何地方、部门和单位，都无权自行决定减税免税，无权下达同税收规定相抵触的文件。

［**国民经济行政管理体制**］　国家对国民经济从事行政管理的组织制度的总称。它是国家行政机关在创建、巩固和发展社会主义国民经济体系，组织领导社会生产、交换、分配和消费的经济管理工作中，进行组织、计划、指挥、监督等活动的总称。指导国家管理国民经济的准则是国家最高立法机关制定的宪法和法律，国家行政机关制定和颁布的法规、法令、决定、命令等。我国国民经济行政管理通常包括：工业行政管理、农业行政管理、工商行政管理、财政金融行政管理、交通运输行政管理、经济特区行政管理、司法行政管理、教育行政管理、科技行政管理、城市行政管理等。

［**工商行政管理体制**］　国家对工商行政事业从事管理活动的总称。国家各级工商行政管理部门运用行政和法律手段对工商事业进行下述管理：（1）对工商企业和个体经济的登记管理。即通过营业执照的发放对工商企业，包括工业、商业、交通运输业、建筑业、中外合资、中外合作企业、外资独资企业，外国企业常驻代表机构，以及个体工商业进行登记、建立经济户口，以便保障上述经济实体的合法经营权益，使国家了解和掌握其经营动态，从而实施有效的监督管理。（2）对各类市场的管理，配合税收、物价、检疫等部门检查、监督、指导市场交易活动、取缔非法经营、查处违法交易、打击投机倒把活动，维护市场秩序。（3）管理经济合同，解决合同纠纷。监督经济合同的订立，指导内部经济合同的管理，确认无效合同，调解、仲裁合同纠纷案，查处违法合同。（4）商标管理。办理商标的统一注册，负责接纳外商申请在华商标注册，通过商标注册登记工作保护其商品专利权。

(5) 广告管理。管理国内和外商来华广告业务，指导广告协会和广告学会的工作。(6) 管理个体经济、指导个体劳动协会的工作。(7) 监督检查机关、团体、学校、部队等单位的经济活动。

[农业行政管理机制] 由国家农业行政管理机构对农业改造、农业生产、交换、分配、消费活动实施组织、指导、监督、管理等制度的总称。具体包括：(1) 运用行政手段、改造旧农业、建立社会主义新农业制度；(2) 建立各级农业行政管理机构的制度。包括中央和地方农业行政管理机构，由各级人民政府设置相应的部门管理农业系统内的各项活动；(3) 对农业的生产、交换、分配、消费活动实施有效的组织、指导、监督、保障的制度；(4) 对农村基层干部和农民进行思想政治教育，农业技术培训的制度。现阶段农业行政管理的基本制度是农业生产承包责任制。这一制度由于通过劳动组织、计酬方法等环节的改进，克服了集体经济中长期存在的“吃大锅饭”现象，纠正了长期存在的管理过分集中、经营方式过于单一的缺点，从而带动了农业生产的发展。

[科技行政管理体制] 国家行政机构按照法律规定，运用行政手段对科学技术工作进行管理的制度的总称。我国管理科学技术的最高行政机关是国家科学技术部。国家科技部是管理全国科技工作的综合性职能部门，负责组织、协调全国范围内的科学技术工作。地方各级政府都设立科学技术管理机构。科技管理的基本制度有：(1) 科技成果管理制度。即通过科技行政管理部门对科技创造和发明成果进行审查、评定、分类、保护、奖励、组织推广等工作，包括科技成果的奖励制度、保密制度和发明专利登记的制度。(2) 科学技术发展基金制度。对由科学技术行政管理部门下拨组织科技研究所需要科研经费的管理。该基金的设立，旨在推动科研单位面向经济建设，把科技成果与生产实践密切结合，把经济效益与其科研成果相挂钩，促使科研单位多出成果，

快出成果，服务于现代化建设。为此，使用该基金要按项目签订合同，根据项目的不同性质和偿还能力，实行有偿和无偿资助。(3) 逐步推广科研合同制。即在遵循科技发展规律的基础上，采用经济核算的方法对科研工作进行管理，通过签订合同的方式促使科技成果尽快应用于生产，使科技成果这一知识形态生产力加速转变为直接生产力，推动科学研究向纵深研究领域发展。(4) 技术引进审查制度。即对限额以上的技术、设备和外资引进，科委要协助计委做好技术咨询和论证工作，以确保为我国现代化急需的技术、设备和外资早日引进。(5) 科技档案管理制度。使科技档案能达到完整、准确、系统、安全、保密和有效利用而进行的管理。

[教育行政管理体制] 国家行政管理机构运用行政手段对教育事业进行管理的各项制度的总称。我国负责全民族教育行政管理的机构是国家教育委员会以及地方各级政府的教育行政管理部门。社会主义教育行政管理主要包括对各级各类学校和教育制度的管理，同时对受教育者进行思想、品德、身体素质、文化知识的教育，造就新一代“四有”新人，提高全民族的文化素质和道德水平。国家教委对教育事业进行管理的制度包括：(1) 全日制学校学制。(2) 中小学在职教师进修制度。(3) 高等和中等专业学校的招生考试和毕业生分配制度。(4) 高等学校研究生制度。(5) 高等学校教师职称制度。(6) 职工教育制度。(7) 高等学校自学考试制度。(8) 学校管理制度。

[司法行政管理体制] 国家行政机关对于有关培训司法干部、宣传法制，领导律师、公证、人民调解工作等司法行政事务实施的国家管理活动及其各项制度的总称。司法行政管理是司法工作的重要组成部分。我国政府管理司法建设的职能部门是各级司法行政机关。我国司法制度包括：(1) 人民律师制度，它是有关律师的性质、任务、活动原则、规格条件、组织体制和律师机

构的设置等一系列内容的统称。由国家以法律条文形式作出的具体规定，是律师开展业务的法律依据。（2）公证制度。它具体规定了我国公证机关的设置、组织领导体制、公证业务范围、管辖和办理公证的程序等。（3）人民调解制度。人民调解工作是我国人民的一项创造，由人民政府以法律的形式，明确规定人民调解工作的性质、任务、组织、纪律、工作方法以及遵守的原则等。

［**干部管理体制**］　党和国家在干部管理活动中所采用的方式、方法。主要内容包括：管理组织的形式、管理层次、责权的划分，管理工作制度和方法等。我国的干部管理体制是随着党和国家领导体制和政治经济任务的变化而日臻完善的。民主革命时期，中国共产党先后由中央组织部、各级党委集中统管干部。1953 年以来，中共中央决定建立在中央及各级党委组织部统一管理下分部分级管理干部的体制。这种体制较之单一集中的管理体制，在考核、管理、使用干部方面有一定进步，但仍存在干部统分统配、管理权高度集中，造成各类干部的分布和结构不合理，干部素质得不到较快提高，优秀人才难以脱颖而出等弊端。1984 年，中共中央决定改革历来高度集权的干部管理体制，适当下放干部管理权限，采取分级管理，层层负责的办法，缩小中央管理干部的范围，中央从原来下管两级改为原则上只管下一级主要领导干部，做到管少、管好、管活。1987 年 10 月中国共产党第十三次全国代表大会决定，对“国家干部”进行合理分解、建立科学的干部分类管理体制。

二、职能

［**职能**］　是指人、事物、机构所应有的作用。从人的职能角度讲，系指处于一定职位的人完成其职务的能力；从事物的职能角度讲，指事物的职能，一般等同于事物的功能；从机构的职能

角度讲，机构的职能一般包括机构所承担的任务、职权、作用等内容。

[国家职能] 国家职能是国家机器对社会的有组织的活动，即统治阶级通过国家政权机关见诸于社会而实现其政治、经济统治的有组织的活动。国家职能包括对内职能和对外职能两个基本方面。对内职能一是压迫敌对阶级和敌对分子，一是管理社会。对外职能是保卫国家不受外来侵犯。国家职能是发展的，一般来说，国家的对内职能是主要的，但在对外战争中，对外职能则变得相当突出，对内职能的执行要服从对外职能。社会主义国家随着不同阶段历史任务的变化，其职能也是在发展的，通常讲的“工作重心转移”实际上也是国家职能中心的转移。

[行政职能] 行政职能是指行政机关在一定时期内，根据国家、社会发展的需要，依法对国家社会生活诸领域所进行管理活动中的职责、任务和权限。行政职能反映着政府所代表的国家的性质和活动的基本方向。不同历史类型的国家及其在不同的历史时期，行政职能的性质和方式是不完全相同的。

由于行政职能所代表的是在国家中占统治地位的阶级的利益，所执行的也是这个阶级的意志，因而具有阶级属性；又由于任何国家类型的行政职能，都必须适应国家、社会生活发展的需要，因此具有一定的共同性，这就是统治职能、社会职能，以及计划、组织、控制、协调等职能。同时社会经济、政治和科学技术的发展，以及不同历史时期形势和任务的变化，必然导致行政职能的主次关系、侧重点及作用对象等的变化，因而行政职能又具有动态性的特征。

行政机构是行政职能的载体，是完成行政职能的组织形式，行政职能对行政机构起决定作用。

[政治职能] 国家行政管理的政治职能，亦称阶级统治职能。它一般通过行政强力机构，如公安机关、国家安全机关、军

事机关、情报机关等行使约束性、控制性、防御性、保卫性以及镇压性的职能，以维护有利于统治阶级的社会秩序及内外环境。这是任何国家行政都必不可少的职能。政治职能主要有：（1）军事职能即领导国防建设和武装力量建设，防御外来侵略和颠覆。在剥削阶级类型国家的政府军事职能中还包括对别国的侵略、扩张或对别国进行政治控制。（2）保卫职能即对内保卫国家的独立和主权，保卫公民的合法权益和生命安全；对外保卫世界和平，反对霸权主义等。（3）镇压职能即所有剥削阶级类型的国家都具有镇压劳动者阶级反抗的职能，社会主义国家在剥削阶级消灭后，仍坚持人民民主专政，坚持镇压叛国和其他危害国家安全的活动，制裁危害社会治安、破坏社会主义经济和其他犯罪的活动，惩办和改造犯罪分子。（4）民主职能即在统治阶级内部及其同盟者中间实施民主、并贯彻在行政过程的有关环节。

[经济职能]　经济职能指政府领导、组织和管理社会经济的职能。我国行政的经济职能，在中共十二届三中全会通过的《中共中央关于经济体制改革的决定》中，被概括为八项："制订经济和社会发展的战略、计划、方针和政策；制订资源开发、技术改造和智力开发的方案；协调地区、部门、企业之间的发展计划和经济关系；部署重点工程特别是能源、交通和原材料工业的建设；汇集和传布经济信息，掌握和运用经济调节手段；制订并监督执行经济法规；按规定的范围任免干部；管理对外经济技术交流和合作。"上述八项职能具有明显的规划、指导、协调、疏导以及服务、监督性质。目前我国的行政经济职能正向"国家调节市场、市场引导企业"的新的经济运行机制过渡。要完成这一转变，行政经济职能必须从微观管理为主，转向宏观管理为主；从直接管理为主，转向间接管理为主；从纵向管理为主，转向横向联系为主；从行政手段为主，转向法律和经济手段为主；从指令性为主，转向服务性为主。

［**文化职能**］　文化职能也是国家行政管理最古老、最重要的职能之一。指国家对包含着教育、科学、文学艺术、新闻出版、广播影视、卫生、体育、文物、图书馆、博物馆等各项文化事业实施领导、指导以及管理的职能。

政府的文化职能，特别是发展科学文化教育的职能，主要有如下六项：制定科学文化教育发展的总体战略、规划和计划；制定和颁布重大科学文化教育的政策和法规；组织力量对重大科技项目进行协调攻关；指导、监督、协调科研部门和教学单位有效地贯彻国家科学文化教育发展规划，逐步实现总体目标；有领导、有秩序地逐步展开科技、文化、教育体制的改革，不断完善有本国特色的充满活力的科技、文化、教育体制；发展科技、文化、教育队伍，对其部门的领导人员进行考核、任命、监督。

［**社会职能**］　社会职能是国家行政职能中内容最为广泛、丰富的一项基本职能。指政府对社会福利、社会救济、社会保险等事业实施管理的职能。一般地说，凡致力于改善、保障人民物质文化生活的事业和措施，均可包含在此项中。政府的社会职能，特别是发展社会福利的职能一般具有以下几项：制定各种社会福利的法律、制度、法规、条例，建立一套完整的社会福利和社会保障体系；建立健全合理的社会福利管理体制，加强对社会福利的指导，规划和协调；筹集社会保险基金，从物质上保证社会福利事业；创办各种保护和合理利用各种自然资源，努力开展对环境污染的综合治理，加强生态环境的保护。

［**控制职能**］　即为保证行政目标与计划的实现，在行政执行过程中对现实与目标，实际成效与标准之间的偏差，实施纠正的职能。这一职能从动态角度看包括以下几个环节：（1）确立控制标准。这是整个控制过程的基础，它为衡量和检查纠正工作的成效和偏差提供一套完整的具体的控制标准。（2）获取偏差信息，亦即依据控制标准，对管理行为偏差进行检查和预测，从而获得

管理的实际结果与标准之间的偏差信息。(3) 采取措施进行调节。这是真正体现控制价值与作用的步骤，实际上，也是针对行政行为和过程的调节。(4) 实行有效的监督。根据行政目标、计划和控制标准，监察、督导行政过程的正常发展和行政系统的有序运转。在整个控制阶段，监督的作用在于强制或非强制手段保证调节的进行和纠正措施的落实。

[组织职能] 组织职能是保证决策目标的实现和计划有效执行的一个关键性职能。它是指建立一种包括组织机构设置，组织控制体系、组织内部的职权划分、人员配备等内容的有效行政组织体制，并进行有效的指挥、沟通和协调。如果说，行政组织体制是发挥组织功能的“硬件”，则指挥、沟通、协调便是“软件”。建立行政组织体制就是要通过组织一定的机构和人员，使行政组织形成有序的系统，产生整体效应，为决策目标的施行奠定组织保证。健全有力的指挥体系保证了行政管理系统的稳定有序，有效的协调，减少了管理过程中的功能损耗，利于形成良好的人际关系，产生强大的内聚力从而保证计划的最大限度的实行。

[决策职能] 决策职能是行政管理过程中一个重要职能，是行政管理完整周期中第一个环节。所谓决策职能就是指为了达到一定的行政目的和目标，运用科学的行政理论和方针，提出各种可行性方案，并从中选择出最佳方案的活动，它是整个行政管理的前提，也是其他环节职能能否实现的基础。

[计划职能] 所谓计划职能是指为了具体实现既定的行政决策目标，而对整体目标进行分解、计算，并筹划人力、物力、财力，拟定实施步骤、方法和制定相应的政策和策略等的管理活动。它是对行政决策的具体化，使得实现目标的行动井然有序。计划就是要围绕决策目标，根据各种条件设计一个具体协调的结构，同时，计划也为目标的组织实施提供共同行动的纲领和指南，为行政控制提供必要的标准。计划职能旨在根据行政决策目标，设

计规划出最优化的步骤、方法等。

［行政基本职能］ 国外关于管理基本职能的说法很多，形成不同的学派。有的把管理归结为计划与控制两大功能；有的认为管理有计划、组织、控制三种功能；有的认为还要加上激励功能；还有认为管理职能有计划、组织、人才选用、执行决策、协调、报告、预算七种，其中后两项为信息行为，前五项为决策行为，信息系统是为决策系统服务的；也有人认为除信息作用和决策作用外还包括人际作用。一般认为，行政管理具有规划、组织、用人、指挥、控制五种基本职能。国内亦有人将政治功能、经济功能、文化功能、社会功能称为行政基本职能。

［行政总体目标］ 一般地说，国家行政总体目标，就是建立一个严密、有序、精良的组织机构，形成科学合理的行政活动程序，高效率地执行国家意志。因此可以说，行政总体目标是整个行政管理功能体系的核心。

国家行政总体目标在不同的社会政治制度中有不同的具体内容。在社会主义社会，国家的行政总体目标则是在维护社会安全基础上，创造一切条件，满足广大人民全面发展的需要。由于社会生产的发展，经济关系和阶级关系的变化，就会给国家提出不同的任务，使得国家的方针、政策发生改变，这必然地会带来行政总体目标具体内容的变化。因此，国家行政总体目标亦具有动态性。

行政组织机构是为了执行某一项行政总体目标而建立起来的，这个机构在执行具体功能的过程中，使总体目标得到实现。总体目标变动了，组织机构就要相应地加以调整。同样，行政管理的过程功能也是为了实现总体目标而设定的，这个过程中的不同环节会对总体目标中某些方面发生不同的影响，为了实现不同总体目标或者它的不同侧面任务，就应强化或削弱某些环节的作用和影响。

行政总体目标的设立，应根据一个国家社会经济发展状况，阶级关系构成和阶级力量的对比，文化教育发展的水平等各方面因素加以综合判断，同时还要考察行政管理总体目标得以实现的主客观条件，作出切合实际的抉择。正因为种种因素的限制，最后确定的行政总体目标往往并非是最佳方案，而是较为满意的目标。

［**行政职能体系**］　国家行政职能体系是由围绕行政总体目标这个核心的行政活动各方面职能所组成，在体系中形成一种职能结构。从总体上看，国家行政职能体系可以在同一层次上分为两大部分。就国家行政管理的对象来说，行政职能具有一个任务体系，由政治职能、经济职能、文化职能、社会职能等组成。从国家行政管理活动的过程来看，行政职能还有一个程序功能体系，包括预测、计划、组织、指导、调节、控制等一系列职能。

行政职能体系中各种职能不是彼此孤立的，而是一种“相互交替的活动方式”（行政职能的不同任务和管理程序的不同环节之间都有着一种相互影响、相互渗透的关系。并且在行政职能的两大序列之间，也存在着不可分割的联系）。行政任务职能都必须通过行政管理主体的各个程序职能的发挥才能实现，而管理主体程序职能活动的内容又都是正在执行中的各项行政任务职能。正是这些相互作用、相互渗透的因素构成了国家行政管理的一个完整的职能体系，也正是在各种职能的相互关系中，国家的意志才能够得以实现。

［**职能转变**］　行政职能是一个带有动态性的概念，它伴随着社会政治、经济的发展而发展，又依据不同时期形势与任务的变化而变化。在此过程中，一些相对以前而言是强化的职能，开始弱化了，弱化的职能，逐步强化起来。过去是直接管理、微观管理，现在则转变为间接管理、宏观管理。以前是单一的行政手段，现在则是经济手段、法律手段、行政手段并用。行政职能在内容、

管理方式、方法手段等方面发生的这个系列变化，被称之为职能转变。

适应社会政治、经济的发展和国家形势、任务的变化，改革行政体制，转变行政职能，改革行政机构，是一条客观规律，也是一定的社会基本矛盾运动的客观要求。

职能转变是机构改革的基础。因为行政职能的强弱、大小直接决定着行政机构及职位、人员的多少。当然，确定一级政府的总体职能需要遵循一定的规律和原则。但历次机构改革的实践一再证明，要设置机构，必先确定其职能，要改革机构，必先转变其职能。中共十三大报告中强调指出：“为了避免重走过去精简—膨胀—再精简—再膨胀的老路，这次机构改革必须抓住转变职能这个关键。”

［**职能归类**］　职能归类就是对行政管理应当承担和可能完成的基本任务、职责等作必需的划分，从而更好地把握行政管理系统与外部环境的相互作用，以及内部各组成部分和各因素的相互关系，使行政职能得到充分的发挥，促使行政管理高效率。

行政职能的归类，可以从不同的角度进行。以行政管理的内容分类可划分为：政治职能、经济职能、文化职能、社会职能等；以行政过程分类可划分为：决策职能、计划职能、组织职能、控制职能等；从所作用的性质看，可以划分为统治性职能、保卫性职能、管理性职能、服务性职能；从所控制的幅度看，可以划分为高层次行政职能，中层次行政职能，低层次行政职能；亦可从所属国家的阶级本质来划分即剥削阶级历史类型国家的行政职能、社会主义国家的行政职能。

［**职能分解**］　职能分解是指一个部门或单位，按照经济体制改革和政治体制改革的需要，从机构改革的总趋势、总方向和总要求出发，对现有的各种职责范围和总的功能，进行细化和量化的过程。职能分解应以转变职能为指导，对本部门或单位的职责

逐条地细化和量化，逐条分解、解剖，一条一条地明确，哪些职能需要保留，哪些应该撤销，哪些应该下放，哪些可以转移或过渡，哪些需要强化，哪些应该弱化，还需增加哪些职能等。然后，把分解后的这些职能，进行回归分析，从中理出转变职能的方向和目标。确定出本部门或本单位新的职能范围。

［**职能条件**］　组织对从事某种职务的工作人员提出的应具备的能力内容和水平。工作人员只有具备了某种职能条件才能胜任工作。职能条件一般是根据不同工作性质，不同职责程度的职位要求而分别制定的。如推销员应具备商品知识、商业法律知识、销售知识、市场调查知识、交涉和签订售货合同的技能以及谈判能力、判断能力等的能力内容。水平系指知识掌握的程度、能力的高低。职能条件是人事考核中能力考核的尺度。

三、组织机构

［**组织**］　组织这个词，英语为 Organization，来源于器官（Organ），因为器官是自成系统的具有特定功能的细胞结构。后来又逐渐演变为专门指人群而言，运用于社会管理之中。一般说来，组织是一群人为了达到共同的目的，通过权责分配和层次结构所构成的一个完整的有机体。它随着时代及环境的改变而不断自行调整和适应，同时人员之间建立起一种团体意识和规范。用系统论的观点来加以科学地定义，那就是组织是一个复杂的开放的社会技术系统。这个定义包括下述三种含义：① 组织是一个开放的系统，组织不断地与外部环境进行材料、信息和能源的交换，从而不断改革和发展；② 组织是一个复杂的社会技术系统，既包括结构和技术的方面，也包括心理、社会和管理的方面；③ 组织是一个整合的系统，组织建立在其各系统的相互依存的基础上，也离不开与环境的相互作用。

[**机构**]　“机构”，原是机器构造方面的一个名词。按照有关辞书的解释，“机”原指古代弩箭上的发动机关，是事情变化的枢纽，有重要关系的环节；“构”，则指构造、组合。“机构”，则指各组成部分之间具有一定的相对运动的装置；这种装置能够传递、转换运动或实现某种特定的运动。如钟表的齿轮机构、车床的走刀机构和起重机的变幅机构等。在机械运动学上，一切机器都可看作机构或复合机构。编制管理工作中所指的“机构”，则是将这一意义引申到社会领域的含义，指在社会生活中，人们为实现某种职能所建立的，由人、财、物和信息等若干要素有序地联结起来的，相对稳定的社会实体单位。通常指机关、团体工作单位，或者它们的内部组织。

机构具有以下几个特征：

（1）有着某种目标或负着某种职能。这是构成机构的基本条件。作为一个机构，首先表现为它的目的性。每一个机构都有一定的工作任务和活动内容。机构的目的，是社会分工的产物，而社会分工又是社会发展的要求。在现代社会中，由于分工越来越细，另一方面又互相综合，由此也才产生各自目的有所不同的各类组织机构。

（2）组合在一起的人群。任何机构必须有一定的人员，因此，机构具有社会性。机构中的人员不是暂时地、偶然地结合在一起的，而是按照机构的职能的需要，经过严密的组织，并有一定的行为规范的人群。在机构中，每一个成员扮演一定的角色，担负一定的职务，负有一定的责任，形成一定的层次结构，并要求机构的成员协调一致地行动，才能更好地实现机构的职能。

（3）有着必要的活动条件。机构是把人、财、物和信息在一定时间和空间内进行合理有效配合成相对固定的社会实体单位。作为一个社会实体单位的存在，必须有必要的活动条件，如办公设备，必要的活动经费等。

（4）机构是“人为的组织”。机构，是人们经过周密的思考，有目的地建立起来的，机构的建立需要按照一定法律制度，遵循一定的程序。在建立机构时，并使它有一定的名称，以表现它的基本属性及特殊性，同时，机构的活动也是通过人的活动进行的。

（5）机构具有一定的系统性。机构本身相对独立，同时，机构之间又互相作用、互相影响、互相依赖。任何一个机构内部，有内在要素组成的结构层次，表现为一定的系统性。机构与机构之间、系统与系统之间的联系，又形成一定的系统。

［**组织与机构的关系**］　一般认为，组织是指按照一定的宗旨和系统建立起来的集体或指所排列组合并开展活动的结构形式，现代管理科学已赋予组织以更新更深刻的含义，认为组织是指动态的组织活动过程和相对静止的社会实体单位。因此，机构包含在组织之中，是组织的一种，是一种更严密的组织结构形式。机构与组织的密切关系，要求我们在研究机构管理时，不能离开组织，即既要从静态方面研究机构的形式，也要从动态的组织活动、机构的运行机制中进行考察，从静态到动态，从微观到宏观，放到整个组织活动中研究机构管理。

在机构编制管理工作中，机构与组织的区别在于：

（1）机构是相对静态的，是一个单位；而组织是动态的，是一个过程。如我们说某一个机构，往往仅指这个机构本身，而研究某个组织，就必须从组织目标、组织决策、组织行为、组织方法，作为一个过程来研究。而作为动词用的“组织”，对某项工作的组织实施来说，更是一个动态的过程。

（2）机构是单个量的概念，组织是总量的概念。机构与组织存在着从属关系。例如，我们讲人民代表大会的组织，既包括人民代表大会的各类办事机构的设置，同时更重要的是还要规定人民代表大会代表的产生，人民代表大会的召开，常务委员会的组成及其组织程序和办法。同样，对政府的组织，既包括政府工作机构的设置，同时还要规定政府产生办法、组成、职权、工作程序等。

(3) 机构是相对独立的，而组织是系统的、有机的，机构更多地表现为外在的模式，组织则是内外向相联的网络型结构。如党的组织则表现为系统性较强，而党的工作机构，虽然存在于党的组织系统之中，但表现的则是相对独立的单位。

[行政组织] 行政管理的体系及基本要素。如果将“行政”一词，仅限于政府行政机关的活动，即指执行和贯彻立法机关决议、推行政务的各种活动的话，那么，行政组织即专指政府行政机关范围内的部门。有三种情况：一是总统制国家中的总统及其下属的各级行政机关；二是内阁制国家中的总理（首相）及其所管辖的各级行政部门；三是在社会主义国家中，它分别指国务院、政务院、部长会议等一类政权机关及受其直接领导的各级行政单位。政府行政组织是一种专门管理社会公共事务的社会组织。只有完善的行政组织，才能达到行政效能化与经济化的目的。在社会主义行政管理学中，行政组织的内容，主要是研究社会主义国家行政机构的组织原则、结构形式、职权范围、相互关系、机构的作用及其变革等问题。

[行政组织的特点] 与一些政权组织和社会组织相比，行政组织有着十分突出的特点。

(1) 行政组织的任务特点。政府行政组织是一种专门管理社会公共事务的社会组织，换言之，它是一种就社会公共性事务问题而对其他普通的社会组织实施管理的组织。从政府行政组织与其他政权组织相对比看，行政组织的任务特点则表现在“执行”的性质上，即它要以忠实地执行国家立法机关各项决议为自己的基本任务，它与立法机关之间是一种实施与决策的分工关系。

(2) 行政组织的权力特点。第一，它是一种凌驾于整个社会之上的，以普通社会生活为自己控制对象的权力；第二，这种权力的基本作用在于调整社会生活的基本秩序，如经济生活秩序等多方面的秩序。第三，权威性的强制服从是这种权力的突出特征，社会生活中其他权力的强制服从都不如公共权力的强制服从具有权威性。第四，这种权力需要建立在广泛的社会认可基础之上，因而具有正统性、合法性和稳定性。

（3）行政组织的责任特点。第一，各级行政组织都有义务完成好本职工作；第二，各级行政组织都必须向自己的权力渊源负责。

（4）行政组织的利益特点。作为管理社会公共事务的行政组织，它自身没有，也不允许有任何特殊的和集团性的利益。如果认为政府行政组织确有某种利益的话，那么它应当以国家利益、公共利益和人民利益作为自己的最高利益，同时也是唯一的利益。

（5）行政组织的结构特点。首先，庞大的政府行政组织都被要求统一在一个共同的总目标和总任务周围，各行政部门的目标和任务不过是政府的总目标和总任务分解后所形成的分目标和分任务。整个行政组织都以工作任务为基础而彼此发生联系，形成统一的任务体系。其次，在庞大的政府行政组织中应当保持一个统一的、自上而下的、层级节制的指挥与服从式权力链条；整个行政组织的运营是靠这个权力链条直接维持的。第三，受前两个特点的规定，政府行政组织中的任何部门或工作人员均不得在工作上搞“独立王国”，各种不服从合法的行政指挥的行为都是不允许的，严格的行政纪律和严厉的惩戒制裁就是针对行政不服从行为而设置的基本的控制手段。

（6）行政组织的运行特点。所谓行政组织的运行是指行政组织贯彻落实组织任务的一系列活动。迅速而准确地执行立法机关或上级行政组织的各项决议，是行政管理活动的第一要义，也是组织运行的基本特长。此外，行政组织的组成成员也有一定的特殊要求。如忠诚、服从、具有才干等方面。

[非正式组织]　所谓非正式组织，即指组织成员为满足心理需要而有意无意形成的，它是不定型的。它的特性是：① 非正式组织都是以正式组织的存在为立足地；② 任何正式组织的目标都要深受非正式组织的影响或干扰；③ 任何正式组织内部都要有非正式结构；④ 非正式组织是建立在感情基础上，并以此作为维系的纽带，因此聚合力很强。非正式组织的形成是客观的，它的存在有其积极的作用，也有消极作用，但不能人为压制它，要利用、引导它，让其向着有利组织发展的方向前进。

[泰罗]　泰罗（Fredericlc W. Taylor，1856—1915）是19世纪末20世纪初活跃于美国企业管理界的代表人物，人们称之为早期管理学的奠基人。出身于美国一个家境富裕的清教徒律师家庭，青年时，曾考取哈佛大学法学院，后又弃学从工，以后，进入米德维尔钢铁公司做了一名普通劳工。在短短6年内他获得多次提升，从办事员到机工、机工组长、机修车间主任、主任机械师，直至总工程师。在这家公司里，泰罗获得了比较全面地考察企业管理过程的机会，为日后的管理改革奠定了基础。泰罗提出了科学管理法的基本原则，即把高工资与低劳动成本结合起来。前者用以满足工人的需求，后者用以满足资产的需求。泰罗的科学管理大致可以分解为三个方面：

（1）时间和动作研究。即把工人的劳动作业分解成一系列基本动作，然后用科学的方法找出最佳的动作程序，并最大限度地减少作业时间，降低劳动成本。

（2）任务管理。第一，明确地为每一个人规定出高标准的日任务，如果目标和标准不明确或标准要求低，都不利于提高工作效率；第二，向每个人提供各种达到标准的条件，以保证其完成任务；第三，要保证人们在完成工作任务后可以得到高报酬，这种报酬应具有刺激性；第四，对完不成工作任务者，要使其承担必要的责任，即承受一定的经济损失。

（3）职能化组织原理。即对传统的职能不分的管理组织进行变革，使不同的职能区分开来。科学管理法的三部分内容中，泰罗认为最重要的是组织形态的改革。泰罗的科学管理组织理论集中地体现在职能化组织分工的原理上，即强调组织体系中的计划职能（管理职能）与执行职能（作业职能）既分离又统一的关系。泰罗以其毕生的精力，在美国掀起了一场科学管理的革命。列宁曾主张“应当在俄国研究与传授泰罗制，有系统地实行这种制度并且使它适应我国的条件”。

[**法约尔**]　法约尔（Henri Fayol，1841—1925）是早期管理学理论的主要代表人之一，组织理论是其管理理论中的主要内容和精髓部分。法约尔出身于法国一个小资产者家庭。19 岁时毕业于法国圣艾蒂安国立矿业学院，并取得矿业工程师的资格。1860 年就职于法国高芒特里——福尔尚布德公司，任高芒特里矿井组的工程师。自 1888 年起，法约尔出任高芒特里——福尔尚布德公司的总经理，成为企业高级管理人员。1918 年从总经理职位上退休。此后集中精力致力于管理理论的研究与普及工作。他曾创办一个管理学的研究中心，邀请各界名人参加管理问题的研讨活动，宣传、讲授管理知识，亲自参与对政府机关管理实践的调查，参加了一系列国际性的管理科学学术交流活动。法约尔的组织理论散见在他的管理原则、职能分析和管理要素分析中，在大的方面可以归为组织原则，组织形态和参谋理论三个内容。

（1）法约尔的组织原则、分工原则、权责原则、统一指挥原则和层级制度原则在其中占重要地位。第一，分工原则。法约尔认为，分工是一种自然规律。社会越发展，社会组织也越分化。分工可以适用于各种有组织的活动，其结果是造成职能专业化和权力的分散。当然，分工还需要有一定限度，否则会带来副作用。第二，权责原则。权力与责任是伴生物，二者在组织管理中都不可缺少。法约尔把权力分成个人权力与规定权力两种，前者基于掌权人的自身素质，后者基于工作的要求。二者既互相区分又互相补充。第三，统一指挥的原则。这个原则被法约尔认为是最重要的一个原则，如果该原则受到破坏，那么权力将受到损害，纪律将受到威胁，秩序将发生紊乱，稳定将不复存在。第四，层级制度原则。法约尔认为，在一般情况下，管理活动应当沿着组织中特定的层级序列进行，不论自上而下的指挥监督，还是自下而上的请示汇报，均应按照规定的途径进行。但他还是指出了一种例外的情况，即在遇到一些需要快速办理的事情，可以不依规定层次进行，直接与对方联系，这种直接联系，被称之为“天桥”或“跳板”，认为是一种应当鼓励的和简便可靠的办法。

（2）法约尔的组织形态论。法约尔认为各种社会组织的形态都有某种相似性，而一般的组织形态大多只是由组成人员的数目决定。

（3）法约尔的参谋理论。法约尔认为，要想找到一个能同时承担技术、商业、财务、安全、会计和管理六种经营职能的领导人，只能到小企业去找。没有任何人的知识能够解决一个大企业在经营过程中所提出的所有问题，没有任何人能有足够的精力与时间去承担一个大企业对领导工作提出的全部职责。所以，需要建立参谋部，即选择一组有精力、有知识、有时间的人专门为领导服务。

［韦伯］ 韦伯（Max Weber，1864—1920）是德国著名的社会学家。他对法学、经济学、历史学等许多学科都有广泛的、深入的研究，是位学识渊博的学者。他不满于当时普鲁士德国的工业革命，他认为这种方式的组织内部存在着极不公平和极端残酷的现象，决定建立一种健全的组织。这种组织制度可以使工人和工厂主之间权力分配合理、明确，而且只要工人努力干工作，都有升迁的机会，一反过去的那种只靠工厂主的恩惠来决定工人的升迁大权。他把这种制度称为“层级制度”（Bureaucracy），认为

这种制度的基础就是层次。他把自己有关的组织思想和言论都收入了他的名著《社会组织与经济组织理论》一书中。关于他的组织思想，可以归纳为这样四个方面：

（1）组织应有明确的层次和职位。所有组织都要按等级的原则划清职位，由高到低，层层有序，职权分明。各级领导都向上级负责，同时也要对下级的活动负责。下级服从上级，这样便于组织控制。

（2）树立权威。他认为各级的领导都要树立自己的权威，使下级对上级产生信任感（包括对上级领导的性格、气质、人品、学识、能力等因素的信仰）。领导者在领导能力方面必须能够胜任，否则就会失去信仰和崇拜。

（3）明确的分工。组织成员每个人都要有明确的分工，每个人都承担权利和义务，使组织活动得以正常进行。

（4）组织事务法制化。组织的各项事务要法制化，成为规章制度，任何人不得更改，以保证组织结构固定不变。组织中的任何一个成员都要受法规的约束，并把它视为行动准绳。

[西方早期组织理论]　西方关于组织管理最早的记载，出现在《圣经》中。古代希伯来人的领袖摩西率领其部落进行迁徙，其岳父耶特鲁对他建议三点：一是要制定法令，昭告民众；二是应建立等级，授权委任管理；三是必须责成专人分级管理，尽量在下边处理，只有最重要的政务才提交给摩西。这种确定管理跨度和组织程序的思想，在当时是很了不起的。古罗马帝国在公元前二世纪就采取了集中与分权相结合的组织形式，对庞大的帝国社会经济生活进行了有效的协调，表现出卓越的组织才能。

意大利早期组织管理思想家马基亚维利考察了城镇的组织管理状况，提出了四条原则：（1）领导者的权力来源于底层，如果得不到下属的拥护，就无法成为一个合格的领导者。（2）必须维持组织内部的“凝聚力”，领导要给成员以报偿，并维持他们的忠诚，加强上下级间的沟通和了解。(3) 领导者要具备“生存的意志力”，以免被人推翻。(4) 领导者须在品德和能力方面做出表率，并经常加强这方面的锻炼。

西方工业革命时期，组织理论有了较大的发展。英国纺织业的阿奎瑞特曾将全部纺织品的生产集中设置于一个组织之下，并设计了劳动者分工的制度，努力协调各环节之间的关系。在分工问题上，英国经济学家亚当·斯密于1776年发表的《国民财富的性质和原因的研究》一书中，则有着系统的、出色的论述。英国另一位出色的思想家欧文首先重视组织中的人事问题，认为工人是有生命的“机器”，更需加强保养，实行一系列福利措施，改善工人的劳动和生活条件。英国剑桥大学教授巴贝奇在亚当·斯密劳动分工研究的基础上，进一步对专业化问题进行了深入研究。他认为劳动分工能带来更高生产率的原因是：节省了学习所耗费的时间和材料，节省了变换工序所耗费的时间和精力，促使技术熟练，加快工作进度，有利于改进工具和机器。巴贝奇还认为劳动分工不仅适合于体力劳动，而且也适合于脑力劳动。这比亚当·斯密前进了一步。英国另一位经济学家尤尔则强调组织内要建立制度和规范，保证组织协调行动。美国伊里铁路负责人麦克勒姆曾针对铁路的组织运营提出几条原则，如恰当地划分每个部门与岗位的职责；为了使每个人可以履行职责，授予他足够的权力；采取措施考核每人职责完成情况，迅速上报，及时纠正；以组织图表示部门之间的分工和报告控制系统。总之，早期组织理论是历史上某人或某集团点滴的思想观点，尚未形成完整的体系，但对后来的组织理论有一定影响。

[行为科学学派的组织理论]　行为科学学派是西方现代管理理论中的重要学派之一。它是运用人类学、社会学、心理学、经济学、管理学等理论和方法，对职工在组织中的行为以及产生这些行为的原因进行分析研究的一门边缘学科，它重点研究管理中

如何处理人际关系和激励人的行为。这一学派对现代组织理论的贡献相当丰富，其主要代表人物有梅奥、罗特利斯伯格、怀特赫德、马斯洛、赫茨伯格、麦格雷戈、巴纳德、赛蒙等。它与古典管理学派组织理论比起来，更加重视了组织中人的因素，重视人力资源的开发和管理；对组织的研究从静态走向了动态，更加重视了组织成员的心理满足、交往行为、意见沟通、权力运用等；不仅对正式组织进行了行为科学的分析，而且对非正式组织提出了一整套理论；强调不仅要注意完成组织目标，而且还要顾及个人目标，使二者结合起来，组织才真正有力量，提倡组织中实行“民主参与管理”的领导方式，发挥人的自主性和创造性；在研究方法上主张多学科联合攻关，运用大量调查研究和心理测验的手段，并注意将数学、统计学运用到人的行为和组织行为的分析研究中去。但是，这一学派在研究组织内成员的需要和行为时，并没有把它们与组织外部的环境，尤其是社会制度、生产关系等联系起来，忽视了资本主义社会制度和经济发展因素对它们的影响；宣扬抽象的人性论和人的价值，与历史唯物主义背道而驰；行为科学的许多命题，如真正的组织管理民主化、真正的组织领导科学化，在资本主义企业内部是难以全面实现的，这与资本主义固有的阶级矛盾有密切联系。

[帕金森定律]　帕金森（C. Northcote Pakrinson）是英国一位著名教授。曾在新加坡大学任教。他根据自己对行政管理的深刻观察，并以轻松幽默的讽刺笔调写成了一本出名的小册子《官场病》。书中揭露了许多行政组织中存在的共性问题，并提出了著名的“帕金森定律”（Pakrinson's law），其主要论述如下：

（1）行政首长们喜欢显示自己的权势而要求不断地增加用人和扩大下属机构。虽然实际性工作只用很少的人就能做完，但各级工作人员却有制造工作的特有能力，他们能够搞出许多于机构本身没有意义却又显得十分繁忙且十分重要的事情。其发展结果就是行政组织这座金字塔不论自身功能有无变化都会沿着一定的速度向上增长。帕金森把这种现象视为导致机构臃肿、人浮于事的主要根源。

(2) 各级首长都喜欢用比自己能力要低的人，以防造成对自己职务的竞争，长此以往则造成机关存在年代越久，职员素质越低的现象。

(3) 会议时间的长短与会议议题重要程度恰成反比：重要议题的责任也大，专业也深，于是大家都不愿发言，秘书部门或其他部门呈送的议案很快就被通过了；对一般议题，甚至无关痛痒的小事，与会者的发言甚为激烈，讨论时间就越长，以此显示大家的才能和对工作的负责精神。

(4) 以委员会形式存在的组织在五人组成时效率最佳。由于受到各界压力及各种原因的影响，委员会总是处于不断扩大之中。委员越多，效率越低，不但意见难以统一，就是开会也成问题。当委员超过 21 人时，委员会就毫无效率可言了。

(5) 机关建筑、设备、豪华程度与机关内部效率高低恰呈正比。效率越低的机构，其外表越壮观、越豪华，人们可以据此标准而判断一个机构的工作状况。

(6) 各行政机关对财务预算必花光用尽，否则，如若形成节余，第二年预算势必减少。

[组织设计] 是指根据组织规律建立组织，并根据形势变化的需要，对组织进行重新组合。组织设计（Organization Design）对各种组织来说都是十分重要的。组织设计有两大特点，其一，层次化。即指组织目标的垂直分化，它使组织目标呈梯形状。组织垂直分化层越多，则最基层组织人员的责任和活动范围就越小，而组织最上层的职权则较大。而且管理的幅度也很宽。这两者彼此相互沟通的机会就很少。假如层次较少，则基层人员的权力和职责范围就会增大，领导的事就会相对减少，彼此沟通的机会就

增大了。对组织进行垂直分层设计时，特别要注意最上层决策机构应该是单一的。其二，部门化。组织除了可以进行垂直分化以外，还可以进行平行（或称横向）分化，而平行分化的结果就是部门化，即把组织分成若干部门。组织的部门化实际上就是机构和人的分工化，它的目的在于提高组织工作的效率。对组织进行分部设计时一定要明确每一独立部门的工作范围、职权、隶属关系，避免无目的增设部门。上述组织分层化和部门化的两种特点，存在着交叉性。部门是分层次的部门，而层次也是分部门的层次。

［**组织结构**］　所谓组织结构就是构成组织间各种要素和层级的一种相关形态。组织结构的功能和原则是组织间要素和层级间的组合的依据。

（1）组织结构的功能为：① 效率功能。组织结构须是有效的，必须有利于组织资源的综合利用，即以投入最小的组织资源，求得最大的效益。② 满足工作。领导者和员工的工作，组织都应该满足。组织应向员工提供任务、责任、相应的权力，使组织成员为组织的生存和发展服务。员工在工作过程中得到满足。③ 沟通原则。组织结构必须使组织各层级之间保持沟通关系，否则组织的日常工作将无法开展。④ 统一性。组织结构必须保持组织的统一性。从组织目标到组织的各项工作都应是统一的。

（2）组织结构除具有上述四种功能外，还应具有这样的原则：①无论是组织的整体还是组织部分，都应有利于组织目标的实现。②职能划分是否明确？划分基准是否有不明之处？有无过度分化的缺点？③组织结构是否以职能为中心而建立？④同一的或类似的职能，有无集中的现象？⑤组织结构的各部门和阶层是否划分清楚，各部门和各阶层开展工作有无矛盾？⑥对组织结构的各部分是否授予相当的权限和职责？⑦命令系统是否一元化？⑧是否确立一种防止错误的互相牵制制度？⑨组织结构之间是否有良好的沟通网络以利于协调？⑩工作机构与参谋机构职责是否分明？

⑪组织结构是否有弹性，是否适应环境变化？⑫各层或各部门成员是否过多而不利于管理？⑬机构和层级是否设置过多、过滥，有否需要精简？⑭委员会是否依事实需要而设立？

［**分权事业部制**］　分权事业部制的管理原则是“集中政策，分散经营”。美国通用汽车公司在20世纪20年代末第一个实行这种组织形式。在这种制度中，企业按产品类别、地区经营部门分别成立若干事业部。这些事业部必须具有三个基本要素，即相对独立的市场、相对独立的利益、相对独立的自主权、否则，就不能算是事业部。分权事业部制是在管理体制上由集权化向分权化转化的一种改革。

其优点是：① 这种结构在生产上便于组织专业化生产和实现企业内部的协作，便于组织流水生产和自动化生产，提高劳动效率。② 这种结构使最高管理部门可以摆脱日常行政事务，成为坚强有力的决策机构，同时各事业部自成系统、独立经营、独立核算，可以发挥灵活性和主动性。③ 各事业部之间可以有比较，有竞争，并能用这种竞争促进企业发展。④ 在直线职能制里，生产与销售的关系要经过最高管理部门协调；而在分权事业部制中，生产与销售可以直接联系，供求关系可以很快得到反馈。⑤ 这种结构是培养和训练管理人才的较好的组织形式。公司把各个事业部作为自治单位，因而把各个部门尽可能划得小而简单，使各个部门的经理都能从整体的观点来组织这一部门的各项业务，受到全面的考验，从而有条件升到最高部门。

其缺点是：① 由于机构重复，造成管理人员浪费；② 由于各个事业部独立经营，使各事业部之间互换困难，相互支援协调较差；③ 生产与销售部门容易产生矛盾；④ 各事业部经理考虑问题往往从本部门出发，忽视整个企业的总体利益。这种组织形式在国外早已普及，据统计，1969年美国最大的500家公司，有76%采取这种组织形式，1977年日本104家公司有79.4%采用事业部制。

[执行部制] 又称超事业部制。这是由于企业规模已发展到超大型化，总公司直接领导的事业部过多，显得管理跨度过大，不能实行有效管理，所以，在原事业部上面，在总公司下面，增加一层管理组织结构——超事业部。由它去直接领导事业部，总公司只是直接领导各个超事业部。

[直线制] 又称为层级制，是一种类似金字塔形的组织结构纵向分为若干层次，各层工作的性质相同，层层节制，各对其上层负责，管辖范围随层级下降而缩小。我国从国务院到省、县、乡各级人民政府组织，就是这种直线制组织结构。军队中的军、师、团、营、连、排也是一种直线制的结构。这种组织结构的优点是机构简单，职权明确，命令统一，决策迅速。缺点是权力集中，易助长主观专断，层层节制过严，影响工作人员的积极性；而且，对领导的管理知识和专业化技能要求较高，领导难以处处精通、事事胜任，难免顾此失彼。

[职能制] 又称分职组织结构，系泰罗 1903 年所创，后来运用到行政组织中。这种结构是按工作的性质平行划分为若干部门，各自独立履行职能，各职能部门在本职能范围内有权直接指挥下级单位。如省人民政府设若干厅、局、委为职能部门，这些厅、局、委地位平等，工作内容各异。这种组织结构的优点是有利于职能部门进行专业的管理，领导专职，有利于不断提高专业水平，培养专才。缺点在于各个职能部门都拥有指挥权，而导致下属要接受多头领导，会造成指挥不能向纵深发展。

[直线职能制] 它是集中直线制与职能制的优点而形成的组织结构；即以直线制为主，指挥系统先划分层级，逐级节制，然后设立相应的职能部门，负责层级所辖的专门工作。目前我国政府机构的结构就是这种形式，即从中央到地方分为若干层级，直接指挥；同时，以此为基础，在每一层级又设若干职能部门，分

管各项专门业务。军队里设军、师、团、营、连，又配有后勤、医务、参谋等部门，基本上也是直线职能的结构。这种结构能准确、主动、有效地执行职务，由职能部门负责专门工作，既可以减轻领导负担，又可以提高工作效率。其缺点是各职能部门之间的信息交流困难，有时会产生职责权限不清或交叉，最高领导者的协调工作量大。

［**矩阵制**］　是在直线职能制的基础上，又增加了横向的领导系统，两个领导系统纵横交叉形成矩阵。矩阵制组织的结构也称为系统结构或多维组织结构，它将管理部门分为两种：一种是职能部门，另一种是为完成某项专门任务，由各职能部门派人联合组成的各项专门任务小组。这种组织结构将垂直管理系统和横向的目标系统结合起来，既提高了相互协调的灵活性，又加强了组织的整体性。它的缺点是由于两种领导系统的同时存在，产生出双重的权力职责，双重的领导关系，专门工作领导人和职能部门领导人权责关系往往难以处理。

［**立体多维结构**］　这是近年来在矩阵结构基础上，适应新形势要求而产生的一种新的管理体系。它在一个企业的组织机构中包括三四个方面的管理机构，使企业能够取得更好的协调，更易发挥效率。全部结构一般分三维：① 按产品划分的事业部，是产品利润中心；② 按职能（市场研究、生产、调查、技术研究、管理等）划分的专业参谋机构，是专业成本中心；③ 按地区划分的管理机构，是地区利润中心。在这种管理组织结构形式下，事业部经理不能单独作出决定，而是由产品事业部经理、专业参谋部门和地区部门的代表三方面共同组成产品事业委员会，对各类产品的产销进行领导。这样，就把产品事业部门经理和地区部门经理以利润为中心的管理与专业参谋部门以成本为中心的管理较好地结合起来，协调了产品事业部之间、地区部门之间的矛盾，有助于及时互通情报，集思广益，共同决策。在国外大多适用于跨

国公司或规模较大的跨地区公司。比如，美国的道－科宁化工公司用这种组织结构收到了显著经济效果，从1967年到1976年营业额平均每年增加15%左右。

［**管理幅度**］　所谓管理幅度，也称管理跨度、管辖幅度。它研究的是一个行政首长能够有效地指挥和监督多少下级人员，一个行政机关能够有效地管辖多少下级部门的问题。这是组织结构设计的一个重要步骤。每个行政组织只有根据本单位的特点和外部环境的情况，去设计适合自己情况的管理幅度。一般说来，有四种因素影响到管理幅度的设计。一是管理层次的区别。组织中的上层部门大多从事宏观决策及监督协调性工作，可有较大的管理幅度，中层部门大多从事于指挥与监督工作，管理幅度应少于上层部门；下层部门具体承担各种操作性工作，任务比较专一，管理幅度可多于中、上层。二是下级工作的复杂难易程度。一般来讲，下级工作越复杂困难，上级监督控制的责任和工作量也越大，管理幅度相应越窄；下级工作变化性越大，越不规范，上级监督控制也越困难，管理幅度也越窄。三是权力模式。一般说来，在分权型组织中，管理幅度比较窄；在分权型组织中，管理幅度比较宽。四是下级人员的素质。下级人员的业务能力素质越强，工作主动性、积极性和责任感越强，上级领导的监督工作量就越小，其管理幅度就可以加宽。

［**管理层次**］　又称管理层级、控制层次和控制层级。通常可分为高层管理、中层管理和基层管理三个阶层。高层管理偏重于行政的决策，全面的规划与领导，有效的辅导指挥，及命令的贯彻；中层管理偏重于单位主管业务上的策划、执行、检查，以及与其他单位的协调；基层管理则偏重于实际工作的执行，工作的具体方法，以及实施的技术和行动等。

［**办公机构**］　所谓办公机构，一般指各级政府及其所属部门，以及其他机关内部设置的综合性、中枢性机构。它们一般称

某某政府或某某机关办公厅（室）。办公机构一般不直接分管所在政府或机关的主管为业务，而是负责一些带有综合性、秘书性质的事务。如机要收发、文书档案、人事保卫、内勤外联等。

［**办事机构**］　在政府机构系统中，办事机构通常指协助政府首长办理专门事项的机构。《国务院组织法》（1982 年）规定，国务院可“设立若干办事机构协助总理办理专门事项”。办事机构属于政府内部的组织机构，一般具有独立的行政管理职权，名称上一般也都冠以所属政府的名称并通常称为办公室，如国务院侨务办公室。它主要负责某一方面事务的情况搜集、调查研究、政策分析、提供建议、组织联系、办理手续，以及承办上级交办的有关事宜等。它们直接对所属政府及政府首长负责。

［**决策机构**］　在某个机构系统中相对其他机构而言，处于领导和指挥中心的地位，有一定指挥之权的机构。如国务院是整个政府机构系统的最高决策机构，地方各级政府又分别为本行政区内的政府机构系统的决策机构。同时，在某一具体机构内部，有的也有自身的决策机构，如法院的审判委员会、局的局务会议等。

［**执行机构**］　是相对决策机构而言，负责贯彻执行决策部门的决策指令的机构。如国务院相对全国人大来说，它是国家权力机关的执行机构；国务院以及地方各级人民政府的工作部门又分别是同级人民政府的执行机构。

［**监督机构**］　系指对执行机构贯彻执行决策指令的情况进行监督的机构。其职责在于检查和纠正执行中的偏差和失误的机构。如国务院以及地方各级政府中的监察、审计等机构。

［**反馈机构**］　系指负责调查了解决策机构作出的决策指令的执行情况，全面搜集执行决策的社会效果和反应，及时输送回决策机构，并提供修改和完善决策的建议的机构。这类机构包括从事调查、信息、统计等工作的机构。

［**咨询机构**］　系指对某方面事务提供建议、办法以及评价的

机构，是决策机构的参谋部、智囊团。它的主要任务是调查研究，提出建议，进行事前谋划、论证和事后分析、研究，为决策服务，如经济研究中心、价格研究中心、农村工作研究中心等软组织机构。

［**专业机构**］　原意指负责某项专门工作或者担负某种单一职责的机构。在当前的政府机构研究中，人们通常将专业机构的范围限定在经济管理部门中，有时又称专业经济管理机构，系指按照国民经济活动的某一环节或者按照产品、行业设置的管理机构。如省政府的轻工业厅、电子工业厅、机械工业厅等。

［**综合机构**］　系指工作范围较宽，涉及面较广，对客观经济活动或某一领域作规划、协调、控制并提供服务、保证的机构。如国务院以及地方各级政府的计划、财政、劳动、人事等部门。

［**派出机构**］　系指被某机构派驻到某区域或某地方，代表派出机关行使某些方面职权的机构，不时也称为代表机关。设立派出机关的主要原因是本部机关直接管辖范围过大、交通不便或某种特殊需要。如行政公署、区公所、街道办事处等在市辖区设立的分局。审计、监察机关在有些地区或部门也设立派出机构。

［**分支机构**］　系指从某一主体机构派生出来的机构，通常是由于主体机构的工作区域需要扩大和延伸而设立的。如中国人民银行省分行、市支行；中国有色金属进出口总公司省分公司等。分支机构在工作上具有一定的独立性，但与主体机构之间是领导与被领导关系。

［**保留名义机构**］　系指这个机构的实体已经不存在，但因工作需要，其名称仍然存在的机构。如全国供销合作总社在 1982 年机构改革时，其实体机构与商业部、粮食部已经合并重新组建商业部，但因国际交往的需要，仍保留全国供销合作总社的名义。

［**虚设机构**］　系指只有名称和职责任务，而无专职领导人和专职工作人员，也没有专门工作班子及内部组织的机构，一般属

于非常设机构的范畴。虚设机构一般是工作中需要这个机构的名称、权威性来协调、组织某方面的工作，但又没有必要设置专门工作机构时设置的。

[**合署办公机构**]　合署办公本指两个或两个以上的机构由于工作性质相近或联系密切，在同一处所办公。合署办公机构现系指由两个或两个以上的机构组成的联合机构，它们虽仍保留各自的名称，但只有一个领导班子，只算作一个机构，如一些地方政府的外事办公室与侨务办公室、人事局与编委办公室。在机构编制管理中，要严格控制合署办公机构。防止借合署办公之名，超机构数额，设置两套机构。

[**两块牌子机构**]　系指同一机构，同时具有两个名称，对外表现为两种身份的机构。这两种身份，在性质上有的相同，也有的不同。1982 年我国国家机构改革中，一些行政机构改为经济组织或事业单位后，同时挂有行政机构的牌子，如一些省的旅游公司，同时又挂省旅游局的牌子；建筑工程总公司，同时又挂建筑工程管理局的牌子等。挂两块牌子的机构往往是以其中的一块牌子为主，同时由于承担某种职能或职责，又需要挂另一块牌子。在机构编制管理中，要严格控制多块牌子的机构，原则上，一个机构就应只有一个名称、一块牌子。两块牌子机构会造成机构职责权限不清以及机构管理上的混乱。

[**垂直领导机构**]　系指机构的组织体系上所采用的由上级领导机关直接的、自上而下的领导方式的机构。在机构管理中，这类机构通常指中央部门设在地方的分支机构，或者由中央部门直接领导的地方机构，如邮电系统、银行系统、铁路系统等机构。

[**双重领导机构**]　系指同时具有两个直接上级并接受这两个上级领导的机构。这类机构一般是工作内容涉及两个或两个以上系统，工作性质兼有不同层次的属性。如地方各级政府的人防办公室的工作内容涉及地方和军队两个方面，因而受地方政府和部

队双重领导。再如，省人民银行、邮电、电力、气象、地质矿产等机构，既受中央有关部门垂直领导，同时受省人民政府领导，具有中央分支机构和地方机构的两种属性。双重领导机构必须明确以一方领导为主，避免职责不清、互相推诿的现象发生。

[代管机构] 系指与领导和管理它的机构之间的关系属于代管关系的机构。如国务院将一些"国家局"委托给一些部委代管，这些"国家局"对代管它们的部委来说，就属于代管机构。被代管的机构通常与代管者在工作性质、职责任务上有较密切的关系，其规格地位一般略低于代管者，但并不因此而改变其原有的法律地位和隶属关系。

[挂靠机构] 系指规模或规格较小，人员较少的机构，将某些行政关系挂在另一单位内，这个机构对于被挂靠的单位来说，就属于挂靠机构。如一些学会、协会、研究会等办公机构，通常挂靠在与其业务相近的机构。挂靠机构的名称、职责等都独立，与被挂靠的机构不存在隶属关系。

[一级机构] 系指在同层次机构中级别或规格最高的一类机构。在地方政府机构系统中，一般指省一级政府的厅局级机构，地级市政府的处局级机构，县（市）政府中科局级机构。这类机构一般为同级政府的组成部门。

[二级机构] 系指级别或规格比一级机构低半级（格）的机构。在地方政府机构系统中，一般指省一级政府的副厅局级机构，地级市政府的副处局机构，县（市）政府的副科局级机构。二级机构不列为政府组成部门。在机构编制管理中，要严格控制二级机构的设立。二级机构设立过多将使机构层次产生混乱，影响行政机构架构。

[非常设机构] 系指为完成某项临时性、突击性的任务或者组织协调某种跨地区、跨部门工作而设置的机构。前者由于其存在的时间一般相对较短，所以又称临时机构；后者虽然存在时间

相对较长，但属于协调、决策性或统一性机构，一般也列为非常设机构的范畴。非常设机构的名称一般称为某某委员会、领导小组或者办公室，其主要领导成员通常由领导同志兼任。部分非常设机构没有办公室作为办事机构。对非常设机构的设立，也要从严控制，其任务完成后要及时撤销，防止其逐步变为常设机构。

［**保证机构**］　一个独立机构，特别是任务较重、规模较大的独立机构，除设有业务机构外，还需要有一定数量的内设机构从事文秘档案、行政后勤、人事等方面的工作，以便为该部门总任务的完成提供必要的服务和保证。如财政部的办公厅、人事教育司等，便属于保证机构。保证机构的设置既是充分必要的，但又必须注意精简精干。

［**仲裁机构**］　仲裁机构亦称“公断机构”，是对某一争议案件进行仲裁审理的组织，是法院外一般具有法律效力的一种司法机关。一般由行政机关组织，分临时与常设两种。它与调解机构不同，不是由当事人自愿达成协议的组织，而是由第三者居中，对当事人双方的争执作判断或裁决的组织。根据仲裁法规的有关规定，我国的仲裁庭依据组成该庭的仲裁人数不同分为独任仲裁员的仲裁庭和合议仲裁庭，前者由独任仲裁员进行仲裁审理，后者由双方当事人各自选定的仲裁员二人和该二仲裁员共同推选的首席仲裁员一人集中审理争议。仲裁庭一般进行公开的审理，如当事人要求也可以不公开进行。

［**附属机构**］　通常指主体机构附设的隶属于自己的后勤服务性机构。如国家机关的印刷厂、招待所、食堂、小卖部、托儿所、修缮队、汽车队、医务所等。从编制工作角度看，这类附属机构是国家机关工作正常化的重要保证，不可没有，但要创造条件，实行企业化、社会化。

［**中央机构**］　在全国范围内处于所在系统最高层次机构，以及这些机构所属工作部门。前者指中共中央委员会、中央政治局、

国务院、最高人民法院、最高人民检察院等；后者指国务院所属的各部、委、直属机构等。工作地点一般设在首都，其工作具有全国性的指导意义，并在各省、市、自治区一般设有相应的对口机构。

［**地方机构**］　中央机构的对称。系指地方建立的各层次机构，以及这些机构所属的工作部门。如地方各级人民政府及其所属的厅、局、处、科等，一般只负责本行政区内有关方面的工作。

［**政府工作机构**］　按照一定标准对政府工作进行分解和分类，并据此建立相应负责政府某一方面事务的政府工作机构。主要有国务院所属工作部门和地方政府所属工作部门两部分。政府和政府工作部门的组织领导关系主要有：（1）全国地方各级人民政府都是国务院统一领导下的国家行政机关。（2）地方人民政府接受同级人民代表大会和上一级政府双重领导。（3）地方政府各工作部门，在接受同级政府领导的同时，并受上级政府主管部门的领导或者业务指导。（4）政府各工作部门在同级政府统一领导下工作，相互间有配合、协调及一定的制约关系。

［**政府职能机构**］　在政府统一统领下，负责领导和管理某一方面行政事务并相对独立行使该方面国家行政权力的机关。主要包括政府组成机构和政府直属行政机构。

［**政府组成机构**］　政府组成机构一般是指在承担本级政府的综合管理职能和较重要的行政管理职能的政府工作部门。政府组成机构有以下特点：（1）行政首长是同级政府的组成人员；（2）此类机构一般相对稳定，而且成员精干；（3）必须通过法律规定而设置；（4）行政首长人选由同级人民代表大会及常务委员会决定。

［**机构序列**］　根据宪法和组织法的规定设立的、依照法定程序批准的、按照一定先后顺序依次排定的机构行列。序列内的机构相互间一般没有领导与被领导的关系。各级政府机构的序列，

由本级政府及其编制管理部门排定。按照《国务院组织法》和《地方各级代表大会和地方人民政府组织法》规定，国务院设置的办公厅、部委机构、直属机构、办事机构，省、自治区、直辖市的人民政府设的厅、局、委员会，自治州、县、自治县、市、市辖区的人民政府设的局、科等机构，均列为各级政府机构序列。

［**部**］　在政府机构系统中，“部”特指国务院设置的最高一级职能部门，如外交部、国防部等。在党委和群众团体的系统中，“部”通常用于县以上各级机关工作部门的名称，如党委以及工、青、妇等群众团体的组织部门，从中央到县都称组织部。此外，在事业单位、企业单位及军事单位中，如编辑部、经理部、武装部等，也用部作为中心词。

［**委员会**］　“委员会”的使用范围较宽，政府部门从中央到县都可以用委员会作为机构名称，如国家发展和改革委员会，省、市、县都有发展和改革委员会；人大、政协有常务委员会以及各专门委员会等。称委员会的机构，一般都应设有若干名委员，在领导制度方面，实行委员会的合议制。目前，除政府机构实行首长负责制，多数委员会实行集体负责制。

［**署**］　“署”的使用范围比较窄，一般只用于具有监督等特殊性质的机构，如审计署、海关总署、新闻出版署。

［**行**］　原用于从事买卖交易的机构名称，如商行、粮行等。在我国政府机构中，以“行”为名称的中心词的机构，目前只有中国人民银行。

［**司**］　原意指掌管，如司机、司仪。旧时官署的名称就有称司的，如明清的通政使司等。现主要用于国务院部委内部最高层次的内设机构，如外交部的礼宾司，人事部的综合计划司。

［**局**］　在我国政府机构系统中，“局”的使用范围较广，从中央到县都有用“局”作为机构名称的，主要有：① 国务院直属机构，如国家统计局等；② 国务院各部委内部与司平行的机构，

也有称局的；③ 县以上地方各级政府的工作部门，如省、市、县政府都有物价局、物资局等称“局”的工作部门。

[**厅**]　“厅”主要用于两种机构的名称：一是办公机构的名称，主要是中央和省两级党政以及人大、政协等机关的办公机构，如中共中央办公厅、全国人大常委会办公厅、国务院办公厅、全国政协办公厅；二是省、自治区、直辖市人民政府的工作部门，如省财政厅、交通厅等。

[**处**]　在我国政府机构系统，“处”主要用于：① 内设机构的名称，如国务院各部委的司的内设机构；省、自治区、直辖市人民政府各工作部门内设机构；② 地区行署、自治州以及城市人民政府的工作部门，也有称处的，如宗教事务管理处、公安处等；③ 派出机构的名称，如驻京办事处、驻深圳办事处以及街道办事处等。在企事业单位中，机构名称用“处”的也比较多，如学校的教务处等。

[**室**]　“室”用于机构名称可分为两种类型，一是办公室，通常简称“办”，如县以上地方各级政府工作部门或办公机构中，有外事办公室，侨务办公室，以及市人民政府办公室、县人民政府办公室，各委、局、厅机构的内设办公机构的名称也称室，如省卫生厅办公室；二是用于工作有特定性质的机构，如参事室、政策研究室、调查研究室、审计室、资料室等。

[**科**]　在我国政府机构系统，“科”主要用于处（局）内设机构的名称。另外，县（区）人民政府工作部门也有称科的。在其他机构系统中，“科”的使用范围很宽。

[**股**]　主要用于县（区）人民政府工作部门的内设机构的名称，如县财政局行财股等。有些企事业单位的内设机构也有称股的，如企业中的供销股等。

[**所**]　原意指处所，在事业机构中，一般使用于某些特殊用途并具有相对独立工作性质的机构，如科研所、情报所、河闸所

等。此外，公安机关的派出所，也称“所”。

[**台**]　使用于凭借某些高建筑的特殊设施方能工作的机构，如电视台、电台、气象台、监测台、发射台等。

[**站**]　本指某种连接运动的物体的中途停顿处，现用于与停顿、承转相关联的机构名称，如观测站、气象站、试验站、辅导站、种子站等。

[**馆**]　本指房舍建置的通称，现一般用于公共文化活动的场所的机构名称，如图书馆、博物馆、群艺馆等。

[**中心**]　本指属于中心地位或指事物的重要部分，在机构名称上，一般用于在某项专门工作中，处于重要地位，并以其形成网络，如研究中心、检测中心、培训教育中心等。

[**社**]　多用于文化出版机构以及社会团体的名称，如出版社、报社、杂志社、通讯社、科普服务社等。少数企业单位有称社的，如供销社等。

[**队**]　本是军队编制的单位，地方一般用于具有一定流动性的工作并执行某项专门任务的机构名称，如监察大队、抽样调查队、勘察队、物探队等。

[**院**]　本指房屋围墙以内的空地，引申兼指房屋，如四合院。旧时官署也有称院的，如清朝的都察院、理藩院。现一般用于工作或学习环境相对封闭并具有一定的规模的机构名称。如教育部门的各种学院；社会医疗、福利机构的医院、疗养院、养老院、休养院、儿童福利院等；科研设计部门的设计院，科学院等。此外，法院、检察院，也称“院”。

[**学校**]　专指有计划有组织进行系统教育的机构，如小学、中学、大学以及党校、团校、干部学院等。

[**党派机构**]　党派是代表某一阶级、阶层或者集团，并维护其利益而斗争的政治组织。所谓党派机构，主要是指这些党派的中央领导机关、地方领导机关，以及它们的工作机构。我国是以

共产党为领导核心的多党派国家，除中国共产党外，还有8个民主党派。中国共产党是领导全国政权的执政党。为了实现党的有效领导，按照民主集中制原则，中国共产党自上而下地建立了各级领导机关，构成了党的组织系统。同时，根据不同时期革命和建设任务的需要，在党的各级领导机关中设立必要的工作机构，行使党委所赋予的职责。

[**中国共产党全国代表大会**]　中国共产党的最高领导机关。在党内，其拥有最高的权力，享有最高的决策权和监督权。党的全国代表大会选举产生的党的中央委员会、中央纪律检查委员会，都必须向它负责并报告工作。

党的全国代表大会每五年举行一次，由中央委员会召集。中央委员会认为有必要，或者有1/3以上的省一级组织提出要求，全国代表大会可以提前举行。党的全国代表大会的职权是：听取和审查中央委员会的报告；听取和审查、中央纪律检查委员会的报告；讨论并决定党的重大问题；修改党的章程；选举中央委员会；选举中央纪律检查委员会。

[**中国共产党中央委员会**]　简称中共中央，在中共党内和中国境内简称党中央或中央。是中国共产党全国代表大会产生的中央权力机构。该机构自1927年中共五大起设置，取代此前的中共中央执行委员会。中央委员会的首要职能是召开中国共产党全国代表大会。中央委员会全体会议由中央政治局召开，每年至少举行一次。中央委员会任期5年。全国代表大会如提前或延期举行，它的任期相应地改变。在全国代表大会闭会期间，中央委员会执行全国代表大会的决议，领导党的全部工作，对外代表中国共产党。

[**中共中央政治局常委会**]　中共中央的领导机构。它是全党的领导核心。由党的中央委员会全体会议选举产生，在中央委员会全体会议闭会期间，行使中央委员会的职权。

[**中共中央政治局**]　中共中央的领导机构。它由党的中央委员会全体会议选举产生，是中央委员会的领导核心及最高决策机构。在中央委员会全体会议闭会期间，行使中央委员会的职权，领导中央书记处的工作，中央政治局负责召集中央委员会全体会议，每年至少举行一次。

[**中共中央书记处**]　中共中央书记处是中共中央政治局和它的常务委员会的办事机构，成员由中央政治局常务委员会提名，中央委员会全体会议通过。党的七大、八大党章中都规定设立书记处，但在九大、十大党章中被取消了。党的十一届五中全会重新设立了中央书记处。党的十三大规定它为中央政治局和它的常务委员会的办事机构；中央书记处工作由中央委员会总书记主持。中央书记处实行集体领导、分工负责的制度。

[**中共中央纪律检查委员会**]　中共中央纪律检查委员会是党的最高纪律检查机关，党的中央组织机构之一。国内战争时期，负责党内纪律检查工作的是党务委员会，处理和惩办犯错误的党员。新中国成立后，成立了中央纪律检查委员会，后来改为中央监察委员会。中共十一届三中全会重新选举产生了中央纪律检查委员会，此后又自上而下地恢复建立了党的纪律检查机构。党的十二大为了适应新的时期加强党的建设的需要，进一步提高了纪律检查机关的地位和权力，加重了它的任务。按照十二大党章的规定，党的中央纪律检查委员会在党的中央委员会领导下进行工作。党的地方各级纪律检查委员会在同级党的委员会和上级纪律检查委员会的双重领导下进行工作。中央和地方各级纪律检查委员会都由同级党的代表大会选举产生。上级纪律检查委员会有权检查下级纪律检查委员会的工作，有权批准和改变下级纪委检查委员会对于案件所作的决定。党的纪律检查机关主要任务是：维护党的章程和其他重要的规章制度，协助党的委员会整顿党风、检查党的路线、方针、政策和决议的执行情况；经常对党员进行

遵守纪律的教育，作出关于维护党纪的决定；执行纪律，决定或取消对党员的处分；受理党员的控告和申诉。党的十七大党章规定，党的中央纪律检查委员会在党的中央委员会领导下进行工作。党的地方各级纪律检查委员会和基层纪律检查委员会在同级党的委员会和上级纪律检查委员会双重领导下进行工作。

［**中共中央军事委员会**］　中央军事委员会是中国共产党中央委员会领导下的党的最高军事领导机关。党的中央军事委员会组成人员由中央委员会决定。其组成人员经过党中央和各民主党派的协商，可以由全国人民代表大会通过，同时，成为国家的中央军事委员会的组成人员。

［**解放军总政治部**］　“中国人民解放军总政治部”的简称。是中央军事委员会的政治工作机关。它由中国共产党中央委员会、中央军事委员会领导，负责管理军队中党的工作和政治工作。

［**中国共产党的地方组织**］　指党的省、自治区、直辖市、自治州、市、县（旗）、自治县和市辖区的代表大会和由它选举产生的委员会。十二大党章规定，党的地方各级领导机关，是党的地方各级代表大会和它们所产生的委员会。党的地方各级代表大会的代表，由党员直接或间接选举产生，代表全体党员行使权力。党的地方各级代表大会是一定范围内党的领导机关和决策机关，地方各级代表大会选举产生同级委员会，在闭会期间，由委员会负责执行上级党组织的指示和同级党代表大会的决议，领导本地方的工作，定期向党的上级委员会报告工作。党的地方各级委员会全体会议，选举地方各级委员会书记、副书记、委员。党的地方各级常务委员会，在委员会全体会议闭会期间，行使委员会职权；在下届代表大会开会期间，继续主持经常工作，直到新的常务委员会产生为止。党的地区委员会和相当于地区委员会的组织，是党的省、自治区委员会在几个县、自治县、市范围内派出的代表机关。它根据省、自治区委员会的授权，领导本地区的工作。

党的十七大党章规定，党的地方各级领导机关，是党的地方各级代表大会和它们所产生的委员会。党的各级委员会向同级的代表大会负责并报告工作。

[**省委**]　为全国第一级行政区域设置的中国共产党的委员会。十二大党章规定，党的省一级代表大会每五年举行一次。委员会每届任期五年。十七大党章规定，党的省的委员会，每届任期五年。委员会的委员和候补委员必须有五年以上党龄。党的省一级代表大会有每五年举行一次。

[**自治区党委**]　在民族自治区建立的中国共产党的委员会。自治区是全国第一级地方行政区域，相当于省。现在的内蒙古自治区、广西壮族自治区、西藏自治区、宁夏回族自治区及新疆维吾尔自治区，都建立了自治区党委。自治区的委员会每届任期五年。

[**直辖市党委**]　由中央人民政府直接领导的大城市建立的中国共产党的委员会，直辖市在行政区划上属于全国第一级地方行政区域。现有的直辖市为北京、上海、天津和重庆。直辖市党的代表大会每五年举行一次，委员会每届任期五年。

[**自治州党委**]　指在介于自治区和自治县之间的民族自治地方建立的中国共产党的委员会。自治州相当于地区及省辖市之类的行政区，是一级行政单位。党的自治州委员会，每届任期五年。

[**市委**]　指在城市建立的中国共产党的委员会。市分为设区的市和不设区的市。规模较小的市不设区。十二大党章规定，在设区的市建立的党的委员会，每届任期五年；在不设区的市建立的党的委员会，每届任期三年。十七大党章规定，不设区的市的委员会，每届任期五年。委员会的委员和候补委员必须有三年以上党龄。

[**县（旗）委**]　指在全国第二级地方行政区域建立的中国共产党的委员会。十二大党章规定，党的县（旗）一级委员会每届

任期三年。十七大常章规定，党的县（旗）的委员会，每届任期五年。

[**市辖区委**]　指在直辖市和较大的市内所划分的行政区域建立的中国共产党的委员会。十二大党章规定，党的市辖区委员会每届任期三年。十七大党章规定，党的市辖区委员会，每届任期五年。

[**党组**]　在中央和地方各级人民代表大会、政治协商会议、人民团体和其他非党组织的经选举产生的领导机关中，可以成立中国共产党党组。党组的成员，由批准成立党组的党的委员会指定。党组设书记、副书记。党组必须服从批准它成立的党的委员会的领导。十二大党章规定，“党组的任务，主要负责实现党的方针政策，团结非党干部和群众，完成党和国家交给的任务，指导机关党组织的工作。”党组不是一级党委，它不领导本部门本系统下属单位中的党组织。中国共产党第六次全国代表大会曾规定：党在政府、工会、农会、合作社及其他群众组织的领导机关中，凡有担任负责工作的党员三人以上或即成立党团；党团任务是，在各该组织的领导机关中指导党员为加强党的影响、实现党的政策而工作。中国共产党第七次全国代表大会制定的党章，把“党团”改称“党组”，沿用至今。十七大党章规定，党组的任务，主要是负责贯彻执行党的路线、方针、政策；讨论和决定本单位的重大问题；做好干部管理工作；团结党外干部和群众，完成党和国家交给的任务；指导机关和直属单位党组织的工作。

[**党的派出代表机关**]　按照中国共产党党章和有关规定，党的县和县以上委员会可以派出自己的代表机关。例如，党的地区委员会和相当于地区委员会的组织，是党的省、自治区委员会在几个县、自治县、市范围内派出的代表机关。部分县设有工委，则是县委派出的代表机关。派出机关根据上级党委的授权，领导本地区的工作，对上级党委负责并报告工作。党委的派出机关，

不能召开党的代表大会或党的代表会议。它的领导成员由上级党委直接任命。这些派出机关如果需要选举出席上级党的代表大会的代表时，可由直属机关党员或党支部召开党员代表大会或党员大会进行选举。

［**党的地区委员会**］　指中国共产党的省、自治区委员会在几个县、自治县、市范围内派出的代表机关。它本身不是一级党委。

［**党的地方工委**］　指中国共产党的县级和县级以上委员会派出的代表机关。它是为了便于指导各地方的工作而设立的，根据上级党委的授权，领导本地区的工作，它本身不是一级党委。

［**农村区工委**］　指中国共产党的县、市委员会在几个乡、镇范围内派出的代表机关，它不是一级党委。

［**党的基层组织**］　中国共产党设置在工厂、商店、学校机关、街道、合作社、农场、乡、镇、人民解放军连队等基层单位的基层委员会、总支部委员会和支部委员会，统称为党的基层组织。“七大”以前的党章，把党的支部称为“党的基层组织”、“党的基本组织”，“八大”党章改称“党的基层组织”，沿用至今。党的基层组织是党的组织的基础，是党和党的领导机关联系群众的桥梁和基本纽带，是带领党员和群众进行社会主义现代化建设的战斗堡垒。

［**基层党委**］　中国共产党的基层委员会的简称，是党的基层组织。基层党委的设置根据工作需要和党员人数来进行确定。一般情况下，党员超过100人的基层单位，经过上级党委批准，可设立党的基层委员会。部分对国计民生影响重大的科研所、院、工矿企业、外交、外贸机构和边防要塞机关，虽然党员不足100人，但领导力量配备较强的，经上一级党委批准，也可以建立党的基层委员会。基层委员会下面可以分设若干总支部或支部。少数大型企业单位和大专院校，由于规模较大，层次较多，可增设分党委。党的基层委员会，一般不设常委。但一些大型厂矿企业、大

专院校，由于党员人数多，工作范围宽，或驻地分散，经上级党委批准，可以设立党委常委。党的基层委员会应由选举产生，每届任期三年至五年。

［**党总支**］　中国共产的总支部委员会的简称，是党的基层组织。一般情况下，有五十名党员以上的基层单位，经上级党委批准，可建立党的总支部，下面可分设若干支部。部分对国计民生影响较大的科研院所、工矿企业、外交外贸机构和边防要塞机关，虽然党员不足50人，但领导力量配备较强的，经上一级党委批准，也可以建立总支部委员会。按党章规定，机关中的党总支不领导本单位的业务工作。

［**党支部**］　中国共产党的支部委员会的简称，是党的最基层的组织。按照十二大党章规定，有正式党员三人以上的单位，都应当建立党支部。有些单位正式党员不足三人的，可与邻近单位的党员联合建立党支部。党员人数较少的支部，可以不设支部委员，只设支部副书记。十七大党章规定，凡是有正式党员三人以上的，都应成立党的基层组织。支部委员会每届任期两年或三年。

［**政治协商机构**］　中国人民政治协商会议是爱国统一战线组织，是共产党为领导的多党合作的主要形式。1945 年国共两党进行谈判，确定召开由各党派及社会贤达参加的中国政治协商会议(历史上称为旧政协)。1946 年 1 月，旧政协在重庆召开会议。1949 年 9 月，在中共中央的提议下，在北平（今北京）召开人民政协第一届全体会议，当时，人民政协既是政治协商机关，又兼有权力机关的性质。1954 年，第一届全国人民代表大会召开后，人民政协结束了代行全国人大职权的地位，但作为统一战线组织，仍然单独存在。中共十一届三中全会以来，人民政协组织有了新的发展，全国县级以上的行政区划单位都建立了人民政协组织。

人民政协全国委员会和地方委员会的领导机构，都是两个层次，即全国委员会及其常务委员会；地方委员会及其常务委员会。

政协的工作机构主要是：（一）办公机构。全国和县以上地方各级政协委员会都设有办公厅（室），为日常办公机构。全国政协办公厅下设秘书局，人事局，外事局，服务局和研究室等机构；（二）专门委员会。六届政协全国委员会设有 3 个委员会和 15 个组，1988 年 4 月的七届政协常委会第一次会议和 6 月的第二次会议决定，全国政协设置 14 个专门委员会，作为全会闭会期间委员活动的工作机构，这 14 个委员会是：提案委员会、学习委员会、文史资料委员会、经济委员会、教育文化委员会、科学技术委员会、医卫体委员会、法制委员会、民族委员会、宗教委员会、妇女青年委员会、外事委员会。县级以上地方政协一般也设有一些专门委员会，作为工作机构。

［**中国国民党革命委员会**］　简称民革。中国共产党领导的爱国统一战线中的一个民主党派，由中国国民党内的民主派联合组成。1945 年 10 月，谭平山、柳亚子、王昆仑等在重庆成立了“三民主义同志联合会”（简称民联），1946 年 4 月，李济深、何香凝等在广州成立了“中国国民党民主促进会”（简称民促）。这两个组织建立后，立即参加了反对内战、争取民主的斗争。1947 年 11 月，国民党各民主派别的领导人和其他一些国民党中的爱国民主人士，在香港举行国民党民主派第一次全国代表会议，于 1948 年 1 月 1 日正式成立中国国民党革命委员会。大会发表了宣言和行动纲领，宣布“以实现革命的三民主义，建立独立、民主、幸福之新中国为最高理想”；规定民革“当前之革命任务为推翻蒋介石卖国独裁政权，实现中国之独立、民主与和平”。1948 年 5 月，民革发表声明响应中国共产党提出的召开新政协的号召。1949 年 9 月，民革、民联、民促都派代表参加了中国人民政治协商会议第一次全体会议，参与了《共同纲领》的制定，并以《共同纲领》作为自己的政治纲领。1949 年 11 月，民革在北京召开了第二次代表会议，决定将民革、民联、民促及其他国民党爱国人士统一成为一

个组织，名称仍定为中国国民党革命委员会。之后，民革的主要成员是原国民党人士及与国民党有历史联系的人士，其中包括一批国家机关工作人员和科技、文教、卫生、领域的知识分子，他们已成为社会主义劳动者和拥护社会主义的爱国者，积极为祖国的社会主义现代化建设事业，为祖国的统一大业贡献力量。

［**中国民主同盟**］　简称民盟。中国共产党领导的爱国统一战线中的一个民主党派。其前身是1941年成立的中国民主政团同盟。当时，它由中国青年党、国家社会党（后改称民主社会党）、中国职业教育社、中华民族解放行动委员会（后改称农工民主党）、乡村建设派以及部分无党派人士联合组成。中华全国各界救国联合会也于1942年初加入。其政治主张是要求继续抗战，反对妥协投降，要求国内团结，反对内战分裂；要求民主自由，反对独裁统治。1944年9月，举行全国代表会议，决定改政团同盟为单一政党，定名为中国民主同盟。1946年，民盟大多数成员和中国共产党一道抵制国民党单方面召开的“国民大会”，而原青年党和民社党分子则从民盟中分裂出去，成为国民党的附庸。1947年10月，国民党政府宣布民盟为“非法团体”。同年11月，民盟总部被迫解散。1948年1月，沈钧儒、章伯钧等在香港重建民盟总部，明确宣布与中国共产党紧密合作，为彻底实现民主、和平、独立、统一的新中国而奋斗。1948年5月，民盟响应中国共产党召开新政协的号召，随后派代表参加中国人民政治协商会议第一次全体会议。参与了《共同纲领》的制定，并宣布以《共同纲领》作为自己的纲领。在社会主义革命和建设时期，民盟成为以从事文化教育工作的知识分子为主要成分的社会主义劳动者和拥护社会主义的爱国者的政治联盟，对于推动其成员积极参加社会主义现代化建设，特别是参加国家文教建设，发挥着重要作用。

［**中国农工民主党**］　简称农工党。中国共产党领导的爱国统一战线中的一个民主党派。其最早的组织是1927年大革命失败后

一部分反对蒋介石叛变革命，坚持孙中山三民主义革命纲领的国民党人所建立的中国国民党临时行政委员会。1928 年，以谭平山为代表的一些从共产党内游离出来的人组织了中华革命党。1930 年 8 月，在邓演达主持下，这两个组织在上海联合召开干部会议，共同组成为中国国民党临时行动委员会。该组织既不赞成中国共产党的工农暴动建立苏维埃政权的政策，又反对国民党、蒋介石的屠杀和卖国政策，主张在中国同时进行民族革命、土地革命和社会革命，建立一个由劳动平民阶级（实质是小资产阶级）领导的政权。在当时被称为“第三党”。1935 年 11 月，该党在香港召开第二次干部会议，决定改名为中华民族解放行动委员会，其政治态度从反蒋排共转变到抗日联共反蒋。1941 年参与发起组织“中国民主政团同盟”，成为这一组织的一部分。1947 年 2 月，在上海召开第四次全国干部会议，决定正式易名为“中国农工民主党”。1948 年 5 月，农工党响应中国共产党提出的召开新政协的号召，随后派代表参加中国人民政治协商会议第一届全体会议，参与了《共同纲领》的制定，并把《共同纲领》作为自己的政治纲领。在社会主义革命和建设时期，农工党成为以医药卫生界知识分子为主要成分的社会主义劳动者和拥护社会主义的爱国者的政治联盟。它通过参加国家大事的协商和讲座开展各种形式的咨询工作，组织专业小分队智力支边等方式，积极为社会主义现代化建设事业服务。

［九三学社］　中国共产党领导的爱国统一战线中的一个民主党派。1944 年底，一些从事民主运动的学术界人士，继承五四运动民主与科学的传统，在重庆发起组织了民主科学座谈会。在中国共产党的领导下，民主科学座谈会逐渐发展成为学术性的政治团体，名为民主科学社。1945 年 9 月 3 日，为纪念抗日战争和国际反法西斯战争的胜利，该社正式定名为九三学社。1946 年 5 月在重庆召开成立大会，提出了八项基本主张，主要内容是：促进

民主政治之实现，争取人民之基本自由；根绝内战；反对官僚买办资本；从速完成国家工业化、农业现代化；学术思想绝对自由等。该社成立后，积极参加了中国共产党领导的反饥饿、反内战、反迫害运动，积极响应中国共产党 1948 年 5 月 1 日发出的召开新政协的号召，派代表参加中国人民政治协商会议第一次全体会议，参与了《共同纲领》的制定，并决定把《共同纲领》作为自己的政治纲领。在社会主义革命和建设时期，九三学社推动其成员及所联系的科技界高、中级知识分子，积极为社会主义现代化建设事业服务。

［**中国致公党**］　简称致公党。中国共产党领导的爱国统一战线中的一个民主党派，其前身是美洲洪门致公党。洪门是清初出现的以“反清复明”为宗旨的民间秘密组织。太平天国革命失败后，洪门中不少反清分子逃亡海外，在南洋和美洲的华侨中发展洪门组织，美洲洪门致公党是当时最大的海外洪门组织。1925 年 10 月，在旧金山举行洪门团体的恳亲大会（即致公党第一次代表大会），决定以洪门致公党为基础成立中国致公党。1931 年，该党在香港召开第二次代表大会，决议反对蒋介石的独裁统治。抗日战争时期，致公党号召党员抗日，并通过洪门团体发动华侨积极支援祖国抗战。1947 年 5 月，该党在香港召开第三次代表大会，通过了《宣言》和《告海外侨胞书》，公开揭露和谴责国民党反动派发动内战和独裁专制，贪污腐化的罪行，提出“为中国政治真正民主化而奋斗到底”。1948 年 5 月该党发表宣言，拥护中国共产党提出的召开新政协的主张。随后，派代表参加中国人民政治协商会议第一次全体会议，参与了《共同纲领》的制定，并以《共同纲领》作为自己的政治纲领。在社会主义革命和建设时期，致公党成为以归侨、侨眷为主要成分的社会主义劳动者和拥护社会主义的爱国者的政治联盟，为动员归侨、侨眷及其所联系的国外眷胞、港澳同胞参加祖国的社会主义现代化建设和发展爱国统一

战线作出了重要贡献。

［**中国民主建国会**］　简称民建。中国共产党领导的爱国统一战线中的一个民主党派。抗日战争时期，在重庆的一些民族资本家常以聚餐会形式座谈国事。抗日战争胜利后，为了争取民族工商业的生存，黄炎培、胡厥文等发起组织了民主建国会，并于1946 年 12 月 16 日在重庆举行了成立大会。该会成立初期，以代表中间派的政治力量自居，宣布不右倾，不左袒，提出“愿意走向改良进步的道路，坚决反对保守反动的道路，也不愿走向暴力革命的道路”。后来由于人民解放战争的迅速胜利以及蒋介石政府宣布民建为非法团体，促使该会认识到中间道路在中国行不通。于是，该会积极响应中国共产党 1948 年 5 月提出的召开新政协的号召，派代表参加中国人民政治协商会议第一次全体会议，参与了《共同纲领》的制定，并接受《共同纲领》作为自己的政治纲领。民建的成员主要是民族工商业者和知识分子，经过社会主义的改造和教育，他们已成为社会主义劳动者和拥护社会主义的爱国者。现在，民建积极推动其成员通过开展经济咨询工作、组织工商专业培训等方式为社会主义现代化建设服务，并为完成祖国的统一大业作出新贡献。

［**中国民主促进会**］　简称民进。中国共产党领导的爱国统一战线中的一个民主党派，1945 年 12 月在上海正式成立，其宗旨是“发扬民主精神、推进中国民主政治之实现”。民进成立后，立即投入了反内战、反独裁的爱国民主运动。1948 年 5 月，积极响应中国共产党提出的召开新政协的号召。1949 年派代表参加了中国人民政治协商会议第一次全体会议，参与了《共同纲领》的制定。1950 年 4 月，民进召开第一次全国代表大会，确定以《共同纲领》作为自己的政治纲领。民进会员绝大多数是教育、文化和出版工作者，也有一部分是文艺、科技、医务及国家机关工作人员。在社会主义革命和建设时期，民进已成为它所联系的这一部分社会

主义劳动者和拥护社会主义的爱国者的政治联盟。它积极推动其成员参加国家大事的协商和讨论，为教育文化工作献计献策，开展办学、智力支边和咨询服务，并为祖国的统一大业作出贡献。

［**台湾民主自治同盟**］　简称“台盟”。中国共产党领导下的爱国统一战线中的一个民主党派。1947 年 11 月在香港成立，其宗旨是反对帝国主义侵略中国，反对企图把台港从中国分离出去的一切阴谋活动，反对国民党的反动统治，实行人民民主制度。在经济上主张实行耕者有其田，没收官僚资本，保护工商业。台盟积极响应中国共产党 1948 年 5 月提出的召开新政协的号召，派代表出席了中国人民政治协商会议第一届全体会议，参与了《共同纲领》的制定，并以《共同纲领》作为自己的纲领。新中国成立后，台盟先后在北京、上海、广东、福建等台湾同胞较多的省市建立了地方组织，发展了盟员。盟员主要是居住在大陆的台湾省籍人士，其中多数是文教、科技、医学界的知识分子。在社会主义革命和建设时期，台盟成为由台湾同盟组成的社会主义劳动者和拥护社会主义的爱国者的政治联盟，为反对外国帝国主义侵略台湾，完成祖国统一大业，推动其成员及所联系的台湾同胞参加社会主义现代化建设作出了贡献。

［**国家机关**］　国家机关是统治阶级为了行使国家权力，实现国家职能而建立起来的一整套机构的总称。新中国的国家机构是在彻底打碎旧的国家机器的基础上，逐步建立起来的。根据宪法的规定，我国国家机构包括：国家权力机关、国家行政机关、国家审判机关、国家检察机关和国家军事机关。

［**国家权力机关**］　国家权力机关也称立法机关。在我国是指全国人民代表大会。1954 年 9 月第一届全国人大通过了我国第一部宪法，正式明确规定人民代表大会制为我国的政权组织形式，是我国的政体。人大机构构成了我国的权力体系。我国的人大机构可分为全国人大、地方各级人大和民族自治地方的人大三部分。

［**全国人大及其常务委员会**］　全国人民代表大会是我国的最高国家权力机关；全国人大常委会是全国人大的常设机构，在人大闭会期间行使最高国家权力。全国人大常委会由委员长、副委员长、秘书长和委员若干人组成，并设立办公厅，在秘书长领导下处理有关日常具体事务。全国人大常委会办公厅下设秘书局、联络局、外事局、信访局、行政局和研究室等机构。

全国人大还设立若干专门委员会，即民族委员会、法律委员会、内务司法委员会、财政经济委员会、教育科学文化卫生委员会、外事委员会、华侨委员会。这些专门委员会是协助全国人大及其常委会进行工作的机构，不是独立行使职权的国家机关，它们受全国人大领导，在全国人大闭会期间，受全国人大常委会领导。

［**地方各级人民代表大会**］　地方各级人民代表大会，是地方各级国家权力机关。1979 年以前地方各级人民代表大会一直未设常务委员会。目前，县和县以上地方各级人大都设立常务委员会，是根据 1979 年 7 月五届全国人大二次会议通过的规定设置的，是国家政治体制和机构设置方面的一项重大改革，它保证了人民管理国家大事的经常化、制度化。县和县以上地方各级人大常委会均设立办公厅（室），为日常办公机构。

省、自治区、直辖市、自治州、设区的市的人民代表大会，还设有法制（政法）委员会、财政经济委员会、教育科学文化卫生委员会等专门委员会，为本级人大工作的机构。民族自治地方的人民代表大会是民族自治地方的国家权力机关。自治区、自治州、自治县的人民代表大会和人民政府的组成、组织程序、组织原则、领导体制等，除与一般地方国家权力机关是一致的外，还有权依照当地民族、政治、经济和文化特点，制定自治条例和单行条例等，依照宪法、民族区域自治法和其他法律规定，行使自治权，设置相应机构。

[**国家行政机关**]　国家行政机关也称为“政府”，它是负责发行国家行政管理职能的机构的总称。国家行政机关依照宪法赋予的职权和管理范围，一般划分为最高国家行政机关（也称中央政府）和地方国家行政机关（也称地方政府）。中央政府行政机关负责组织和管理全国的政治、经济、文化和国防等各项行政事务，统一领导全国的行政工作。地方政府负责组织和管理所辖行政区域内的各项行政事务和日常的行政工作。由于各国国家性质、社会历史条件不同，各国的国家行政机关的组织形式、原则等也各不相同。在社会主义国家，一般实行“议行合一”和民主集中制原则。国家行政机关是国家权力机关的执行机关，担负着日常的行政管理事务，集体领导与首长负责制结合并行。地方国家行政机关既是地方国家权力机关的行政部门，也是整个国家行政体系中的一级，受上级行政机关的领导。

中华人民共和国最高国家行政机关，即国务院；地方各级国家行政机关即省、自治区、直辖市人民政府；市、自治州、县、自治县人民政府；乡、镇、民族乡人民政府。

[**我国政府机构体系**]　我国政府机构体系是纵向不同层次的政府和横向同级不同分工的部门交织而成。按照层次划分，可划分为两大块，即中央人民政府和地方各级人民政府。地方各级人民政府，又是依照法定的行政区划设置的。根据我国宪法规定，我国行政区域基本上分为：省（自治区、直辖市）、市（自治州）、县（自治县、县级市）、乡（民族乡、镇）。这属于五级制。这里讲的“级”，表示选举产生的一级政权机关。除此之外，还有省人民政府和自治区人民政府派出的行政公署和县、自治县人民政府派出的区公所以及市辖区、不设区的市的人民政府派出的街道办事处。宪法还规定，在必要时设特别行政区。我们用实线表示一级政权机关，用虚线表示一级人民政府的派出机关，我国政府机构纵向结构组织如图。最近，有的省正在探索省直管县的问题。

在我国政府机构纵向结构中，需要说明的是，民族自治地方政府。民族自治地方政府既是一级人民政府，又是民族地方自治机关。它分为三级，即自治区、自治州、自治县人民政府。自治区人民政府是相当于省一级的人民政府；自治州人民政府是介于省、自治区和县之间的一级人民政府，相当于地级市政府，在省或自治区境内设置。自治州下辖县或自治县；自治县人民政府是相当于县一级的人民政府。农村的民族乡不是一级自治地方，而是民族区域自治的补充形式。

在政府机构的横向结构中，对政府的工作部门，往往又可划分为不同类别。这里主要讲政府机构的类别，但在机构管理的实际工作中，与其他性质的机构管理也是密切相关的。

[**中央政府**]　国家权力机关的最高执行机关或国家最高行政机关，是“地方政府”的对称。统一管理并领导全国各级地方行政工作，有权根据国家宪法和法律，发布决议和命令，采取行政措施；有权改变和撤销地方各级国家行政机关的不适当决议和命令；直接实现国家在政治、经济、外交、军事、文化等方面的一切重大政策。各国中央政府的名称不尽相同，我国中央人民政府称中华人民共和国国务院；英国、日本等国称内阁。中央政府的组成形式也不相同。在资本主义国家，有的政府不对议会负责，而由君主和总统直接控制，如美国；有些国家的政府对议会负责，议会有权对其质询、监督，或提出不信任案将其推翻。我国的中央政府由最高国家权力机关全国人民代表大会产生，对它负责并报告工作。

[**国务院直属机构**]　指直接隶属于国务院，规格和地位略低于国务院所属部委的政府工作部门。《国务院组织法》（1982 年）规定：“国务院可以根据工作需要和精简原则，设立若干直属机构主管各项专门业务”。但不作为国务院的组成部门。国务院直属机构设立、合并或撤销的审批，原属全国代表大会常务委员会，

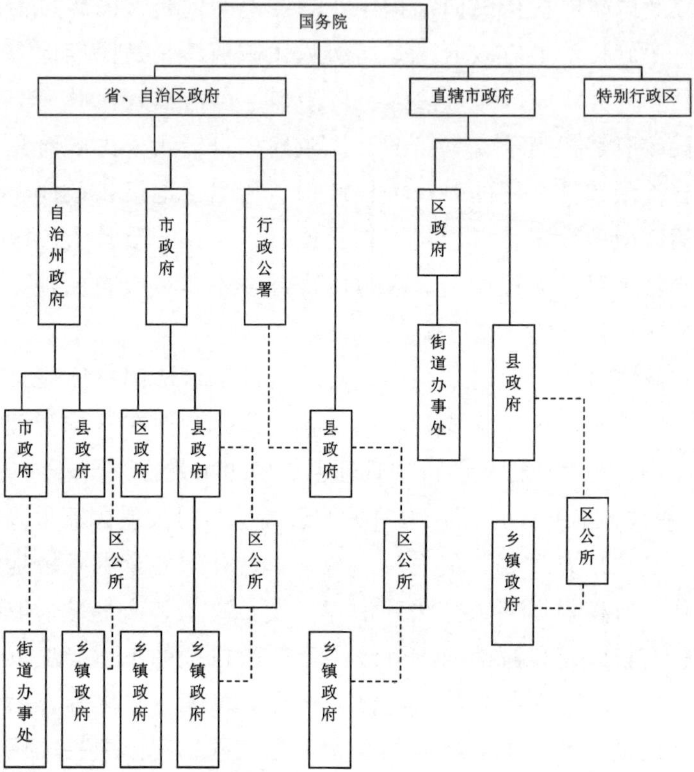

1982 年五届全国人大五次会议后，由国务院决定。

[**部委与直属办事机构**]　国家部委是国务院的组成单位，它们在国务院的直接领导下负责领导和管理某一方面的国家行政事务。它们的设立、撤销或者合并，经总理提出，由全国人大决定。国务院直属机构是在国务院的统一领导下主办专门业务的行政机关，其地位低于国务院的部、委，不作为国务院的组成单位，它的设立、撤销或者合并，由国务院自己决定，如国家统计局、国家档案局等。以上两种机构，对外、对全国均行使职权。国务院办事机构则是根据工作需要设立的国务院办公机构，这些办公机构的组建由国务院决定，协助总理办理专门事项，不是一级国家

行政机关，如国务院办公厅、国务院侨务办公室等。三者之间没有必然的联系，既不是平行关系，也不是领导与被领导的关系，各自都有相对的独立性。

［国家局］ 国务院现行机构中，还设有部委归口管理的“国家局”，是具有直属机构性质的机构，其名称一般也称“国家××局”。这类机构可分为三类：(1) 由国务院直属机构改为部委归口管理的。(2) 新建或调整为国家局的。(3) 由有关部委归口管理机构级别仍为司局级的。

这些归口管理的国家局不是归口部委内的职能司局，有相对独立性，可以单独对外行文，也可以与其他部门联合行文，参加有关会议，收取有关文件和资料。国家局负责人的任免，按国家有关规定办理手续。部委对国家局的管理，主要体现在部长、委员会主任或部、委会议的领导，部长、委员会主任有权纠正、制止国家局的不适当决定。

［国务院办公厅］ 根据中华人民共和国国务院组织法的规定，国务院设立办公厅，由秘书长领导。国务院办公厅为国务院办公机构。其主要职责是：负责国务院会议的准备工作，并协助总理、副总理、国务委员组织实施国务院会议的决定；协助总理、副总理、国务委员审核或组织起草用国务院、国务院办公厅名义发布的文件；研究审核国务院各部门和各省、自治区、直辖市人民政府请示国务院的问题，提出处理意见，报总理、副总理、国务委员审批；根据总理、副总理、国务委员的批示或办理文件的需要，组织协调国务院有关部门的工作，对有争议的问题提出处理意见，报总理、副总理、国务委员审定；协助组织处理需由国务院直接处理的突发事件和重大事故；处理人民来信，接待人民来访，检查国务院各部门和地方人民政府对有关问题的执行情况，并向总理、副总理、国务委员报告；组织调查研究，向总理、副总理、国务委员反映实际情况，提出政策性建议等。

县以上地方各级人民政府均设有办公厅（室），为本级政府的办公机构。

［**地方人民政府**］　“中央政府”的对称。设置于地方各级行政区域内的地方各级国家权力机关的执行机关或地方各级国家行政机关。资本主义国家的地方政府，不论由地方议会选举产生，还是中央政府直接任命，一切活动都在中央政府直接领导和指挥下进行的。联邦制国家（如美国、德国等），地方政府仅指州（邦）以下的各级政府，州（邦）政府不是地方政府。我国各级地方政府，一般分为省（自治区、直辖市）、县（自治县、市）和乡（民族乡、镇）三级，均由地方人民代表大会选举产生，对本级人民代表大会和上一级政府机关负责并报告工作。民族自治地区各级人民政府，除行使《宪法》规定的职权外，还依法律规定行使自治权。

［**大行政区**］　新中国成立初，全国设有华北、东北、西北、华东、中南、西南六大行政区，领导各地地方政府工作。根据《大行政区人民政府委员会组织通则》，大行政区人民政府委员会（军政委员会）设办公厅、财经委员会、物资供应局（归财经委员会领导）、文教委员会、监察委员会，民政部、公安部、司法部、财政部、税务局、粮食局、盐务局（税务、粮食、盐务局归财政部领导）、贸易部、工业部、交通部、公路局或航务局（归交通部领导）、农村部、水利部、劳动局、文教部、卫生部、华侨事务委员会，民族事务委员会，办事处、新闻出版处和最高人民法院分院、最高人民检察署分署等 25 个左右机构。1952 年 11 月，大行政区人民政府或军政委员会一律改为行政委员会，作为中央人民政府的派出机构，不再是一级政权机关，大行政区的机构设置进行了较大的调整和紧缩。1964 年 6 月后，各大区行政委员会的建制陆续撤销。

［**省、自治区人民政府**］　省、自治区人民政府是地方的一级

行政机关。由同级人民代表大会选举产生，对同级人民代表大会和国务院负责并报告工作，在本级人民代表大会闭会期间，对本级人民代表大会常务委员会负责并报告工作。省、自治区人民政府分别由省长、副省长，自治区主席、副主席和秘书长、厅长、局长、委员会主任等组成，每届任期五年。省、自治区人民政府依照法律规定的权限，管理本行政区域内的经济、教育、科学、文化、卫生、体育事业、城乡建设事业和财政、民政、公安、民族事务、司法行政、监察、计划生育等行政工作，发布决定和命令，任免，培训、考核和奖惩行政工作人员，领导所属工作部门和下级人民政府工作。按国家有关规定，省、自治区人民政府的工作部门，一般设35～40个。省、自治区人民政府的各工作部门受本级人民政府统一领导，并且受国务院主管部门的领导或者业务指导。

新中国成立初期，全国行政区划为41个省级行政单位（29个省、9个行署区、1个自治区、1个地方、1个地区）。根据政务院1950年1月发布的《省人民政府组织通则》，省政府设委厅局等16个机构。1954年，随着大行政区一级建制的撤销，为了适应省级国家机关职责权限的扩大，政府机构进行了较大的调整充实。并根据第一届全国人大公布的《地方各级人民代表大会和地方各级人民政府组织法》，省人民委员会为省人民代表大会的执行机关。1954年12月15日国务院常务会议通过《关于各省人民委员会设置工作部门和办公机构的决定》，规定省人民委员会原则上可设民政、公安、财政、商业、工业、交通、农业等厅和对外贸易等局，以及计划，体育、民族等委员会，并可设立政法、文教、工业、财粮贸、农林水等6～7个办公室，人民监察委员会改为监察厅。各办公室都是协助省长工作的办事机构。到1956年，省政府工作部门一般设45个左右。20世纪60年代初开始，到“文革”前，为了适应中央对地方经济管理权限的调控以及国民经济的调整，省级政府工作部门，尤其是经济管理部门进行了较大的调整，到1965年底，省级政府机构一般设到60个左右。

“文革”期间，省级国家行政机关基本上处于瘫痪状态。1967年1月3日，黑龙江省首先成立革命委员会，宣布原省委、省人民委员会的一切权力属于革命委员会。到1968年9月全国29个省，自治区、直辖市都成立了革命委员会。各级革命委员会在成立初期时的组织机构，一般都分设四大组，即办事组、政工组，人民保卫组、生产指挥组。四大组下设若干职能小组。“文革”结束后，随着拨乱反正和经济建设的需要，省级行政机关机构逐步恢复。1979年7月1日，五届全国人大二次会议通过我国第二部《地方各级人民代表大会和地方各级人民政府组织法》后，地方各级革命委员会改为人民政府，到1982年底，省级政府工作部门一般80个左右。

为了克服机构重叠、人浮于事、效率不高的现象，适应新时期现代化建设的需要，继中央国家机关机构改革后，1982年12月，中共中央、国务院发出了《关于省、市、自治区党政机关机构改革若干问题的通知》，省级政府机构进行了较大的紧缩，一般控制在中央规定的40个机构之内。近几年来，随着改革开放，又不断增设了一些机构，大部分省政府工作部门已突破了中央规定的限额。

［市人民政府］　市人民政府分直辖市人民政府、设区的市人民政府和不设区的市人民政府。由同级人民代表大会选举产生，向同级人民代表大会和各自上一级国家行政机关负责并报告工作。在本级人民代表大会闭会期间，对本级人民代表大会常务委员会负责并报告工作。直辖市、设区的市人民政府由市长、副市长、秘书长、局长、委员会主任等组成，每届任期五年。不设区的市人民政府由市长、副市长、局长、委员会主任等组成，每届任期三年。直辖市设置的工作部门可多于省、自治区（35～40个），设

区的市工作部门一般为30～40个，不设区的市工作部门一般设25个左右。市人民政府各工作部门受本级人民政府的统一领导，同时受上一级人民政府的业务主管部门的领导或业务指导。

1951年底，全国共有城市155个，其中中央直辖市和大行政区辖市13个，省辖市33个，专署辖市59个。各市的机构名称、数量均有差异，直辖市和大行政区辖市的政府机构称“局”，专署辖市称“科”。专署辖市相等于县级，其机构设置情况类似县。1950年1月7日，政务院公布《市人民政府组织通则》，根据这个《通则》，较大的市人民政府委员会一般设有包括人民监察委员会、法院检察署等在内的20多个机构。

1954年，根据《地方各级人民代表大会和地方各级人民政府组织法》规定，直辖市和市设置人民代表大会和人民委员会，市人民委员会是市人民代表大会的执行机关，市级国家行政机关机构有了进一步完善。到1956年底，全国一般市人民委员会设民政局、公安局、监察局、经济计划委员会、统计局，财政局、粮食局、税务局、工业局、商业局，劳动局、文化局、教育局、卫生局、手工业管理局、城市建设局，农林水利局、体育运动委员会等职能机构；设办公室、档案室、人事科、宗教事务处、编制委员会等直属办事机构。1957年精简，市一级变化不大。1958年，随着经济管理体制的改革，市的等级进行了调整，大批省辖市改归专署领导，调整后，中央直辖市3个，省辖市58个，专署辖市124个，同时，全国开始推行市领导县的行政管理体制。

“文革”期间，市人民委员会改称革命委员会，市革委会的机构设置一般也分为四大组，大组下设若干小组，延至1975年至1976年前后，陆续撤销各组，市革命委员会逐步恢复和增设一些机构。

“文革”结束后，市级国家行政机关的工作开始逐步转入正常。1979年底，各市相继成立人民政府，市人民政府工作部门进行了充实调整，到 1982 年底，地级市政府工作部门一般为 70 个左右。

1983 年市级国家行政机关的机构改革全面展开，同时，较大范围地试行地市合并，由市领导县的新体制。一些人口较多、经济条件较好的城镇改建为市；一些规模较大的县级市升格为地级市，1987 年底，我国城市数为 381 个，市政府工作部门设置一般为 35 个左右，大市一般为 50 个左右。之后，随着城市经济体制改革的深入，江门等 16 个中等城市进一步进行了机构改革的试点，市政府机构设置在改革中不断完善。

[**自治州人民政府**]　我国的自治州是一级民族自治地方，行政地位在省以下，县以上，相当于地区，但自治州是一级政权。自治州有的是以一个少数民族聚居地为基础而建立的，有的是以一个人口较多的少数民族为基础和其他一个或几个兄弟民族共同建立的，也有的是以两个或两个以上少数民族聚居区联合建立的。自治州下设县、自治县、市。自治州人民政府和自治州人民代表大会都是自治州的自治机关。自治州人民政府由自治州人民代表大会选举产生，对本级人民代表大会和上一级国家行政机关负责并报告工作，受国务院的统一领导。自治州人民政府与其他民族自治地方的各级人民政府一样，除行使《中华人民共和国宪法》规定的地方各级人民政府的职权外，依照法律规定的权限行使自治权。自治州政府每届任期五年，实行州长负责制。按国家有关规定，自治州政府可设工作部门 15 个左右。

[**县、自治县人民政府**]　县、自治县人民政府是地方的一级行政机关。由同级人民代表大会选举产生，对同级人民代表大会和上一级国家行政机关负责并报告工作。在本级人民代表大会闭会期间，对本级人民代表大会常务委员会负责并报告工作。县、自治县人民政府由县长、副县长、局长、委员会主任等组成，每届任期三年。

新中国成立初，我国县的数目极多。1950 年 6 月，各地开始陆续撤销解放战争时期的小县制，恢复抗战前的县的规模。县政府机构一般设秘书室、民政科、公安局、财政科、工商科、农林科、建设科、文教科和卫生科等八、九个机构。1954 年，县、自治县陆续召开第一次人民代表大会，县人民委员会为县人民代表大会的执行机关，其机构设置数一般达到 25 个左右。20 世纪 60 年代初期，县级国家行政机关的机构变动不大。“文革”期间，县级人委改称革命委员会，中共十一届三中全会后，县级机构逐步恢复。1979 年底，县革命委员会陆续改为县人民政府，1982 年末，县政府工作部门达 50 个左右，经过 1983 年的改革，机构数紧缩到中央规定的 25 个限额内。这几年，一般超过 30 个机构。

[区人民政府] 新中国成立初到 1954 年，区公所基本上承袭了战争年代的工作制度，行使的是一级政权职能。1954 年根据组织法规定，区公所为县（自治县）人民委员会的派出机关，一般设有正副区长、民政，财粮、生产、教育、公安、工商等助理和会计、文书等。1956 年，鉴于省、县两级政权已经日趋健全，为了减少层次，充分发挥省、县、乡三级政权的职能，绝大多数省开始撤销区公所。1986 年全国区乡镇党政机关定编中，又有不少地方将区公所撤销，目前，只有部分省、自治区在少数交通方便而且乡镇数较多的县、自治区保留区公所，其职位设置也较粗，人数也较少。

[乡（民族乡）镇人民政府] 乡、民族乡、镇人民政府是我国的基层政权组织。由乡、民族乡、镇人民代表大会选举产生，对本级人民代表大会和上一级国家行政机关负责并报告工作。每届任期三年。乡、民族乡、镇人民政府行使下列职权：执行本级人民代表大会决议和上级国家行政机关的决定和命令，发布决定和命令；执行本行政区域内的经济和社会发展计划、预算，管理本行政区域内的经济、教育、科学、文化、卫生、体育事业和财

政、民政、公安、司法行政、计划生育等行政工作；保护社会主义的全民所有的财产和劳动群众集体所有的财产，保护公民私人所有的合法财产，维护社会秩序，保障公民的人身权利、民主权利和其他权利；保障农村集体经济组织应有的自主权；保障少数民族的权利和尊重少数民族的风俗习惯，保障宪法和法律赋予妇女的男女平等、同工同酬和婚姻自主等各项权利，办理上级人民政府交办的其他事项。

1950 年 12 月，政务院公布的《乡（行政村）人民代表会议和乡（行政村）人民政府组织通则》，对乡一级基层政权组织机构曾作了规定。1964 年《地方组织法》规定乡、民族乡人民委员会的组成人员一般 3 ~ 13 人。乡级人民委员会可设民政、治安、武装、生产合作、财粮、文教（含卫生）和调解 7 个工作委员会。1953 年全国农业合作化运动中，乡政权的组织机构进行调整。从 1956 年春开始，全国乡一级建制开始大量减缩，到 9 月份，全国约一半以上的乡进行合并。由于撤区并乡，农村基层政权的机构变化较大。1958 年开始的农村人民公社化，建立了政社合一的基层政权组织形式，公社的规模一般是以乡建社，也有的是数乡组成一社。人民公社管理委员会一般配有主任、副主任以及秘书、民政、公安、财政、文教、生产、会计等职位。1983 年 10 月中共中央、国务院发出了《关于实行政社分开建立乡政府的通知》后，各地开始进行农村基层政权体制改革，建立乡人民政府，生产大队改为行政村，村建立村民委员会。绝大多数地方以社建乡，个别地方如广东、云南、广西等地也有以大队建乡，到 1986 年上半年，政社分设工作基本结束，全国乡、民族乡达到 10 万个左右。1988 年开始，在全国范围内对区乡镇党政机关人员编制进行了核定工作，经过这次定编工作使区乡镇党政机关的职位设置更加科学合理，基层政权机构得到进一步加强。

1953 年全国设镇 50 402 个，有的相当于区级，有的相当于乡。

根据1954年《组织法》规定，镇人民委员会一般由3～13人组成。镇人民委员会根据需要可设民政、治安、武装、生产、合作、财粮、文化教育和调解等工作委员会。人口和工商业较多的镇，经县人民委员会批准，可以参照市辖区人民委员会的机构设立民政、生产合作、工商管理、建设劳动、文化教育和卫生等科或股，并且可以设立办公室。

此后，镇的建置经过多次调整。1954年有5 400个小城镇，到1958年缩减为3 621个。20世纪60年代初，为了度过经济困难时期，压缩城市人口，又进行了调整。1982年全国建制镇为2 687个。中共十一届三中全会以后，农村乡镇发展很快，随着政社分开，建立乡镇政府，有的地方撤乡建镇，实行镇管村的体制，全国建制镇迅速增加。1984年底，全国镇的总数近1万个，镇人民政府机构不断健全。但由于镇的规模大小，经济文化状况差别较大，镇人民政府的职位设置情况也不尽一致。

［人民法院］ 人民法院是国家的审判机关。其任务是审判刑事案件和民事案件，并通过审判活动惩办犯罪分子，解决民事纠纷，保卫社会主义制度，维护社会主义法制和社会秩序，保护国家、集体和公民个人的财产和其他合法权益，保障社会主义现代化事业的顺利进行，教育公民忠于社会主义祖国，自觉地遵守宪法和法律。人民法院一般分为最高人民法院，地方各级人民法院和专门人民法院三种形式。最高人民法院、高级以及中级人民法院均由院长1人，副院长、庭长、副庭长和审判员若干人组成；基层人民法院由院长1人，副院长和审判员若干人组成。最高人民法院和高级人民法院内部设置刑事审判庭、民事审判庭、经济审判庭及其他根据需要设置的审判庭；直辖市的中级人民法院和省、自治区辖市的中级人民法院要设置上面所列3个审判庭；基层人民法院和专门人民法院设立相应的审判庭，负责审判工作。最高人民法院对全国人民代表大会及其常务委员会负责并报告工作，地

方各级人民法院对本级人民代表大会及其常务委员会负责并报告工作；下级人民法院的审判工作受上级人民法院监督，最高人民法院监督地方各级人民法院和专门法院的审判工作。

［**最高人民法院**］　最高人民法院是我国最高审判机关，它除审判法律、法令规定由它管辖的和它认为应当由自己审判的第一审案件外，还负责监督地方各级人民法院和专门人民法院的工作。最高人民法院现设有刑事审判庭、民事审判庭、经济审判庭、行政审判庭、告诉申诉庭、交通运输庭；以及办公厅、人事厅、司法行政厅、政研室等机构。

［**高级人民法院**］　在省、自治区和直辖市一级设立，高级人民法院一般设刑事审判庭、民事审判庭、经济审判庭等。近年来，有些地方也增设了行政审判庭、告诉申诉庭等。

［**中级人民法院**］　在省、自治区境内按地区设立，在直辖市内和省、自治区所辖市、自治州设立，中级人民法院设立刑事审判庭、民事审判庭和经济审判庭等。

［**基层人民法院**］　基层人民法院是设立在县、自治县、市的人民法院和市辖区的人民法院，基层人民法院设立刑事审判庭、民事审判庭和经济审判庭。基层人民法院还根据地区、人口和案件情况，在城市街道地区和农村的乡镇设立人民法庭，作为它的组成部分。

［**专门人民法院**］　主要有军事法院、铁路运输法院、水上运输法院、森林法院和其他专门法院。专门人民法院管辖其专门系统范围的案件。

此外，为了适应我国海上运输和对外经济贸易事业发展的需要，根据1984年11月14日六届全国人大常委会八次会议《关于在沿海港口城市设立海事法院的决定》，在广州、上海、青岛、天津、大连等沿海港口城市还设有海事法院。

［**人民检察院**］　人民检察院是国家的法律监督机关。人民检

察院主要有以下职权：对叛国案、分裂国家案以及严重破坏国家的政策、法律、法令、政令统一实施的重大犯罪案件，行使检察权，对直接受理的刑事案件进行侦查，对公安机关侦察的案件进行审查；决定是否逮捕、起诉或免予起诉和对刑事案件提起公诉、支持公诉；监督公安机关的侦查活动和人民法院的审判活动是否合法；监督刑事案件判决、裁定的执行和监狱、看守所，劳动改造机关的活动是否合法；依法保障公民对于违法的国家工作人员提出控告的权利，追究侵犯公民的人身权利、民主权利和其他权利的人的法律责任。我国设立最高人民检察院，地方各级人民检察院和专门人民检察院。各级人民检察院设检察长一人，副检察长和检察员若干人，检察长统领检察院工作。各级人民检察院设立检察委员会，检察委员会实行民主集中制，在检察长主持下讨论重大案件和其他重大问题。如果检察长在重大问题上不同意多数人的意见，可以报请同级人大常委会决定。最高人民检察院对全国人民代表大会及其常委会负责并报告工作；地方各级人民检察院对同级人民代表大会及其常委会负责并报告工作。最高人民检察院领导地方各级人民检察院和专门人民检察院的工作；上级人民检察院领导下级人民检察院的工作。

［**最高人民检察院**］　最高人民检察院是行使国家检察权的最高检察机关，是国家最高法律监督机关。根据业务工作分工，现内设 9 个厅、室，分别为刑事检察厅、法纪检察厅、监所检察厅、经济检察厅、信访厅、研究室、人事厅、办公厅。

［**地方各级人民检察院**］　分为：(1）省、自治区、直辖市人民检察院；(2）省、自治区、直辖市人民检察院分院；自治州和省辖市人民检察院；(3）县、自治县和市辖区人民检察院。地方各级人民检察院内分别设立相应的检察处、科和其他业务机构。

省一级人民检察院和县一级人民检察院，有的根据工作需要还在工矿区、农垦区、林区等区域设置人民检察院，作为派出机构。

[专门人民检察院] 主要有军事检察院、铁路运输检察院、水上运输检察院和其他专门检察院。

[国家军事机关] 中央军事委员会是国家的最高军事领导机关。根据1954年宪法，中央曾设立国防委员会，作为咨询性质的机构，不是武装力量的领导机关，中华人民共和国主席统率全国武装力量，并担任国防委员会主席。按照我国现行宪法规定设立的中央军事委员会，是领导全国武装力量的最高军事机关，由主席、副主席若干人，委员若干人组成，实行主席负责制。中央军事委员会主席由全国人大选举和罢免，并对全国人大和它的常委会负责。

[人民团体] 我国的人民团体（又称群众团体）是指各阶层人民群众代表组织的社会政治集团。它们是在中国共产党领导下的为社会主义事业服务的群众性组织，是党联系各方面群众的纽带。目前，我国人民团体主要有：总工会、共青团、妇联；科学技术协会、哲学社会科学联合会、文学艺术界联合会，作家协会、归国华侨联合会、对外友好协会，台湾同胞联谊会、工商业联合会、个体劳动者协会，农民协会、企业管理协会，体育运动协会、红十字会、中华医学会、医药卫生协会，中国残疾人联合会、保卫儿童委员会、佛教协会、伊斯兰教协会、天主教协会等宗教组织。此外，还有许多学术性、行业性、福利性、公益性、娱乐性协会；联谊性的社会团体主要是多种学会、协会、中心、基金会、联谊会，研究会等。

[中华全国总工会] 简称全总。中国共产党领导下的全国各地区工会组织和各产业工会组织的最高领导机关。前身是1922年成立的中国劳动组合书记部。1926年5月，在广州召开第二次全国劳动大会，正式成立中华全国总工会。当时全总的宗旨是“团结全国工人，图谋工人福利”，领导人是苏兆征、刘少奇。1927年

蒋介石叛变革命后，全总被迫转入地下。1948 年 8 月，在哈尔滨召开了第六次全国劳动大会，决定恢复中华全国总工会。新中国成立后，全总在中国共产党的直接领导下，动员和组织广大工人群众积极参加社会主义革命和建设。1983 年 10 月，在北京召开中国工会第十次全国代表大会。大会制定的《中国工会章程》规定，中华全国总工会执行委员会是工会全国代表大会闭会期间的最高领导机关，负责贯彻执行全国代表大会的决议，讨论和决定有关职工群众的重大问题，领导全国工会工作。执行委员会全体会议选举主席 1 人、副主席若干人、主席团委员若干人，组成主席团。主席团在执行委员会闭会期间，行使执行委员会的职权。主席团下设书记处，由主席团推选第一书记 1 人，书记、候补书记若干人组成。书记处在主席团的领导下主持中华全国总工会的日常工作。

[中国共产主义青年团]　简称共青团。中国共产党领导的先进青年的群众组织，是广大青年在实践中学习共产主义的学校，是中国共产党的助手和后备军。它始建于 1922 年 5 月，原名中国社会主义青年团，1926 年改称中国共产主义青年团。1935 年 11 月，中共中央为团结广大青年一致抗日，决定改造共青团，使之成为广泛的群众性的青年抗日救国组织。当时曾出现了中华民族解放先锋队、青年救国会、青年抗日先锋队等青年抗日救国的团体。抗日战争胜利后，1946 年开始试建新民主主义青年团，1949 年 4 月正式成立，1957 年改称中国共产主义青年团。1982 年 12 月，共青团在北京召开第十一次全国代表大会，通过《中国共产主义青年团章程》，规定共青团的基本任务是，以共产主义精神教育青年，帮助青年用马克思列宁主义、毛泽东思想和现代科学文化知识武装自己，引导青年在社会主义现代化建设的实践中，锻炼成为有理想、有道德、有文化、守纪律的共产主义事业的接班人。2008 年 6 月，共青团在北京召开第十六次全国代表大会，通过《中国共产主义青年团章程》，规定共青团在现阶段的基本任务

是，高举中国特色社会主义伟大旗帜，坚定不移地贯彻党在社会主义初级阶段的基本路线，以经济建设为中心，坚持四项基本原则，坚持改革开放，用社会主义核心价值体系教育青年，在建设中国特色社会主义的伟大实践中，造就有理想、有道德、有文化、有纪律的接班人，不断巩固和扩大党执政的青年群众基础，努力为党输送新鲜血液，为国家培养青年建设人才，团结带领广大青年，自力更生，艰苦创业，积极推动社会主义经济建设、政治建设、文化建设、社会建设，为全面建设小康社会，加快推进社会主义现代化贡献智慧和力量。

［**中华全国妇女联合会**］　简称妇联。中国共产党领导下的广泛团结各民族各阶层妇女的群众组织，成立于1949年4月，原名中华全国民主妇女联合会。1957年9月，第三次全国妇女代表大会上，改名为中华人民共和国妇女联合会。1978年9月，第四次全国妇女代表大会上，正式定名为中华全国妇女联合会。妇联是中国共产党联系广大妇女群众的桥梁。它的宗旨是团结和教育全国妇女热爱祖国、热爱社会主义；动员妇女努力学习，积极参加社会主义现代化建设；保护妇女儿童利益，实现妇女的彻底解放，并联合世界爱好和平的妇女，为保卫世界和平而奋斗。

［**中国科协**］　中国科学技术协会，简称中国科协。1986年9月在北京成立，是中国共产党领导下的科学技术工作者的群众团体，是全国性学会和地方科协的联合组织。中国科协的最高权力机关是全国代表大会，每5年举行一次，它选举产生的全国委员会，在代表大会闭会期间负责领导中国科协的工作。全国委员会选举主席、副主席、常务委员若干人，组成常务委员会，并设置工作机构，处理日常工作。县以上地方各级一般均有科协组织，分别为当地科技工作者的群众团体。

［**中国文联**］　中国文学艺术界联合会（简称“中国文联”），其前身是1949年7月中华全国文学艺术工作者代表大会上成立的

中华全国文学艺术界联合会。1953 年 9 月第二次文学艺术工作者代表大会后改称现名，中国文联是全国性的各文学艺术协会，如戏剧家协会、音乐家协会、美术家协会、电影家协会、舞蹈家协会、曲艺家协会、民间文艺研究会、摄影家协会等各省、自治区、直辖市文联的联合组织，是群众性团体，中国文联采取团体会员制。中国文联的最高权力机关是中国文学艺术工作者代表大会。代表大会选出全国委员若干人，组成全国委员会。全国委员会选举主席、副主席若干人，组成主席团，并设立工作机构，进行日常工作。县以上地方各级一般也都设文联，为当地文学艺术界的群众团体。

［**归国华侨联合会**］　是全国归国华侨和海外侨胞在国内的眷属的群众组织。它以中华人民共和国宪法为一切活动的根本准则，是广泛联系和团结归侨、侨眷和海外侨胞并为他们服务的全国性人民团体。全国侨联实行团体会员制，地方各级侨联实行团体会员制，也可实行团体与个人会员相结合或实行个人会员制。侨联的全国组织是中华全国归国华侨联合会，全国侨联的最高权力机构，是中华归国华侨、侨眷代表大会，一般每五年召开一次。闭会期间，由其选举产生的全国侨联委员会代行代表大会职责，贯彻执行全国归侨、侨眷代表大会的决议，讨论决定侨联工作中的重大问题。全国侨联委员会每年召开一次，在其闭会期间，由其产生的常务委员会行使全国侨联委员会的职权，领导会务。地方各级侨联的最高权力机构是地方各级归侨、侨眷代表大会。地方各级侨联的组织办法和办事机构，可根据当地的实际情况自行确定。

［**中国作家协会**］　是中国各民族作家自愿结合的群众性的专业团体。中国作协在中国共产党的领导下，以马克思列宁主义、毛泽东思想、邓小平理论和“三个代表”重要思想、科学发展观为指导，坚持文艺为人民服务、为社会主义服务的方向，贯彻执

行“百花齐放、百家争鸣”的方针，充分尊重文学艺术规律，发挥文艺民主，保证创作自由，团结和组织全国各民族作家进行创造性劳动，发展和繁荣具有中国特色的社会主义文学，为加强社会主义精神文明建设、实现社会主义现代化而努力奋斗。作协采取会员制。最高权力机构为会员代表大会，代表由各地会员分别选举产生。在会员代表大会闭会期间，由理事会代行代表大会职权。理事会闭会期间，以主席团为常设领导机构，领导本会工作。中国作协在各省、自治区、直辖市设立地方分会，并在文学工作的方针和业务上予以指导和协助，各地方分会根据当地情况分别制定章程，接收分会会员。

［**中国残联**］　全称为中国残疾人联合会。1988 年在原中国残疾人福利基金会、中国盲人聋哑人协会、联合国残疾人中国组织委员会秘书处的基础上组建而成。中国残疾人联合会为全国性残疾人事业团体，由各类残疾人的代表和残疾人工作者组成，既是残疾人共同利益的代表，又为残疾人服务。同时承担政府委托的任务，动员社会力量，推进残疾人事业。中国残疾人联合会享受总局级待遇，由民政部代管，在国家计划中单列户头，与国务院各部门和各省、自治区、直辖市建立业务关系。中国残联设主席团、执行理事会、评议会。主席团委员由代表大会选举产生，实行民主集中制原则。评议会主要由残疾人代表组成，发挥咨询、监督和协商、对话的作用。执行理事会是常设执行机构，领导日常工作，理事长由主席团推举、政府批准，实行理事长负责制，下设精干的办事机构。县以上地方各级一般也设残疾人联合会，由当地残疾人的代表和残疾人工作者组成，为当地残疾人的事业团体，一般由同级政府民政部门代管。

［**事业单位**］　1998 年国务院发布《事业单位登记管理暂行条例》，提出了事业单位的定义：“是指国家为了社会公益目的，由国家机关举办或者其他组织利用国有资产举办的，从事教育、

科技、文化、卫生等活动的社会服务组织。”事业单位不同于国家机关、党派和人民团体，也不同于企业组织，它是指为全社会创造或改善生产条件，促进社会福利，满足人民文化、教育、科学、卫生等方面的需要，其活动的主要目的不是为国家积累资金的单位。事业单位门类繁多，情况复杂，有着多种划分方法。

[事业单位的分类] 事业单位分类改革中的类别划分。2011年3月，中共中央、国务院发出了《分类推进事业单位改革的指导意见》，指出，按社会功能将现有事业单位划分为承担行政职能、从事生产经营活动和从事公益服务三个类别。对承担行政职能的，逐步将其行政职能划归行政机关或转为行政机构；对从事生产经营活动的，逐步将其转为企业；对从事公益服务的，继续将其保留在事业单位序列、强化其公益属性。今后不再批准设立承担行政职能的事业单位和从事生产经营活动的事业单位。

按事业单位的隶属关系划分，有中央各部门所属的事业单位，地方各级所属的事业单位；双重领导和共同领导的事业单位。此外还有工矿企业和各级经济组织所属的事业单位，这类事业单位从宏观上接受编制管理工作的业务指导，但一般不列入编制部门管理的事业编制范围。按照事业单位的经费来源划分，全民所有制的事业单位又有国家全额拨款的，国家差额补贴，靠自收自支，实行自给的。除了上述几种分类的方法外，在日常的编制管理中，通常是按照事业单位的特性，主要分为以下几种。

一、农、林、水、气象事业单位

1. 农业事业单位：包括农业示范、试验场（站）、种子站、农业技术推广站；

2. 林业事业单位：包括试验苗、林场、森林保护站（队）、林业工作站；

3. 水利事业单位：包括排灌管理、水库管理、堤坝管理、涵闸管理、水土保持、水利调查、水文、治河、防汛等机构；

4. 水产事业单位：包括水产养殖试验站等；

5. 畜牧事业单位：包括畜牧养殖试验站、家禽改良站、畜牧兽医站、兽医检疫站等；

6. 气象事业单位：包括气象局所属的气象台（站）、水文气象台、农业气象试验站、气象通信站、气象计算分析中心、人造气象卫星发射接收站、民航气象台（站）、海洋水文气象监测站等。

二、文教卫生事业单位

1. 文化事业单位：包括公共图书馆、文化馆（宫）、博物馆（院）、档案馆、文史馆、展览馆、纪念馆、群众艺术馆、文物保管所（队），各种文化艺术创作所（室）、各种文艺表演团体等；

2. 教育事业单位：包括教育部门设立的各类学校、党校、团校、干部学院、干训班、盲聋哑学校、幼儿园以及教育研究所（室）等；

3. 卫生事业单位：包括各种医院、疗养院、防疫所（站）、药检所、妇幼保健站和其他卫生医疗防疫机构；

4. 体育事业单位：包括公共体育场（馆）、各种体育俱乐部各类专业运动队和业余体校等；

5. 新闻、广播事业单位：包括各通讯社及其分社、分支机构；报社、杂志社、新闻图片社、画报社、广播电台（站）、电视台、转播台、发射台、干扰台等。

三、科研设计事业单位

1. 科研事业单位：包括从事自然科学、社会科学和综合科学研究的各类院、所、中心等，如中国科学院及其所属分院，各种自然科学研究所、中国社会科学院及其所属社会科学研究所，以及中央和地方各部门所属的科研院、所等；

2. 环保事业单位：包括各级环保行政机关所属的环保科研所监测站、情报所等；

3. 勘察设计事业单位：包括由国家预算和地方预算勘察设计

的独立勘察设计机构，如地质、石油、冶金等设计院、分院以及勘察队、物探队等。

四、社会福利事业单位：包括养老院、残废院、儿童福利院、社会福利院、荣军休养院、麻风病院、殡仪馆、火葬场、烈士陵园公墓、烈士塔等管理机构。

五、城市公用事业单位：包括公园、动物园、清洁队等。

六、交通事业单位：包括公路、航道维护、车辆监理所（站）等机构。

还有其他一些事业单位，如各种援外机构、迎宾馆等。此外，各级国家机关、事业单位设立的为本机关、本单位服务的未实行独立核算的幼儿园、托儿所、卫生所（医务室）、印刷厂（室）、房屋维修队、汽车修理厂等，是机关或事业单位的附属机构。

[**企业组织**]　企业组织是指直接从事工农业生产、交通运输、城乡建设和商品流通等活动，如社会创造财富，积累资金为主要目的相对独立的经济实体，企业组织是国民经济的基本单位，是商品经济和生产社会化发展的产物，是现代经济的产物。

[**企业组织分类**]　企业组织按产业形式，可分为以下几类：

1. 工业企业：包括冶金、机械，仪器仪表、电子、纺织、石油、化工、轻工、采掘等厂矿；

2. 交通运输业：包括公共交通、公路、铁路、民航、邮电、航运、港务等；

3. 农林牧副企业：包括农场、伐木场、牧场、水产养殖场、捕捞队、盐场、农业机械站等；

4. 商业企业：商业、粮食、饮食业、服务业和物资供销部门所属的各类公司、商店、门市部、经理部、仓库、粮库（站）、货栈、饭馆、旅馆（店）及其经营管理机构等；

5. 建筑企业：包括建筑施工公司、工程公司、安装公司、施工队和专业修缮队；

6. 城市公用企业：包括公共汽车、电车、出租车、船、自来水、电灯、电话、煤气等经营单位；

7. 金融企业：各专业银行及其所属分支机构、营业所、储蓄所、分理处、办事处及信托公司、保险公司等；

8. 文化娱乐企业：包括各种书店、电影发行公司、电影院、剧院等。

［**中介组织**］　按照一定的法律、法规、规章或根据政府委托，遵循独立、公平、公正的原则，利用专业知识和专业技能，为社会经济活动提供中介服务的机构。主要包括：会计（审计、税务）师事务所、资产资信评估所（中心）、公证处、律师事务所、专利（商标、版权）事务所、职业介绍中心、人才交流中心、信息中心、规划设计院所、测量测绘队等。

四、职位、人员编制

［**职位**］　一般指在组织中，工作与人的结合，职权和所承担的工作职责的集合体。美国联邦政府职位分类法对职位的定义是："分配给一个官员或职员，包含有职务与责任的工作"。职位由两个要素组成：一是"职务"，二是"责任"。所谓"职务"，系指应当完成的任务或为某一明确的目的而从事的工作行为。这种行为可以发生在"人"与"物"之间，也可以发生在"人"与"人"之间。所谓"责任"，系指担任一定职位的人必须做什么或不能做什么。职位是职位分类结构的基础和基本单位，由它构成各个职系和高低不等的职级。职位有四个明显的特征：① 以事为中心确定；② 人数有限；③ 可以按不同的标准加以分类，划分为一定等级；④ 一般不随人转移，同一职位在不同时间可以由不同的人担任。职位必须由以下几个条件组成：① 职位名称；② 职务内容（也包括工作性质、职务复杂程度；以及职权、管辖、协调

职务的范围)；③ 责任程度；④ 任职条件（包括学历、资格、经历、能力、专长、个人品格和身体、特征诸要素)。

[**职位分类**]　职位分类是应用于人事行政管理中对职位进行分类的一种方法。即按照行业、性质的不同划分为若干种类，再在分类职位中按照责任轻重、难易程度、所需资格条件划分为若干等级，最后编制成“职位规范”，写明每一个职级的名称、特征、任务、责任、权限、所需资格、工资待遇、考核办法、奖惩措施等。职位分类是为了达到适才适位、职责分明、标准客观、同工同酬、合理管理人事工作的目的。

职位分类一般要经过五个步骤：① 职位调查。调查收集有关职位的各种资料，包括业务的性质与数量、工作的时间与方法等，以此作为职位分类的依据；② 联系区分。在调查的基础上，按任务性质并同区界，划分为若干职系；③ 职位品评。按各职系的职位的工作难易、责任轻重、教育程度和技术高低分为若干职位，不同职系中上述条件相同的职位，列为同一职等；④ 职位归级。把所有工作人员职位按上面的原则，归入合适的职级，确定它们的待遇，薪金和地位；⑤ 编订职级规范，即编制职位说明书。职位分类首先产生于美国，加拿大政府 1919 年开始办理职位分类，1946 年法国亦实行之。其他各实行文官制度的国家也先后采用此种办法。

职位分类的基本特点是：① 在复杂多样的公务职位中建立起排列有序的职位体系，使每个具体职位都能在该体系中找到一个相应的位置。② 准确提示每个职位的工作性质、技术难易、责任轻重和所需监护等职位特点和任职条件，以此为人事任免、考核、奖惩、调配、培训等其他人事活动提供管理标准。③ 在揭示公务职位的特点和任职条件基础上制定统一的工资标准，使工资管理在整体上趋于合理。

[**中共中央总书记**]　即中国共产党中央委员会总书记的简

称。由中央委员会全体会议选举，必须从中央政治局常务委员会委员中产生。中共中央总书记负责召集中央政治局会议和中央政治局常务委员会会议，并主持中央书记处的工作。中国共产党中央领导机关负责人的职称，在党的“一大”时为书记，“二大”、“三大”党章规定为委员长；“四大”改任为总书记，“七大”设中央委员会主席，“八大”党章规定中央主席为最高负责人，同时设书记处及总书记一职。党的十一届三中全会决定在保留中央委员会主席职务的同时，恢复总书记职务。十二大党章规定，党中央不设主席，只设总书记。十七大党章规定，中央委员会总书记，由中央委员会全体会议选举。中央委员会总书记必须从中央政治局常务委员会委员中产生。

［**中共中央政治局常委**］　即中国共产党中央政治局常务委员会委员的简称，是中央政治局的核心成员，由中央委员会全体会议选举。十二大党章规定，我们党全部经常工作的领导核心是中央政治局常务委员会。这个领导核心是一个集体。中央政治局和中央政治局常务委员会的领导工作，严格按照党的全国代表大会和中央委员会的决议，按照民主集中制的原则进行。十七大党章规定，中央政治局和它的常务委员会在中央委员会全体会议闭会期间，行使中央委员会和职权。

［**中共中央政治局委员**］　即中国共产党中央政治局委员的简称。中央政治局的成员，由中央委员会全体会议选举，一般有若干人。十二大党章规定，中央政治局和它的常务委员会在中央委员会全体会议闭会期间，行使中央委员会的职权。负责召集每年至少举行一次的中央委员会全体会议，并与中央政治局常务委员会一起领导中央书记处。十七大党章规定，党中央的政治局、中央政治局常务委员会由中央委员会全体会议选举。

［**中共中央政治局候补委员**］　即中国共产党中央政治局候补委员的简称。中央政治局的候补委员，由中央委员会全体会议选

举，一般有若干人。当中央政治局委员缺额时或因工作需要，经中央委员会全体会议选举，可递补为中央政治局委员。在递补时需以得票多的为先，因此，中央政治局候补委员的排列以得票多少为序。

[**中共中央书记处书记**]　中央书记处是中央政治局和它的常务委员会的办事机构。其成员为中央书记处书记，一般有若干人，由中央政治局常务委员会提名，中央委员会全体会议通过。

[**中共中央书记处候补书记**]　为协助中央书记处工作的中央领导人之一，由中央政治局常务委员会提名，中央委员会全体会议通过。

[**中共中央委员**]　中国共产党中央委员会的组成人员，简称中委，由党的全国代表大会选举产生。担任中央委员必须有五年以上的党龄。中央委员每届任期五年，党的全国代表大会如提前或延期举行，中央委员的任期相应地改变。中央委员的名额，由党的全国代表大会决定。

[**中共中央候补委员**]　中国共产党中央委员会的候补委员，简称候补中委，由党的全国代表大会选举产生。担任中央候补委员必须有五年以上的党龄。中央候补委员的名额，由党的全国代表大会决定。中央委员空缺，由中央候补委员按照得票多少依次递补。中央候补委员有权参加中央委员会的会议和活动，有发言权，但没有表决权和选举权。在选举需要由中央委员才能担任的职务时，中央候补委员没有被选举权。

[**中共中央军委主席**]　即中共中央军事委员会主席。是党的中央军事委员会的主要领导人，人选由中央委员会决定。根据我国宪法规定，国家设立中央军事委员会，领导全国武装力量。党的中央军事委员会的组成人员，经全国人民代表大会通过，同时成为国家的中央军事委员会的组成人员。党的中央军委和国家的中央军委实际上是一个机构，对军队的领导职能完全一致，只是

在党内和在国家机构内同时有两个职位，目的在于既能保证党对军队的领导，又能通过国家政府机构加强武装力量的建设，并且有利于在必要时迅速使武装力量转为战时体制，以应付突然事件。

[**中共中央军委副主席**]　即中共中央军事委员会副主席，是党的中央军事委员会的主要领导人，人选由中央委员会决定。

[**中共纪委书记**]　是中共中央和党的地方各级纪律检查委员会的主要负责人。中央纪律检查委员会现设有书记、副书记、常务委员会委员，均由中央纪律检查委员会全体会议选举，并报党的中央委员会批准。党的地方各级纪律检查委员会书记，由党的地方各级纪律检查委员会全体会议选举，经同级党的委员会通过后，报上级党的委员会批准。党的基层委员会有的也设有纪委书记。

[**中共纪委副书记**]　即党的中央和地方各级纪律检查委员会副书记。纪委副书记协助纪委书记工作。党的地方各级纪委副书记，由党的地方各级纪律检查委员会全体会议选举，经同级党的委员会通过后报上级党的委员会批准。省、自治区、直辖市纪委副书记2~3人；省辖市、自治州、直辖市的区、县（旗、市）、自治县和省辖市的区纪委副书记1~2人。一些党的基层委员会也设有纪委副书记。

[**中共纪委常委**]　是中共中央和党的地方各级纪律检查委员会常务委员会的组成人员，简称为纪委常委。中央纪律检查委员会常务委员会委员，一般有若干人，由中央纪律检查委员会全体会议选举，并报党的中央委员会批准。党的地方各级纪律检查委员会常务委员会委员，由党的地方各级纪律检查委员会全体会议选举，并由同级党的委员会通过或批准。省、自治区、直辖市纪委常委一般为7~9人，省辖市、自治州、直辖市的区、县（旗、市）、自治县和省辖市的区纪委常委，一般5~7人。

[**中共纪委委员**]　是中共中央和党的地方各级纪律检查委员

会的组成人员，简称为纪委委员。中央纪律检查委员会委员有若干人，由党的全国代表大会选举产生。党的地方各级纪律检查委员会委员，由同级党的代表大会选举产生。省、自治区、直辖市纪委委员名额，一般为35人左右，党员和所辖党组织较少的为20人左右，党员和所辖党组织较多的为50人左右。自治州、省辖市和直辖市的区纪委委员名额，一般为15~30人。县（旗、市），自治县，省辖市和区纪委委员名额，一般为10~15人。

[**中共党委书记**]　是中共地方各级委员会和党的基层委员会书记的简称。党的地方各级委员会的书记由党的地方各级委员会全体会议选举产生，并报上级党的委员会批准，党的基层委员会书记由党员大会或代表大会选举产生，并报上级党组织批准。

[**中共党委副书记**]　中共地方各级委员会和党的基层委员会副书记的简称，协助党委书记工作，分管一个或几个方面的工作。党的地方各级委员会副书记由党的地方各级委员会全体会议选举产生，并报上级党的委员会批准；党的基层委员会副书记由党员大会或代表大会选举产生，并报上级党组织批准。省、自治区、直辖市党委副书记一般为4人，党员和所辖党组织较少的3人，党员和所辖党组织较多的5人，自治州党委副书记2~3人，省辖市党委副书记2~4人；直辖市的区党委副书记2~3人；县（旗，市）、自治县、省辖市的区党委副书记2~3人。

[**中共党委常委**]　是中共县级以上地方各级委员会常务委员会的组成人员，简称为党委常委，由县级以上党的地方各级委员会全体会议选举产生，并按干部管理权限分别报请党中央或上级党的委员会批准。县级以上党的地方各级常务委员会，在委员会全体会议闭会期间，行使委员会职权；在下届代表大会开会期间，继续主持日常工作，直到新的常务委员会产生为止。省、自治区、直辖市党委常委，一般为11人，党员和所辖党组织较少的9人，党员和所辖党组织较多的13人，个别省、市不超过15人。自治州

党委常委一般为7~11人，省辖市党委一般为7~11人，党员和所辖党组织较多的13人。直辖市的区党委常委一般为7~11人。县（旗、市），自治县、省辖市的区党委常委一般为7~9人，党员和所辖党组织较多的11人。党的基层委员会一般不设党委常委。至于一些大型厂矿企业、大专院校，由于党员人数多，工作范围宽，有些单位驻地又比较分散，为了便于工作，加强集体领导，根据工作需要和党员人数，经上级党委批准，可以设立党委常委会。

［**中共党委委员**］　中共地方各级委员会和党的基层委员会的组成人员，由党的地方各级代表大会和党员大会或代表大会选举产生。党的“十二大”党章规定党的省、自治区、直辖市、设区的市和自治州的委员会，每届任期五年。这些委员会的委员和候补委员必须有三年以上的党龄；党的县（旗）、自治县、不设区的市和市辖区的委员会，每届任期三年。这些委员会的委员和候补委员必须有三年以上的党龄。省、自治区、直辖市党委委员和候补委员名额，一般为20~30人，党员和所辖党组织较多的40人左右。省辖市党委委员和候补委员会名额，一般为40人左右，党员和所辖党组织较少的30人左右，党员和所辖党组织较多的50人左右。直辖市的区党委委员和候补委员名额，一般为20~30人。县（旗、市）、自治县党委委员和候补委员名额，一般为20~30人，党员和所辖党组织较多的40人左右。省辖市的区党委委员和候补委员名额，一般为20~30人。

［**中共党委候补委员**］　中共县级以上党的地方各级委员会的候补成员。由县级以上党的地方各级代表大会选举产生，候补委员的排列以得票多少为序。当党委委员空缺时，由候补委员按照得票多少依次递补。经同级党委讨论通过，并报上级党委备案。省、自治区、直辖市党委的候补委员一般占委员和候补委员总数的20%左右，州、市、县、直辖市的区党委的候补委员一般占委员和候补委员总数的15%左右。

[中共党组书记]　党组书记是党组的主要负责人，主持党组的全面工作。党组书记由批准成立党组的党的委员会任免。

[中共党组副书记]　为协助党组书记工作的党组负责人，一般只设 1 ~2 人，由批准成立党组的党的委员会任免。

[中共党组成员]　为党组的组成人员，一般有若干人，由批准成立党组的党的委员会任免。

[政协主席]　中国人民政治协商会议全国委员会和各级地方委员会主席的简称。其候选人由参加中国人民政治协商会议全国委员会和各级地方委员会的各党派、团体、各民族和各界人士协商提名，然后选举产生。全国政协主席由中国人民政治协商会议全国委员会全体会议选举产生，每届任期五年，主持常务委员会的工作。各级地方政协主席由中国人民政治协商会议各级地方委员会全体会议选举产生，其每届任期不同，省、自治区、直辖市、自治州、设区的市的政协主席每届任期五年，县、自治县、不设区的市和市辖区的政协主席每届任期三年。

[政协副主席]　中国人民政治协商会议全国委员会和各级地方委员会副主席的简称。协助政协主席进行工作。一般有若干人。其产生的办法和每届的任期，与政协主席相同。

[政协常委]　中国人民政治协商会议全国和各级地方委员会常务委员会的组成人员，一般有若干人，其产生的办法和每届的任期，与政协主席相同。

[政协秘书长]　中国人民政治协商会议全国和各级地方委员会常务委员会的组成人员，协助政协主席工作。其产生办法和每届的任期与政协主席、副主席相同。秘书长参加由主席、副主席、秘书长组成的主席会议处理常务委员会的日常工作。县、自治县、不设区的市和市辖区的地方委员会根据具体情况，也可不设秘书长。

[政协副秘书长]　协助政协秘书长进行工作的职务，一般有

若干人。根据秘书长提议，由中国人民政治协商会议全国和各级地方委员会常务委员会任免。

[国家主席] 即中华人民共和国主席的简称。国家主席在国家机构中享有崇高的地位。国家主席的活动都是按照全国人大和全国人大常委会的决定进行的。因此，我国国家元首制度是集体的，全国人大常委会作出决定，国家主席去执行。国家元首的职权由国家主席和全国人大常委会结合起来行使。国家主席的职权是：向全国人大提名国务院总理的人选；根据全国人大和全国人大常委会的决定，公布法律，任免国务院的组成人员，授予国家的勋章和荣誉称号，发布特赦令、戒严令、动员令，宣布战争状态；代表国家接受外国使节；根据全国人大常委会的决定，派遣和召回驻外全权代表，批准和废除同外国缔结的条约和重要协定。我国1954年宪法规定设置国家主席。1975年宪法取消国家主席设置。1982年恢复了国家主席的设置，但同1954年宪法相比，国家主席的设置有所发展和变化，这就是全国武装力量由国家设立的中央军事委员会领导，国家主席不再统率全国武装力量；政府工作集中归国务院领导，由国务院对全国人大常委会负责，最高国务会议已没有继续存在的必要，国家主席不再召开最高国务会议。宪法规定，国家主席由全国人大选举产生，全国人大也有权罢免。只有年满四十五周岁的有选举权和被选举权的中华人民共和国公民，才可以被选为中华人民共和国主席。国家主席每届任期与全国人大每届任期相同，连续任职不得超过两届。行使职权到下届全国人大代表大会选出的国家主席就职为止。国家主席缺位的时候，由国家副主席继任主席的职位，国家副主席缺位的时候，由全国人大补选。国家主席、副主席都缺位的时候，由全国人大补选；在补选以前，由全国人大常委会委员长暂时代理国家主席职位。

[国家副主席] 中华人民共和国副主席的简称，是协助国家

主席工作的国家领导人。由全国人大选举产生，只有年满四十五周岁的有选举权和被选举权的中华人民共和国公民，才能被选为国家副主席。每届任期与全国人大每届任期相同，连续任职不得超过两届。国家副主席受国家主席的委托，可以代行国家主席的部分职权。国家副主席行使职权到下届全国人大选出的国家副主席就职为止。国家副主席缺位的时候由全国人大补选。

［**全国人大常委会委员长**］　全国人民代表大会常务委员会委员长的简称，也是全国人大常设机关的主要领导人，由全国人大从人大代表中选出。委员长主持人大常委会会议和常委会的工作，每届任期和全国人大每届任期相同。委员长连续任职不得超过两届。

［**全国人大常委会副委员长**］　全国人民代表大会常务委员会副委员长的简称。副委员长协助委员长工作，一般有若干人，由全国人大从人大代表中选出，副委员长每届任期和全国人大每届任期相同。连续任职不得超过两届。副委员长受委员长委托，可以代行委员长的部分职权，委员长因健康情况不能工作或者缺位的时候，由常委会在副委员长中推选一人代理委员长的职务，直到委员长恢复健康或者全国人大选出新的委员长为止。

［**全国人大常委会秘书长**］　全国人大常委会的组成人员。人大秘书长协助委员长工作，并参加由委员长、副委员长、秘书长组成的委员长会议，处理人大常委会的重要日常工作。由全国人大从人大代表中选出，每届任期和全国人大每届任期相同。人大秘书长不得担任国家行政机关、审判机关和检察机关的职务。

［**全国人大常委会副秘书长**］　是全国人大常委会设的协助秘书长工作的职务，一般有若干人，由委员长提请全国人大常委会任免。

［**人大常委会委员**］　人大常委会的组成人员，一般有若干人。人大常委会委员不得担任国家行政机关、审判机关和检察机

关的职务；如果担任上述职务，必须向人大常委会辞去人大常委会委员的职务。人大常委会委员任期与本级人大每届任期相同。全国人大常委会委员由全国人大从人大代表中选出；地方各级人大常委会委员由地方各级人大从人大代表中选出。《中华人民共和国地方各级人民代表大会和地方各级人民政府组织法》对地方各级人大常委会组成人员的名额（含正副主任）作了规定：省、自治区、直辖市 35 ~ 65 人，人口特多的省不超过 85 人；自治州、市 13 ~ 35 人，人口特多的市不超过 45 人；县、自治县、市辖区 11 ~ 19 人，人口特多的县、市辖区不超过 29 人。

［**人大代表**］　人民代表大会代表的简称。分为全国人大代表和地方各级人大代表。全国人大代表由省、自治区、直辖市和军队选出；省、自治区、直辖市、自治州设区的市的人大代表由下一级人大选举产生；每届任期五年。县、自治县、不设区的市、市辖区、乡、民族乡、镇的人大代表由选民直接选举产生，每届任期三年。从每届人大第一次会议开始，到下届人大第一次会议为止。人大代表受原选举单位的监督，原选举单位有权依照法律规定的程序，罢免本单位选出的代表，人大代表根据宪法和有关规定进行工作。全国人大代表在全国人大开会期间有权依照法律规定的程序提出对国务院或者国务院各部、各委员会的质询案。地方各级人大代表在人大开会期间，有权依照法律规定的程序提出对同级人民政府或人民政府所属工作部门提出质询案。受质询的机关必须负责答复。

［**人大常委会主任**］　县以上地方各级人大常委会的主要领导人，其人选由本级人大从人大代表中选举，并有权罢免。省、自治区、直辖市、自治州、设区的市人大常委会主任每届任期五年；县、自治县、不设区的市、市辖区的人大常委会主任每届任期三年。人大常委会主任不得担任国家行政机关、审判机关和检察机关的职务；如果担任上述职务必须向人大常委会辞去人大常委会

主任的职务。1982 年 12 月 4 日中华人民共和国第五届全国人民代表大会第五次会议通过的宪法，决定县级以上的地方各级人民代表大会设立常务委员会。它是本级人民代表大会的常设机关，对本级人民代表大会负责并报告工作。

[人大常委会副主任] 协助人大常委会主任工作的人大常委会的负责人，一般有若干人，由同级人大从人大代表中选出。人大常委会副主任不得担任国家行政机关、审判机关和检察机关的职务。人大常委会副主任任期与本级人大每届任期相同。人大常委会副主任中，必须要有一定数量的党（中国共产党）外人士。

[中央军委主席] 即中华人民共和国中央军事委员会主席的简称。全国武装力量的最高领导人，对全国人大及其常务委员会负责，由全国人大选举。中央军委主席每届任期和全国人大每届任期相同（参见中共中央军委主席）。

[中央军委副主席] 即中华人民共和国中央军事委员会副主席的简称，是协助中央军委主席工作的领导人。一般有若干人，其人选由中央军委主席提名，全国人大或全国人大常委会决定。每届任期和全国人大每届任期相同。

[中央军委委员] 即中华人民共和国中央军事委员会的组成人员，一般有若干人。其人选由中央军事委员会主席提名，全国人大或全国人大常委会决定，每届任期和全国人大每届任期相同。

[国务院总理] 即中华人民共和国国务院总理。为国家最高行政机关的主要领导人。总理人选经国家主席提名，全国人大决定后，由国家主席任免。总理领导国务院的工作，召集和主持国务院常务会议和国务院全体会议。总理每届任期和全国人大每届任期相同，连续任职不得超过两届。国务院发布的决定、命令和行政法规，向全国人大或全国人大常委会提出的议案，任免人员，由总理签署。

[国务院副总理] 中华人民共和国国务院副总理的简称。是

协助国务院总理工作的国务院领导人。一般有若干人，协助总理工作。国务院副总理人选，由国务院总理提名，全国人大决定，国家主席任免。副总理每届任期和全国人大每届任期相同，连续任职不得超过两届。

［**国务委员**］　国务院的组成人员，国务委员人选由国务院总理提名，全国人大决定，国家主席任免。一般有若干人，协助总理工作。国务委员受总理委托，负责某些方面的工作或者专项任务，并且可以代表国务院进行外事活动。国务委员是根据全国人大常委会 1982 年 3 月 8 日通过的关于国务院机构改革问题的决议而设立的。国务委员的职位相当于副总理。同年 12 月，宪法又对国务委员作明确的规定。

［**国务院秘书长**］　为国务院的组成人员，其人选由国务院总理提名，全国人大或全国人大常委会决定，每届任期和全国人大任期相同。秘书长参加总理、副总理、国务委员、秘书长组成的国务院常务会议，并在总理的领导下，负责处理国务院的日常工作。

［**国务院副秘书长**］　为国务院设的协助国务院秘书长工作的职务，一般有若干人，由国务院任免。

［**国务院各部部长**］　部是国务院机关的名称。国务院部长是国务院的组成人员，其人选由国务院总理提名，全国人大或全国人大常委会决定，一般有若干人。每届任期和全国人大每届任期相同。各部实行部长负责制，部长领导本部门的工作，召集和主持部务会议，讨论决定本部门工作的重大问题，签署上报国务院的重要请示、报告和下达的命令、指示。

［**国务院各部副部长**］　为国务院各部中协助部长工作的职务。《中华人民共和国国务院组织法》规定，国务院各部副部长配 2～4 人，由国务院任免。

［**国务院各委员会主任**］　委员会是国务院机关的名称，如国

家发展和改革委员会。国务院各组成部门的委员会主任是国务院的组成人员。其人选由国务院总理提名，全国人大或全国人大常委会决定，一般有若干人，每届任期和全国人大每届任期相同。各委员会实行主任负责制，主任领导本部门的工作，召集和主持委员会会议、委务会议，讨论决定本部门工作的重大问题，签署上报国务院的重要指示、报告和下达的命令和指示。

［**国务院各委员会副主任**］　为国务院各委员会中协助委员会主任工作的职务。《中华人民共和国国务院组织法》规定，国务院各委员会副主任配 2 ~ 4 人，同时还配 5 ~ 10 名委员，由国务院任免。

［**审计长**］　为国务院的组成人员，其人选由国务院总理提名，全国人大或全国人大常委会决定，每届任期和全国人大每届任期相同。国务院设立审计机关，是为了对国务院各部门和地方各级政府的财政收支，对国家的财政金融机构和企业事业单位的财务收支，进行审计监督。审计机关在国务院总理领导下，依靠法律规定独立行使审计监督权，不受其他行政机关、社会团体和个人的干涉。

［**省长**］　省是直属中央的行政区划单位。省长即省人民政府主要负责人。省长主持省人民政府的全面工作。省长人选由省人大选举和罢免，每届任期与省人大每届任期相同。省长因故不能担任职务的时候，由省人大常委会决定代理的人选。

［**副省长**］　是省人民政府的负责人，协助省长工作，分管一个或几个方面的工作，一般有若干人。副省长人选由省人大选举和罢免。在省人大闭会期间，副省长的个别任免，由省人大常委会决定，其每届任期与省人大每届任期相同。

［**自治区主席**］　自治区是相当于省一级的民族自治地方。自治区主席是区人民政府的主要负责人，主持自治区人民政府的全面工作。自治区主席人选由自治区人大选举和罢免。自治区主席

由实行区域自治的民族的公民担任，每届任期与自治区人大每届任期相同。自治区主席因故不能担任职务的时候，由自治区人大常委会决定代理的人选。

[自治区副主席] 是自治区人民政府的负责人，协助自治区主席工作，分管一个或几个方面的工作。一般有若干人。自治区副主席人选由自治区人大选举和罢免。在自治区人大闭会期间，自治区副主席的个别任免，由自治区人大常委会决定，其每届任期与区人大每届任期相同。

[市长] 市是行政区划单位。凡设市的地方都是工商业集中处或政治、文化的中心。现一般分为三种市：一是直辖市，直属中央；二是地级市；三是县级市；直辖市和大的地级市下设区。市长是市人民政府的主要负责人，主持市人民政府的全面工作。市长人选由本级人大选举和罢免。市长因故不能担任职务的时候，由市人大常委会决定代理的人选。市长的每届任期与本级人大每届任期相同。

[副市长] 是市人民政府的负责人，协助市长工作，分管一个或几个方面的工作，一般有若干人。副市长人选由本级人大选送和罢免。在本级人大闭会期间，副市长的个别任免由市人大常委会决定，每届任期与本级人大每届任期相同。

[县长] 县是行政区划单位，有县和自治县两种，分别由直辖市、省辖市和自治州、地区领导。县长是县人民政府的主要负责人，主持县人民政府的全面工作，其人选由县人大选举和罢免。县长因故不能担任职务的时候，由县人大常委会决定代理的人选。县长的每届任期与县人大每届任期相同。自治县县长由实行区域自治的民族的公民担任。

[副县长] 是县人民政府的负责人。副县长协助县长工作，分管一个或几个方面的工作。一般有若干人，其人选由县人大选举和罢免。在县人大闭会期间，副县长的个别任免由县人大常委

会决定，每届任期与县人大每届任期相同。

［区长］ 区是行政区划单位。有两种情况：一是市辖区，二是县辖区，县辖区是县的派出机关。市辖区区长是区人民政府的主要领导人，主持区人民政府的全面工作，其人选由市辖区人大选举和罢免。区长因故不能担任职务的时候，由市辖区人大常委会决定代理的人选。区长每届任期与市辖区人大每届任期相同。县辖区不是一级政府，因此区长由县里直接任免。

［副区长］ 是协助区长进行工作的负责人。市辖区的副区长是区人民政府的负责人，分管一个或几个方面的工作，一般有若干人，其人选由市辖区人大选举和罢免。市辖区人大闭会期间，副区长的个别任免由区人大常委会决定，每届任期与市辖区人大每届任期相同。县辖区的副区长由县里任免。

［乡长］ 乡是行政区划的基层单位，一度撤销，1982 年宪法决定恢复乡的建制。乡分为乡和民族乡两种，一般由县或县辖区领导。乡长是乡人民政府的主要负责人，主持乡人民政府的全面工作。乡长由乡人民代表大会选举。乡长每届任期与乡人民代表大会每届任期相同。

［副乡长］ 是乡人民政府的负责人。协助乡长工作，分管一个或几个方面的工作。副乡长由乡人民代表大会选举产生，一般有若干人，副乡长每届任期与乡人民代表大会每届任期相同。

［镇长］ 镇一般是指较大的集市，它也是行政区划单位，一般由县领导，也有不少镇由县辖区领导。镇长是镇人民政府的主要负责人，主持镇人民政府的全面工作，镇长由镇人民代表大会选举产生。镇长每届任期与镇人民代表大会每届任期相同。

［副镇长］ 是镇人民政府的负责人。副镇长协助镇长工作，分管一个或几个方面的工作。副镇长由镇人民代表大会选举产生。副镇长每届任期和镇人民代表大会每届任期相同。

［厅长］ 厅一般为省、自治区人民政府的工作部门的名称。

厅长是省、自治区人民政府的组成人员，也是厅机关的主要负责人，由省、自治区人大常委会任免。

［**副厅长**］　是协助厅长工作的厅机关负责人，一般有若干人，分管一个或几个方面的工作，由省、自治区人民政府任免。

［**局长**］　局是机关组织系统中业务划分的单位。省、自治区、直辖市的局一般是与厅平级的单位，但也有小于厅或等于处的单位。县级以上地方各级人民政府的工作部门也有称局的，这类局的局长是同级人民政府的组成人员，也是局机关的主要负责人，局长由同级人大常委会任免，并报上一级人民政府备案。

［**副局长**］　是协助局长工作的局机关负责人，一般有若干人，分管一个或几个方面的工作。凡是县级以上地方各级人民政府工作部门的副局长，由同级人民政府任免。

［**最高人民法院院长**］　是我国最高审判机关的主要负责人。最高人民法院院长由全国人大选举和罢免，有选举权和被选举权的年满23岁的公民，可以被选为最高人民法院院长。最高人民法院院长每届任期与全国人大每届任期相同，连续任职不得超过两届。

［**最高人民法院副院长**］　是协助最高人民法院院长工作的最高审判机关的负责人，一般有若干人，其人选根据最高人民法院院长的提请，由全国人大常委会任免。有选举权和被选举权的年满23岁的公民，可以被任命为最高人民法院副院长。

［**庭长**］　是最高人民法院和地方各级人民法院的组成人员。一般有若干人。《中华人民共和国人民法院组织法》规定，最高人民法院设刑事、民事、经济审判庭和其他需要设置的审判庭；高级人民法院设刑事、民事、经济审判庭，还可根据需要设其他审判庭；中级人民法院设刑事、民事、经济审判庭，根据需要可设其他审判庭；基层人民法院可设刑事、民事和经济审判庭。有选举权和被选举权的年满23岁的公民，可以被任命为庭长。最高人

民法院的庭长由全国人大常委会任免；地方各级人民法院的庭长由地方各级人大常委会按照《中华人民共和国人民法院组织法》的规定进行任免。

[副庭长] 是最高人民法院和地方各级人民法院的组成人员，协助庭长工作，一般有若干人，有选举权和被选举权的年满23岁的公民，可以被任命为副庭长。最高人民法院的副庭长由全国人大常委会任免。地方各级人民法院的副庭长由地方各级人大常委会按照《中华人民共和国人民法院组织法》的规定进行任免。

[审判委员会委员] 是审判委员会的组成人员。审判委员会是我国各级人民法院对审判活动实行集体领导的组织。也是法院为了总结审判经验，讨论重大的或者疑难的案件和其他有关审判工作的问题，而建立的一种组织形式。它实行民主集中制，审判委员会会议由院长主持。审判委员会委员一般有若干人，地方各级人民法院审判委员会委员，由院长提请本级人大常委会任免；最高人民法院审判委员会委员由最高人民法院院长提请全国人大常委会任免。

[审判员] 是最高人民法院和地方各级人民法院的组成人员。是国家最高审判机关和地方国家审判机关的审判人员，一般有若干人。有选举权和被选举权的年满23岁的公民，依照法律规定的程序可以被任命为审判员。最高人民法院的审判员根据最高人民法院院长的提请，由全国人大常委会任免。地方各级人民法院的审判员由地方人大常委会按照《中华人民共和国人民法院组织法》的规定进行任免。

[助理审判员] 是我国人民法院内协助审判员进行工作的人员。助理审判员由本级人民法院任免。助理审判员由本院院长提名，经审判委员会通过，可以临时代行审判员职务。

[军事法院院长] 是中国人民解放军的最高审判机关的主要负责人，负责审判军队系统的案件，其人选根据最高人民法院院

长的提请，由全国人大常委会任免。

［法院院长］ 是国家审判机关的主要负责人。人民法院除最高人民法院外，还设立有地方各级人民法院和军事法院、专门人民法院。地方各级人民法院对产生它的国家权力机关负责。地方各级人民法院分为基层人民法院（包括县、市、自治县、市辖区人民法院）、中级人民法院（包括在省、自治区内按地区设立的中级人民法院；在直辖市内设立的中级人民法院；省、自治区所辖市的中级人民法院；自治州中级人民法院）、高级人民法院（包括省、自治区、直辖市的高级人民法院）。地方各级人民法院院长由地方各级人民代表大会选举产生。在省、自治区内按地区设立的和在直辖市内设立的中级人民法院院长由省、自治区、直辖市人大常委会主任会议提名，同级人大常委会决定任免。在民族自治地方设立的地方各级人民法院的院长，由民族自治地区各级人民代表大会选举产生。地方各级人民法院院长任期与本级人大每届任期相同。在地方两届人民代表大会之间，如果本级人大常委会认为人民法院院长需要撤换，须报请上级人民法院报经上一级人大常委会批准。有选举权和被选举权的年满 23 岁的公民，可以被选举为人民法院院长。

［法院副院长］ 是协助法院院长工作的国家审判机关的负责人。一般有若干人。地方各级人民法院的副院长，由县级以上的人大常委会，按照《中华人民共和国人民法院组织法》的规定进行任免。

［最高人民检察院检察长］ 是国家最高检察机关的主要负责人。最高人民检察院检察长由全国人大选举和罢免，每届任期和全国人大每届任期相同，连续任职不得超过两届。

［最高人民检察院副检察长］ 是协助最高人民检察院检察长工作的最高检察机关的负责人，一般有若干人，其人选根据最高人民检察院检察长的提请，由全国人大常委会任免。

[**检察委员会委员**]　是检察委员会的组成人员。检察委员会是我国各级人民检察院对检察活动实行集体领导的组织。它实行民主集中制，在检察长主持下，讨论决定重大案件和其他重大问题。检察委员会委员一般有若干人。地方各级检察院检察委员会委员，由检察长提请本级人大常委会任免；最高人民检察委员会委员由最高人民检察院检察长提请全国人大常委会任免。

[**检察员**]　是国家检察机关内行使检察权的工作人员。在正副检察长和检察委员会领导下工作。一般有若干人。最高人民检察院检察员，由最高人民检察院检察长提请全国人大常委会任免。省、自治区、直辖市人民检察院的检察员由省、自治区、直辖市人民检察院检察长提请本级人大常委会任免。自治州、省辖市，县、市、市辖区人民检察院检察员由检察长提请本级人大常委会任免。省一级人民检察院和县一级人民检察院设置的工矿区、农垦区、林区人民检察院检察员，由检察长提请本级人大常委会任免。

[**助理检察员**]　是我国人民检察院内协助检察员进行工作的人员，一般有若干人，由各级人民检察院检察长任免；经检察长批准，助理检察员可以代行检察员职务。

[**书记员**]　是各级人民法院或人民检察院办理案件的记录工作和有关事项的人员，一般有若干人，由各级人民法院院长或人民检察院检察长任免。

[**军事检察院检察长**]　中国人民解放军最高检察机关的主要负责人，其人选根据最高人民检察院检察长的提请，由全国人大常委会任免。

[**检察长**]　是国家检察机关的主要负责人，检察长统一领导检察院的工作。人民检察院除最高人民检察院外，还设立有地方各级人民检察院和军事检察院等专门人民检察院。地方各级人民检察院对产生它的国家权力机关和上级人民检察院负责。人民检

察院依照法律规定独立行使检察权，不受行政机关、社会团体和个人的干涉。地方各级人民检察院分为：省、自治区、直辖市人民检察院；省、自治区、直辖市人民检察院分院，自治州和省辖市人民检察院；县、市、自治县和市辖区人民检察院。地方各级人民检察院检察长的任期，与本级人大每届任期相同。省、自治区、直辖市人民检察院检察长由省、自治区、直辖市人大选举和罢免，并报最高人民检察院检察长提请全国人大常委会批准。省、自治区、直辖市人民检察院分院检察长由省、自治区、直辖市人民检察院检察长提请本级人大常委会决定任免。自治州、省辖市、县、市、市辖区人民检察院检察长由本级人大选举和罢免，但需报上级人民检察院检察长提请该级人大常委会批准。省一级人民检察院和县一级人民检察院设置的工矿区、农垦区、林区人民检察院的检察长，由派出的人民检察院检察长提请本级人大常委会任免。

［副检察长］ 是协助检察长工作的国家检察机关的负责人，一般有若干人。省、自治区、直辖市人民检察院副检察长由省、自治区、直辖市人民检察院检察长提请本级人大常委会任免；自治州、省辖市、县、市、市辖区人民检察院副检察长由检察长提请本级人大常委会任免。省一级人民检察院和县一级人民检察院设置的工矿区、农垦区、林区人民检察院的副检察长，由派出的人民检察院检察长提请本级人大常委会任免。

［人员编制］ 指一切法定社会组织内部工作人员的定员、职位、结构等方面的规定。一般包括以下几方面的内容：（1）编制员额的规定；（2）各职位的名称、设置以及领导职数的规定；（3）各类人员的比例结构的规定；（4）人员配备的质量要求。

［人员编制的分类］ 人员编制可以根据其性质、管理方法进行分类。人员编制的分类，是编制管理的一项基础工作。通常的分类方法是，按照组织机构的不同性质进行的，如我国根据党派

机构、国家机关、人民团体、事业单位、企业组织、军事机构（军队）的不同性质，分别确定为行政编制、事业编制、企业编制以及军事编制等。目前，各级机构编制委员会原则上管理机关和事业单位的人员编制。也有对编外其他用工形式名额进行管理的。

除了以上分类方法外，一般还有两种方法：一是根据组织机构存在的久暂进行分类，分为正式编制和非正式编制（或称临时编制）。非正式编制是相对于正式编制而言，往往是为了适应一些临时性、突击性的工作而编制的编制，这些工作完成后，这部分编制即予以取消。二是根据编制管理的方法，分为条条编制和块块编制，条条编制，指由上级业务主管部门进行垂直管理式直接下达的编制，如我国的海关、商检、统计等系统的人员编制，都是条条编制。块块编制，是相对条条编制而言，通常指由一级地方党政机关进行管理的编制，其编制总额虽然受上级党政机关的控制，但具体分配不受上级业务主管部门的干预。

［**行政编制**］　工作人员的工资和日常办公经费，由行政经费开支，执行国家职能及政治体系管理职能的国家权力机关、国家行政机关、国家审判机关、国家检察机关、党派机关、政协机关、人民团体所使用的人员编制，列为国家行政编制。行政编制是人员编制中最基本、最重要的类别之一。

［**事业编制**］　为国家创造或改善生产条件、增进社会福利，满足人民文化、教育、卫生等需要，其经费一般由国家事业费开支的单位所使用的人员编制。适用单位主要有：科研单位，教育单位，文化单位，新闻、广播、出版单位，卫生单位，体育单位，勘察设计单位，农业、林业、水利和气象单位，社会福利单位，环境保护、交通、城市公用等其他事业单位。工作人员列入事业编制的单位，其工作人员的工资和活动经费的开支渠道除一般由国家事业费开支的外，还有部分事业单位的经费，采取自收自支、差额补贴等方法。

[社团编制] 社团即社会团体。在机构编制管理中，将社会团体分为两大类，一类是在我国政治、经济生活中具有较大影响的，组织历史较长，系统较健全的，如工、青、妇等社会团体称为人民团体（或群众团体），由机构编制部门核定编制。还有一类属学术性、行业性、福利性、公益性、娱乐性、联谊性的社会团体，主要是各种学会、协会、基金会、联谊会、研究会等，数目较多。根据国家有关规定，这一类社会团体，机构编制部门一般不核定编制，由社团管理部门管理。

[行政附属编制] 1988 年国务院机构改革中，改革后勤体制，把机关后勤的各项工作，分解为管理职能和服务职能两部分，规定从事机关后勤服务职能的人员列为行政附属编制。目前行政附属编制的使用范围是：机关的食堂、车队、医务室、礼堂、电话总机室、技工班和其他工勤人员。其编制按行政编制的一定比例核定，由国家拨给行政服务经费。

[军事编制] 指对军事组织体制、人员数额及武器装备所进行的编配。军事编制是根据战争的需要以及国力和技术装备水平进行编配的，组织人员以及装备有着严整、统一的要求，技术性很强，直接影响着军事组织的战斗力。按军种划分，可分为陆军编制、海军编制、空军编制；按兵种划分，如陆军可划分为摩托化兵编制、坦克兵编制，火箭兵编制。各种专业兵种为工程兵、防化兵、通信兵、雷达兵、测地兵等编制。在各兵种内部按战斗单位划分为军、师、旅、团、营、连、排、班等编制。我国的军事编制统一由中央军委负责。

[单列编制] 单列编制系指对某类部门或系统的人员编制单独核定，并在具体管理上一般不与其他部门或系统的编制进行平衡、调剂的一种编制管理方法。对某类部门或系统的编制实行单列，是为了保证这些部门的编制数量和编制的相对稳定。从大的范围来讲，我国实行编制单列的主要有公安系统、法院系统和检

察院系统。

[**专项编制**] 俗称“戴帽”下达的编制，即指规定使用对象和范围，有针对性下达的编制。专项编制只能用于规定的对象和范围以内，不能用于其他。专项编制能直接体现上级编制主管部门关于编制结构的某些积极意图。一般用于充实加强某项工作或调整人员结构、人员比例等。

[**机动编制**] 下级编制管理部门在上级编制管理部门批准下达的编制总额内，留出一部分暂不向下分配，以备急需或调剂的人员编制。这既可以在一定程度上促进精简，又能在需要增加少量编制时，不必再报请上级批准增编，而由机动编制中及时下达补充。它有利于提高工作效率。机动编制的裁留数一般以不影响工作的正常需要为前提。

[**临时编制**] 相对于正式的长期有效的编制而言，根据部门工作临时性或不确定性而下达的具有暂定性质的编制。主要适用于新建机构筹备时机或工作任务尚未定型阶段的工作人员及临时机构的工作人员。待新机构建成，工作任务定型、正式编制下达后，临时编制即行转化。临时机构工作结束后，临时编制随机构撤销而撤销。其特点是：时限性强，在编制管理上相对灵活，既有效地保障工作进行，又便于转化或撤销。它与正式编制具有同等的法规作用。使用临时编制工作人员的工资待遇与经费待遇与使用正式编制工作人员相同。

五、机构编制管理

[**机构编制管理**] 属行政管理范畴。广义上的机构编制管理是指对一切法定社会组织内部的职能配置、机构设置、组织形式及工作人员的数量、结构等方面的管理。狭义上的机构编制管理是指对机关、事业单位及部分企业组织的职能配置、机构设置、

人员数额及人员结构的管理。机构编制管理区别于一般行政管理的特点是：（1）集中程度高。尤其是对国家机关，为了保障其高效和廉洁，对其进行集中管理。（2）综合性强。机构编制管理的范围较宽，涉及各个机关和单位，要掌握其共同性，又要了解其各自特点，并相应采取不同的管理方法。管理过程须与组织人事工作、财政工作等密切配合、搞好协作。（3）是一种经常性、长期性的工作。只要有管理机关和单位、组织存在，机构编制管理就不能停止。根据工作需要和精简原则科学、合理地配置职能、设置机构和配备人员，是机构编制管理的目标和依据。机构编制管理与人事管理、财政管理关系尤为密切。在与人事管理方面，编制管理中关于人员数量的确定，要考虑人员来源和现有人员的素质状况，而人事管理中的计划录用、聘用和调配工作，要以人员编制数量为依据，以人员编制数额来制定录用、聘用计划、调配人员，在与财政管理方面，机构的设置和人员编制的确定要考虑到经费来源及财政支付能力；而财政管理中行政和事业经费的开支要以机构的设立为前提，以编制数额为依据。即必须先有机构和编制才能决定支付经费的方向和数量。一般情况下，由于编制管理的首要依据是工作需要，因而对人事管理和财政管理的影响具有主动性。

［**机构编制委员会**］　各级机构编制委员会是各级党和政府负责机构改革和管理机构编制的综合、协调、监督机构。主要负责研究和管理党政群机关、事业单位的职权划分、职能配置、机构设置、机构规格、领导职数、人员编制以及人员结构等事宜。机构编制委员会一般实行委员制，由党委和政府有关工作部门的主要负责人组成，由党委或政府的主要领导人担任或兼任主任。定期或不定期召开全体委员会议，研究、处理机构编制方面的重要事项。委员会下设办公室，为委员会的常设办事机构，负责处理日常具体工作。在我国，中央设中央机构编制委员会和中央机构

编制委员会办公室。地方各省、自治区、直辖市，各地区、市、州、县均设机构编制委员会和机构编制委员会办公室。

[**精兵简政**]　毛泽东曾指出：“‘精兵简政’这一条意见，就是党外人士李鼎铭提出来的。他提得好，对人民有好处，我们就采用了。”精兵简政，是抗日战争时期中国共产党为克服抗日根据地的物质困难，而采取的精简机关、充实基层的一项重要政策，是著名的“十大政策”之一。

1938 年 10 月侵华日本军队占领武汉后，改变其侵华政策，逐步将主要军事力量转向中国共产党领导下的抗日根据地。同时，国民党顽固派也不断掀起反共高潮，加紧封锁与破坏抗日根据地。抗日根据地日渐缩小，物质供应极端困难。由于党、政、军、民机构庞大，脱产人员过多，难以适应农村游击战争环境，使根据地的供给能力不胜负担。

1941 年 11 月 7 日，中共中央军委在《关于抗日根据地军事建设的指示》中提出实行精兵主义。随后，党外人士、不久担任陕甘宁边区政府副主席的李鼎铭等 11 人在陕甘宁边区二届一次参议会上提出有关财政问题的提案，建议“政府应彻底计划经济，实行精兵简政主义，避免入不敷出经济紊乱之现象”。还提出了五项具体实施办法。这个议案提出后，曾产生争议。有些人担心这会使边区在遭到敌军进攻时没有足够的力量来抵挡。毛泽东看到李鼎铭等的提案后非常重视，并在一旁加了一段批语：“这个办法很好，恰恰是改造我们的机关主义、官僚主义、形式主义的对症药。”同年 12 月，中共中央发出指示，号召全党全军实行精兵简政，要求党、政、军各级组织机构切实进行整顿，精简机关，充实连队，加强基层，提高效能，节约人力、物力。并把精兵简政确定为 1942 年全党全军的中心工作之一。1942 年 9 月 7 日，延安《解放日报》发表毛泽东起草的《一个极其重要的政策》的社论，阐明中共中央实行的精兵简政政策，是解决庞大机构与战争情况的矛盾，粉碎日军烧光、杀光、抢光“三光”政策，最后战胜敌人的重要办法。12月，毛泽东在《抗日时期的经济问题与财政问题》的报告中指出，精兵简政必须达到精简、统一、效能、节约和反对官僚主义五项目的。

在中共中央领导下，陕甘宁边区首先实行精兵简政，并先后进行三次精简，取得很大成效。随后，各根据地普遍实行了精兵简政。主要内容是：将党、政、军、民等组织机构的脱产人员缩减到占所在根据地总人口的3%以内，军队（含游击队）与党、政、民工作人员的比例为3∶1，从而使脱产人员与根据地的供养能力相适应，从根本上解决“鱼大水小”的矛盾；压缩与合并党、政、军、民领导机构，减少机关行政人员和部队的非战斗人员，充实基层和连队，将编余干部送学校和训练班储备与学习；建立党的一元化领导体制，规定由中共中央代表机关及各级党的委员会统一领导所在地区的党、政、军、民工作，消除党、政、军各自为政现象。

精兵简政政策的普遍实行，对于减少消费，增加生产，减轻人民负担，克服物质困难，提高人员素质和工作效率，起了积极作用。军队的精兵简政工作从1941年12月陆续开始，至1943年底基本结束。实行这一政策后，部队的数量虽然有所减少，但战斗力有所提高，并使主力军、地方军和民兵自卫队三结合的武装力量体制得到加强，从而更加适应敌后游击战争的环境。

［**“一支笔”审批原则**］　“一支笔”审批原则是审批机构编制的一项重要原则。所谓“一支笔”原则是指对机构设置和人员编制审批实行统一领导、集中管理。“一支笔”原则有利于保证机构编制管理工作的法律性、权威性、严肃性，避免政出多门，多种渠道、多种文件批准设置机构、增加人员编制。“一支笔”原则的主要内容包括：（1）有关机构编制事宜，应由主管编制的领导决定或批准，并且专题文件下达，其他领导一般不能随意决定或

审批；（2）有关机构编制方面的问题，应由主管部门提出专题报告，统一经编制主管部门办理并向主管编制工作的领导提出审查、处理意见，其他部门不能以任何形式自行决定或下达有关增设机构、增加编制、确定机构规格级别等事宜。“一支笔”审批原则，能有效地防止官僚主义和本位主义，有利于机构编制管理。

[机构管理的地位和作用]　机构管理是编制工作的重要组成部分。编制管理工作的主要内容是职能管理、机构管理和人员编制管理。从“硬件”来说，就是组织机构，从“软件”来说，就是各类机构的职能、人员编配、工作方法以及运行机制。在编制管理中，职能、机构以及人员编制是一个有机的整体、紧密相连的。机构管理的任务就是在一定时间、一定范围内，使职能得到最合理的分解。人、财、物等要素得到最优组合和充分利用，使机构设置进一步科学、合理，功能齐全、运转灵活，为我国社会主义经济建设和各项事业的发展服务。因此，机构管理与职能管理、人员编制的管理不可分割。机构是职能的载体，一切职能都是通过组织机构及其活动实现的。没有一定的机构以及组织活动，职能就无法实现。同时，机构也是人员编制管理的基础，要研究人员编制，必须从一个个具体的组织机构开始。没有机构，人员编制也无从谈起。

[政府机构设置的原则]　政府机构设置的科学合理，直接关系着国家的行政管理职能的有效发挥，影响到管理对象的正常活动。一般认为，政府机构设置应遵循精简原则、统一原则、效能原则、法制原则、弹性原则。

第一，精简原则是政府机构设置的基本原则。它包括两个方面的内容，一是机构的组织及其工作人员要精干；二是机构所承担的政务要简化（不能等同于减少）。

第二，统一原则，主要包括两个层次的内容。一是每个机构都要各自形成有机的整体。二是所有政府机构还要共同组成更大的整体，即形成一个既有最高指挥，又有逐级指挥与服从；既有纵向联系，又有横向联系；既有分工，又有合作；既互相制约，又互为补充的完整的行政管理系统。

第三，效能原则，主要包括两个意思：一是机构的运转速度要快；二是机构工作的质量要高。

第四，法制原则。为维护和保证国家权力的基本性质，也为保证政府机构自身的应有权威，使其行政行为具有法律效力，必须确立政府机构设置的法制原则。必须按照法律规定的范围、种类、性质以及组织成分设置政府机构；必须严格按照法律规定程序设置或变更政府机构。

第五，弹性管理的原则，首先必须研究政府机构与环境的特点，考虑环境对机构设置的影响。并根据机构和环境的特点研究机构的目标，考虑机构的规模、结构、形式，使机构适应情况的变化而存在。其次，要将机构看成是动态和静态的统一。政府机构要具有一定的稳定性，否则，机构频繁变更，不能持续和发展，则会影响整体效能的发挥。但也不能处于保守停顿状态，否则，很容易被竞争的社会所淘汰。

[**目标管理原则**]　所谓目标管理是指围绕确定目标和实现目标开展系列管理活动。从组织机构角度看，是要按目标要求，合理设置机构，建立管理体制，明确各职能部门的作用，规定责权关系等。要建立机构，首先必须确立目标，然后根据目标建立相应的机构。在政府机构的设置上，应做到根据党和国家关于社会政治经济和各项事业发展的总目标、总任务的需要设置机构，以目标、任务、职能为前提，论证设立机构的可行性和必要性。目标决定着机构也衡量着机构，一切因人设事、因人设机构，以及不顾实际需要，强调上下对口设置机构，都是违背目标管理原则的。因此，必须根据国家行政管理的总任务、总目标的需要设计组织机构。

［协调统一原则］ 我国政府系统是一个整体，纵向上既有上下级领导与被领导，指导与被指导的关系，又有中央与地方、地方各级之间的职权划分；横向上，同级政府的各工作机构之间，既有分工，又有合作，既相互制约，又互为补充。因此，机构设置必须遵循协调统一的原则，这也是行政机构设置的一个重要特征。

首先，机构设置要完整统一。为了保证国家法律和上级政府的指示、命令的贯彻，县级以上地方各级政府都具有的一些基本职能，如公安、司法、民政、财政等，必须设专门机构，而且应与国务院有关机构大体对应，全国大体统一。对其他一些机构，下级政府只要业务归口，可以由各地根据具体情况，因地制宜设置机构。同时行政机构的级别、名称等也要统一规范。

其次，指挥要统一。任何下级一般只应对一个上级负责，只应接受一个上级机关的命令和指挥。否则会导致上级之间矛盾丛生，下级无所适从。因此，在机构设置上要组成一个协调有序的机构体系，实现领导管理的统一性，避免机构重复、领导多头、部门分割、政出多门等现象的发生。

［责权一致原则］ 设置机构必须明确职责，并赋予相应的权限，不能设立只办事没有权，或者只有权力不负责任的机构。在机构设置上的党政不分，以党代政，或者政企不分，以政代企，也是违背责权一致原则的。

按照责权一致原则，要求做到两个方面，一是机构的责权挂钩。一个机构要有权有责，不能只取其一，要改变职权相脱节的现象。二是机构的职权相称。一个机构办多大的事，就要有多大的职权，就应负有多大的责任。因此，在机构设置时，必须对责权也进行合理科学的划分。中央和地方各级政府的权限划分必须适宜，既不能过分集权，也不能无原则分散权力。该集中的权应该坚决不放，该放权的一定要下放，地方政府各级之间同样如此。

在合理分权的基础上，明确各机构和人员的职、权、责。

［**精干合理原则**］　我国宪法规定：“一切国家机关实行精简的原则。”根据这个原则行政机构应当精干，层次应当简化，管理幅度要适宜。

机构要精干，就是政府的横向职能分工不宜细，一个机构能完成的工作，不设两个或几个机构。凡重叠机构要撤销，业务相近的机构要适当合并。随着政府职能的转变，要逐步把某些可以下放的事务交给下级机关或各种企业部门、社会团体或群众组织去管理，政务要简化。海南省是按照“小政府、大社会”的要求设置机构的，使政府机构尽量精干。

层次要简化，就是机构的层次宜少不宜多。机构层次繁多是造成机构臃肿的一个原因。层次过多，必然增加中间环节，不仅降低工作效率，而且易造成人浮于事，官僚主义严重等现象。机构层次包括外部和内部层次，前指从上级机构到下级机构之间的层次，后者指同一机构内部层次。一个行政机关究竟应设置多少层次，才符合精干合理的原则，必须从行政机关本身所担负的工作量的大小等决定，还与管理幅度有关。管理幅度要适宜。管理幅度是指一个主管部门或一名上级领导者能直接有效地指挥下属机构或人员的数量。一般说来，管理幅度过大，则易顾此失彼，误时误事；管理幅度过小，就要增加层次，增加人员。管理幅度与层次成反比。每个管理机构都有客观存在的最佳管理幅度。具体在考虑管理幅度时，应当主要考虑的因素是：（1）领导层次的高低。高层次的行政机关工作带有决定方向性质，需要有更多思考和研究的时间，管理幅度应适当小些；而较低层次的行政机关的主要活动带有较多的执行性质，管理幅度可适当大些。（2）工作对象和内容的复杂难易程度。内容复杂、难度较大的，管理幅度就应小些。（3）管理方法和手段的先进程度。咨询机构、信息机构比较健全，信息沟通比较方便，管理方法和现代化程度较高的，管理幅度可以适当大一些。（4）领导者个人素质情况。如领导者个人智力、体力、工作能力等条件好，领导能力强，管理幅度也可以适当大一些。总之，在确定政府机构管理幅度时，应该从当地实际情况出发，做到层次少而精，管理幅度科学合理。如县级政府的工作部门有的工作任务单一、人数较少，内部一般就可以不分设机构。而人数较多的综合部门则又必须设少量的内设机构，这就要根据情况具体而定。

［**整体效能原则**］　本原则实质上是运用系统论的方法来设置政府机构。系统原理认为，各个部门只有通过整体才能表现其效能。因此，必须按照整体效能的原理设置机构，才能建立科学的组织体系。

首先要合理分工，步调一致。政府的机构设置是以政府的职能为前提的，因此，职能的分解组合的科学合理，是保证机构效能的重要条件。著名的美国现代管理制度“泰罗制”，也就是强调要将每件工作分解为几个基本要素，明确分工，再加以适当组合，就能提高效率。对国家行政机构来说，也只有在合理分工的基础上，才能达到科学合理设置，保证总目标的实现。同时，政府的整体是由各个工作部门构成的，但政府的整体功能并不等于各个工作部门在孤立的状况下功能的简单相加，而应当是“整体大于部分之和”。因此，设置机构时，应把它放到政府这个系统整体中加以综合考察，注意机构的上下沟通、左右配合，减少内部的摩擦和内耗，才能有较大的整体效能。所以，评价一个机构设置是否科学合理，其标准并不完全在于机构本身的大小、人员编制的多少。而在于其在整个政府系统中，是否能产生最大的功能，表现在内部能否与其他机构协调与沟通，在外部能否适应环境。内外功能的统一，才有利于总目标的实现。

其次，机构的功能要齐全。必须做到上下左右行政机构配套：不短缺，不重复，结构完整，功能齐全不残缺，机构的运行机制健全。从系统功能的角度看，要达到决策机构、执行机构、监督机构和反馈机构完整配套，行政机构的整体效能才能发挥。

[**弹性管理原则**]　现代管理学很强调组织机构的适应性、伸缩和应变性，强调行政组织系统是开放性和非封闭性的。因此，行政机构的设置要适应变化了的环境，富有弹性，要根据国家经济、政治、科学技术等发展变化的需要，适时地进行调整和改革，以适应新的形势和任务。

首先必须研究政府机构与环境的特点，考虑环境对机构设置的影响。政府机构是整个社会环境的一部分，它受社会经济，政治文化等各方面因素的制约。其内部的各个方面因素也在不断地变化着。根据机构和环境的特点研究机构的目标，并考虑机构设置的规模、结构、形式，使机构适应情况的变化而存在。墨守成规，多年不变的机构设置模式，不符合机构弹性管理的原则。

其次要将机构看成是动态和静态的统一。政府机构具有一定的稳定性，否则，机构频繁变动，机构不能持续和发展，就会影响整体效能的发挥。但也不能否定政府机构变动的必然性，处于保守停顿状态的组织机构，很容易被竞争的社会所淘汰。因此，研究政府机构设置时，既要看到机构静态的一面，也要看到其动态的特征。也就是运用动态的发展的观点来管理机构，并不是把它看成一经建立便是固定化、绝对化的格局。

[**依法设置原则**]　现代政府的管理活动的实质是依法行政，作为其行为具有法律效力的机构，必须依法设置。依法设置的原则，有两个方面的意思：一是用行政立法明确规定政府机构设置数量、职权范围、人员编制、工作程序和行为规范，使政府机构设置法制化。二是严格依照法定程序设置机构，按照行政组织法规的程序，由有权设置、通过、变更或撤销这个机构的机关，在其职权范围内审查批准机构的设置或调整，否则，就是不合法。目前，不少地方人大对于一些未经上级政府批准的本级政府工作

部门的设置，不予任命干部，就是坚持依法设置机构的原则。坚持这个原则，就能防止或改变行政机构设置的随意性，以克服机构变动频繁和臃肿庞大等现象的发生。

［**机构管理的一般内容**］　机构日常管理工作，主要是对机构的设置或者调整的管理，但就机构本身来说，管理的一般内容主要有机构的性质、名称、位置以及级别、规格、规模等。

［**机构的性质**］　机构的性质是机构的根本属性，是由机构的职能所决定的。通常我们将机构的性质分为三类，即行政性质的机构（广义上包括国家机关、党派和群团机构），事业性质的机构和企业性质的机构。

机构性质管理的要求在于准确合理地确定机构的属性，从而使机构更好地履行其职能，为科学、合理地核定人员编制提供条件。一般说来，机构的性质决定着人员编制的性质，而不是相反。目前有些行政性质的机构使用事业编制，如基层税务所、工商管理所、物价检查所等使用事业编制，并不表明这些机构是事业性质的。

机构性质管理的基本方法是，按照政企分开、政事分开的原则，在对机构的职能进行科学管理的基础上，对机构的性质进行合理确定。即凡承担行政职能的机构，就应明确为行政机构，而不应当确定为事业企业性质的机构，反之也不能将事业或企业性质的机构定为行政机构。

［**机构的名称**］　机构的名称一般分为三个部分：（1）机构的所属关系或地理位置；（2）机构的基本工作内容和工作性质；（3）表示机构的地位、组织方式或工作制度的中心词。如以中华人民共和国人事部为例，机构名称的第一部分即为中华人民共和国，表示该机构属于中国；第二部分是人事，表示该机构是主要负责人事工作的；第三部分是部，表示该机构为我国国务院部委一级机构。

机构名称管理的要求，应当是：（一）名实相符，即机构的名称必须准确真实地反映机构的身份；（二）简单明确，用字尽量少，简捷明了；（三）规范易辨，行政机构的名称应当统一规范，事业机构名称，也应力求规范。（四）一个机构应只设一个名称，对一个机构两个以上名称的应予以规范。目前，急需制订这些规范，以加强对机构名称的管理。

[机构的位置] 机构的位置包括两个方面的内容：一是机构的地理位置；二是机构在本组织系统内的地位，即机构相互间的组织、领导关系。

机构的地理位置是否合理，不仅影响各个机构本身以及相关机构的工作，而且还影响到国家建设的总体规划和机构所在地的有关工作。机构的地理位置，一般应主要考虑以下几点：（1）要尽量靠近各自的工作对象，如海洋研究机构，应当靠近海洋；（2）与相关机构的联系比较方便；（3）注意不要使过多的机构集中在一个城市或地区，以避免对机构所在地的市政建设、人口控制、社会福利等方面的工作产生不利影响；（4）后勤供应等有基本保证；（5）交通、通信条件比较便利。

机构在本组织系统内的位置，是国家管理的各项体制和法律、制度得以实现的重要保证，也是确定某一机构的工作人员的职位系列等具体管理工作的重要前提。研究机构在本组织系统内的地位，主要要求有：（1）按照机构的性质分别列入不同机构序列，如党委机构序列，政府机构序列。对一些工作对象、工作任务同时兼有党政两个方面的机构，应明确为一种组织机构序列，如保密委员会、编制委员会以及档案局等机构一般明确列入政府机构序列；（2）按照机构管辖的业务范围大小，分别确定层次位置，如该机构应为独立机构，还是某机构的内设机构；（3）按照机构的职责权限，分别确定机构之间组织领导关系，如平行关系、主从关系、归口管理关系、代管关系、靠挂关系，既要保证机构的职能正常行使，又要避免多头多脑，力量分散，产生内耗。

[**机构的级别**]　机构的级别系指用法规或规范性文件规定的机构的行政地位。它主要用于行政机关和其他有上下指挥和服从关系的机构系统。

目前，我国国家行政机关中最高级别的机构是国务院，以下依次为：

部级（省级）：主要有国务院各部、委、审计署、中国人民银行、国务院办公厅、国务院各办事机构；省、自治区、直辖市人民政府。

副部级（直属局级）：主要有国务院各直属局。另外，少数大城市和特区的人民政府实际上享受相当副部级机构的待遇。

司级（地级）：主要有国务院各部级机构内设的最高层次的司、厅、室，省、自治区、直辖市人民政府的组成部门和同级机构，自治州人民政府，地区行政公署和同级城市的人民政府。

处级（县级）：主要有各司局级机构内设的处、室；自治州人民政府、地区行政公署和同级城市人民政府的局委处等工作部门；县人民政府和县级城市人民政府。

科级：主要有处级机构内设的科、室；县人民政府和县级城市人民政府的委、局、科等工作部门，乡镇人民政府和区公所。

此外，在各级政府机构中，实际还存在着副司级、副处级、副科级机构。在机构设置中，应规范此类二级机构的设置，二级机构的出现影响了机构层次的规范。

中国共产党的各级组织机构的级别，大致上与政府系统的机构级别相对应。各人民团体的机构级别，中央规定，除工、青、妇、科协、文联、侨联和作协的中央领导机关相当于党和政府的部一级单位外，其余的和以后成立的人民团体，不再确定它们相当于党政领导机关的哪一级。

机构级别的管理，应当在合理确定级别的大小的同时，还要贯彻规范化的原则。目前，我国行政机构级别管理上也较混乱，急需制订这方面的法律或规范性文件加以明确规定。

[**机构的规格**]　机构的规格在一定情况下和机构的级别可以通用。目前，我们用规格这个词来表示事业机构的等级大小，以区别于行政机构的级别。

事业机构的规格，现在一般是套用行政机构的级别或者是用相当于行政机构的级别来确定的，如相当于司局级的报社、处级的研究所。这样做当然在许多方面是不科学、不适宜的。但问题是，我们如何研究出一个比较科学、合理的方法来确定事业机构的职级或等级大小，如何评定事业机构的规格。现在有些地方试行同类事业单位，根据其发展规模的大小，人员多少，工作水平的高低以及社会的贡献等因素，划分成甲、乙、丙、丁或一、二、三、四等若干等级，作为事业机构的规格，这些需要有工资制度、干部制度等改革的配套。事业机构规格的评定办法，还有待于进一步研究和实践。

[**机构的规模**]　机构的规模指机构的外在的量，它一般包括工作人员数量、内部设施的拥有量、内设机构数量等方面。任何机构，不论是行政机构还是事业机构，都存在一个规模问题。如一个学校的规模可以从拥有的班级、系科或教职工人数来计算，一个医院的规模又可以从它拥有的病床数或医护人员数计算，而一个工厂的规模，又可以从它的生产能力计算。

一般说来，机构的规模同机构的级别、规格没有必然的关系，即有的机构级别或规格很高，规模却可能很小，相反，有的机构级别或规格较低，规模却可能较大。但机构的规模与机构的效率或效益却有着直接关系。在一般情况下，考虑机构的规模应当注意的是：（1）指挥、决策机构的规模应当较小，执行性机构的规模则相应大一些；工作愈抽象的机构，规模应愈小，工作愈具体的机构，规模则愈大。（2）机构的规模同当地政治、经济文化和社会各项事业发展的需要相适应，要与财力相适应。（3）机构的规模，特别是事业、企业机构的规模大小，应经过科学的论证，应当是使机构能取得最大效益的最佳规模。

［**机构管理的一般方法**］　这里说的机构管理方法主要是指编制管理部门为履行职责，为科学合理地设置机构，提高机构的工作效率所采取的手段和途径。机构管理方法是多种多样的，可以分为两类：一类是从管理方法的内容特征看，有行政方法、法律方法、经济方法、思想教育方法、社会心理方法和现代科学方法等；另一类是从管理对象看，有行政机构的管理方法、事企业机构管理方法；有独立机构管理方法，内设机构管理方法；还有司级机构管理方法，处级机构管理方法等。后一类管理方法一般说，只适用于特定的范围，属于专门管理方法。前一类是一般方法。

［**机构管理的行政方法**］

（一）制定机构设置或调整的总体方案。所谓机构设置或调整的总体方案系指对某一个地区系统的机构设置或调整，进行总体规划。制定方案一般适用于由于国家政治、经济和社会事业的发展或体制的变化，需要对机构设置集中进行调整，如全国范围内的改革。也有由于行政区划的变动，需要对某一地区的机构设置进行重新规划。

机构设置或调整方案的内容一般包括三个方面：（1）机构设置或调整的指导思想和原则；（2）机构设置或调整的具体意见及其主要理由；（3）方案实施步骤及方法。机构方案一经上级有权批准的机关批准后，就具有了法定的行政公定力，必须贯彻执行。因此，制定机构方案必须经过认真调查研究，广泛征求意见，进行周密和充分的论证，对于涉及全局性的方案，还要通过试点，逐步实施。

（二）制定事业机构的发展计划。事业机构不同于行政机构，事业机构必须随着国民经济和社会事业的发展而发展，并且逐年合理增加或扩大。因此，事业机构的管理应当有不同于行政机构的管理方法。制定事业机构的发展计划就是其中的一个方法。所谓事业机构的发展计划，就是对本地区或本系统事业机构的发展进行总体规划，有年度计划和中长期计划。一般来说，包括三个方面的内容：（1）本地区或本系统经济和社会事业发展计划以及事业机构编制的现状；（2）一定时期内事业机构发展的原则以及目标、重点、布局、结构比例等；（3）本计划实施的条件和措施。

制定事业机构发展计划应当与国民经济和社会事业的发展相适应；与当地财政的增长情况和财力相适应；与劳动工资计划安排相适应。同时，要注意各类事业机构之间的比例，使各类事业机构协调地发展，并分别轻重缓急，保证重点。因此，在制订计划时，编制部门要与当地计划、财政、劳动，人事等部门密切联系，共同研究，尽量使计划周密细致，切实可行。

事业机构编制发展计划，经当地政府批准后执行。在执行过程中，要根据事业发展的变化，及时作适当的调整。

（三）规定行政机构设置的限额。1982 年机构改革时，中共中央、国务院对县以上地方各级党委和政府及其派出机关的工作部门设置数作了规定，这也是机构管理的一种行政方法。这个规定的科学性、合理性虽然有待进一步研究，但它对于控制全国党政机关机构设置的盲目增长，起了积极作用。根据中共中央、国务院当时的规定，各级党委的工作部门或办事机构的设置限额为：

（1）省、自治区党委的工作部门一般设立 7 ~9 个，直辖市党委的工作部门可以多设几个；

（2）市委工作部门设 6 ~11 个；

（3）地委办事机构设 5 ~7 个；

（4）自治州党委工作部门设 5 ~7 个；

（5）县委工作部门一般设 5 ~6 个。

根据规定，各级政府及地区行署工作部门的设置限额是：

（1）省、自治区政府的工作部门一般设36～40个，小的省、自治区应该少于35个，大的省可以多于40个，直辖市政府的工作部门可以比大的省多一些；

（2）市政府工作部门设30～40个，小市可少于30个，特大的市可多于40个；

（3）地区行署可设综合性处室10个左右（后来国务院同意增加到15～20个）；

（4）自治州政府可设工作部门15个左右；

（5）县政府工作部门一般设25个左右，小县应当少设。

此外，一些地方还对党政机关二级局机构设置的数额作了规定。

（四）具体审批机构的设置或调整。具体审批是机构管理最直接的方法，即对机构的设置、撤销合并以至更名等方面的要求，进行审查批复。

（五）建立合理的组织结构。建立合理的组织结构，也是机构管理的重要方法之一。现代组织理论认为，现代形式的组织结构是适应现代化大生产的发展和社会的管理而产生的，从传统的直线制、职能制组织形式发展到多维多层次的系统组织形式。其趋势是从集权到分权，从直线领导为主到纵横协调结构。

［设置机构的一般程序］　设置机构的程序是指一个机构的设立、撤销、合并或者更名所应遵循的步骤和顺序。是一个提出意见，分析研究，制定方案，审查批准，组建实施的全过程。机构设置的一般程序是：

（一）调查研究，拟定方案。调查研究机构与社会发展需要的适应性如何，是设置或调整机构的起点，首先，必须作系统分析，确定组织目标，提出机构设置或调整方案，方案必须注意：一是必要性，即机构的设置或调整，对组织目标的实现是否产生积极的作用，是否必要；二是可行性，要从实际出发，量力而行，机构设置或调整的客观条件是否具备，所需的人、财、物等条件是否允许；三是科学性，要对机构设置或调整方案用科学的方法进行研究论证，总体权衡，以确定最佳方案。

（二）按照规定权限，请示报告。设置机构必须按照机构的审批权限，进行书面的请示报告。请示报告应写明以下内容：

1. 拟设机构的理由或法律依据；

2. 拟设机构的名称（全称）、级别或规格、规模、地理位置与现有有关机构的关系；

3. 新机构的职能及职责权限；

4. 新机构的内部组织结构及人员配备数额；

5. 新机构的资金来源、金额以及必要的设施情况；

6. 新机构的组织章程（草案）。

设置机构的请示报告，应当注意：一是要一文一事，专题请示，以便批准机关对所请示事项进行处理，特别要避免将有关机构设置的问题，夹带在需由不同上级部门或机关处理的文件中，以免延误批复；二是必须提交与设置机构有关的证明文件或副件，事业、企业机构要有可行性论证以及资金来源的证明，对国家有特殊规定的机构事项，还必须提交国家有关主管部门的批准文件；三是未得到批准机关批复之前，不可“先斩后奏”或“边斩边奏”。

（三）批准机关行文批复。机构的审批机关接到请示后，应认真研究，及时提出意见或作出批复，机构的批文要明确表示对申请单位提出的机构设置意见同意或不同意或部分同意，批准或不批准的态度。对于批准设置的机构，应明确新增设的机构名称（全称）、性质、级别或规格、规模、人员编制数额、领导职数、内部结构、机构序列或隶属关系，有时还需要明确机构的地理位置等。

机构的批文，除主送报批单位外，要同时抄送或抄报与该机构的建立或工作有关的部门。

（四）组建公布。机构的设置一经批准，必须严格按照批文的要求进行组建工作。需要经过任命或选举产生负责人；配备人员；购置必要的办公设备；颁发印章，对外挂牌公布等过程。

［**编制部门在机构审批中的主要职责**］　在机构审批工作中，编制部门的主要职责是：（1）对报请同级党委、政府批复的机构设置或调整报告及有关情况，及时进行审查并向同级党委、政府提出具体批复意见，经同级党委、政府批准后，代拟文稿，行文批复；（2）对本级党委、政府需要向上一级党委、政府请示的机构设置或调整事宜，进行调查研究并向本级党委、政府提供意见或建议，代拟请示报告；（3）对属于本级编制部门职责权限范围内的机构设置或调整的请示，直接研究办理批复手续；（4）加强机构设置程序的监督，坚持按规定的程序设置机构，机构编制审批权限不能下放，已经下放的要上收，严格坚持“一支笔”的审批制度。

［**设置中共党委工作机构的程序**］　按照《中国共产党章程》和中央有关文件的规定，中国共产党的各级委员会的工作机构设置权限划分如下：

1. 党中央委员会各工作机构的设置、调整或撤销，由中央政治局审查批准。

2. 省、自治区、直辖市党委的工作机构的设置、调整或撤销，由省、自治区、直辖市党委研究意见，经中央组织部审核后，报党中央批准。

3. 自治州、县、自治县、市、市辖区党委的工作部门的设立、调整或撤销，由本级党委研究意见，报上级党委批准。

4. 党的县级和县级以上委员会的派出机关的设置、调整或撤销，分别由它们的上级党组织决定。省、自治区党委派出的地区委员会的工作机构的设立、调整或撤销，由省、自治区党委批准。

5. 县级以上地方各级党委工作部门的内设机构分别由同级党委授权的编制部门审查批准。

[**设置政协办事机构的程序**]　根据政协章程和《政协八届全国委员会专门委员会组织通则（草案）》等规定，政协的办事机构的设置程序是：

1. 政协全国委员会专门委员会的设置和变动，由政协全国委员会常委会决定；政协全国委员会及其常委会的办事机构的设置和变动，亦由政协全国委员会常委会决定。

2. 县以上地方各级政协委员会专门委员会和办公机构的设置和变动，由同级政协委员会决定；政协办公厅（室）的内部机构设置和变动，按照机构审批权限，由同级编制部门审定。

对各民主党派的工作机构设置、调整或撤销的权限管理，由于民主党派机构具有一定的特殊性，各地管理情况差异较大，这里从略。

[**设置人大办事机构的程序**]　根据我国宪法以及《中华人民共和国全国人民代表大会组织法》、《中华人民共和国地方各级人民代表大会和地方各级人民政府组织法》等法律规定，人大的办事机构的设置应当遵循的程序是：

1. 全国人大各专门委员会的设立或变更，由全国人民代表大会决定。《中华人民共和国全国人民代表大会组织法》第35条规定，“全国人民代表大会设立民族委员会、法律委员会、财政经济委员会，教育科学文化卫生委员会、外事委员会、华侨委员会和全国人民代表大会认为需要设立的其他专门委员会”。

2. 全国人大常委会的办事机构的设立和变更，由全国人大常委会按法律规定办理。《中华人民共和国全国人民代表大会组织法》第27、第28条分别规定，“常务委员会设立办公厅，在秘书长领导下工作”，“常务委员会可以根据需要设立工作委员会，特定问题的调查委员会的设立和变更，由全国人大或者人大常务委员会决定”。

3. 省、自治区、直辖市、自治州、设区的市人民代表大会的专门委员会的设立和变更，由同级人民代表大会决定。《地方各级人民代表大会和各级人民政府组织法》第25条规定，这些人大“根据需要，可以设立法制（政法）委员会、财政经济委员会，教育科学文化卫生委员会等专门委员会”，对于特定问题的调查委员会，由县级以上的地方各级人民代表大会及其常务委员会决定。

4. 县级以上地方各级人大常委会的办事机构的设立和变更，由本级人大常委会决定。人大常委会办公厅（室）内部机构设立和变更，按照机构管理权限，由同级编制部门审定。

［**设置政府机构的程序**］　按照《国务院组织法》和《地方各级人民政府组织法》规定，我国政府机构的设立或变更的程序为：

1. 国务院各部、委的设立、撤销或者合并，经总理提出，由全国人民代表大会决定；在全国人民代表大会闭会期间，由全国人民代表大会常务委员会决定；国务院直属机构、办事机构的设立、撤销或者合并，由国务院决定；国务院各工作部门内设的司级机构的设立、撤销或者合并，由各工作部门报请国务院批准。

2. 省、自治区、直辖市人民政府的厅、局、委员会等工作部门的设立、增加、减少或者合并，由本级人民政府报请国务院批准。

3. 自治州、县、自治县、市、市辖区的人民政府的局、科等工作部门的设立、增加、减少或者合并，由本级人民政府报请上一级人民政府批准。

4. 省、自治区人民政府的派出机关——行政公署的设立、撤销或者合并，由省、自治区人民政府报请国务院批准；

县、自治县人民政府的派出机关——区公所的设立、撤销或者合并，由县、自治县人民政府报请省、自治区、直辖市人民政府批准；

市辖区、不设区的市的人民政府的派出机关——街道办事处的设立、撤销或者合并，由市辖区、不设区的市的人民政府报请上一级人民政府批准。

5. 县级以上地方各级人民政府工作部门内部机构的设立，由各工作部门报请同级编制部门批准。

6. 各类非常设机构的设立或撤销，由有关部门提出专题报告，经编制部门审核并提出意见后，由同级政府讨论决定。

[设置法院内部机构的程序] 根据《中华人民共和国人民法院组织法》以及各地机构审批权限的规定，法院内部机构的设置程序为：

1. 最高人民法院内部审判庭的设立或者变更，由最高人民法院按法律规定办理。法院组织法规定，“最高人民法院设刑事审判庭、民事审判庭、经济审判庭和其他需要设的审判庭”。

2. 高级人民法院内部审判庭以及其他处级机构的设立或者变更，由高级人民法院按法院组织法规定研究意见，报同级编制部门办理批准手续。法院组织法规定，“高级人民法院设刑事审判庭、民事审判庭、经济审判庭，根据需要可以设其他审判庭”。

3. 中级人民法院内部审判庭以及其他科级机构的设立或者变更，由中级人民法院按法院组织法的规定，提出具体意见，报同级编制部门办理批准手续。法院组织法规定，“中级人民法院设刑事审判庭、民事审判庭、经济审判庭，根据需要，可以设其他审判庭”。

4. 县（市）、自治县、市辖区的基层人民法院内部审判庭以及其他机构的设立或者变更，由基层人民法院按法院组织法的规定，提出具体意见，报同级编制部门办理批准手续。法院组织法规定，“基层人民法院可以设刑事审判庭、民事审判庭和经济审判庭，根据地区、人口和案件情况可以设立若干人民法庭，作为它的组成部分”。

5. 各级人民法院审判委员会的设置，由本级人民法院按法律规定研究确定。法院组织法规定，“各级人民法院设立审判委员会”。

［**设置人民检察院内部机构的程序**］　根根《中华人民共和国人民检察院组织法》以及各地机构审批权限的规定，人民检察院内部机构的设置程序为：

1. 最高人民检察院内部检察厅以及其他业务机构的设立、撤销或者合并，由最高人民检察院根据需要，按照检察院组织法的规定研究确定。

2. 地方各级人民检察院内部检察处、科和其他业务机构的设立、撤销或者合并，由检察院研究意见，报本级编制部门批准。

3. 省一级人民检察院和县一级人民检察院设置的工矿区、农垦区、林区人民检察院内部机构的设立、撤销或者合并，分别由派出的人民检察院研究意见，报本级编制部门批准。

4. 各级人民检察院的检察委员会的设立，由本级人民检察院按检察院组织法规定研究确定。人民检察院组织法规定，“各级人民检察院设立检察委员会”。

［**设置事业机构的程序**］　目前全国尚未有统一的事业机构设置程序的法规性规定，根据各地对事业机构管理办法，设置事业机构实行的是分级审批的程序。即在中央对事业机构编制管理方针、政策的指引下，实行统一领导，分级审批。

中央国家机关各部门直属事业机构的设立、撤销或者合并，由其主管部门向国家编制部门提出专题报告。由国家编制部门审核批复，重要的报国务院批准。

省、自治区、直辖市各部门的直属事业机构的设立、撤销或者合并，由其主管部门向省级编制部门提出专题报告，由省一级编制部门审核批复，重要的报省一级人民政府批准。

自治州、直辖市、县、市的事业机构的设立、撤销或者合并，分别报本级编制部门审核批复，重大的由本级人民政府批准。

[设置企业组织的程序] 企业组织的设置程序，按照国务院发布的《工商企业登记管理条例》以及其他有关法律、法规的规定，一般为开办企业者申请报告，政府或政府授权部门，业务主管部门批准，工商行政管理部门登记发照等。企业组织机构一般没有列为编制部门管理的范围，目前一些地方编制部门管理的主要是公司一类机构。

[设置公司的程序]

（一）公司必须具备相应的条件。公司是指依照规定程序设立的有独立财产、自主经营、自负盈亏、依法承担经济责任的从事生产经营或服务性业务的经济实体。开办公司应当具备以下基本条件：（1）公司章程；（2）固定的生产经营或服务场所；（3）与生产经营或服务规模相适应的资金（自有资金应占一定的比例，银行贷款不能视作自有资金）和设施，其中生产性公司自有资金不得少于10万元，以批发业务为主的商业性公司不得少于20万元，以零售业务为主的商业性公司不得少于10万元，咨询服务性公司不得少于5万元；（4）与生产经营或服务规模相适应的从业人员；（5）健全的财务制度；（6）健全的组织管理机构。

（二）成立公司必须经过批准。具备公司的条件，须由开办者申请报告，由政府或政府授权的部门批准。

全国性专业公司。按照国务院《关于全国性专业公司管理体制的暂行规定》（国发［1982］45号）和《关于进一步清理和整顿公司的通知》（国发［1985］102号），全国性专业公司中：（1）生产性、商业性专业公司，以及产销合一的专业公司，由国家经委审核后报国务院批准；（2）对外经济贸易公司，由对外经济贸易主管部门审核后，报国务院批准；（3）金融性专业银行和公司，由中国人民银行审核后，报国务院批准；（4）科教文卫等其他部门成立全国性专业公司，由主管部门审核后，报国务院批准。这些须经国务院批准的公司，也可以由国务院授权的部门审批。

国务院各部门所属单位成立公司，由各部门审批；社会团体开办公司，经业务主管部门审核同意后，报国务院授权的部门审批。成立跨部门、跨省的公司，由有关方面协商一致后，报国务院授权的部门审批。

地区性公司。成立跨省的地区性公司，由有关方面协商一致后，报公司所在的省、自治区、直辖市人民政府或政府授权部门审批。成立省以下的地区性公司，由县以上人民政府或政府授权部门审批。目前，各级政府对公司的审批授权不尽一致，有一些地方政府将全民所有制公司授权编制部门审批，集体所有制公司或者经济联合体授权经委或计经委审批，科技开发服务性公司授权科委审批。

三资企业性质的公司。三资企业，指中外合资企业、中外合作经营企业和外商独资企业。根据《中华人民共和国中外合资经营企业法》、《中华人民共和国中外合作经营企业法》等有关法律、法规的规定，成立三资企业性质的公司，应当报国务院对外经济贸易主管部门或国务院授权的部门和地方政府审查批准。

经营国家有特殊规定的行业的公司。这类公司的开办，在报请政府或政府授权的部门审批前，应事先向有关业务主管部门进行专项申请，获得专项批准或领取有关许可证。例如，凡成立进出口或者对外业务的公司，要报国务院商务部审批。随着对外开放的深入，国务院对经济特区、沿海开放城市和经济开放区采取了放宽政策，沿海省、自治区、直辖市人民政府的商务部门可以批准成立经营本省、自治区、直辖市进出口业务的外贸企业，并授予其外贸经营权，在征求驻外使馆意见后，可以批准在国外

（不含未建交国家）设立企业或企业分支机构。再如凡开办民用航空运输企业，经营国际航线业务的，由中国民航局审查，报国务院批准，经营省际航线业务的由中国民航局审批，经营省、自治区、直辖市境内的航线业务的由各该省级人民政府批准，报中国民航局备案，并由中国民航局发给经营许可证。凡开办旅游公司或旅行社，应按不同类别，分别报请国家旅游局、省一级旅游行政管理部门或所在地旅游行政管理部门审批。

（三）经批准成立的公司必须进行工商登记。企业组织经批准后，还必须向国家工商行政管理部门申请登记，经核准登记，领取营业执照后始得营业。全国性公司应向国家工商行政管理局申请登记，其他公司向公司所在地的省、自治区、直辖市或省辖市，县的工商行政管理局申请登记。

[设置群团组织机构的程序] 群团组织机构设置，必须经过法定的程序，才能取得合法的地位。根据我国宪法和有关法律的规定，对群团组织机构设置程序，大致可分为两类。

一类是在我国社会生活中有着较大政治影响的群众团体，如工、青、妇、侨联、科协、文联、工商联、残联等组织机构的设立，应分别按照它们的章程规定，并经过同级党委或者政府审查批准；其内部机构设置，按照机构审批权限，由同级编制部门审批。

另一类是在我国社会生活中基本没有政治影响的社会团体，如各类学会、协会、研究会、基金会等。宪法规定，我国公民有结社的自由，即公民有组织社会团体和参加社会团体活动的自由。但是，公民组织社会团体必须经过国家有关机关的批准。政务院于1958年10月19日公布的《社会团体登记暂行办法》和内务部于1951年3月23日公布实施的《社会团体登记暂行办法施行细则》中规定，凡是新中国成立以后成立的社会团体（包括宗教团体、学术研究团体）都必须到各该级人民政府民政部门登记，领取登记证和印章之后才能开展工作。否则，其负责人要受到批评教育，对情节严重的还要追究法律责任。1984 年 11 月 17 日，中共中央、国务院《关于严格控制成立全国性组织的通知》等文件，在我国结社法制定颁行之前，对新成立的“协会”、“学会”、“研究会”、“基金会”等社会团体的设置程序作了规定。凡成立跨行业、跨部门、跨地区的全国性组织，由业务主管部门或归口部门申报，由国家体改委审查，报中共中央、国务院批准，凡成立部门所属的专业性学术组织，按照不同类型，由国务院有关部门分工负责审批，如社会学术组织，属于自然科学方面的，由国家科委审批；属于哲学、社会科学方面的，暂由国家体改委审批；社会经济组织，包括各种行业协会、专业协会、经济技术咨询和信息服务组织等，由国家经委审批；集资性组织（如各种基金会），由中国人民银行审批；社会福利组织，由民政部审批；其他全国性社会组织，由业务主管部门审批。

1998 年 10 月 25 日，国务院发布《社会团体登记管理条例》中规定，成立社会团体，应当经其业务主管单位审查同意，交依照本条例的规定进行登记。社会团体应具备法人条件。

［**人员编制管理的一般原则**］　行政编制和事业编制管理各有不同的要求和应当遵循的原则，但作为人员编制管理工作，都应遵循的一般原则是：

（1）服务的原则。机构编制属于上层建筑的范畴，它受经济基础和生产力状况的制约，同时，它必须为党和国家各个时期的政治、经济以及各项社会事业的发展服务，并努力与之相适应。随着国家政治形势、经济建设任务以及社会事业的发展变化，人员编制也要适应需要，作相应的调整，为改善党和国家机关服务，为社会主义事业服务。

（2）精简的原则。“精兵简政”和勤俭建国，是我们党和国家的一项重要的方针政策，也是编制管理的重要原则。人员编制不仅仅是人头数字的问题，更重要的是人、财、物等的综合性反映，因此，一定要精打细算。

（3）科学的原则。编制工作是一门科学，有其内在的规律性。人员编制管理应按照现代科学的方法，努力寻求最佳编制方案，用最少的投入，以取得较大的产出，保证最好的效益。

（4）法制的原则。人员编制管理应依法管理。人员编制的审定以及调整，应按照规定的程序，办理审批手续，不能未经批准擅自变动。“编制就是法律。”人员编制一经确定，就必须严格执行。

［人员编制管理的一般内容］ 人员编制管理的一般内容主要有：

（1）核定编制总额，即根据某一地区或部门的工作任务以及其他相关因素，核定它的人员编制的总数额。这一般用于行政编制的管理，如国务院核定某一省的行政编制总额，该省再核定某一城市或某县的行政编制总额。

（2）制定人员编制结构方案。根据编制总额以及工作任务、性质等方面的要求，对职位设置、职数、各类人员应占的比例等作出规定。

（3）制定编制标准。这是人员编制管理进一步深入的要求，通过调查研究，根据编制管理科学化的要求，制定出科学合理的标准，依照标准计算出人员编制的数额及其结构。

（4）具体审批或核定某部门的人员编制，这是人员编制管理的一项日常工作。

（5）检查人员编制执行情况，研究提出调整或改进的意见。

［规划管理］ 机构编制管理中的规划管理，主要是指对本地区本部门的事业机构编制的发展和调整，实行总体规划，使之与国民经济和社会事业的发展相适应，与国家财政承受能力相适应。同时，使事业机构编制结构科学，布局合理，有规划有比例地健

康发展。事业机构编制规划，一般来说，有年度和中长期规划。规划的内容主要有三个方面：（1）本地区或本系统经济和社会事业发展计划以及事业机构编制的现状；（2）一定时期内事业机构发展的原则以及目标、重点、布局、结构比例等；（3）规划实施的条件和措施。制定规划时，除必须考虑财政承受能力等外，特别要注意各类事业机构之间的比例，使各类事业机构协调地发展，并分别轻重缓急，保证重点。因此，在制定规划时，编制部门要与当地发展与改革委、财政、人力资源等部门密切联系，共同研究，尽量使规划周密细致，切实可行。

事业机构编制规划，经当地政府批准后执行。事业机构编制审批工作原则上应按照规划进行，不再使用零打碎敲的办法。在规划执行过程中，要根据事业发展以及财政等情况，及时作适当的调整，实行规划管理，有利于增强各部门的编制观念，有效地控制机构编制的盲目增长，同时，也有利于增强编制管理的科学性。

［**编制定员标准**］　根据不同性质、不同行业、不同层次、不同类型单位的特点，以编制定员比例为主要依据而制定的法规性的具体配备工作人员的标准。它是编制管理的一种方法。主要用于教育、卫生等事业单位。全国通用的编制定员标准，通常由中央的业务主管部门与编制主管部门共同制定和颁布，特别重要的由国务院行文颁布，由编制主管部门监督实施。在中央没有统一制定和颁布某系统的编制定员标准前，地方也可制定和颁布所辖地区适用的标准，以便管理。目前全国统一颁布、实施的标准主要有：《综合医院组织编制原则试行草案》、《各级卫生防疫站组织编制规定》、《国务院各部门和各省、自治区、直辖市干部院校教职工编制标准暂行规定》、《全国普通高校本部教职工编制标准》、《全日制普通中等专业学校人员编制标准（试行）》、《全国中医医院组织机构及人员标准（试行）》、《气象台站人员编制标准（试

行)》、《基层水利、水土保持管理服务机构人员编制标准》、《全日制，寄宿制幼儿园编制标准（试行)》、《全国各级药品检验所和药品监督员编制标准》等。

［**编制定员比例**］　编制员额与核定编制的各项基数之间比例关系的规定，是编制工作系统化、标准化、定量化的管理方法。如地方各级行政编制总额主要根据人口总数、行政区划等基数制定比例；学校的编制员额主要是根据在校学生数等基数制定比例；医院的编制员额主要是根据病床床位数等基数制定比例等。从广义上讲，编制定员比例属于编制定员标准的范畴，也是编制定员标准的主要依据。通过制定和执行编制定员比例，能达到有效控制编制员额、合理组织编制结构的目的。

［**编制方案**］　对全国的或某系统的、某地区的、某部门的、某单位的有关机构编制的总体规定或规划。一般有三种类型：(1）人员编制方案，即只对编制员额、编制类别及职位职数等内容加以规定。（2）机构方案，即只对机构的数量、名称、地位、规格等内容加以规定。（3）机构编制方案，即对机构和编制方面的各项内容均加以规定。机构编制方案经有权批准的部门批准后，具有法的规定性，必须遵照执行。因此，制订机构编制方案必须经过深入的调查研究，科学的论证，并广泛征求有关方面的意见。

1982年后，在历次政府机构改革中，各级机构编制部门对政府部门实施“三定”。即定职责、定内设机构、定人员编制。由政府各部门拟订本部门的主要职责、内设机构和人员编制方案报上级党委、政府审批。

［**人员编制审批程序**］　人员编制审批的程序是指某一个机构的人员编制数额的确定、调整所应遵循的步骤和顺序。无论是行政编制，还是事业编制，其审批的一般程序是：

（1）调查研究，拟定人员编制方案。（2）按照人员编制的批准权限，请示报告。请示报告应是书面的，一般应写明申请增加或调整编制的理由或法律依据；人员结构；新增人员编制的性质及其人员主要来源和要求；新增人员编制的经费来源等。（3）编制主管部门审核批准。人员编制审批机关接到请示后，应认真研究，及时提出意见，按照审批权限规定，及时作出批复。人员编制批文要明确表示对申请单位提出的人员编制数额的意见，明确编制性质，经费来源以及增编后所需人员的主要来源。人员编制的审批应经编制主管部门集体讨论决定，并实行“一支笔”审批制度，重大的人员编制的审批工作，须报经党委、政府研究决定。

[**定编**]　即核定人员编制，是编制工作中业务术语之一。系指根据某一单位的性质、工作量及其工作难易程度等因素，科学合理地确定其所需工作人员的数额。核定人员编制的主要依据有以下几项：一是精简的原则；二是包括国家财政支出情况在内的国民经济和社会发展总体规划的要求；三是核编对象在前者中的地位、作用；四是核编对象的具体职责、任务和管理方式；五是效益预测。此外，编制数额的核定与人员素质等也有密切关系。编制员额一经核定，即具有法规效力，必须严格执行。

[**缺编**]　系指实有人员少于编制员额，编制员额上空缺的现象。缺编现象产生的原因，大体上有这样几种情况：（1）新单位成立并核定编制员额后，所需人员未能一时配满；（2）自然减员后未能及时补充；（3）有意存留的机动编制；（4）核定的编制员额超过实际需要。一般说来，第四种情况则属核定编制上的误差，应根据实际需要，对原定编制员额及时加以调整。

[**超编**]　这是编制工作的业务术语之一。系指某一地区或单位突破规定编制员额增加人员，造成实际工作人员数额多于编制员额的现象。超编在编制工作中，是不允许的。超编不仅容易造成人力、财力浪费，使超编单位机构臃肿，人浮于事、工作效率低下，而且破坏了“编制就是法律”的严肃性和编制管理的计划性、预算性。

[编余] 系指重新核定编制后，或原来没有正式人员编制经核定编制后出现的多余人员。这是核定编制后，实际上存在的“超编”现象。但与超编有质的区别，即超编是指在已有编制员额控制的情况下，无视编制的法规性，突破编制员额擅自用人，这是编制工作上的违纪现象。而编余现象则需限期处理好多余人员，不能视为违纪现象。必须注意的是，倘若编余人员久拖不决，限期内不能将多余人员合理安置，则应与超编现象同等视之。

[定编不定人] 定编不定人是在1982年进行的中央国家机关机构改革中提出并实行的一种编制管理和人事管理办法，其具体内容是，在重新核定了经过紧缩的人员编制后，不规定哪些人在编制以内，哪些人在编制以外，而采用分批安排机关干部离职学习，参加轮训以及逐步采取离退休，工作调动等方法，解决实有人员多于编制员额的问题。定编不定人作为机构改革中的过渡性办法对安定人心，保证机构改革的顺利进行起了一定的作用。但随着机构改革的深化，干部管理的不断完善，机关的实有人员应和人员编制一致，必须实行定编定员。

[编制挤占] 编制挤占系指在规定使用的编制类别及编制员额之外，挤占、挪用其他类别的编制员额的现象。这是编制工作违反纪律的现象。编制挤占现象较多的是行政单位挤占、挪用事业、企业单位的编制。编制挤占直接破坏了编制的严肃性，造成编制管理及工资、福利、人事管理等方面的混乱现象。

[挪用编制] 指在规定使用编制类别及编制员额之外，擅自挪用其他类别的编制员额。多发生于辖有事业单位的行政机关或辖有企业的行政和事业单位。如果行政机关按规定应使用并已配齐核定了编制员额，却在此之外擅自挪用事业编制用于增加机关工作人员。其结果破坏了编制的严肃性、法规性，不仅容易造成编制管理的混乱，而且也不利于工资管理、福利管理等。挪用编制是一种违反编制纪律的现象和行为。

［**自带编制**］　自带编制系指工作人员调动工作时，其所占编制随同其工作人员自身转移到调入单位的编制管理方法。自带编制，主要适用于需要紧缩编制和人员的单位与需要扩充编制和人员的单位之间编制调整和人员调整。在运用自带编制方法时，须经双方或共同的编制主管部门的批准后，方可进行。

［**减编抽人**］　在压缩人员编制定额的同时，抽调由此而形成的超编干部。是调整干部部门和层次分布结构的重要措施。

［**列编外**］　编制以外员额的简称。因特殊原因暂时脱离工作部门的工作，不列入部门编制员额总数之内的工作人员，一般列为编外。主要适用于经上级批准在职人员脱产学习和因病休养且时间较长（一年至两年）者。其意义在于对机关在职人员的有效使用和保持编制的严肃性、法律性。

［**中央国家机关人员编制的核定**］　国务院各部门以及全国人大、全国政协、最高人民法院、最高人民检察院、民主党派等工作机构，使用行政编制，由行政经费开支；除个别特殊情况外，不得使用事业编制，不得开支事业经费或其他经费。

国家机关的后勤服务工作不属于行政管理职能，承担上述工作的车队、食堂、医务室、电话总机、维修班等单位的工作人员使用行政附属编制，按行政编制的一定比例核定。由国家拨给行政服务费用。

国务院各部门行政编制和行政附属编制的总额，由国家机构编制委员会核定，报请国务院备案，其他国家机关和民主党派使用的行政编制，由国家机构编制委员会审核，报请国务院审定；各类社团组织原则上不使用行政编制和事业编制。国务院各部门直属单位的事业编制由中央编办负责核定。

［**省、自治区、直辖市党政机关人员编制的核定**］　省、自治区、直辖市党政机关的人员编制，原则上列为国家行政编制，其编制总额由国务院核定。核定的标准，省和自治区一级根据人口

多少、面积大小、行政区划单位多少和政治经济文化的发展的不同情况，按照大、中、小分类确定编制；直辖市按照城市人口多少确定编制。省、自治区一级党政群机关的人员编制，一般规定为3 000～5 000人，人口特多、经济文化事业发达的省可以多于5 000人，反之，可以少于3 000人。直辖市党政群机关的人员编制按城市人口（不含市辖县的人口）的4‰左右核定，市属各级（不含市辖县）党政群机关的人员编制，由各市在总编制以内自行安排。

省、自治区、直辖市党政机关各部门的人员编制，由省、自治区、直辖市编制委员会根据国务院核定的编制总额，研究制订具体编制分配方案，经同级党委、政府批准后执行。

［**省辖市党政机关人员编制的核定**］　省（自治区）辖市党政机关的人员编制，原则上列为国家行政编制，其编制总额，由国务院按省（自治区）为单位以城市人口为标准核定。一般是按照城市人口的3‰～4‰核定（不含公、检、法、司行政编制），郊区人口所占的比重过大的，编制比例要适当降低。市辖县的，每辖一县另增加编制50人。省（自治区）编制委员会根据国务院核定的编制总额，分配下达给各市。市属各级各部门的编制人数，由各市在省（自治区）下达的编制总额内自行安排。

［**县级党政机关人员编制的核定**］　县级党政机关人员编制，原则上都列为行政编制，其编制总额由国务院核定。

核定的主要标准是，根据各省、自治区、直辖市的县数多少，人口多少，面积大小，以及政治、经济、文化发展的不同情况，对以上四个因素分别采取不同比例进行打分的办法，进行核定。

国务院只核定各省、自治区、直辖市的县级党政机关人员编制总数。各省、自治区、直辖市编委根据核定的编制总数，制定编制分配方案，经批准后下达到各县执行。

［**区乡镇党政机关人员编制的核定**］　区乡镇党政机关的人员

编制，原则上列为国家行政编制，其编制总额由国务院以省（自治区、直辖市）为单位进行核定。核定的标准，主要是按照各县的人口和人口密度（即每平方千米的人口数）确定的，同时，对乡镇规模的大小、经济、文化、发展等情况也作了一定考虑。一般农村人口密度在300人以上的，编制控制在人口的1‰左右，最高不得超过1.3‰；200人以上不足300人的，编制最高不得超过1.5‰；100人以上不足200人的，编制最高不得超过1.7‰；50人以上不足100人的，编制最高不得超过2‰；不足50人的，编制最高不得超过2.5‰。对人口稀少和边远地区的区、乡、镇人员编制，适当予以照顾。

各乡镇党政机关的人员编制，由各县根据省、自治区、直辖市编制部门下达的编制总数，制定各区乡镇党政机关编制方案，经当地党委、政府批准后执行。

[普通高校定编] 普通高校是教育事业单位，其工作人员列国家事业编制。根据国家教委1985年7月下达的《普通高等学校人员编制的试行办法》，普通高校的人员编制可按校（院）本部、专职科学研究人员、实验实习工厂（包括农林院校农场、林场）和直属单位四个部分列编。

普通高校（院）本部的人员编制按规定的编制标准计算，如规模为3 000人的综合大学属重点学校的，其校本部教职工人数和学生的比例，一般按1∶2.9计算；同样规模的外语院校本部教职工人数和学生的比例，一般按1∶2.8计算等。

专职科学研究人员编制，由主管部门根据批准学校建立的科学研究所、室和承担的科研任务，具体审核批准。

实验实习工厂（包括农、林院校的农林牧场）的人员编制，理（包括综合大学和师范院校的理科）、工全国重点高等学校，按该院校（科）在校学生人数的3%～5%的幅度核编；一般院校，按该院校（科）在校学生人数的1%～3%的幅度核编。全国重点农林院校，按在校学生人数的4% ~6%核编；一般农林院校，按在校学生人数的2% ~4%核编。

普通高校举办的中学、小学、幼儿园、托儿所以及其他直属单位的人员编制，应按当地政府有关规定或主管部门的规定办理。

[党校定编] 党校是中共各级党委的直属事业单位，其工作人员列为国家事业编制。党校的人员编制应根据今后若干年内培训、轮训党政领导干部和理论骨干的任务，确定党校的规模。并按照这一规模的实际需要，适当确定党校的编制和经费。根据中共中央有关文件规定，各级党校的编制，工作人员和学员的比例，中央党校为1:1，省、自治区、直辖市委党校（包括规模相当的省属大城市的党校）为1:2 ~1:2.5，地市委党校（包括与此相当的大企业党校）为1:3 ~1:3.5，县委党校为1:4 ~1:4.5。教学人员在职工总数中应达到50%以上，少数民族地区党校的教学人员可以根据需要略多一些。

[干部院校定编] 国务院各部门和省、自治区、直辖市人民政府建立的干部学院（校），是干部培训教育事业单位，其工作人员列为国家事业编制。根据原劳动人事部颁布的编制标准（劳人教（1985）1号），国务院各部门和省、自治区、直辖市人民政府建立的干部学校，教职工与学员比例为1:3.5，以轮训为主的干部学校，教职工与学员比例为1:4。省、自治区、直辖市厅（局）、市（地）建立的干部学校，教职工与学员比例为1:4.5左右。少数民族地区、高寒地区及地处城市远郊区的干部院校，人员编制总数可增加5% ~8%。上述人员编制中，教学人员（不含教学辅助人员）应占干部院校教职工总数的50%以上。

[技工学校定编] 技工学校属国家教育事业单位，其工作人员列国家事业编制。技工学校的定编标准，按照原劳动人事部1986年4月劳人培［1986］9号文件颁发的规定，教职工人数与学生人数之比，200 ~600人规模的为1:4 ~1:4.2；601 ~1 000人

规模的为1∶4.2～1∶4.5；1 001～1 600人规模的为1∶4.5～1∶5。此外，技工学校的实习工厂（场、店）工作人员占学生人数的5%～10%。在技工学校总编制中，行政人员和工勤人员应不超过35%。

［**中等专业学校定编**］　中等专业学校是国家培养各类中等专业技术人才的教育事业单位，其工作人员列为国家事业编制。根据国家教委、原劳动人事部1985年9月颁发的《全日制普通中等专业学校人员编制标准（试行）》（（1985）教职字008号），全日制普通中等专业学校人员编制，按学校在校学生人数，分工、农、林、医药和财经两大种类计算，教职工与学生之比，640人规模的，工农林医药类为1∶4，财经类为1∶4.5；960人规模的，工农林医药类为1∶4.25，财经类为1∶4.8；1 280人规模的，工农林医药类为1∶4.5，财经类为1∶5.2；1 600人规模的，工农林医药类为1∶4.8，财经类为1∶5.5。专任教师与学生数的比例为1∶8～1∶10.5。

［**中等师范学校定编**］　中等师范学校是国家以培养小学师资为主的教育事业单位，其工作人员列为国家事业编制，中等师范学校定编标准，按照1984年12月原教育部（1984）教计字239号文件的规定，以校为单位按班计算，每班平均40名学生，每班平均教职工数为6.0～6.5人，其中，教师为3.5～4.0人，职工为2.5人。规模大、条件好的学校要适当紧些；规模小、条件差的学校要适当宽些。

［**中学定编**］　中学是国家进行中等教育的事业单位，其工作人员一般列为国家事业编制。全日制中学定编标准，按照1984年12月原教育部（1984）教计字239号文件的规定，以校为单位按班计算（包括单设和合设），高中：每班平均学生数为45～50人，每班平均教职工数为4.0人，其中，教师2.8人，职工1.2人；初中：城镇每班平均学生数为45～50人，每班平均教职工数为3.7

人，其中教师2.5人，职工1.2人；农村初中每班平均学生数为40~45人；每班平均教职工数为3.5人，其中教师2.5人，职工1.0人。以上定编标准，规模大、条件好的学校可适当紧些；规模小、条件差的学校要适当宽些。

［小学定编］ 小学是国家进行初等教育的事业单位，其工作人员一般列为国家事业编制。全日制小学定编标准，按照原教育部1984年12月（1984）教计字239号文件的规定，以校为单位按班计算（包括单设和合设），城镇每班平均学生数为40~45人，每班平均教职工数为2.2人，其中教师1.7人，职工0.5人；农村每班平均学生数为30~35人，每班平均教职工数为1.4人，其中教师1.3人，职工0.1人。规模大、条件好的学校要适当紧些；规模小，条件差的学校要适当宽些。

［幼儿园定编］ 幼儿园是幼儿教育事业单位，其工作人员一般列国家事业编制。根据原劳动人事部，国家教委1987年3月颁发的《全日制、寄宿制幼儿园编制标准（试行）》（劳人编［1987］32号），幼儿园定编，教职工与幼儿的比例，全日制幼儿园为1∶6~1∶7，寄宿制幼儿园为1∶4~1∶5。按班级配置标准为，专职教师平均每班配2~2.5人；保育员，全日制幼儿园平均每班配0.8~1人，寄宿制幼儿园平均每班配2~2.2人。此外，炊事员，每日三餐一点的幼儿园每40~45名幼儿配1人，少于三餐一点的幼儿园的酌减；医务人员，全日制幼儿园一般配1人，幼儿超过200名的酌情增加，寄宿制幼儿园一般配2人，幼儿超过200名的酌情增加；财会人员，三个班以上的幼儿园设专职会计1人，出纳视幼儿园规模大小设专职或兼职1人。园长的配置，三个班以下的幼儿园设1人，四个班以上的幼儿园一般设2人，十个班以上的寄宿制幼儿园可设3人。以上标准系根据全国一般情况所制定，各地可根据本地区的具体情况，制定实施细则。

［托儿所定编］ 托儿所是婴幼儿保育事业单位，其工作人员

一般列为国家事业编制。城市托儿所定编标准，根据1980年11月卫生部（1980）卫妇字第3号文件通知试行的《城市托儿所工作条例》，婴幼儿与保教人员之比，哺乳室、托儿所乳儿班、小班：全托为3∶1～3.5∶1，日托为4∶1～5∶1；托儿所中班、大班：全托为4∶1～4.5∶1，日托为6∶1～7∶1。行政、医务、工勤人员与儿童的总比例为：全托为11∶1～13∶1，日托为15∶1～17∶1。托儿所可根据具体情况，按工作人员总数的2%～5%设置机动人员。此外，凡收托儿童在80名以上的托儿所可设专职保教主任（或副所长）1人，负责领导全所的保教工作。托儿所还应根据收托名额，设置受过专业训练的专职或兼职医务保健人员。全托儿童100名、日托儿童150名以上设专职医务人员1～2人，全托儿童200名以上，每增加100名可增设专职医务保健人员1人。

[图书馆定编] 图书馆是文化事业单位，其工作人员列为国家事业编制。图书馆定编标准，根据1982年12月文化部颁发的《省、自治区、直辖市图书馆工作条例》（文图字（1982）第1548号）的规定，省一级图书馆以50万册图书、70名工作人员的基数，每增加1万～1.3万册图书，增编1人。民族地区图书馆每增加8 000～10 000册民族文字图书，增编1人。行政人员一般不得超过总编制额的17%。省辖市、县（区）图书馆的定编，各地根据当地实际情况，确定相应标准，一般以馆藏图书册数进行计算。

[文化馆定编] 文化馆是各级人民政府为了向广大人民群众进行宣传教育，组织、辅导群众开展文化活动而设立的综合性群众文化事业机构，是当地群众文化艺术活动的中心，其工作人员列为国家事业编制。文化馆定编标准，按照文化部（1981）文群字第525号通知，县文化馆：30万人口以下的县，编制为5～16人；30万～80万人口以下的县，编制为10～25人；80万人口以上的县，编制为15～30人。省和地级市的区馆，可参照县馆的编制。中央直辖市的市区文化馆：50万人口以下的区，编制为30～

45 人；50 万人口以上的区编制为 40～55 人。各地可结合当地实际情况制定相应的标准。

［**档案馆定编**］　档案馆是党和国家永久保存档案的基地，是社会各方面利用档案信息资源的中心，属于国家的科学文化事业机构，其工作人员列入国家事业编制。根据原劳动人事部、国家档案局 1985 年 2 月颁布的《地方各级档案馆人员编制标准》（试行），一般以馆藏档案 1 万卷（册，折合上架排列长度约 150 米，即平均每卷、册 1.5 厘米，下同）确定编制基数：地、县（区）及县级市档案馆 5 人，馆藏不足 1 万卷，编制当减少，但不少于 3 人；地区级城市档案馆 7 人；省、自治区、直辖市及其他大城市档案馆 10 人。案藏超过 1 万卷不足 30 万卷的，其超过部分每 5 000 卷增配 1 人；超过 30 万卷的，其超过部分每 7 000 卷增配 1 人。此外，生活后勤工作独立的档案馆，还可按不超过业务人员的 20% 增加编制。

［**医院定编**］　医院是医疗卫生事业机构，其工作人员一般列为国家事业编制。医院定编标准，一般是按病床数计算。1978 年 12 月卫生部发布的《综合医院组织编制原则试行草案》（［1978］卫医字第 1689 号）对县以上综合医院的基本任务、机构设置、病床的分配比例、人员编制以及工作量及人员配备等作了规定。各地结合当地实际情况，对定编标准作了适当修订，综合医院的人员编制，病床与医护等人员之比，一般是 200 床以下的为 1∶1.30，201～250 床的为 1∶1.35，251～350 床的为 1∶1.40，351～450 床的为 1∶1.45，451～500 床为 1∶1.55，500 床以上为 1∶1.65。

［**中医院定编**］　中医院是卫生事业单位，其工作人员一般列为国家事业编制。中医院人员编制，根据 1986 年 4 月卫生部、原劳动人事部颁发的《全国中医医院组织机构及人员编制标准（试行）》（（1986）卫中字第 4 号），按病床与工作人员 1∶1.3～1∶1.7 计算，如病床数为 150 张以下的，按 1∶1.3～1∶1.4；151～250 张

的，按1∶1.4～1∶1.5；251～350张的，按1∶1.5～1∶1.6；351～450张的，按1∶1.5～1∶1.6；450张以上的，按1∶1.6～1∶1.7计算。病床数与门诊量之比按1∶3，不符合1∶3时，按每增减100名门诊人次增减6～8人。

中医院各类人员的比例：行政管理、其他技术人员和工勤人员占总编的28%～30%，其中行政管理人员占总编的6%～8%，其他技术人员占总编的2%；卫生技术人员占总编的70%～72%。在医药人员中，中医、药人员要逐步达到70%以上。

[妇幼保健院（所）定编] 妇幼保健院、所是承担着保障妇女儿童身心健康、提高妇女儿童健康水平工作的卫生事业单位，其工作人员列为国家事业编制。根据卫生部、原劳动人事部颁发的《各级妇幼保健机构编制标准（试行）》（（1986）卫妇字第2号），县以上（含县）妇幼保健机构的人员编制总额，一般按人口的1∶10 000配备；地广人稀、交通不便的地区和大城市按人口的1∶5 000配备；人口稠密的按1∶15 000配备。妇幼保健院、所，根据工作任务、技术力量和开展工作情况的不同，按一、二类编制标准确定，一类：省一级的为121～160人，市（州、盟）的为61～90人，县（市、区、旗）的为41～70人；二类：省一级为80～120人，市（州、盟）的为40～60人，县（市、区、旗）的为20～40人。目前，一般按二类标准执行。各级妇幼保健院内，临床部人员按设立床位数，以1∶1.7增加编制。妇幼保健院卫生技术人员占总人数的75%～85%，妇幼保健所卫生技术人员占总人数的80%～85%。

[卫生防疫站定编] 卫生防疫站是贯彻预防为主，开展防病灭病工作，保障人民健康的事业单位，其工作人员列为国家事业编制。根据卫生部、原国家编委1980年7月颁发的《各级卫生防疫站组织编制规定》（（1980）卫防字第46号），省（自治区）和地区（自治州、盟），市、县（旗）卫生防疫站的人员编制，按全

省（自治区）为单位的全民所有制医药卫生人员总数7%的比例配备。根据省、地、市、县各级站分担的不同任务，因地制宜配备人员，一般是各级站分别分为四个等级，各级的参考数字是，省（自治区）卫生防疫站：第一级配500人以上，第二级配360～500人，第三级配260～350人，第四级配150～250人。地区（自治州，盟）卫生防疫站：第一级配120人以上，第二级配91～120人，第三级配61～90人，第四级配40～60人；县（旗）卫生防疫站：第一级配100人以上，第二级配61～100人，第三级配41～60人，第四级配20～40人；市卫生防疫站：第一级配300人以上，第二级配190～300人，第三级配90～180人，第四级配40～80人。市辖区设卫生防疫站的，参照县（旗）的标准。中央直辖市卫生防疫站人员编制，由各市按具体情况自行确定。各级卫生防疫站内的行政工勤人员的配备，按任务轻重、站的大小，分别占全站人员的18%～25%。

［药品检验所定编］ 药品检验所是药品质量监督部门领导下，执行国家对药品质量实施检验的国家事业单位，列事业编制。根据劳人编（1987）46号劳动人事部、卫生部关于试行《全国地方各级药品检验所和药品监督员编制标准》的通知，药品检验所的人员编制，根据其辖区的人口数量、医药生产、经营单位的数量、规模，以及各级药检所工作任务的不同，按下列标准确定，省、自治区药品检验所，直辖市药品检验所，200～300人；辖区人口在4 000万人以上，中等以上药厂在70个以上，县级医院在300个以上的省、自治区药品检验所，100～125人；辖区人口在2 000万～4 000万人，中等以上药厂在70个以上，县级医院在300个以上的省、自治区药品检验所，100～125人；辖区人口在2 000万～4 000万人，中等以上药厂在45～70个，县级医院在200～300个的省、自治区药品检验所，75～95人；辖区人口在2 000万人以下，中等以上药厂在45个以下，县级医院在200个以下的省、自

治区药检所，50~70人。地区（州、盟）药品检验所：辖区人口在500万人以上的地区（州、盟）药检所，40~60人；辖区人口在200万~500万人的地区（州、盟）药检所，30~40人；辖区人口在200万人以下的地区（州、盟）药检所，15~25人。市（不含直辖市）药品检验所：辖区（不含所辖县）人口在100万人以上的市药检所，25~50人；辖区（不含所辖县）人口在100万人以下的市药检所10~25人。县（旗）药品检验所：辖区人口在50万人以上的县（旗）药检所，5~7人；辖区人口在30万~50万人的县药检所，3~5人；辖区人口在20万~30万人的，按规定需要设置的县药检所，其人员编制一般不超过3人。

［工资基金管理］　在以往的机构编制管理工作中，各地的机构编制部门实行过工资基金管理。工资基金管理是国家为促使企业、事业、机关、团体单位加强经济核算，合理地使用工资基金，控制消费基金的盲目增长所采取的措施。凡发给职工个人的劳动报酬和按国家规定发放的津贴、补贴等，不论其资金来源如何，属于国家统计局规定的工资总额组成范围的，均应纳入工资基金管理范围之内。

编制管理部门管理工资基金，主要是将编制管理与经费管理结合而采取的一种方法，其目的主要是控制机构编制盲目膨胀，同时，对于控制消费基金的增长也起到一定作用。

编制管理部门管理工资基金的一般方法是，各单位于每年年初按核定编制数和实有人数；填报《工资基金计划审批表》，经编制管理部门审核后，填入《工资基金管理手册》，凭《手册》去开户银行，由开户银行监督支付工资。以后如若人员变动或工资总额变化，均需凭有关证明，经编制管理部门审核后办理增加工资基金手续。在工资基金管理中，各单位不得从备用金、业务收入或其他收入的现金中坐支，也不得以各种形式从银行套取现金支付人员工资。在工资基金管理中，编制部门的主要职责是严格把好机构编制关，凡未按规定程序审批设立的机构，不列工资基金户头，不核批工资基金，没有编制的单位，不得以任何理由增加人员。有关工资业务上的问题按照工资部门的规定办理；有关人员调配手续按调配部门的规定办理。编制管理部门管理工资基金的工作，随着实践将逐步改进和完善。

[编制包干] 编制包干是机构编制预算管理的方式之一。就是将行政或事业单位工作人员的编制和经费按照编制部门核定的编制数拨付给单位包干使用，节编有奖、超编受罚。是把行政手段和预算手段结合起来，控制超编，节约经费的一种有效的尝试。目的在于调动用编单位和个人的积极性，逐步建立起编制自我约束机制。它的积极作用在于开始从制度上打破编制使用上吃“大锅饭”的传统做法，即编制要的越多得到的经费也越多的“供给制”模式，把编制使用同单位和个人的经济利益挂钩，使其直接体验到超编的危害和节编的益处。编制包干对于有效的控制机构编制的膨胀、促进机关工作人员优化组合等有明显的作用。在编制包干中合理定编是前提和关键，检查监督是搞好编制包干的保证。

[预算] 一般指经法定程序批准的政府机关、团体和事业单位等在一定期间（一般为一年）的收支计划。泛指国家预算、总预算、地方预算、单位预算等。在日常生活中，人们对于基本建设支出及单位某项费用的预计也称“预算”如基建预算、会议费预算。

[国家预算] 国家的年度财政收支计划，由国家行政机关编制，经国家权力机关按法定程序审查、批准。预算收入主要来自国营企业上缴的利润和各种税金；预算支出的绝大部分用于经济建设、文教科学事业和国防行政支出。国家预算收支同国营企业财务收支、信贷收支与预算外收支有密切关系。国家预算是国民经济综合平衡的关键环节。我国的国家预算体系，与我国行政区

域的划分密切联系，并与国家经济管理体制相适应，分为中央预算和地方预算两大部分。中央预算由中央各部门的单位预算组成。地方预算又分为省、县两级。省（直辖市、自治区）的总预算是由本级直属的单位预算和下一级总预算组成；县的总预算是由本级直属单位的预算和下一级的总预算组成。国家预算实行分级管理，既有利于中央统一领导、又有利于发挥地方的积极性。

[行政事业支出] 行政机关及事业单位为实现自己的职能，完成国家规定的任务所必需的经费开支。我国行政事业支出的类别有：（1）人员经费，包括工资、补助工资、职工福利费、离休退休人员费等；（2）公用经费，包括业务费、公务费、设备购置费、修缮费等；（3）其他费用，包括牺牲病故抚恤费、烈军属复员军人补助费、出国人员费、聘请外籍专家费等；（4）差额补助费，主要指机关托儿所、幼儿园的差额补助费和实行收支挂钩管理的所属机关的事业单位补助费。

[行政管理支出] 国家权力机关和国家行政管理机关进行行政活动开支的预算费用。我国行政管理支出主要包括行政支出和外交支出两大部分。行政支出也包括国家机关经费、业务费、干部培训费和其他行政费；外交支出包括外交行政经费、驻外机构经费、出国费、外宾招待费、国际组织会费和其他外事费。

[文教科卫支出] 国家财政用于文化教育、科学技术、卫生、体育、通讯广播等事业支出的费用总称。从财力上保证文教科卫事业的发展。文教科卫支出包括：（1）教育支出：它是用于发展各类教育事业，主要内容有初等、中等和高等学校的教育经费、业余教育费以及对教育部门所属企业的拨款等。（2）科学技术支出：用于国家发展科学技术事业的费用。主要内容有国家专门研究机构的科研费、人员经费、公用经费和所属企业的经费等。（3）卫生支出，用于社会福利事业的支出；主要有各种医疗单位经费、各级保健和防治、防疫经费支出、公费医疗支出等。

(4) 其他方面支出；指文化艺术、通讯广播、体育事业等支出。

[行政事业预算管理] 根据预算要求，从财务上对行政事业单位的工作和业务活动进行的管理。主要作用是：(1) 可使行政事业财务活动有计划地进行，保证行政任务和事业计划的完成。(2) 可使行政事业单位更好地贯彻执行党和国家的路线、方针、政策和有关财务制度。(3) 可使行政事业单位的财务有明确的增收节支目标，有利于调动单位和工作人员增收节支的积极性，也有利于发扬财务民主，为财务监督提供依据。

根据现行管理体制，行政事业单位预算管理可分为以下三级：(1) 一级预算单位，即主管单位。是直接向财政部门领报预算资金，并对其所属单位分配和转拨预算资金的单位。(2) 二级预算单位，即附属单位。是向一级预算单位领报预算资金的单位。(3) 三级预算单位，即基层单位。是向二级预算单位或没有二级预算单位直接向一级预算单位领报预算资金的基层单位。三级预算单位以下无所属单位，或虽有所属单位，但不单独编制预算。各级所属不单独编制预算的单位，称为报销单位。

[行政事业财务管理方式] 对行政机关及其所属事业单位，根据其不同业务活动规律和收支情况，确定的不同的财务管理方式。目前主要有：

1. 全额管理。即行政事业单位的经费开支均由国家财政拨款，所得收入（除预算外收入）全部上缴国家。这种管理方式，适用于行政机关和有经常性业务收入的事业单位，它有利于国家对单位的收支进行全面管理和监督，也可使单位和支出得到充分保证。一般采用的具体管理办法是：(1) 全额包干，结余留用。就是在国家核定单位年度支出预算的基础上，按核定的经费数额由单位包干使用。除特殊重大原因，不追加、追减预算。年终在完成行政任务和事业计划的前提下，如有节余全部留归下年度继续使用，如发生超支国家预算不予补助。(2) 部分经费包干，结余留用。

就是在国家核定单位支出预算的基础上，对其中一项或几项费用由单位包干使用。在完成行政任务和事业计划的前提下，包干部分年终有节余，留归单位下年继续使用。包干经费不得互相串用。（3）总额控制，节余上缴。就是根据国家核定的单位年度支出预算，在预算总额范围内安排使用。

2. 差额管理。即以单位的收入抵补支出，支大于收的差额由国家拨款补助，收大于支的差额上缴国家。这种管理方式，可使单位将收支直接挂钩，有利于调动单位增收节支的积极性，有利于减少资金调拨手续，可适用于有经常性业务收入的事业单位。实行差额管理，一般采用的管理办法是：（1）定项补助。根据单位业务及其收支情况，确定一个支出项目的开支，作为差额补助数由国家拨款，其他项目的支出由单位收入抵补解决。执行中一般不办理追加、追减，年终超支不补，节余归单位使用。（2）定额补助，节余留用。是按照特定的计算单位计算的补助定额作为补助总数列入国家预算，由国家拨款补助。年终节余留归单位下年度继续使用。（3）差额补助（或差额上缴）。是在核定单位全部收支的基础上，核定预算补助数或上缴数。年终超支不补，也不核少核定的上缴数；收入超过年度预算，超收部分，一般不上缴，留归单位使用。

3. 企业化管理。对事业单位中经营活动类似企业的，实行企业经济核算的管理方式。实行这种管理方式，可使单位努力改善经营管理，降低成本，为社会主义经济建设和社会事业多作贡献。具体的管理办法有：（1）如自然条件或生产条件较差，或受其他客观因素影响出现亏损，可由主管部门会同财政部门具体核定，酌情予以照顾；（2）参照企业办、法按照编制财务收支计划，进行成本核算，提取固定资产折旧和大修资金；（3）由国家拨给周转资金或流动资金，不得向银行贷款；（4）一般不向国家上缴税金和利润。若盈利较大，可实行分成上缴；（5）职工个人福利待遇，可按企业规定办理，也可按事业规定办理，但不可同时享受企业、事业的福利待遇。

［**行政成本预算**］ 行政机关及事业单位为一定时期的业务活动所制定的经费计划。内容包括：业务项目、活动规模、参与人员、经费估算等。制定的程序一般是：先由本单位的各组成机构提出，然后由单位的负责人和主管部门协调平衡，最后形成该单位总的预算。预算制定后，应按计划严格执行，如有大的变动，也可及时调整或修改。

［**机构编制监督**］ 机构编制监督是指对机构编制的执行情况进行监督和指导，是为保证机构编制正确实施而进行的控制活动的重要组成部分。根据机构编制的有关法律、法规、条例、标准、规定等对机构编制活动进行监督，预先防止执行中的中断，纠正执行中的偏差，保证既定目标的实现。机构编制监督贯穿整个机构编制执行的全过程，是机构编制管理过程中，持续时间最长的一种职能。目前我国机构编制管理过程中监督手段较为薄弱，一般说来，有行政监督、工资基金管理监督、机构编制统计监督等。

［**机构编制档案**］ 机构编制档案是指在机构编制管理工作中形成并作为历史记录保存起来的备查考的文件材料，是机构编制管理业务建设的一个重要内容。机构编制档案工作主要包括以下内容：编写有关机构编制管理工作的大事年表；编写有关机构演变和沿革情况图表以及编辑其背景和前景材料；编写人员编制和实有人员增减变化情况表、坐标图及其相关材料，编写各种有关机构编制及管理情况的历年对比图表和对比坐标图；编辑有关的各类文件材料专集；绘制现行各类机构系列表等。

［**机构编制卡片**］ 即用卡片的形式集中反映某一机构编制的历史、现状情况。属编制档案范畴。机构编制卡片一般包括机构名称、成立日期、主要职责、内设机构、人员编制以及机构编制变化情况记录等内容。卡片形式灵活，使用方便，并可随时增补

或撤换。目前，不少地方的编制部门建立了“机构编制卡片管理”制度，由编制管理部门制发给有关单位，有关单位凭卡片向组织、人事、劳动部门申报调配工作人员，向财政、银行部门申报工资支付。凡超过“卡片”核定的编制定员或批准开支人数的单位，有关部门不得给予调配工作人员和支付工资。

［**机构编制统计**］　机构编制统计是社会政治经济统计的一个组成部分，是研究党政群机关、事业单位和企业行政管理机构的组织机构与人员编制的数量关系及其发展规律的一门统计分科。机构编制统计是获取各级党政群机关、事业单位机构与编制资料的主要途径，是促进编制管理向定量化、科学化发展的重要手段。机构编制统计的基本任务是：准确、及时、全面、系统地搜集、整理和分析编制统计资料；检查监督编制法规和有关政策的贯彻执行情况，为国家行政经费预算和事业发展经费预算提供重要的参考基数；研究编制在具体时间、地点等条件下的不同变化情况，找出制定政策和编制方案的客观规律。机构编制统计还为总结编制工作经验、加强编制管理理论研究提供数据和资料。

［**机构数**］　机构数系指一个组织体系中实际划分的各个组成部分的总和，通常每个组成部分都具有一定的主管事项和职权范围。根据《国务院组织法》和《地方各级人民政府组织法》规定的机构设置层次，中央一级统计部、委、直属局、办事机构及其内部的司局和内部处室个数，省、自治区、直辖市统计部、委的厅、局及其内部处室个数，市级统计委、局、处及其内设科室个数，县级统计委、局、科个数。

［**编制数**］　编制数系指机构中的职位数。职位是指符合一定条件的人用全部或一部分工作时间来处理经常性的职务和责任。所以，编制的数量主要由这一机构在整个组织体系中的地位、任务、职权范围、人员培训的需要及行政预算五项因素决定。根据宪法规定，编制数的审批权限归国务院，因此，编制数的统计就

是计算经国务院批准的由中央各部、委、直属机构、办公机构和省、自治区、直辖市分配的编制。

［**实有人数**］　实有人数系指期末由机关支付工资的人数，机构编制统计中一般以当年 12 月底为截止时间。实有人数可以分为在职和非在职两种人员。在职人员指机构中实际担任职务的人员，主要由领导人员、业务人员、工勤人员三个基本部分组成。

［**机构编制统计分析**］　机构编制统计分析是整个机构编制统计工作的一个重要环节，其目的在于提高机构编制统计的实用性。机构编制统计分析主要有机构布局分析、各类机构编制结构分析、机构编制比例强度分析、机构编制对比综合分析等。机构编制布局分析就是根据统计所得的机构数值及其隶属关系和所在地，进一步分析各类机构的地理分布状态。布局分析是研究机构设置和分布同政治、经济、文化及其他社会发展状况是否适应，以及进行机构布局的直接依据。机构编制结构分析就是依据对各系统、各部门的机构、编制的统计结果，进行系统之间、部门之间的机构与编制数的比例结构分析，为机构的设置（裁减）、编制的增加（减少）以及机构、编制的结构调整提供依据和指导。比例强度综合分析就是用统计所得的机构、编制、实有人数等数据同自然人口、就业人口、产值或国民收入、土地面积、行政区划等数据进行比较，分别计算出所占比例或比重，使机构编制的发展与经济、社会事业发展相应。对比综合分析就是在以上基础上，进一步作横向、纵向的对比，从而在时空上分析机构编制发展的情况。

［**机构编制统计报表**］　机构编制统计表由国家编制主管部门和国家统计局制发，按国家统一表格形式、统一报转程序、报送时间，自下而上地定期向国家、政府报告机关事业单位机构编制统计情况的报表。它是一种年报制度，也是编制统计资料的主要表现形式。目前报表分为三种：

（1）《中央一级国家机关人数年报表》，下分《国家机关工作人员人数汇总表》、《人员配备统计表》、《非在职人员统计表》三种，用于统计中央机关。统计内容主要包括：① 机构数；② 实有人数。分在职和非在职人数两种。在职人数中分为部委正副职、直属机关正副职等；非在职人员分老弱病残，待分配人员及其他原因脱岗人员。

(2)《地方各级中共党委、国家机关、民主党派、人民团体编制统计表》，下有 7 种分表：《地方各级党政群机关编制统计总表》、《省、自治区、直辖市一级机构编制统计表》、《地、市、县级机关编制统计表》、《市属街道、镇、乡及县属区、镇、乡编制统计表》、《补充项目实有人数统计表》、《省、自治区、直辖市副厅（局）级机构编制统计表》、《地方各级政法部门编制综合统计表》。

(3)《中央一级国家机关直属在京单位人数年报表》，填报范围是：全国人大常委办公厅和各专门委员会、最高人民法院、最高人民检察院、国务院各部门直属在京单位、经济管理机构、机关附属机构、中国科学院、中国社会科学院等在京机构等。

[机构编制统计指标体系] 了解和研究机构编制状况相互联系的一系列指标。主要由以下一系列指标构成。机构指标（机构的数量、性质、级别或规格、内设机构以及非常设机构等）、人员编制指标（人员编制的类别、数量、构成）、实有人数指标（实有人员的数量、职位结构、年龄、文化程度）、人口指标（人口的数量、结构比例、密度）、行政区划指标（行政区划的等级、数量、分布）、其他社会政治、经济、文化指标（地域面积、国民收入或产值、政治、经济、文化设施的数量类别和规模）。它们结合为一个整体，反映国家政权建设的状况，表明生产力和生产关系、经济基础和上层建筑在组织机构、人员编制方面的某些规律。

[机构编制统计分组体系] 即将机构编制按一定规则分为若干组，加以分别统计，以达到进一步深入反映其一方面机构编制

状况的目的，同时，各组又相互联系、补充，从另一个角度反映机构编制的全面情况。我国机构编制统计分组体系由系统分组统计、部门分组统计、分级分系统分组统计三部分组成。系统分组统计，系指对统计对象单位按系统加以分组，然后分别进行的统计。如将我国的组织机构按中共党委、人大、政府、法院、检察院、政协民主党派、人民团体七个系统进行分组统计。部门分组统计即分别对上述各系统的工作部门按其工作性质的不同加以分组，然后分别进行的统计。分级分系统的分组统计系指首先按行政隶属关系对机构编制管理对象单位进行层次划分，然后分别对各层次的所有机构按系统分组进行的统计。如将我国行政机构分为中央、省、地区、城市、县、区、镇、乡等层次组，然后对各层次组中的所有机构按党、政、群等系统进行统计。

六、机构编制立法

［**宪法**］　宪法是国家的根本大法，它和一般法律相比，有下列主要特点：

（1）在内容上，宪法所规定的是涉及国家全局的根本问题。它包括国家性质、国家形式、经济制度、公民的基本权利与义务、国家机关的体系及其组织活动等有关国家制度和社会制度的问题。对这些问题只作原则性规定，而一般法律只是根据宪法规定的原则，就某一方面或某几方面问题作出具体规定。宪法是立法机关进行日常立法活动的法律基础，故有“母法”之称。

（2）在效力上，由于宪法的法律地位高于普通法，它具有最高法律权威和最高法律效力。我国宪法规定：本宪法“具有最高法律效力”，“一切法律、行政法规和地方性法规都不得同宪法抵触”。

（3）在制定和修改宪法的程序上，规定比普通法更为严格。

有的国家规定制定或修改宪法须经全民公决或立法机关全体成员2/3以上同意。我国在制定第一部宪法时，成立了宪法起草委员会。1982年宪法就是由1980年9月成立的宪法修改委员会负责进行起草的。我国宪法的制定或修改要经过最高国家权力机关即全国人民代表大会审议通过。我国的宪法以法律的形式确认了全国各族人民奋斗的成果，是一部具有中国特色的社会主义宪法，四项基本原则是我国宪法的总的指导思想。其基本特点，就是从中国的实际情况和最大多数人的最大利益出发，把社会主义的基本制度、基本特征同我国的具体特点结合起来，并具有最高的法律效力。

[行政法] 行政法是调整国家行政管理机关在行使国家行政权力过程中发生的行政管理关系的法律规范的总和。其主要内容有：国家行政机关组织与活动的基本原则；国家行政机关的设置、编制、任务、权限责任；国家行政机关行使职权的准则、方式、方法和程序；国家行政机关公务人员因担负职责而产生的权利义务；国家行政机关任免程序、考核、退休、奖惩办法及活动的方式方法；国家行政裁判机关对行政纠纷进行审理的程序等。行政法有以下几个特点：（1）它必须是调整国家行政管理关系的法律规范；（2）行政主客体间具体有不平等性，即行政机关处于主动、指挥的地位，被管理者处于被动和服从的地位；（3）内容涉及广泛，由于行政管理活动本身涉及甚广，使得行政法的内容亦十分广泛。它不像刑法、民法那样单一。

[行政组织法] 行政组织法是规定国家行政机关的组成、建立、变更和撤销的程序，以及国家行政机关的法律地位、职权、活动原则、工作方法、工作程序、组织结构和编制等一系列法律规范的总和。它为国家行政机关的存在和行使职权提供法律根据的准则，是使国家行政机关进入法制化管理的重要法律。我国目前尚没有制定完整的行政组织法，但有大量的单个行政组织条例、

规则等。这些法律、法规就行政机关的某一方面或单一行政组织作了规定，如《中华人民共和国国务院组织法》、《中华人民共和国地方各级人民代表大会和地方各级人民政府组织法》。行政组织法的基本内容有：

（1）国家行政机关的组成。例如，《中华人民共和国国务院组织法》（1982）第2条规定："国务院由总理、副总理、国务委员、各部部长、各委员会主任、审计长、秘书长组成。"

（2）国家行政机关建立变更撤销的程序。例如《中华人民共和国地方各级人民代表和地方各级人民政府组织法》（1982）第28条规定："省、自治区、直辖市的人民政府的厅、局、委员会等工作部门的设立、增加、减少或者合并，由本级人民政府报请国务院批准。"

（3）国家行政机关的法律地位。例如，原《内蒙古自治区各级人民代表大会和各级人民委员会组织条例》第28条规定："内蒙古自治区各级人民委员会，即内蒙古自治区各级人民政府，是内蒙古自治区人民代表大会的执行机关，是地方各级国家行政机关。"

（4）国家行政机关的职权。例如，《国务院法制局组织通则》（1955）规定，国务院法制局行使审查国务院交付审查的法规草案；草拟法规草案，整理现行法规；办理国务院交办的其他有关法律工作。

（5）国家行政机关的活动原则。例如《国务院组织法》（1982）第2条规定"国务院实行总理负责制"。

（6）国家行政机关的会议制度、工作程序和工作方法。

（7）国家行政机关的组织结构和编制。行政组织法通常规定上述内容，具体行政法有时还规定有关行政机关组织方面的某些具体特殊事项。

［编制管理法］ 编制管理法是有关编制管理的基本法规，是

编制管理的主要法律依据。其主要内容包括：编制管理的对象、范围；编制管理的原则、方法；编制管理的体制、权限划分及其主管部门等。在总的编制管理法下面，还可以考虑制定分类编制管理法，如《行政机关编制管理法》、《事业单位编制管理法》、《机构编制管理法》、《人员编制管理法》等。

[组织通则] 组织通则是对分级同类部门的机构设置和组织原则的共同性规定。以政府系统的《组织通则》为例，一般应包括《省政府组织通则》、《市政府组织通则》、《县政府组织通则》等。各类组织通则一般应包括以下内容：应设哪些机构，各机构的性质、任务和职权范围，各机构之间的相互关系，编制员额（幅度）以及组织制度和工作制度等。《省政府组织通则》适用于全国所有省政府；《中级人民法院组织通则》适用于全国所有中级人民法院。

[部门组织条例] 是在《组织通则》基础上，对分级同类部门的机构设置和组织原则进一步具体化的法律规定。它的适用对象权限于某个特定的具体机构。如《××省××厅组织条例》就只对该厅起法律规范作用。《部门组织条例》的内容一般应包括：该部门的内部机构设置；各内设机构的任务、职责范围及相互关系，以及编制员额和工作制度等。

[机构编制立法] 是把各级国家机关的职责权限、机构设置、人员编制及其编制管理体制和管理工作建立在科学和法制的基础上，将行之有效的科学化和现代化的办法、原则、规定等，予以制度化、法制化。编制立法是国家立法的一个重要内容。因此，编制立法必须遵循国家立法的原则，按照《宪法》规定进行。编制立法，是编制管理工作改革的目标之一。

[机构编制立法的必要性]

（1）实行机构编制立法，是机构改革顺利进行和巩固改革成果的迫切需要。新中国成立以来，我们曾对国家机构自上而下地进行了几次较大的精简和改革。但是，精简过后，机构设置和人员编制又有不同程度的增加，形成了“精简—膨胀—再精简—再膨胀”的恶性循环。其重要原因之一，就是机构编制管理上没有严格的法律保障。现行的宪法和组织法中关于各级国家机关机构设置和人员编制的规定，比较原则，约束不严。一些主观因素和“以言代法”不能得到限制和纠正，于是，机构编制和实有人员逐渐增多起来。随着经济体制改革的深入发展，我国的经济运行机制发生了深刻变化，必然要求经济管理体制和上层建筑也相应地变革。因此，必须实行编制立法，使各级国家机关的机构设置、人员编制配备及其日常管理工作，从过去的仅仅依靠政策办事过渡到依法办事上来。同时，不失时机地革除过去编制管理制度中的种种弊端，把机构改革的成功经验和积极成果肯定下来，变成全国上下共同遵守的行动规范，通过立法，建立起充满生机和活力的新的机构编制管理制度。

（2）实行机构编制立法，是提高机关和工作人员工作效率的重要措施。长期以来，我们的党政机构以及各种企、事业机构中，缺少严格的从上而下的行政法规和个人负责制，缺少对每个机关及每个人的职责权限的严格的规定，以至事无大小，往往无章可循，绝大多数人往往不能独立负责地处理他所应当处理的问题。在这种情况下，根本谈不上工作效率的提高。

（3）实行机构编制立法，是使机构编制管理逐步走向科学化的需要。编制就是法规，机构编制管理不能以不变应万变，不能老是按照主观意志和习惯方法办事，需要有个大转变。这个转变的根本标志是，从人治转变为法治，从凭主观意志办事变为按客观规律办事，实现机构编制管理科学化。有了编制法规，机构编制管理就有了统一的法律依据，使一切机构编制活动都有法可依，有了机构编制法规，便于把有关的机构编制政策用法律形式规定下来，使机构编制管理工作的政策具有法律效力，避免在执行政策上的多变性和随意性，堵住靠临时动议或主观好恶决定机构编制问题的漏洞。

［**机构编制立法的内容**］　大致包括以下几个方面：

（1）关于编制管理体制的规定。规定从中央到地方设立相对独立的、具有一定权威的法定机构编制管理机关，统一管理机构编制工作，实行“一支笔”审批制度，并且在法中明文规定，使之得到法的保障。

（2）关于机构编制性质的规定。目前，有的国家行政机关挤占企事业编制，有的名为企业，实际上由行政、事业经费开支。这种混乱现象仍然存在。因此，正确地划分国家机关、事业，企业单位编制性质的界限，是编制工作的基础，而机构性质的确定又是划分编制界限的前提和依据。机构编制性质的规定是编制的一项重要内容。

（3）关于各级国家机关机构设置、人员编制标准、结构比例职务系列等的规定，应用法律手段确定下来。还应制定和完善各级国家机关工作部门组织法，大致规定其机构名称、设置层次、管理体制、职责任务、编制员额、领导干部职数和各类工作人员的比例等。

（4）关于编制管理权限和法律监督职能，也应该有法律的规定。增加一个机构，增加一批编制，都应有一定的法律程序。什么样的机构、多少编制要由立法机关批准？什么样的机构、多少编制可以由政府编制主管部门审定？在机构编制管理上，应该实行什么样的责任制？未经批准增加的机构和编制，当事人应负什么责任？这些都应有具体的规定，决不允许随心所欲、乱开口子、多头承办和出了问题谁也不负责任的现象发生。

［**机构编制立法的步骤与办法**］　机构编制立法是一件很重要的工作，它涉及各项管理体制的改革，需要进行广泛深入的调查研究。过去，中央和地方关于机构改革和编制管理方面的具体要

求和规定很多，各省、自治区、直辖市也都制定颁布过一些具体政策和管理办法。在实行机构编制立法过程中，应该首先把这些材料收集起来，认真研究和分析，探索解决问题的新途径。其次，还要了解历史上机构设置、编制配备及其管理的基本情况，学习外国在管理国家机构方面的长处，借鉴人家在管理体制、机构设置、编制定员、职务配备、人员构成、上下关系、工作制度、工作方法和工作效率等方面的经验，为建立符合我国国情的具有中国特色的机构编制法规服务。在此基础上，采取实事求是、逐步推进的方法，先将历年来散见于中央、国务院及其他有关文件中关于各级国家机关机构设置、编制定员及机构编制管理工作方面的那些似法非法的基本方针、政策规定、原则要求及行之有效的管理办法、管理体制、规章制度、定员比例、工作方法等，集中起来，找出规律性的东西，结合当前的实际情况，加以整理、修订补充、提高，使之条理化、系统化、规范化，通过一定的程序，完善成法规。具体步骤，可以先搞完整的、全国统一的各级国家机关机构编制管理办法或管理条例，通过实践和完善，再向正式法规过渡。也可以先搞地方性的，再搞全国的；先搞国家机关的，再搞事业单位的；先搞单项法规，再搞综合性法规。总之，按照先易后难、先简后繁的办法，循序渐进，既不能消极等待，也不能草率从事，而要积极稳步地进行。

七、机构改革

［**机构改革**］　机构改革是政治体制改革的重要内容，是对党政机关组织结构形式进行较大规模的调整。新中国成立后，根据政治、经济形势的需要，我国曾进行过多次的精简整编工作。1982 年后，我国又进行了多次较大规模的机构编制调整工作，并正式使用机构改革这一概念，并赋予这项工作以更加丰富、更加

深刻的内容。一般说来，机构改革主要包含的内容有：调整组织机构的管理体制及其职能体系；调整组织结构和精简机构；调整人员编制和精简人员；调整机构的领导班子；改革领导制度、工作制度以及制定某些规章制度、法规等。因此，机构改革不是机构的简单撤并，就其性质而言，是上层建筑领域里的一场革命，是权力、利益和职责结构的调整，是社会主义制度的自我完善。机构改革的目的是增强党和国家领导机构的活力，克服官僚主义，提高工作效率，充分调动基层和人民的积极性。所以，机构改革在我国政治体制改革中占有重要的地位，与经济体制改革也有着密切的关系。

机构改革是一项十分艰巨复杂的工作，有许多问题需进一步探讨。新中国成立以来，我国党政机关的历次精简、改革的经验教训告诉我们，机构改革必须抓住职能转变这一关键，在简政放权、转变职能的基础上，重新进行职能的科学配置；机构改革必须与政治体制改革和经济体制改革的总进程相适应，不能盲目冒进，应当与党政分开、政企分开等项工作结合进行；机构改革必须有干部人事等制度的改革相配套，同时，要做好机构编制的立法工作，逐步建立机构编制自我约束机制，以保证机构改革成果的巩固。

机构改革是一项复杂的系统工程，在方法步骤上，应先进行调查研究，制定方案，进行总体设计，可以进行一些试点，以取得经验。改革的全面展开，宜采取自上而下、有秩序、有步骤地进行，可采取突变式，也可以采取渐变式。改革中要做好宣传教育工作，并妥善安排富余人员，减少改革的阻力，以保证机构改革的顺利进行。

[机构改革的要素]　一般认为，机构改革，主要围绕任务、技术、结构、人员这四个要素进行。

(1) 任务。它因组织目标不同而异，是一组织与他组织区别的标志，也是组织存在的基础和机构改革的依据；

（2）技术。它是组织活动的手段，包括设备和解决问题的方法等。技术的革新，会直接或间接影响组织任务，改进工作方法、影响组织结构设计及其人员的调配；

（3）结构。它是指层级、部门、职权等系统的划分，以及信息沟通、协调的状况等，这些都是机构改革的重要内容；

（4）人员。组织成员的思想、行为，往往随着训练升降、成绩评定的改变而改变，进而影响组织的变革。

在组织结构这个多变量的开放系统中，上述要素是最显著的变量，它们彼此相关、相互影响。因此，在进行组织机构改革时，人们往往根据或借助某一个变量的影响，确定改革的规模、方式和步骤。

［**以结构为中心的机构改革**］　以结构为中心的机构改革，是通过改变组织结构，促使组织成员改变旧观念、产生新行为，从而在改革过程中强化个体和群体的新的行为方式。它是通过改变环境促进人们思想转变，来达到改革的目的。其途径主要是调整组织结构、规划、技术、信息沟通、报酬等。其变革的内容有：（1）调整横向部门和纵向层次，改变组织机能；（2）授权、分权，增强下级的责任与自治能力；（3）采用矩阵型组织等新结构，解决原有组织的矛盾；（4）重新安排新的职位，改变组织成员相互作用关系；（5）实行工作扩大化和工作丰富化，改变工作程序、规划、监督方式，改变员工人际关系，满足沟通的愿望；（6）建立控制标准与报酬制度。通过控制标准制定最佳的行动方案，防止偏差；通过工资、奖金等制度，正确引导组织成员个人的行为。

［**以人员为中心的机构改革**］　以人员为中心的机构改革的宗旨是通过教育引导的方式，向工作人员灌输新的知识，逐步改变个人的思想、行为，进而达到改变群体行为，提高组织效能的目的。实行这种方式的前提是有关人员都参加改革。其基本步骤是：

（1）教育。使大家认识到改革的必要性、迫切性，认识到外有压力、内有动力，只有改革才有出路。造成改革势在必行的强大舆论。

（2）激励、鼓励人们解放思想，更新观念，消除改革障碍。树立先进、鞭策落后，为立志改革者鸣锣开道。

（3）变革。提出新的思想观念和行为模式，并得到组织成员认可和接受，形成新的思想意识和行为形态，以适应和创造新的环境、顺利开展各种有益于社会的改革活动。

（4）巩固。通过强化作用，巩固和发展业已产生的新思想和行为模式。

[党政分工] 在1983年机构改革中，中央提出了党政合理分工的原则之后，一些城市在机构改革中对党政合理分工进行了探索。党领导人民建立了国家政权、群众团体和各种经济文化组织，党应当保证政权组织充分发挥职能，应当充分尊重而不是包办群众团体及企事业单位的工作。党的领导是政治领导，即政治原则、政治方针、重大决策的领导和向国家行政机关推荐重要干部。党对国家事务实行政治领导的主要方式是：使党的主张经过法定程序变成国家意志，通过党组织的活动和党员的模范作用带动广大人民群众，实现党的路线、方针、政策。党和国家行政机关的性质不同，职能不同，组织形式和工作方式不同。必须划清党政职能，理顺党组织与人民代表大会、政府、司法机关、群众团体、企事业单位和其他各种社会组织之间的关系，做到各司其职，并且逐步走向制度化。

中央、地方、基层的情况不同，党政分工的具体形式也有所不同。党中央应就内政、外交、经济、国防等各个方面的重大问题提出决策、推荐人员出任最高政权机关领导职务，对各方面工作实行政治领导。省、市、县地区党委，应在执行中央路线和保证全国政令统一的前提下，对本地区的工作实行政治领导。主要职责是：贯彻执行中央和上级党组织指示，保证国务院和上级政府指示在本地区的实施，对地方性重大问题提出决策，向地方政权机关推荐重要干部；协调本地区各种组织的活动。它们与同级地方政权机关的关系，应在实践中探索，逐步形成规范和制度。企业党组织的作用是保证监督，不再对本单位实行“一元化”领导，而应支持厂长、经理负起全面领导责任。事业单位中的党组织也要随着行政首长负责制的推行，逐步转变为起保证监督用。

为了适应党的领导方式和活动方式的转变，必须调整党的组织形式和工作机构。今后，各级党委不再设立不在政府任职但又分管政府工作的专职书记、常委。党委办事机构要少而精，与政府机构重叠对口的部门应当撤销，它们所管理的行政事务应转由政府有关部门管理。党的纪律检查委员会不再处理法纪和政纪，应当集中力量管好党纪，协助党委管好党风。现在由上级行政部门党组织垂直领导的企事业单位的党组织，要逐步改由所在地方党委领导。

［政企分开］ 政企分开是指把国家政权机关与从事生产、运输、贸易等经济活动的部门从职责上分开。第一个五年计划期间建立起来的经济体制的主要弊端就是：政企职责不分，企业成了行政机构的附属物，中央和地方政府直接用行政手段干预企业经济管理，对企业统得过多过死，企业缺乏应有活力。中国共产党第十二届中央委员会第三次会议通过的《中共中央关于经济体制改革的决定》明确规定，“实行政企职责分开，正确发挥政府机构管理经济的职责”。政企分开后，政府和企业职责分明；政府作为国家经济建设的组织领导者，主要通过制定经济和社会发展战略、计划、方针、政策等，运用经济和法律手段，从宏观上对企业进行领导、管理和监督；对于企业的具体经营业务，不再过多运用行政手段进行干预，扩大企业自主权，使企业真正能够成为自主经营、自负盈亏的相对独立的经济实体。

[政社分开]　把农村基层政权组织与经济组织分开，实行政、企各司其职的体制，是针对过去中国农村政社合一、集政权与经济职能于一身的人民公社体制提出的。政社分开的具体要求是：(1) 建立农村基层政权——乡政府。乡的规模一般以原来公社的管辖范围为基础。(2) 乡政府作为基层政权，负责全乡民政公安、司法、文教卫生、计划生育等工作，同时从行政方面管理本乡经济建设，但不包办经济组织的生产、经营、财务等具体业务。(3) 乡政府建立后，原来的人民公社作为集体经济组织可以保留，也可以根据生产的需要和民众的意愿建立其他名称的经济组织。(4) 建立乡政府的同时，要按乡建立乡党委。乡党委要保证党的方针、政策的落实，做好思想政治工作，改变人民公社时期党政不分、党员包揽一切的状况。我国 1982 年的宪法规定，农村设乡、建立乡政府作为农村基层政权组织。之后，全国部分地区进行了划乡，建立乡政府，实行政社分开的试点工作。1983 年 11 月，中共中央、国务院联合发出通知，要求各地有领导、有步骤地搞好政社分开的改革。到 1985 年 5 月，全国农村政社分开、建立乡政府的工作全部结束。

[简政放权]　党和政府为了解决机构重叠，权力过分集中的弊病而采取的一项改革措施。简政放权系指精简国家机关，减少行政单位和机关工作人员；把企业生产经营权力下放企业自身，把地方政府的权力交给地方。历史上 1941 年 11 日中共中央采纳了陕甘宁边区开明绅士李鼎铭先生“精兵简政”的建议，收到了在抗日根据地克服物资严重困难的效果。新中国成立后，在经济建设中继续实行“精兵简政”政策，并在 20 世纪 60 年代把它发展为“简政放权”，党的十一届三中全会又使之得到系统的完善。简政与放权是紧密相连的，要真正简政，就得放权；只有下放了权力，政务才能简化，行政机构才能得以精简，并真正做到转变职能。邓小平同志于 1982 年 1 月 13 日在中央政治局讨论中央机构精

简问题时指出：精简机构、简政放权是一场革命，如果不搞简政放权，让党和国家的组织继续像目前这样重叠臃肿，职责不清，许多人员不称职、不负责，工作缺乏精力、魄力，我们的事业就有垮掉的危险。

［**权力下放**］　权力过分集中是我国现行政治体制和党政领导体制中存在的一大弊端。表现为：（1）行政、经济、文化组织和群众团体的权力过分集中于党委领导机关；（2）基层的权力过分集中于上级领导机关。一方面领导机关管了许多不该管、管不好，管不了的事，陷于事务主义；另一方面基层缺乏自主权，人民群众的积极性难以充分发挥。克服这种弊端的有效途径就是下放权力。

权力下放的总原则是：适宜下面办的事情，都应由下面决定和执行。在中央和地方的关系上，要在保证全国政令统一的前提下，逐步划清中央和地方的职责，做到地方的事情地方管，中央的责任是提出大政方针和进行监督。在政府同企事业单位的关系上，要按照自主经营、自主管理的原则，将经营管理权下放到企事业单位，逐步做到各单位的事情由各单位自己管，政府的责任是按照法规政策为企业服务并进行监督。在党和政府同群众组织的关系上，要充分发挥群众团体和基层群众性自治组织的作用，逐步做到群众的事情由群众自己依法去办。下放权力必须以扩大中心城市和企事业单位的权力为重点，凡是规定下放到城市和企事业的权力，各中间层次一律不得截留。

［**小政府、大社会**］　作为一种经济模式，源于西欧的空想社会主义理论。19 世纪后，包括马克思、恩格斯在内的各流派的社会主义者，都坚决反对政府过多地干涉经济，都强烈要求建立以“自由人联合体”为本位的公有制度。因此，一般认为“小政府、大社会”的思想，也是马克思主义国家消亡理论的组成部分。按照马克思主义的理论，要弱化政府职能，并通过扩大社会自治的

功能，实现政府与社会的直接融合。我国的经济体制改革，就是逐渐向探索“小政府、大社会”的设想接近，增强企业的活力，使其成为相当独立的经济实体，成为自主经营、自负盈亏的商品生产者，发展社会主义商品市场，逐渐完善市场机制；使政府对企业的管理逐步由直接控制转向间接控制为主，建立新的社会主义宏观经济管理制度，形成“国家调节市场，市场引导企业”的格局。这些改革任务，决定了政府职能的缩小和社会职能的扩大，与这种经济新模式相适应，实现政治体制的新模式也必须进行大幅度改革和调整。“小政府、大社会”，就是要通过国家与社会的双重间接化——以市场为中介的经济间接化和以民主为中介的政治间接化，建立社会主义市场经济和民主政治。

［**1982 年国务院机构改革**］　1982 年国务院机构改革是根据 1982 年 3 月全国人大五届二十二次常委会批准的《国务院机构改革方案》组织实施的一次较大规模的机构改革。重点是解决四个问题，即明确各部门及其所属机构的任务和职责范围，坚决改变分工不合理，职责不分明的状况；选贤任能，配备和建设好领导班子，逐步实现干部队伍的革命化、年轻化、知识化、专业化；认真安排好老干部离退休和退居二线的工作，废除实际上存在的领导干部职务终身制；切实加强干部轮训工作；提高整个干部队伍素质。改革的主要内容是：

1. 改进国务院本身的领导体制和领导方法，加强集中统一领导，提高工作效率。

2. 减少副总理人数，设国务委员一职。总理、副总理、国务委员和秘书长组成国务院常务会议。

3. 合理设置国务院各部、委和国务院直属机构、办公机构，撤销重叠机构，合并业务相近机构。国务院机构由 100 个调整合并为 61 个。

4. 撤销了国务院下属的 45 个非常设机构中的绝大部分。

5. 国务院和各部委的机构精简之后，工作人员比原来减少 1/3 左右。1982 年中国改革开放以来进行的第一次规模较大的行政改革，其主要原因是倡导经济改革、推动官僚体系变革，选拔年轻化与知识化的干部。

此次机构改革明确规定了各级各部门领导班子的职数、年龄和文化结构，要求减少副职，提高素质。国务院和各省、自治区、直辖市政府的机构数量和人员也按要求大幅度减少。通过改革，下放了经济管理权限、财政收支权限、人事管理权限，干部队伍“四化”方针（即革命化、年轻化、知识化、专业化）开始落实，建立起了正常的干部离退休制度。国务院的机构由改革前的 100 个，精简到 61 个，工作人员总编制缩减 1/3 左右。

［**1983 年省级机构改革**］　1983 年省级机构改革是继 1982 年国务院机构改革后，在省、自治区、直辖市党政机关进行的一次较大规模的机构改革。目的是调整和加强省级领导核心，精简庞大臃肿的机构，选拔大批优秀中青年干部，轮训广大在职干部，进一步克服官僚主义，大大提高工作效能。其主要内容是：

1. 配备好领导班子，按照精干的原则和革命化、年轻化、知识化，专业化的方针，选拔一批德才兼备、年富力强、能够开创新局面的干部进入领导班子。

2. 认真精简机构。规定省、自治区党委的工作部门一般设立 7 ~ 9 个；直辖市党委工作部门可以多设几个，政府的工作部门，一般设 35 ~ 40 个，小的省、自治区应该少于 35 个，大的省可以多于 40 个，直辖市政府的工作部门可以比大的省多一些；机构层次宜少不宜多，省、市、自治区政府直接领导各委、厅、局，不要再设中间领导层次。

3. 改革地区体制。在经济发达地区，将省辖中等城市周围的地委、行署与市委、市政府合并由市管县，管企业。对于一些经济不发达的地区，还要保留地委和行署，要按照党章、宪法的规定，作为省、自治区党委和政府的派出机构，不能形成独立的一级。

4. 紧缩编制。省、自治区一级党政机关的人员编制，一般规定为3 000 ~ 5 000 人，人口特多、经济文化事业发达的省可以多于5 000 人。直辖市党政群机关的人员编制按城市人口（不含市辖县人口）4‰左右核定，市属各级（不含市辖县）党政群机关的人员编制，由各市在总编制内自行安排。

5. 妥善安排好老干部。

［**1983 年地市机构改革**］　1983 年地市州机构改革的主要内容有：

1. 积极试行地、市合并。实行地市合并，由市领导县，一个市领导县数的多少，应根据每个市的经济发展程度，城乡自然联系和交通是否便利等条件确定，不受“一地一市”限制。此外，还可采用扩大大中城市郊区，让它多带几个县；把新兴工矿区或城镇改为市，管辖一部分农村；县、市（镇）合并，以及其他适当办法。

2. 既要管好城市又要管好农村。市的领导体制和机构设置，按照党政企合理分工的原则和经济体制改革的趋势进行改革，进一步扩大企业的经济自主权，主要依靠经济组织和运用经济办法来管理经济，国家机关适合改为经济组织或事业单位的，就改为经济组织或事业单位。因此，市的行政管理部门，特别是管理经济的部门，人员编制得到了精简。市委工作部门一般设 6 ~ 10 个，市政府工作部门一般设 30 ~ 40 个。市属各部门的主要领导干部配 2 ~ 3 人，人员编制一般按城市人口（不含市辖县的人口）的3‰ ~ 4‰核定，市辖县的，每辖一县另增编制 50 人。

3. 保留的地区党政机关不再是一级领导实体，而作为名副其实的省、自治区的派出机构。工会、共青团、妇联也应改为上级的派出机构。地区党政机关的人员编制一般不超过 300 人（不含公、检、法、司的编制)。

4. 自治州的机构设置和人员编制。自治州是一级政权，州党委可设工作部门5~7个，州政府可设工作部门15个左右。党政群机关编制人员可视州的具体情况，一般以300人左右为宜。

［**1983年县级机构改革**］　1983年县级机构改革，是国务院和省一级党政机关机构改革后，在县级党政机关进行的一次较大规模的改革。其主要内容：

1. 按照精干原则和革命化、年轻化、知识化、专业化的方针，配备县级领导班子；

2. 县委、县政府工作部门的设置，根据党政合理分工的精神和精简的原则，进行较大的调整，县委工作部门一般设5~6个，县政府工作部门一般设25个左右，小县还少设。县委、县政府只设部、委、局（科）、室一层，撤销一切中间领导机构。

3. 县级党政机关的人员编制，在1982年底的基础上，精简20%左右。

［**中等城市机构改革试点**］　1986年5月国务院批准丹东、潍坊、宝鸡、江门、安阳、天水、马鞍山、自贡、衡阳、洛阳、黄石、苏州、无锡、常州、厦门、绍兴16个中等城市进行机构改革试点工作。改革的指导原则是：紧密结合经济体制和其他管理体制的改革，以调整经济管理部门为重点。相应的调整科技、教育、文化、卫生等行政管理部门；要按照政企分开、简政放权、搞活企业的要求，转变政府机构的管理职能和管理方式，理顺部门之间的相互关系，合理确定党政分工；根据精简、统一、效能的原则，从实际出发，因地制宜设置机构、明确划分职权范围。改革的目标是：建立起一套适合有计划商品经济发展要求的，分工合理、职责分明、运转协调、灵活高效的行政管理体系，为今后更好地依托城市组织经济、发挥中心城市的作用创造条件。改革的主要内容是：充实加强综合经济管理部门和经济调节、监督机构；

精简合并专业管理部门；调整城区政府的管理权限；结合机构调整进行人事制度的改革；探索党政合理分工的路子。

中等城市机构改革试点工作为全国各级党政机关机构改革提供了经验。

［**1988年国务院机构改革的目标**］　政府机构改革的长远目标，是根据党政分开、政企分开和精简、统一、效能的原则，逐步建立具有中国特色的功能齐全、结构合理、运转协调、灵活高效的行政管理体系。近期目标是，逐步理顺政府同企事业单位和人民团体的关系、政府各部门之间的关系以及中央政府和地方政府的关系。转变职能、精干机构、精简人员、提高行政效率、克服官僚主义、增强机构活力。

［**1988年国务院机构改革的特点**］

（1）这次机构改革主要着眼于转变职能。经过几年的经济体制改革，现有政府机构不适应改革要求的情况已经暴露得比较明显；政府在怎样管理经济的问题上也取得了一些新的经验。这就有可能根据深化改革的要求，按照加强宏观管理和减少直接控制的原则，转变职能，划清职责范围，配置机构，使改革后的机构能较适应经济体制改革和发展社会主义商品经济的要求。

（2）这次机构改革的重点是同经济体制改革关系极为密切的经济管理部门，特别是其中的专业管理部门和综合部门内的专业机构。对于新组建的部门，按照新的职能配置机构，搞好定职能、定机构、定人员的工作。对于撤销的部门，有妥善的过渡措施，保证工作的连续性。对于保留的部门，根据机构改革的精神，转变职能，下放权力，调整机构和精简人员。

（3）这次机构改革同经济体制和政治体制改革总进程相适应。机构改革方案，全面衡量了改革的需要和现实的可能，既迈出了具有决定意义的一步，又考虑到了社会的承受能力；既对传统管理模式有所突破，又带有一定的过渡性。

［1988 年国务院机构改革］　这次改革首次提出了转变政府职能的要求，强调政府的经济管理部门要从直接管理为主转变为间接管理为主，强化宏观管理职能，淡化微观管理职能。改革的重点是那些与经济体制改革关系密切的经济管理部门。

国务院部委由原来的 45 个精简为 41 个，直属机构从原有的 22 个减少为 19 个，人员机构编制比原来的实际人数减少 19.2%。

这次改革没有在地方推行，机构、人员的精简后来也有一定的反复。

［1993 年国务院机构改革］　这次机构改革是在确立社会主义市场经济体制的背景下进行的，其核心任务是在推进经济体制改革，建立市场经济的同时，建立起有中国特色的、适应社会主义市场经济体制的行政管理体制。

改革的重点是转变政府职能，中心内容是“政企分开”。其具体要求是：按照建立社会主义市场经济体制的要求，加强宏观调控和监督部门，强化社会管理职能部门，减少具体审批事务和对企业的直接管理；理顺国务院各部门之间的关系，合理划分职责权限，避免交叉重复，调整机构设置，精简各部门的内设机构和人员。这次改革是在认真试点的基础上自上而下展开的，历时近三年。

通过改革，国务院原有 18 个专业经济部门撤销 7 个，新组建 5 个，工业部门的行政编制一般核定为二三百人。这次改革对国务院直属机构、办事机构进行了大幅度的精简。这部分机构分三种情况进行改革。一种是保留直属机构、办事机构；一种是并入部委，作为部委管理的国家局；还有一种是并入部委成为部委内设的职能局。经过改革和调整，国务院直属机构设 13 个，办事机构设 5 个，共设置 18 个，比原有的 44 个减少 26 个。不再设置部委归口的国家局。

这样，国务院组成部门设置 41 个（含国务院办公厅），直属机构和办事机构18个，共设置59个，比原有86个减少27个。国务院的非常设机构也进行大幅度的裁减，由85个减少到26个。国务院各部门无论是保留的，还是新设置的，都要严格定编定员。国务院机构定员共精简20%左右。

［**1998年国务院机构改革**］　这次行政体制与政府机构改革是1949年以来规模最大的一次。

通过改革，首先对国务院的组成部门进行了大幅度的精简，由原来的40个压缩为29个；同时撤销专业经济主管部门，组建为直属国家经济贸易委员会管理的国家局，人员也进行了大幅度裁减。2000年，为了加快政企分开的步伐，又将这些国家局再次进行改革，除极少数保留改造外，多数已撤销，加强相应的行业协会的建设。其次对国务院的直属机构、办事机构以及部委管理的国家局和议事机构也进行了调整。三是大幅度地裁减各部门的内设机构，重新界定各部门的职能，并将大批职能转移、下放或取消。

据统计，在1998年国务院机构改革中，各部门的内设机构减少了1/4，有100多项职能下放给地方政府、企业和社会，还有100多项职能在国务院各部门内进行转移、合并。经过改革，国务院的机关人员编制由原来的3.2万人减少为1.67万人。

［**2003年国务院机构改革**］　2003年3月5日国务院总理朱镕基在十届全国人大一次会议上强调，在大力推进改革开放和现代化建设的新情况下，进一步加强政府自身建设特别是政风建设，十分重要。

朱镕基说，深化行政管理体制改革坚持政企分开，按照精简、统一、效能的原则，进一步转变政府职能，调整政府机构设置，理顺部门职能分工，减少行政审批，提高政府管理水平，努力形成行为规范、运转协调、公正透明、廉洁高效的行政管理体制。党中央、国务院拟定了政府机构改革方案，将提交本次大会审议。

朱镕基说，坚持依法行政，从严治政。完善公务员制度，建设高素质公务员队伍。加快电子政务建设。继续深入开展反腐败斗争，大力纠正部门和行业不正之风，严肃查处各类违法违纪案件。加强制度建设，强化行政监督和审计监督，努力从源头上治理腐败。

3 月 6 日，备受关注的国务院机构改革方案提请十届全国人大一次会议审议。

《国务院关于提请审议国务院机构改革方案的方案》中提出，将国家发展计划委员会改组为国家发展和改革委员会；组建商务部；国家计划生育委员会更名为国家人口和计划生育委员会；不再保留国家经济贸易委员会、对外贸易经济合作部；经过改革，除国务院办公厅外，国务院组成部门设置 28 个；设立国务院国有资产监督管理委员会、中国银行业监督管理委员会；组建国家食品药品监督管理局；调整国家安全生产监督管理局。

本次机构改革的重点是：深化国有资产管理体制改革，完善宏观调控体系，健全金融监管体制，继续推进流通管理体制改革，加强食品安全和安全生产监管体制建设。国务院组成部门如下：

中华人民共和国外交部

中华人民共和国国防部

中华人民共和国国家发展和改革委员会

中华人民共和国教育部

中华人民共和国科学技术部

中华人民共和国国防科学技术工业委员会

中华人民共和国国家民族事务委员会

中华人民共和国公安部

中华人民共和国国家安全部

中华人民共和国监察部

中华人民共和国民政部

中华人民共和国司法部

中华人民共和国财政部

中华人民共和国人事部

中华人民共和国劳动和社会保障部

中华人民共和国国土资源部

中华人民共和国建设部

中华人民共和国铁道部

中华人民共和国交通部

中华人民共和国信息产业部

中华人民共和国水利部

中华人民共和国农业部

中华人民共和国商务部

中华人民共和国文化部

中华人民共和国卫生部

中华人民共和国国家人口和计划生育委员会

中国人民银行

中华人民共和国审计署

根据《国务院组织法》规定，国务院组成部门的调整和设置，由全国人民代表大会审议批准。设立国务院国有资产监督管理委员会、中国银行业监督管理委员会，组建国家食品药品监督管理局，调整国家安全生产监督管理局的体制，将由新组成的国务院审查批准。

［**2008年国务院机构改革**］　2008年3月11日国务院总理温家宝提请十一届人大一次会议审议的国务院机构改革方案的议案指出，中国共产党第十七次全国代表大会明确指出，要加快行政管理体制改革，抓紧制定行政管理改革总体方案。根据党中央的部署，经过认真调研，广泛听取意见，反复研究论证，形成了国务院机构改革方案，提请十一届全国人大一次会议审议。受国务

院委托，国务委员兼国务院秘书长华建敏向大会作关于国务院机构改革方案的说明。他说，深化行政管理体制和机构改革，是发展社会主义市场经济和发展社会主义民主政治的必然要求，是政治体制改革的重要内容，贯穿我国改革开放和社会主义现代化建设的全过程。改革开放以来，我们不断推进行政管理体制和机构改革，加强政府自身建设，取得了明显成就。特别是党的十六大以后，按照贯彻落实科学发展观、构建社会主义和谐社会，加强党的执政能力建设要求，进一步深化改革，推进体制创新和管理创新。从总体上看，我国的行政管理体制基本适应经济社会发展的要求，但面对新形势新任务还存在一些不相适应的方面，必须经过深化改革切实加以解决。

八、相关管理内容

[事业单位企业管理]　所谓事业单位企业化管理，就是把企业机制引入事业单位，实行企业化的经营和管理。事业单位企业化管理是搞活事业单位、减轻国家财政负担的一条途径，它并不改变事业单位的性质、任务和隶属关系。

事业单位企业化管理具体体现在三个方面：（1）财政不再核拨事业经费或只给专项事业费；（2）经济自立，经费开支全部或大部用其自身的收入解决；（3）实行独立核算、自负盈亏。根据一些省（市）试行事业单位企业化管理的经验，企业化管理的情况大体有：经济承包，自负盈亏，基本上按照企业的方法进行管理；专项事业发展经费由国家下拨，“人头费”自给；实行“一体两制”，在同一个事业单位内，将富余人员和设备单独组织起来实行企业化，编内人员仍按事业编制管理办法管理。

[事业单位实行企业化管理的条件]　事业单位实行企业化管理的基本条件，是其在不违背国家政策的正常活动中，有较为稳

定的可以抵消支出的经济收入。如一些为社会提供有偿服务的事业单位。由于这些单位经济收入稳定，而且可以或可能抵消支出，因此一般可以在其内部经营管理上借鉴企业的管理方法，实行企业化管理，经费自理，国家财政不再核拨事业费或只给专项经费。

一个事业单位是否实行企业化管理，涉及所批编制的性质，而所批编制的性质又直接关系到国家财政是否给该事业单位核拨事业经费。因此，事业单位是否实行企业化管理应由编制部门认定。

［**清理整顿事业单位的机构编制**］　清理整顿事业单位的机构编制，是搞好事业机构编制管理的基础。清理整顿的对象，主要是以下几种事业单位：

（1）部分编制被党政群机关占用的事业单位。对这类事业单位完成任务的情况及其社会效益、经济效益要进行检查，要责令占用其事业编制的机关限期清退编制。

（2）超编的事业单位。对这类事业单位，要采取措施进行调整，将其人员压缩到编制限额以内。

（3）人员结构不合理的事业单位。对这一类事业单位要按国家规定的人员结构比例进行调整。

（4）机构设置重复、任务相近的事业单位。对这类事业单位，该转的转，该并的并，该撤的撤。

（5）任务长期不足，既无社会效益，又无经济效益的事业单位。对这类事业单位，一般应予撤销。

（6）不按审批程序和审批权限成立的事业单位。对这类事业单位必须限期按照机构编制审批程序和审批权限专题申报。经审查后，符合成立条件的，经编制部门行文批准，方可保留，否则，予以撤销。

（7）有条件实行企业化管理的事业单位。对这类事业单位，要鼓励和引导它们逐步向企业化管理过渡，对其经费应逐年递减或全部核减，以减轻财政的负担。

[**核定事业单位人员编制的依据**] 确定事业单位人员编制的依据主要是：

（1）国民经济和社会发展总体规划以及当年的劳动工资计划。

（2）事业经费的来源。

（3）中共中央、国务院和地方各级人民政府明确指示要发展的事业。对于这类事业单位，应在人员编制上给予支持。

（4）事业单位规模大小，任务轻重程度，业务特点，服务对象、范围和项目，以及在国民经济中所占比重的大小。

[**核定事业单位人员编制的方法**] 确定事业单位人员编制的方法主要有以下几种：

（1）比较法。就是将定编对象同一定的比较对象的有关方面进行比较，并以比较的结果作为确定前者人员编制的主要依据。比较对象必须是同类的编制精干而且任务完成出色的单位。

（2）反馈调节法。就是先给定编对象单位确定一个大体的编制数（一般称控制数或临时编制），经过一段时间实践之后，再根据实践情况逐步调整，直至把人员编制最终确定下来。这种方法主要适用于职责任务还不很明确的新建单位、正在变动之中或者即将变动的单位和职责任务正在调整或者即将调整的单位。

（3）化整为零法。就是先将定编对象单位的总任务分解为若干较为单纯的具体任务，然后分别确定完成每一项具体任务所需要的人员编制数额，再将分别确定出来的具体人员编制数额相加，结果就是该定编对象单位的基本人员编制。最后再进行必要的综合平衡，得出正式的人员编制数额。一般来说，对任务分解越细，所确定的人员编制就越趋于准确。

（4）分等定编和直线划入法。所谓分等定编法，就是将很多同类的定编对象单位按照一定的标准划分为若干等次，然后分别确定每一等次的编制的方法。直线划入法是分等定编法的配套性方法。在已经划分了定编对象单位的等次，并规定了每一等次的定编幅度的前提下，直线划入法主要用来计算、确定同一等次之内不同情况的定编对象单位的具体编制。

［**自然科学研究机构的人员结构比例**］　《国家科委发送〈关于当前整顿自然科学研究机构的若干意见〉的通知》（1984 年 5 月 10 日）明确规定：要有计划地高速研究单位内部人员构成和各类人员的比例，根据各类院、所不同情况，确定各种人员合理的比例，包括高、中、初级科研人员的比例；科研人员、科技管理人员、科技辅助人员、行政人员（包括政工、行政、后勤干部和行政工人）和试验工厂、实验室工人的比例。对于应用开发研究院、所，科研人员、科技管理人员、科技辅助人员要占 55% 以上，所办工厂和实验室工人一般不超过 30%，行政人员（包括政工、行政、后勤干部和工人）不超过 15%。应按实际工作的需要，确定各类人员限额和职称比例限额。超过限额，要向外输送。

［**中等卫生学校各类人员比例**］　《卫生部教育局关于中等卫生学校编制标准的规定》（1979 年 3 月）对中等卫生学校各类人员比例作了如下规定：

（1）教学人员数不得少于教职工总数的 66%，行政工勤人员数不得超过教职工总数的 34%。其中专任教师不得少于 53%；实验员占 8% 左右；其他教学辅助人员占 5% 左右；行政管理人员约占 17%；工勤人员约占 17%。

（2）高等医药院校附设中等卫校或医院办校，由于高等医药院校和医院担负了部分教学任务及后勤工作，教学人员按教职工总数 60% 配备，行政工勤人员按教职工总数的 40% 配备，在任教师不少于 45%，实验人员及其他教辅人员各占 7.5%。

（3）炊事员（包括锅炉工）与学生、教职工的比例按有关规定计算。

［**普通高等学校的各级领导职数**］　1985 年 7 月 31 日《国家

教育委员会下达〈普通高等学校人员编制的试行办法〉的通知》对普通高等学校的各级领导班子人数作了如下规定：

高等学校的各级领导班子，暂定为：校（院）长3～5人，党委书记2～4人；处级机构设处长（主任、馆长），副处长（副主任、副馆长）2～3人；科级机构设科长、副科长1～2人。各系设系主任、副主任及党总支书记3～5人。

[**全日制中等专业学校各级领导职数**]　1985年9月12日《国家教育委员会、劳动人事部关于颁发〈全日制普通中等专业学校人员编制标准（试行）〉通知》对全日制中等专业学校各级领导班子人数作了如下规定：

中等专业学校各级领导班子的人数，可根据学校规模分别确定：校长、副校长2～3人，包括党委（总支部）正、副书记在内共3～5人；每个科、室的科长、主任1人，特殊情况可配备副职1人。

[**审批机构编制的原则**]　审批机构编制应掌握三条原则：一是坚持精简、统一、节约、效能的原则，严格把好机构编制关；二是贯彻实事求是的原则，确定机构和人员编制要根据工作性质，任务大小、繁简、难易、缓急等不同情况；三是设立机构要因地制宜，合理布局，适应改革开放的需要，只求工作任务对口，不强调上下对口，不强求组织形式一致。

[**机构编制审批的主要制度和规定**]　机构编制的审批制度和规定主要有：

第一，专项报批制度。有关机构编制事宜，必须有专题报告。如果是夹带在工作报告、会议纪要或领导同志的讲话中的，编制部门一律不作为依据。

第二，“三个一”审批制度。凡机构编制事宜，由编制部门“统一”办理，由主管机构编制工作的领导“一支笔”审批，由编制部门“一家”行文。其他领导同志不应随意审批，其他部门也不应越权行文。

第三，按照审批权限和程序审批机构编制的规定。各级机构的设立、变动，人员编制的核定、调整，要依照有关规定，该由哪一级审批的，就要报哪一级审批。凡是未按规定的审批权限和程序，超越职权，擅自增设机构、提高机构规格和增加人员编制，都是违法违纪的行为。

第四，上级业务主管部门不能干预下级业务部门机构编制的规定。上级业务主管部门不得对与其对口的下级部门下达机构编制，不得对下级部门的机构编制作硬性的规定，更不能因为下级机构设置不对口而在经费、物资的分配上不一视同仁，借此来干预下级部门的机构编制工作；不得以任何形式抽调划拨、借调下级业务部门的编制。

九、事业单位改革

[**划分事业单位类别**]　按照社会功能将事业单位划分为从事生产经营职能活动、承担行政职能和公益服务三个类别。

从事生产经营活动的事业单位：即所提供的产品或服务可以由市场配置资源、不承担公益服务职责的事业单位。

承担行政职能事业单位：承担行政决策、行政执行、行政监督等职能。

从事公益服务事业单位：面向社会提供公益服务和为机关行使职能提供支持保障。

[**公益一类**]　即承担义务教育、基础性科研、公共文化、公共卫生及基层的基本医疗服务等基本公益服务，不能或不宜由市场配置资源的事业单位。

义务教育：义务教育是国家统一实施的所有适龄儿童、少年必须接受的教育，是国家必须予以保障的公益性事业。

基础性科研：基础科学研究（基础研究）是指认识自然现象、揭示自然规律，获取新知识、新原理、新方法的研究活动，主要包括：科学家自主创新的自由探索和国家战略任务的定向性基础研究；对基础科学数据、资料和相关信息系统地进行采集、鉴定、分析、综合等科学研究基础性工作。

公共文化：是指由政府主导、社会参与形成的普及文化知识、传播先进文化、提供精神食粮，满足人民群众文化需求，保障人民群众基本文化权益的各种公益性文化机构和服务的总和。

公共卫生：公共卫生是关系到一国或一个地区人民大众健康的公共事业。公共卫生的具体内容包括对重大疾病尤其是传染病（如结核、艾滋病、SARS 等）的预防、监控和医治；对食品、药品、公共环境卫生的监督管制，以及相关的卫生宣传、健康教育、免疫接种等。

基层的基本医疗服务：开展常见病、多发病和诊断明确的慢性病的诊疗服务。

不宜由市场配置资源：事业单位所从事的业务属于政府应该提供的公益性服务，如义务教育、公共文化、公共卫生、生态环境保护等。这类单位所从事的服务一般应由政府直接组织，不宜由市场配置资源。

[公益二类]　即承担高等教育、非营利医疗等公益服务，可部分由市场配置资源的事业单位。

高等教育：高等教育是在完成中等教育的基础上进行的专业教育，是培养高级专门人才的社会活动。

非营利医疗等公益服务：非营利性医疗机构指为社会公众利益服务而设立运营的医疗机构，不以营利为目的，其收入用于弥补医疗服务成本。

部分由市场配置资源：事业单位所从事的业务属于政府应该提供的公益性服务，如非义务教育、非营利医疗卫生、经营性公用场馆等。这类单位通常可以通过收费来补偿成本。

[**市场配置资源的事业单位**]　所提供的产品和服务随着经济社会发展和体制改革实现了市场化的事业单位。

[**健全决策、执行和监督机制**]　科学合理地配置权力，建立健全决策权、执行权、监督权既相互制约又相互协调的权力结构，形成结构合理、配置科学、程序严密、制约有效的权力运行机制，最大程度地减少权力“寻租”的机会。

[**行政职能**]　是指行政机关在一定时期内，根据国家、社会发展的需要，依法对国家社会生活诸领域所进行管理活动中的职责、任务和权限。

[**行政决策**]　国家行政机关和行政人员在履行行政职能过程中为了有效管理国家政务和社会公共事务而进行的各种决策。

[**行政执行**]　行政机关及行政人员依法实施行政决策，以实现预测行政目标和社会目标的活动总和。

[**行政监督**]　行政监督主体依据法定权利和程序对被监督对象的行为实施督导和控制的一种机制。

[**政企分开**]　国家政权机关与从事生产、运输、贸易等经济活动的部门从职责上分开，确立国家与国有企业之间的正确关系，明确政府和企业在社会经济体制中的不同地位，在经济运行中实行国有资产所有权与经营权相分离，使企业成为自主经营、自负盈亏、自我发展、自我约束的法人实体和市场竞争主体。政府作为国家经济建设的组织领导者，主要通过制定经济和社会发展战略、计划、方针、政策等，运用经济和法律手段，从宏观上对企业进行领导、管理和监督；对于企业的具体经营业务，不再过多运用行政手段进行干预，扩大企业自主权，使企业真正能够成为自主经营、自负盈亏的相对独立的经济实体。

[**政资分开**]　是指政府公共事务的管理职能与政府作为国有资产管理所有者的职责分开，由国有资产管理机构授权行使国有

资本出资人代表的职责。

［政事分开］ 是指政府行政职能与公共事业运作功能的分开。

［取消行政级别］ 不再套用行政机关的级别，实行从行政级别管理转为岗位等级管理和绩效管理。

［管办分离］ 监管与举办职能的分开。

［健全法人治理结构］ 法人治理结构即公司治理，是现代企业制度中最重要的组织架构。狭义的公司治理主要是指公司内部股东、董事、监事及经理层之间的关系，广义的公司治理还包括与利益相关者（如员工、客户和社会公众等）之间的关系。也就是说公司治理结构就是要依法处理好出资者、管理者、监督者及其他利益相关者之间的关系。事业单位法人治理结构可以理解为用公司制治理事业单位，依法处理好出资者、管理者、监督者及其他利益相关者之间的关系，是事业单位的综合治理模式。健全事业单位法人治理结构就是根据决策权力机构、管理执行机构、监督约束机构相互分离、相互制衡和精干高效的原则，在事业单位建立适用于举办主体、管理层、利益相关者及监督者之间的关系，以理事会（董事会、管委会）为核心的法人治理结构。

［不宜建立法人治理结构的事业单位］ 涉及利益相关者较多、规模较小的公益类事业单位，不宜组建理事会、董事会、管委会。

［事业单位存在的问题］ 功能定位不清：事业单位大多是在计划经济体制下建立起来的，由于历史原因，事业单位包罗万象，有些事业单位承担行政管理职能，在管理体制和运行机制上与行政机关没有本质区别，却作为事业单位进行管理，履行行政职能；有些事业单位享受国家提供的各种优惠政策，却偏离了公益目标，直接面向市场从事生产经营活动，导致市场主体之间不公平竞争。

政事不分：有的事业单位既承担公共服务职能，又或多或少有监督管理等行政职能，给政府职能分工带来混乱，影响了行政效率。有些政府部门在机构改革中，把一些该政府做的事交给了事业单位。

政企不分：政企职责不分、企业成了行政机构的附属物，中央和地方政府直接用行政手段干预企业经济管理，对企业统得过多过死，企业缺乏应有活力。

资源配置不合理：那些关系到公众基本需求、国家安全和社会稳定的基本公益服务，应该要加强但加强得不够，应该优先却没有优先，而与此同时，超前服务、豪华服务和资源浪费的现象却不同程度地存在。一些提供基本公共产品的单位，在部分市民还享受不到基本的公共服务的同时，片面追求硬件设施的超标准配备，加剧了社会不公的状况。

机制不活：由于事业单位法人治理机制不健全，管理运行的机关化、行政化色彩比较浓厚，如人事分配制度僵化，工作人员套用行政级别，技术职称也要套行政待遇等，不利于调动各类专业人才和广大职工的积极性。还有相当一部分事业单位机构臃肿，人浮于事。

质量和效率不高：由于公共事业的招标采购和社会力量兴办公共事业还处在起步阶段，政府仍在相当程度上通过事业单位包揽公共事业，难以形成有效的竞争压力，再加上“政事不分”、“事企不分”，管理和约束机制不健全，公共服务的质量和效率不高的问题比较突出。

［探索建立理事会］ 理事会是事业单位的最高权力决策机构，行使事业单位重大决策权。理事会成员由政府部门代表、社会人士、行政执行人等多方组成。理事（含理事长）由事业单位举办主体任免。事业单位应探索建立理事会。

［探索建立董事会］ 董事会是由董事组成的、对内掌管公司事务、对外代表公司的经营决策机构。事业单位应探索建立董

事会。

[探索建立管委会] 管理委员会，一般又简称管委会、管委，主要是指组织中执行某些管理职能的一组人。它不仅是作为组织机构的一个重要组成部分，而且作为集体领导的一种重要的组织形式，已经被广泛地应用于政府、企业管理的重要方面，例如决策和监督方面。管理委员会从职能上可分为综合管理委员会和专门管理委员会。综合管理委员会的职责主要是制订整个组织范围的政策。只限于一个或少数几个有关的职能的管理委员会，称为专门管理委员会。事业单位应探索建立管委会。

[公益服务] 教育、科技、文化、卫生等涉及人民群众公共利益的服务活动。

[从事公益服务事业单位] 即面向社会提供公益服务和为机关行使职能提供支持保障的事业单位。

[公益服务提供主体多元化] 鼓励社会力量直接捐助和兴办公共事业，建立社会力量与公立事业单位公平提供公共服务的制度保障，政府通过法律法规、政策措施和相关标准对社会力量举办事业单位进行引导、规范和鼓励，以最有效的公共服务提供形式，满足人民群众日益增长的、多样化的需求。要通过制定政策法规，依法管理和规范这些组织，推动组织的健康发展。

[政府购买服务] 政府将原本直接提供的公共服务，通过拨款或招标的方式，交给有资质的社会服务机构完成，并根据服务的数量和质量支付费用。

[老人老办法、新人新制度、中人逐步过渡] 对改革前已经退休的“老人”，继续按原来标准发放基本养老金；对改革后参加工作的“新人”，实行新制度，建立新机制，退休待遇将由基本养老金和职业年金构成；对改革前参加工作、改革后退休的“中人”，按照合理衔接、平稳过渡的原则，在基本养老金中，除了基础养老金和个人账户养老金外，再加发过渡性养老金。同时，建

立职业年金，以更好地保证退休待遇。

［**基本养老金**］　根据《事业单位工作人员养老保险制度改革试点方案》，《方案》实施后参加工作、个人缴费年限（含视同缴费年限，下同）累计满 15 年的人员，基本养老金待遇水平与缴费年限的长短、缴费基数的高低、退休时间的早晚直接挂钩。退休后按月发给基本养老金。基本养老金由基础养老金和个人账户养老金组成，退休时的基础养老金月标准以当地上年度在岗职工月平均工资和本人指数化月平均缴费工资的平均值为基数，缴费每满 1 年发给 1%。个人账户养老金月标准为个人账户储存额除以计发月数，计发月数根据本人退休时城镇人口平均预期寿命、本人退休年龄、利息等因素确定。

［**过渡性养老金**］　《方案》实施前参加工作、实施后退休且个人缴费年限累计满 15 年的人员，按照合理衔接、平稳过渡的原则，在发给基础养老金和个人账户养老金的基础上，再发给过渡性养老金。具体标准由各试点省（市）人民政府确定，并报劳动保障部、财政部备案。《方案》实施后达到退休年龄但个人缴费年限累计不满 15 年的人员，不发给基础养老金；个人账户储存额一次性支付给本人，终止基本养老保险关系。

［**职业年金**］　是指事业单位及其工作人员在依法参加事业单位工作人员基本养老保险的基础上，建立的补充养老保险制度。职业年金是单位人力资源管理、薪酬福利管理的重要组成部分，是单位及其职工依据自身经济状况建立的保障制度。

［**市场机制**］　是通过市场竞争配置资源的方式，即资源在市场上通过自由竞争与自由交换来实现配置的机制，也是价值规律的实现形式。具体来说，它是指市场机制体内的供求、价格、竞争、风险等要素之间的互相联系及作用机理。市场机制有一般和特殊之分。一般市场机制是指在任何市场都存在并发生作用的市场机制，主要包括供求机制、价格机制、竞争机制和风险机制。

具体市场机制是指各类市场上特定的并起独特作用的市场机制，主要包括金融市场上的利率机制、外汇市场上的汇率机制、劳动力市场上的工资机制等。

［**聘用合同与劳动合同转换**］　事业单位与职工应当按照国家有关法律、政策的要求，在平等自愿、协商一致的基础上，通过签订聘用合同，明确聘用单位和受聘人员与工作有关的权利和义务。劳动合同是劳动者与用工单位之间确立劳动关系，明确双方权利和义务的协议。根据国家有关规定，由事业转为企业的用人单位均应按照有关法律、法规和规范性文件规定，实行劳动合同制度。用人单位与劳动者应按有关规定签订劳动合同，建立劳动关系，明确双方的权利和义务。

［**接续社会保险关系**］　泛指已参加城镇社会保险的职工基于种种原因需要跨省（市、自治区）工作，而将其养老保险关系、资金转入新就业地社保机构，从而达到累计计算其缴纳养老保险年限的目的。社会保险关系的转移接续包括两个方面：一是用人单位社会保险关系的转移接续。社会保险实行属地管理，用人单位应参加单位所在地的社会保险统筹。用人单位成建制跨统筹地区转移，单位注册地也随之转移。在这种情况下，用人单位应向转出地社会保险经办机构提出申请，由经办机构审核后开具转移证明，注明职工人数、参加社会保险有关情况等，由转入地经办机构负责接续其社会保险关系。二是个人社会保险关系的转移接续。职工在职期间，个人跨统筹地区调动工作的，由调出地社会保险经办机构出具转移证明，填写参加社会保险人员转移情况表；调入地社会保险经办机构应依据调出地提供的参加社会保险人员转移情况表和职工社会保险个人账户等资料，为职工接续社会保险关系并做好衔接工作。

［**事业单位法人自主权**］　在社会主义市场经济条件下，政府与事业单位关系应重新定位，要承认事业单位独立的价值诉求，

明确其主体地位，这是构造事业单位法人治理组织模式的基础。要重新定位事业单位功能，推进事业单位分类改革，将履行行政和具有生产经营性质的事业单位进行分离，规范公益性质的真正意义上的事业单位。要改革事业单位设立条件，凡符合设立事业单位法人条件的应依法予以登记，承认其事业单位法人资格。要理清事业单位法人所有权与管理权关系，明确管理权具体内容，强化事业单位章程法律效用，通过章程落实事业单位法人的法人财产权、用人自主权、分配自主权、拒绝摊派权等各项权利。

［**养老保险基金**］　社会养老保险基金指的是为兴办、维护和发展养老保险事业而储备的专项基金，主要用于退出社会劳动后的老年人的基本生活。包括：用人单位和职工、城镇个体劳动者缴纳的基本养老保险费；基本养老保险基金的利息等增值收益；基本养老保险费滞纳金；社会捐赠；财政补贴；依法应当纳入基本养老保险基金的其他资金。

［**基本公共服务均等化**］　一般地说，基本公共服务均等化是指政府要为社会成员提供基本的、与经济社会发展水平相适应的、能够体现公平正义原则的大致均等的公共产品和服务，是人们生存和发展最基本的条件的均等。从我国的现实情况出发，基本公共服务均等化的内容主要包括：一是基本民生性服务，如就业服务、社会救助、养老保障等；二是公共事业性服务，如公共教育、公共卫生、公共文化、科学技术、人口控制等；三是公益基础性服务，如公共设施、生态维护、环境保护等；四是公共安全性服务，如社会治安、生产安全、消费安全、国防安全等。

［**事业单位资产配置标准体系**］　行政事业资产配置是指财政部门、主管部门及行政事业单位根据单位履行职能的需要，按照国家、省市有关法律、法规和规章制度规定的标准和程序，通过购置或者调剂等方式为行政事业单位配备资产的行为。配置标准是对资产配置的数量、价格、技术性能、使用年限等的设定。配

置标准体系则是全方位反映资产配置要求，涵盖各类资产配置标准以及标准实施保障机制在内的一个有机整体。具体涉及各类资产配置标准的制定、实施、反馈、完善等。

［**公共就业机构**］　按照《中华人民共和国就业促进法》规定，由政府设立为劳动者免费提供就业服务的机构。

［**考试机构**］　指承担公务员、事业单位招考、大中专学生招考、自学考试等考务管理和服务工作的机构。

［**基础性社会公益科研机构和基础性技术指导服务机构**］　指根据政府要求，为社会无偿提供科研成果和技术指导服务的机构。

［**一般性社会公益科研及推广机构**］　指根据经济社会发展需要，既从事公益性研究和技术推广，又开展有偿服务活动的机构。

［**基础性交通、水利公共服务机构**］　指管养分离改革实施到位的交通、水利公共服务机构。与之对应的是一般交通、水利公共服务机构，指管养分离改革未实施到位的交通、水利公共服务机构。如水利的堤防管理机构、河道管理机构、涵闸管理机构等；交通的如船闸管理机构、基层公路、航道、养护应急处置管理机构等。

［**非营利医疗机构**］　按照《关于城镇医疗机构分类管理的实施意见》（卫医发〔2000〕233 号）规定，指不以营利为目的，为社会公众利益服务而设立和运营的医疗机构。

［**市政基础设施管理机构**］　指在城市运行中承担排水、照明、市容环境、市政设施等基础公共设施管理的机构。

［**人才（人力资源）交流服务机构**］　指经人力资源社会保障行政部门批准或授权，开展流动人员人事档案管理和人事代理服务、高校毕业生就业创业服务、人才招聘公共服务、人才引进等地方政府人才项目、人才公共信息服务、流动党员管理服务、区域人才开发合作等人才公共服务项目的机构。

［**体育运动项目管理机构**］　指为地方竞技优育培训骨干人才

的机构。

［**乡镇（街道）综合服务管理机构**］　指在乡镇机构改革中，原七站八所整合后新组建的事业单位及县（市、区）工业园区综合服务管理机构。如乡镇农业服务中心、乡镇农村经济服务中心、乡镇社会事业服务中心、乡镇建设环保服务中心及水利站、畜牧兽医站。

附录：论文部分

推进城市综合行政执法刍议

魏　玮

根据《国务院关于进一步推进相对集中行政处罚权工作的决定》、《国务院办公厅关于继续做好相对集中行政处罚工作的通知》和《国务院办公厅转发中央编办关于清理整顿行政执法队伍实行综合行政执法试点工作意见的通知》精神，研究推进城市综合行政执法问题，提出适合城市综合执法的模式十分必要，现就城市综合执法问题谈一点认识。

一、行政执法队伍现状

现有的城市执法机构大多数是在计划经济条件下形成的。在计划经济条件下，这些执法机构基本上能够履行法律法规所赋予的执法职责，依法进行监督管理，加强行政执法，在维护市场经济秩序、保障产业结构调整和保护群众合法权益等方面做出了应有的贡献。但是，也应看到，由于历史和体制的原因，现行的行政执法仍然存在不少亟待解决的问题。

（一）执法队伍素质不高，执法水平低

现有行政执法人员大学本科以上文化所占比例偏低，持有执法证的人员非法律专业人员占总人数的比例偏高。而且大多数行政执法人员属“半路出家”，法律专业培训不够，素质不高，执法水平低，致使执法过程中不时出现违反法定程序执法、使用法律法规条文不当、法律文书填写不规范等现象。

（二）执法经费困难，执法手段落后

在承担有执法行政执法职能的事业单位中，有财政全额拨款、差额拨款、自收自支的。自收自支事业单位执法经费得不到保障。有的靠收取规费和罚没款解决人员工资及所需的一切费用，由于经费来源不稳定，制约了行政执法工作的正常开展。

（三）执法机构多头，力量分散

本市现有执法队伍和受委托承担行政执法职能的事业机构，分别隶属于不同的部门和单位。这种执法体制造成执法力量分散，难以形成合力，重大案件拿不起，一般案件抓不住，很难开展经常性执法，只能应付一些突击性的检查、整治。

现状证明，现有的行政执法体制已不能适应新形势下依法行政、依法治市的要求，必须从创新体制入手进行改革。实行综合行政执法，是加强和规范天津市行政执法的必然选择，执法改革势在必行。

二、行政执法工作面临的主要问题

（一）行政执法队伍不规范

行政执法的主体是国家法定的行政机关，委托行政执法队伍执法，行政执法人员应为国家公务员才具有执法资格。《行政处罚法》规定可以委托事业单位执法，但事业编制人员未依照公务员管理，不具备执法资格。国办的文件明确行政执法人员使用行政执法编制，行政执法编制按照行政编制管理。目前，本市执法队伍绝大部分仍使用事业编制，人员大都不具备执法资格，需要规范管理。

（二）部门间协调还有一定障碍

城市管理综合执法是城市管理体制的变革，涉及建设、规划、交通、卫生、工商、公安等部门的处罚权的调整。由于利益的重构和调整，不可避免地影响到各部门的既有利益，有的部门出于局部利益和本位利益，存在不配合、推诿、扯皮等现象。部门之间的职责还需要进一步明确，市与区县之间的城管事权划分需清晰。

（三）执法中存在冲突和矛盾

城市管理行政执法过程中，不可避免会产生执法者与执法相对人之间的矛盾，由于涉及执法相对人的利益，会产生一些冲突和矛盾。这与执法者的执法方式、双方的素质等有关，但根本上还是缺乏法律对这些问题的明确规范。针对这种情况，采取公安机关派驻人员负责维持治安但不参与行政执法的形式，有一定的效果。但城市管理综合执法的相对人大都为下岗职工、农村进城务工人员等弱势群体，综合执法应研究如何人性化执法，坚持以人为本的理念。

（四）综合行政执法的推进存在法律法规间的碰撞和体制上的摩擦

城市管理行政执法局综合执法的法律依据主要是《行政处罚法》，而现行的有关城市管理方面的单项法律、法规，如：城市规划法、环境保护法、城市市容和环境卫生管理条例、城市道路管理条例等都对行政处罚的实施主体有明确的规定，基本上都是各专业行政主管部门，因此城管综合执法局作出的行政处罚决定缺乏强制力，城市管理难以有效进行。

三、推进综合行政执法工作的建议

（一）加强部门协调，实行人性化管理

为解决部门协调难问题，应建立一个部门联席会议制度，由政府分管秘书长负责，重大事情通过联席会议研究解决。同时，还要加强部门之间的信息沟通与电子政务合作，做到信息畅通无阻，资源合理利用，从而有效地防止不配合、推诿、扯皮等现象的发生。其次是对涉及老百姓（下岗职工）利益的正常执法，应以宣传教育引导为主，同时还要考虑和解决老百姓的实际困难，实行人性化管理。

（二）规范执法队伍统一经费来源

建议国家尽快作出统一规定，并拟定具体办法，规范执法队伍管理，以推动规范行政执法队伍工作的开展。加强行政执法队伍编制的管理，根据法定赋予职权等测算出行政执法编制所占的总量和比例，进行动态管理。执法经费由财政实行统一预算，统一支付。

（三）整合执法队伍提高整体素质

首先要清理清退综合执法队伍中的现有的临时人员；其次是结合人事制度改革和《公务员法》的实施，在新核定的编制内，采取聘用合同制和“末位”淘汰制等方式分流人员。由于人员精简和分流，需要财力支持。因此，加大财力投入非常必要，也非常关键。

（四）健全立法体制，完善执法主体

有关部门应加强综合行政执法的理论研究，借鉴世界发达国

家的成功经验，结合我国国情，从理论上提出我国综合行政执法的模式；鼓励推进综合行政执法改革，加强调查研究，及时总结经验，制定颁发行政执法实施法规，使综合行政执法工作有法可依、有章可循。

（作者单位：天津市水政监察总队）

高校行政管理的现状与改革浅析

陈少轩

改革开放以来，我国进入全面建设小康社会、加快推进社会主义现代化建设的发展阶段，新时代对我国的高校行政管理提出了新的要求。高校作为事业单位，其行政管理是高校实施教育、科研和师生管理的基础条件，也是贯彻党和国家教育方针、保证办学水平和实施依法治校的必要条件。在高校管理体系中，行政管理具有鲜明的导向功能、制约功能、调节功能。针对目前高校行政管理的现状，当前要大力推进高校行政管理的改革创新。

一、高校行政管理的现状

伴随着我国高等教育事业的不断改革，对高校的行政管理已经取得一些成绩，但 21 世纪以来，大学生人数日益庞大，学生本身的时代特征个性突出，现有的高校行政管理也面临着新的问题。

（一）行政权力泛化

目前我国高校行政管理主要沿用机关行政管理体制，这使得行政权力易于泛化在高校组织中，从而导致行政权力挤占学术权力的现象变得比较普遍和严重。机构膨胀、人员臃肿、体制不完善等现象严重影响与阻碍了高校行政管理的发展。

（二）服务职能滞后

我国高校行政管理的服务职能，主要是指高校行政职能部门为教学科研、教职工、学生等各方面提供服务的思想作风和工作态度、工作效率。但由于我国高校行政管理一直处于发展阶段，在服务意识淡、服务态度、服务效率方面存在一定问题，导致高校行政管理服务职能滞后，不利于高校行政管理工作的开展。

（三）队伍素质不高

目前高校行政管理队伍建设方面大多还停留在经验管理阶段，各级领导往往不太重视行政管理人员的素质培养，管理方式单一，标准规范不健全。许多高校的行政人员，是在对本岗位工作的内容和职责一知半解的情况下上岗的，这就使得我国高校行政管理队伍工作效率较低，管理水平较差。

随着高校行政管理体制改革不断深入进行，高校行政管理工作的重要性日益凸显。面对新世纪、新形势和新要求，加快实现高校和谐发展，不断改革和创新管理体制，加强管理队伍建设，已经成为高校行政管理科学发展的必需。

二、高校行政管理改革的原则和目标

高校的行政管理应遵循精简、统一、效能的原则，建立起一个制度健全、以人为本、服务到位的组织机构，进而解放生产力，全面提高办学效益和办学质量，促进高校教育事业科学发展。

现有学校管理模式依然过于陈旧，改革首要目标就要转换管理模式。一是要从政府办学的束缚中走出来，按照教育规律的要求管理学校。二是要从计划经济的思维模式中走出来，真正建立面向社会依法自主办学的体制和运行机制。改革应做到四个有利于：有利于提高高校促进社会全面进步与发展的引导力；有利于提高学校持续创新的能力；有利于高校内部资源的优化配置；有利于调动广大教职工和学生的积极性。树立全新的管理理念，建立科学合理的管理制度是学校高效运转的基本条件。

三、高校行政管理的改革创新

（一）做到“以人为本、以德行政”

高校行政管理改革工作是一项巨大的系统工程。在社会经济环境发生巨大变化的背景下，官僚主义、本位主义都不利于高校的健康发展。高校行政管理应以“三个代表”重要思想为指导，深入贯彻落实科学发展观，创新管理模式，健全管理制度，提高管理效能。

“以人为本”，是社会主义管理体制中的核心理念。现实社会中，人的自然需求和实现自我价值的需求不断增加，同时每个人都是社会的一分子，也扮演着社会中不同的角色，原有的机关管理模式已经不能促进社会的发展，反而加剧了管理方式与个人利益的矛盾。以人为本的管理理念，正是对管理模式的一次有效转变，坚持人性化的管理，坚定管理的落脚点放在每一个细节上面，把广大师生的利益放在首位，努力构建和谐校园，才能最大限度地调动师生的积极性、主动性和创造性。

“以德行政”，是社会主义国家管理中公仆要求的体现。它要求管理要全心全意为人民服务，要符合人民的利益和要求。对于高校行政管理者而言，不仅要有良好的思想政治素质，而且要有较强的行政管理能力和较高的科学文化水平。始终把学生的道德教育放在首位，充分发挥共产党员先进性的作用，教育全体社会成员树立新型的社会主义道德观、价值观和人生观，提高全社会的道德素质和文化水平。

（二）加强高校行政管理的法制化

随着我国教育和法制的不断发展，高校行政管理的法制化已成为我国社会主义法治社会的重要组成部分，它维持了学校的正常运转，有利于学校行政管理职能的充分发挥。2003 年 7 月，教育部出台《关于加强依法建校的若干意见》后，依法治校的观念成为高校行政管理改革的重点所在。

目前，由于教育行政管理立法滞后，管理者存在法律意识淡薄，校规校纪缺乏合理性等问题，高校行政管理法制化进程中需要完善监督机制，实行决策民主，广开言路。高校在处理问题时应秉着公正、公平、公开的原则，改善教育和管理方式，加强对个人隐私权的保护。在高校中广泛开展道德教育和法律教育，大力宣传法制理念，提高自身素质和法律意识。

（三）建立以服务性为核心的行政管理制度，提高管理队伍素质

高校行政管理改革应抛开原有机关管理模式，建立以服务性为核心的行政管理制度，实施岗位责任制。按照权责一致的原则，把高校各个组成部分有机整合，强化服务意识，加强行政人员的工作责任感和使命感。以服务为宗旨，创新建立民主决策制度、服务监督制度及信息公开制度等。充分调动行政人员的工作积极性，激发高校管理体制发展活力，不断改善服务态度，提高服务质量。

构建高效率的专业化的行政管理队伍是确保高校行政管理工作顺利开展的重要保障。行政管理人员既要严格以规章制度为依据和准绳，又要不断学习探索，掌握科学管理的技能和方法，更新管理观念，不断提高依法行政的能力和水平。高校行政管理要面向社会化，通过面向社会公开考试和招聘，引进高水平的管理和教学人才，逐步优化行政管理队伍的结构，提高管理队伍的整体素质，在不断改革创新中实现高校行政管理效益的最大化。

高校行政管理是相对于高校教育、科研活动而言的辅助性的

但却不可或缺的一项具体而细致的工作。随着教育事业不断深入改革，高校行政管理应与时俱进、不断创新，完善管理体制建设，树立以人为本理念，努力置身于高校行政管理工作浪潮中，推动社会主义现代化教育事业更好发展。

（作者单位：天津市环保局辐射所）

关于深化医药卫生体制改革问题

范金晖

为了解决城乡居民看病贵、看病难的问题，促进医药事业健康发展，满足城乡居民的健康需求，深化医药卫生体制改革，国务院发出了《关于深化医药卫生体制改革的意见》，这是关注民生的一个重要举措。中央在“保增长、保民生、保稳定”政策指导下，来解决人民群众“看病贵、看病难”的问题，为人民群众做好医疗保障。这无论是对于人民的福祉满足群众医疗，还是解决结构性问题都具有重要的意义。

一、关注民生推动医药卫生体制改革

《关于深化医药卫生体制改革的意见》的出台，一是党中央、国务院的正确决策；二是广大群众的要求和支持。近年来，党中央、国务院在推进医疗卫生体制改革经历了三个阶段。

第一个阶段是从1978—1996年，国家鼓励以各种形式发展医疗卫生事业。这一时期的调整起到了很好的效果，医疗卫生资源得以充实，但同时医疗机构的趋利现象日趋严重，医疗资源出现了“轻农村，重城市”的问题。而中国的13亿人口大部分在农村，加之城市居民现状，医药卫生事业的发展与城乡居民的收入不相匹配的矛盾越来越突出，因病致贫、因病返贫的现象日趋严重。看病贵、看病难的问题凸显出来。

第二个阶段是从1997—2002年。党中央、国务院发布了关于卫生体制改革的决定，其主要任务是加强基本医疗卫生服务，调整医疗资源分布。但是，“看病贵、看病难”问题更加明显，医疗费用持续上涨，药价虚高，不断上涨的医疗费用使城乡居民难以承受，老百姓看不起病。

第三个阶段是从2003—2009年，这个时期是加强卫生，改善民生时期。国家开始试行在全国农村建立新型农村合作医疗制度和城市居民医保制度，加大力度，打击“药价虚高”，进行药品集中招标试点，作为行业管理的有效手段，媒体报道医药费每年降低20%以上，但实际上医疗费用仍然上涨，农村合作医疗制度的效果被冲淡。

如何才能让城乡居民看病不贵不难？如何才能让医药事业健康发展，满足城乡居民的健康需求？必须从机制上来寻找解决问题的方案，找到限制大手术、大处方的办法，把医生医药代表的所得费用拿出来给患者，同时要求医院从检查检验费中拿出5%～20%补给患者，来解决老百姓“看病责、看病难”问题。经过三年的试点工作，用市场机制、公司制度解决医疗福利的重要探索收到了一定的效果，从理论和实践上对国家的医疗卫生制度改革有着重要的借鉴意义。

二、完善体制促进医药医药卫生体制改革

国家医改方案强调：坚持统筹兼顾，把解决当前突出问题与完善制度体系结合起来。从全局出发，统筹城乡、区域发展，兼顾供给方和需求方等各方利益，注重预防、治疗、康复三者的结合，正确处理政府、卫生机构、医药企业、医务人员和人民群众之间的关系。既着眼长远，创新体制机制，又立足当前，着力解决医药卫生事业中存在的突出问题；既注重整体设计，明确总体方向目标和基本框架，又突出重点，分步实施，积极稳妥地推进改革。

国家医改方案设计的一个解决医疗行为的制度模式，提出："发展工业、促进物流，控制费用、补贴患者"及"抓住两端、疏通中间、服务群众"重建药品利益链的构想，在药品的生产、流通、使用中，保证药品的制造商不低于10%的收益，商业流通配送10%的收益，返还患者20%的药费，这就是"1120"分享原则。这一原则。可以说从根本上改变了药品利益在各环节的利益链，有利于促进医药产业、医药物流的健康发展和降低医疗费用，与国家的根本利益时一致的。

三、采取措施确保医改工作的落实

医改方案从六个方面，用24条全面地、系统地阐述了我国医改的重要性、紧迫性、艰巨性，指导思想、基本原则、总体目标和完善体系、体制机制、改善措施等。要把党中央、国务院的政策落到实处，让它真正起到惠及民生的作用。

政府在这次医改中应该履行好职责，尤其是要大力支持医改。"惠民中国医疗行动"，是解决市场失灵的最好模式，这个模式的特点，就是一个市场机制，是一个操作性很强的机制，是一个可以复制到任何地方的机制。

医改要建立规范的药品体系。包括基本品种、基本规格、基本价格的体系建设。"惠民中国医疗行动"是在规范的价格体系下建立返回直补机制，不扰乱药品的价格，是为了解决合理用药的问题，解决合理检查的问题。以前的药厂销售药品要经过很多的中间环节，包括招投标、中间的供应商、医药代表、医生、药房等。而现在的药品制造商只需把药品放到惠民平台上统一配送，价格要求与其他厂家一致。医院方面，费用下降，病人增加；医药企业。投入营销的费用减少，投入的人员减少，避免了很多攻关的困惑；患者人群，得到补贴，费用降低；国家用于投入医疗的费用减少；医保支付患者的费用减少；惠民行动，建立了新的商业利益模式。

国家希望对药品制度、医疗制度、保障制度、公共卫生制度进行改革，惠民行动刚好就是一个实践者，在实践中探索怎么来把这四种制度落实，建立一个真正的内外部竞争体系。

一是惠民行动发展深入。让它与医疗保障组织合作，让医保人员加入惠民；与新型农村合作医疗合作，让新农合人员加入“惠民中国医疗行动”与工会组织合作。让工会会员加入“惠民中国医疗行动”。

二是建立公益商业模式。让它与医院沟通，签订会员定点医疗合同，落实具体的服务条款，建立会员医疗服务平台和医疗服务联盟；建立规范的医疗服务体系。与药企沟通，签订药品供应合同，建立医药联盟和会员药品供应平台、会员专用药房、专用药店；建立独立的药品供应体系。与会员沟通。建立会员联盟，建立会员的专门服务中心，按病种建立会员健康俱乐部；与医保、新农合、保险公司、银行合作，建立多方合作的健康大联盟；与信息、通信企业的合作，建立会员健康信息服务平台。开通信息服务网络，利用信息网络技术，建立无围墙、无边界的医院，为城乡居民提供网上挂号、专家预约、床位预订、专家咨询等项目的方便和服务，建立一个服务城乡居民的健康大家园。

实际上医保、新农合是一个会员联盟的健康组织，“惠民中国医疗行动”也是一个医疗联盟组织，只是举办的方式不一样，医保和新农合是政府举办的，而“惠民中国医疗行动”是民间办的。“惠民中国医疗行动”发挥了很大的作用，特别是监管医疗、医药费用和医疗服务平台的建设上发挥了很重要的作用，让患者享受更多的健康检查、健康咨询、健康服务等。

“惠民中国医疗行动”重构了新的利益分配模式，以实现患者利益最大化为目的，实现了多方共赢。这个以市场机制、采用公司化运作的公益性行动，一开始就引起政府部门的关注，受到新闻媒体的热捧，得到老百姓的支持。

由于“惠民中国医疗行动”是一条干净的利益链，一种新的药品利益分配模式，它可以从机制上根除“看病贵”，操作性符合中共中央、国务院的医改方案。让我们把惠民医疗行动深入开展下去，让它惠及更多民生。

（作者单位：天津市和平区中医医院）

浅谈城市行政执法体制的改革

魏　玮

党的十六届五中全会提出，必须着力推进行政管理体制改革，加快建设法治政府，全面推进依法行政，全面深化改革和提高对外开放水平，加强和谐社会建设。城市行政执法是城市管理的重要内容，是促进城市经济快速发展和加强城市和谐社会建设的重要保证。在新的形势下，如何适应社会主义市场经济发展的需要，加强和谐社会建设和党的执政能力建设的要求，改革和创新城市行政执法体制，建立以人为本，依法行政，执法规范，高效协调的城市行政执法体系，为城市经济社会发展提供体制保障，已成为当前城市建设和发展亟待研究和解决的一个重要课题。

一、城市行政执法体制存在的主要问题

城市的行政执法体制是在20世纪80年代初，我国从计划经济向社会主义市场经济体制转化过程中，逐步发展起来的。当前，由于行政执法体制尚在探索和逐步完善的过程中，城市行政执法体制还存在一些深层次问题。

（一）行政执法机构过多、过于分散

行政执法机构过多、过滥，执法力量分散，没有形成统一的执法力量，执法效果不理想。行政执法机构存在多头执法、多层执法现象突出。在同一个领域、同一地域有多个执法机构在执法。

（二）行政执法权交叉重叠

一是行政执法权在横向上交叉严重，部门之间的职责不清。职责交叉导致行政机关有利就争，有责就推，责任不明确，执法效率低下。二是行政执法权在纵向划分上不明确，市级与城区行政机关执法职能重叠，往往出现市级与城区执法机构重复执法的现象。在城市管理领域方面，问题也较为突出。执法机构职责不清，协调性差，部门之间，上下之间互相扯皮，执法效率低下。三是行政执法行为不规范。由于各城市都有相当数量的执法机构为财政差额补贴和自收自支单位，且实行上缴罚款与返还经费挂钩的财政政策，导致以罚代法的现象较为突出。

（三）行政执法主体不合法，执法主体混乱

行政执法主体，应该是依法享有行政执法权的行政机关、法律授权的组织和行政机关依法委托的组织。但在行政管理过程中，大多数行政机关将行政执法权下放给下属的事业单位行使，相当一部分没有可以委托执法的法律依据。非行政机关未经合法委托而行使行政执法权，因而存在大量的不合法的委托执法现象。如行政执法机构中，有为事业单位的。其中有属于法律法规授权的，有属行政机关委托而办理了委托执法手续的，有的执法机构缺乏可以委托的法律法规依据而没有办理委托执法手续。由于执法主体混乱，在行政执法过程中，存在很大的随意性，滥用职权越权执法、违法执法现象突出。有的执法机构既承担执法职能，又从事经营活动，既当裁判员，又当运动员，造成执法主体不合法。

二、城市行政执法体制存在问题的原因

城市行政执法体制存在的问题，原因是多方面的，既有历史

的原因、体制方面的原因，也有部门利益化倾向、僵化的行政执法观念影响等原因。

（一）行政监督制约机制不完善

目前各城市还没有建立其一套对各级行政执法机构和执法人员进行有效的内部监督和外部监督相结合的高效监督机制和规范的责任追究制度，对行政执法缺乏必要的监督制约，难免有的行政执法机构和行政执法人员在执法过程中不严格履行职责，甚至徇私枉法、以权谋私。

（二）政府部门职能转变未到位

有的政府部门为把部门利益法定化，在立法和制定规范性文件中，规定一些不必要的部门行政执法权、行政执法机构设置和行政执法人员配备，以维护部门地位、权力和利益。每出台一部法律、法规，又要增加一个行政执法机构，造成行政执法机构林立，多头多层执法，重复执法。

（三）计划经济体制下管理观念影响

在计划经济体制下的行政法律制度，是一种先政府、在社会、最后个人的行政法律制度体系。政府是无限政府、权利本位的政府，行政执法更多地体现一种单方、强制性。在这种行政管理的观念主导下，城市行政执法机构和执法人员在行政执法中，缺少服务意识、合作意识和以人为本的意识，而更多地采取单方性的、强制性的执法方式。

城市行政执法体制方面存在的问题，在一定程度上影响了城市政府职能的转变和城市管理水平的提高，影响到城市市场秩序的整顿和社会投资环境的改善，不利于加强城市和谐社会建设和城市经济的发展。必须下决心对城市行政执法体制进行全面的改革，使之适应社会主义市场经济的要求，促进城市社会经济的发展。

三、改革城市行政执法体制

城市行政执法体制改革应以中央关于行政管理体制改革精神为指导，综合设置综合执法机构，合理配置机构及其职能，完善日常管理制度，建立廉洁公正、业务精通、作风优良、纪律严明、素质过硬的城市行政执法队伍。

（一）进一步转变城市政府职能

应改变城市政府部门既管审批又管监督的机制，将制定政策、山茶审批与监督检查、实施行政出发等职能相对分开；改变城市行政执法机构既管查处又管检验的体制，将监督处罚职能与技术检验相对分开，承担技术检测、检验、检疫职能的单位逐步从政府部门分离出来，依法承担独立地为政府部门、行政执法机构和企事业单位提供客观公正的技术检测、检验、检疫服务，技术检验机构不再承担行政执法任务。将目前还设在行政机关和行政执法机构的各类技术检测、检验、检疫机构逐步剥离出来，依法独立行使技术检测、检验、检疫职能，独立承担民事责任。

（二）规范行政执法机构实行城市综合行政执法

应创新城市行政执法体制，实行城市综合行政执法，切实解决城市行政执法层析过多、职能交叉、人员素质地下和多头执法等问题。各城市应重点在城市管理、文化市场管理、环境卫生管理、交通管理和其他适合综合行政执法的领域合并组建综合行政执法机构。对尚未纳入综合行政那个执法范围，将在一个政府部门下设的多个机构的执法职能归并到一个机构，并作为该部门的派出机构，行使该部门职责范围内的行政执法权。改变多层次执法的状况。应根据各城市的具体情况和不同执法领域，调整市与城区政府有关执法部门的职责权限，明确划分有关部门之间的职能分工，防止政出多门、多层执法。

（三）加强城市行政执法队伍建设

城市行政执法人员素质的高低直接影响综合行政执法的效果，影响政府部门的社会形象。应规范城市行政执法机构的经费管理，严格实行经费“收支两条线”制度，城市行政执法机构的正常经费应由统计财政足额安排并及时拨付，所有罚没收款要全部上交。应进一步严格城市行政执法人员的准入环节，城市行政执法机构进入应进行专门的录用考试，公平竞争，择优录取，建立培训制度，坚持先培训后上岗。并定期进行全员轮训，不断充实行政执法人员法律业务知识，提高执法水平。

（四）加强城市行政执法机构编制管理

应把城市行政执法机构编制管理列入各城市机构编制管理的重要内容，建立和完善城市行政执法机构编制的管理论制度和办法。规范城市行政执法机构的设立，明确城市行政执法机构的性质、地位和职责；规范行政执法行为，提高依法行政的能力和水平；明确规定城市行政执法机构设置的审批权限和审批程序，规范城市行政执法机构的职责范围、管理体制、机构级别、内设机构设置和人员编制管理，对城市行政执法机构和人员编制进行规范管理和监督，严格控制。

（五）控制执法范围和处罚权的扩展

一是加强对政府部门制定规范性文件的前置性审查，减少出台有审批权和处罚权文件的随意性。

二是应加强地方立法的后续监督和跟踪研究工作，对涉及审批与处罚事项的立法项目，应开展专项检查与评价，为完善立法与执法工作提供依据。

三是应按照“少而精、有特色、集约化”的要求，严格控制地方立法总量。

四是应改变单一由政府执法部门起草立法的现状，凡涉及重大社会影响和重大行政管理事项的立法项目，应由政府法制部门牵头，吸收社会学者和部分人大代表、政协委员参加起草，实行立法工作者、实际工作者和专家“三结合”；对涉及社会公众利益的立法项目，应通过论证、听证和网上发布，广泛征求意见。

（六）健全监督机制完善行政执法监督手段

应健全行政执法的监督与制约机制，促进城市行政执法人员依法执法，文明执法；实行行政执法责任制、评议考核制和行政执法过错追究制度；公开办事制度、执法程序，增加城市行政执法的透明度。应实行收缴（罚）分离、银行代收制度，严格管理。以防止乱收费、乱罚款、截留、挪用预算内外资金和贪污腐败，促进预算内外资金统筹安排，提高资金使用效益。

城市行政执法体制改革是整个行政管理体制改革的重要内容，推进城市行政体制改革应与进一步转变城市政府职能，深化城市行政管理体制改革，创新城市政府管理方式相结合；与现行法律、法规的相应调整紧密结合；与相对集中行政处罚权、事业单位机构改革和电子政务建设密切衔接起来，还要与行政管理体制的其他各项改革相配套，统筹兼顾，整体推进，才能发挥改革的整体效应取得好的效果。

（作者单位：天津市水政监察总队）

关于园林事业单位管理改革思考

顾　磊

事业单位是经济社会发展中提供公益服务的主要载体，是社会主义现代化建设的重要力量。但同时也要看到，事业单位与现行的经济体制还有许多不适应的地方，主要表现在：政事职责不分，社会化程度不高，财政负担沉重，公共化服务与市场化服务不分，以及缺乏竞争机制和自我发展、自我约束机制，发展和需要有所脱节，机构臃肿、人员结构不合理等。

随着改革开放的不断深化，园林事业单位的改革也在不断深化，深入研究新形势下园林事业单位现状及发展新情况、新特点，并适时地予以调整，这对于规范园林事业单位布局、提高园林事业单位效益，有着重要的意义。

一、事业单位管理改革和存在问题

目前，园林事业单位主要负责城区公共绿地、风景林地、防护绿地、行道树及干道绿化带的绿化建设及日常养管工作。

（一）园林事业单位改革取得的效果

一是养护管理规范化。针对当前绿化养管中体制、机制、资金、技术等问题，许多园林事业单位推行了绿化养护规范化管理，实现统一管理办法、统一质量标准、统一操作规程、统一检查考核，全面提高了绿化养护管理水平。

二是执法管理法制化。园林事业单位成立绿化监理单位，提供绿化司法保障，绿化行政执法保障、绿化专业管理保障、绿化社会监督保障，最大限度地保护绿化成果。

三是社会服务网络化。建立服务中心、管理单位、养护单位三级服务网络，对社会单位变“坐堂服务”为“登门服务”，对影响群众生活的紧急问题实现24小时内处理完毕。

（二）园林事业单位存在的问题

一是资金来源渠道单一。园林单位的工作经费主要依靠政府提供财政拨款和补助，往往占全部收入的绝大部分。同时，随着园林事业的发展，城市绿化建设的增加，事业单位人员还在不断增长，经费需求日益扩大。财政供养人员的增长，加剧了“吃饭财政”的困难状况，财政不堪重负。在此情况下，财政安排的人员经费比例逐年提高，真正用于发展事业方面的经费不断减少。

二是工作效率低下。园林事业单位存在只要事业投入，不讲事业效率的问题。园林事业单位人员基本由财政供养，一方面导致人们热衷在事业单位端“铁饭碗”，使事业单位不断膨胀；另一方面压抑了事业单位职工的积极性和创造性，发展为干多干少一个样的不良形态。

三是行政化严重。政府主管部门既是园林事业单位的举办者、所有者，又是管理者。事业单位内部管理方式也都行政化，其目标、任务、编制、经费、任免等均由上级行政主管部门负责，其财务、人事、福利也都比照行政进行管理，造成政、事不分。扩大了政府事业职能，增加了政府负担，降低了事业单位运行效率，形成了事业机构越来越多，国家投入日益增加，而事业发展日益艰难的状况。

二、对园林事业单位管理改革的思考

（一）保障园林事业经费投入

园林事业单位是由政府投资兴办的机构，就其工作职能来讲是社会公益性服务，它主要依靠政府财政拨款来维持运转。只是随着体制改革的深入，在某些方面逐步减少了对园林事业单位的经费预算，但政府的财政补贴依旧是园林事业单位筹资的一个重要渠道，预算资金仍是保障单位运行的主要资金来源。园林事业单位要积极主动争取政府对公益事业的支持，充分利用财政资金发展园林事业。

（二）规范事业单位职责

加强园林事业单位在组织公共绿化设施建设、养护管理的职能，负责园林国有资产管理以及暂时由事业单位承担的园林执法管理职能。构建现代事业单位管理制度，使之具备健全的事业单位法人制度。发展科学民主的事业领导制度、新型的事业人事管理制度、新型的事业财务管理制度、多元化的事业监督管理制度。

（三）发挥中介组织的作用

要利用中介组织供社会服务，进行更广泛的沟通。接受委托行使某些职能等方面的作用，搭起政府与企业之间的桥梁。具体讲，就是要积极培养园林学会、各类相关协会、咨询机构等中介组织在制定行业规范、开展检查评比、推动群众绿化、科技兴绿等方面发挥作用。

（四）倡导社会参与园林事业

近年来，随着社会的发展，人类的进步，环境问题逐渐受到大家的关注，城市园林绿化建设管理的好坏直接关系到人们生存环境的好坏。在此环境下，为建设美好家园，绿化美化城市，我们应大力倡导全社会的共同参与。这需要我们首先树立好自身的良好社会形象，提高社会公信度。

通过园林事业单位管理机制的改革，进一步理顺职能，发挥各方面的优势，逐步建立起适应社会主义市场经济的现代事业制度，调动积极性、创造性，使政府对园林绿化宏观管理的职能进一步加强，事业单位管理更加规范，极大地推动了园林绿化事业的跨越式发展，特别是对今后持续、稳定、快速的发展打下良好的基础。

（作者单位：天津市河西区市容园林委）

后记

《天津市机构编制大事记》（以下简称《大事记》）的编撰是1993年根据天津市地方志办公室的统一部署，参考《天津通志》的志体结构和编撰的具体要求进行的。《大事记》是纵记，各专志是横陈；《大事记》较简略，专志是记述，较详细。编写过程中对两者纵横交叉的重复点采取了“博观约取”、“详略交错”的方法，使《大事记》与志书的内容互相弥补，更加充实趋向“志贵详备”的要求。体现不为史累、以古鉴今、借史明理的原则和特点。

《大事记》由于是纵记，时间连续性强，增加了空缺资料收集的难度，空缺资料不填补，大事记难以连贯。由于机构编制工作新中国成立后在多个部门管理，机构编制档案和相关资料不全，加大了编撰《大事记》的难度，对此部分资料的收集相当困难。我于1993年后利用时间，陆续查阅了新中国成立以来机构编制档案空档部分，主要是1957年、1959年、1961年、1965年、1968年、1972年、1975—1978年难以查找的资料。近年来，我先后到天津图书馆、南开大学图书馆、社会科学院图书馆、《天津日报》社、天津《今晚报》资料室、市政府档案室、师范大学图书馆查阅了资料，走访了天津市财政局、注册会计师协会、珠海公司等单位新中国成立前后在天津市财政局的离退休老同志，抄录、复印、记录资料230万字。对实在解决不了的疑难问题，我专程专访了天津市编委办公室原主任苑进忠同志，取得了可靠的线索，使疑难问题逐步得到证实。

《天津市机构编制大事记》在编撰过程中，坚持实事求是的态度，做了大量的资料筛选工作，使《大事记》较准确地反映天津机构编制的历史和现状，体现时代特点和地方特色。愿它对编制工作者更好地认识天津市的机构编制的历史和现状，系统地研究天津市乃至涉及有关方面的社会发展史，促进机构编制管理的科学化、规范化、法制化，起到积极作用。

《天津市机构编制大事记》的编撰始于1991年初。多年来我的业余时间基本用在了搜集资料和写作上。日常我有一个习惯，凡是看报、看书和看电视，我都随时将机构编制方面的内容记录下来。资料剪贴了不少，笔记记了不少，也在报刊上发表了不少机构编制方面的大事记和机构编制名词解读。我始终有一个愿望，就是将资料汇集成书。因为《大事记》不汇集成书，散在各处无法利用和系统阅读，将其成书才有利于系统阅读和参考，才能发挥《大事记》的作用。现今，终于有幸在天津市海洋局的帮助下，使《天津市机构编制大事记》出版成书，填补了天津市在这方面的空白，使多年积累的资料发挥了应有的作用。为了加深《大事记》的实用性，我在《大事记》后加入了名词解读部分，以供同志们参考借鉴。

本书在出版过程中得到了蔡明玉同志的大力支持，陈先杰同志为本书的出版做了很多工作，在此表示衷心感谢。机构编制大事记涉及时间跨度长，史实资料收集难以周全，且受编写条件、水平所限，难免有所疏漏、遗误之处，请同志们给予指正。

魏建一

2012年3月26日